三聯學術

This is a Simplified Chinese edition of the following title published by Cambridge University Press:

Socrates: Ironist and Moral Philosopher
ISBN 9780521314503

苏格拉底

反讽家与道德哲学家

〔美〕格里高利·弗拉斯托 著
吴鸿兆 译

Classics & Civilization

生活·讀書·新知 三联书店

图书在版编目（CIP）数据

苏格拉底：反讽家与道德哲学家 /（美）格里高利·弗拉斯托著；吴鸿兆译. -- 北京：生活·读书·新知三联书店，2025. 3. --（古典与文明）. -- ISBN 978-7-108-07984-8

Ⅰ. B502.231

中国国家版本馆 CIP 数据核字第 2025Z0P155 号

责任编辑　苏诗毅
装帧设计　薛　宇
责任印制　李思佳
出版发行　生活·讀書·新知 三联书店
（北京市东城区美术馆东街 22 号　100010）
网　　址　www.sdxjpc.com
图　　字　01-2020-6444
经　　销　新华书店
印　　刷　三河市航远印刷有限公司
版　　次　2025 年 3 月北京第 1 版
2025 年 3 月北京第 1 次印刷
开　　本　880 毫米 × 1092 毫米　1/32　印张 18.75
字　　数　373 千字
印　　数　0,001－4,000 册
定　　价　98.00 元
（印装查询：01064002715；邮购查询：01084010542）

“古典与文明”丛书
总 序

甘阳 吴飞

古典学不是古董学。古典学的生命力植根于历史文明的生长中。进入21世纪以来，中国学界对古典教育与古典研究的兴趣日增并非偶然，而是中国学人走向文明自觉的表现。

西方古典学的学科建设，是在19世纪的德国才得到实现的。但任何一本写西方古典学历史的书，都不会从那个时候才开始写，而是至少从文艺复兴时候开始，甚至一直追溯到希腊化时代乃至古典希腊本身。正如维拉莫威兹所说，西方古典学的本质和意义，在于面对希腊罗马文明，为西方文明注入新的活力。中世纪后期和文艺复兴对西方古典文明的重新发现，是西方文明复兴的前奏。维吉尔之于但丁，罗马共和之于马基雅维利，亚里士多德之于博丹，修昔底德之于霍布斯，希腊科学之于近代科学，都提供了最根本的思考之源。对古代哲学、文学、历史、艺术、科学的大规模而深入的研究，为现代西方文明的思想先驱提供了丰富的资源，使他们获得了思考的动力。可以说，那个时期的古典学术，就是现代西方文明的土壤。数百年古典学术的积累，是现代西方文明的命脉所系。19世纪的古典学科建制，只不过是这一过程的结果。随着现代研究性大学和学科规范的确立，一门规则严谨的古典学学科应运而生。但我们必须看到，西方大学古典学学科的真正基础，乃在于古典教育在中学的普及，特别是拉丁语和古希腊语曾长期为欧洲中学必修，才可能为大学古典学的高深研究源源不断地提供人才。

19世纪古典学的发展不仅在德国而且在整个欧洲都带动了新的一轮文明思考。例如，梅因的《古代法》、巴霍芬的《母权论》、古朗士的《古代城邦》等，都是从古典文明研究出发，在哲学、文献、法学、政治学、历史学、社会学、人类学等领域带来了革命性的影响。尼采的思考也正是这一潮流的产物。20世纪以来弗洛伊德、海德格尔、施特劳斯、福柯等人的思想，无不与他们对古典文明的再思考有关。而20世纪末西方的道德思考重新返回亚里士多德与古典美德伦理学，更显示古典文明始终是现代西方人思考其自身处境的源头。可以说，现代西方文明的每一次自我修正，都离不开对古典文明的深入发掘。正是在这个意义上，古典学绝不仅仅只是象牙塔中的诸多学科之一而已。

由此，中国学界发展古典学的目的，也绝非仅仅只是为学科而学科，更不是以顶礼膜拜的幼稚心态去简单复制一个英美式的古典学科。晚近十余年来“古典学热”的深刻意义在于，中国学者正在克服以往仅从单线发展的现代性来理解西方文明的偏颇，而能日益走向考察西方文明的源头来重新思考古今中西的复杂问题，更重要的是，中国学界现在已经超越了“五四”以来全面反传统的心态惯习，正在以最大的敬意重新认识中国文明的古典源头。对中外古典的重视意味着现代中国思想界的逐渐成熟和从容，意味着中国学者已经能够从更纵深的视野思考世界文明。正因为如此，我们在高度重视西方古典学丰厚成果的同时，也要看到西方古典学的局限性和多元性。所谓局限性是指，英美大学的古典学系传统上大多只研究古希腊罗马，而其他古典文明研究例如亚述学、埃及学、波斯学、印度学、汉学以及犹太学等，则都被排除在古典学系以外而被看作所谓东方学等等。这样的学科划分绝非天经地义，因为法国和意大利等的现代古典学就与英美有所不同。例如，著名的西方古典学重镇，韦尔南创立的法国“古代社会比较研究中心”，不仅是古希腊研究的重镇，而且广泛包括埃及学、亚述学、汉学乃至非洲学等各方面专家，在空间上大大突破了古希腊罗马的范围。而意大利的古典学研究，则由于意大利历史的特殊性，往往在时间上不完全限于古希腊罗马的时段，而与中世纪及文艺复兴研究多有关联（即使在英美，由于晚近以来所谓“接受研究”成为古典学的显学，也使得古典学的研究边界越来越超出传统的古希腊罗马时期）。

从长远看，中国古典学的未来发展在空间意识上更应参考法国古典学，不仅要研究古希腊罗马，同样也应包括其他的古典文明传统，如此方能参详比较，对全人类的古典文明有更深刻的认识。而在时间意识上，由于中国自身古典学传统的源远流长，更不宜局限于某个历史时期，而应从中国古典学的固有传统出发确定其内在核心。我们应该看到，古典中国的命运与古典西方的命运截然不同。与古希腊文字和典籍在欧洲被遗忘上千年的文明中断相比较，秦火对古代典籍的摧残并未造成中国古典文明的长期中断。汉代对古代典籍的挖掘与整理，对古代文字与制度的考证和辨识，为新兴的政治社会制度灌注了古典的文明精神，堪称“中国古典学的奠基时代”。以今古文经书以及贾逵、马融、卢植、郑玄、服虔、何休、王肃等人的经注为主干，包括司马迁对古史的整理、刘向父子编辑整理的大量子学和其他文献，奠定了一个有着丰富内涵的中国古典学体系。而今古文之间的争论，不同诠释传统之间的较量，乃至学术与政治之间错综复杂的关系，都是古典学术传统的丰富性和内在张力的体现。没有这样一个古典学传统，我们就无法理解自秦汉至隋唐的辉煌文明。

从晚唐到两宋，无论政治图景、社会结构，还是文化格局，都发生了重大变化，旧有的文化和社会模式已然式微，中国社会面临新的文明危机，于是开启了新的一轮古典学重建。首先以古文运动开端，然后是大量新的经解，随后又有士大夫群体仿照古典的模式建立义田、乡约、祠堂，出现了以《周礼》为蓝本的轰轰烈烈的变法；更有众多大师努力诠释新的义理体系和修身模式，理学一脉逐渐展现出其强大的生命力，最终胜出，成为其后数百年新的文明模式。称之为“中国的第二次古典学时代”，或不为过。这次古典重建与汉代那次虽有诸多不同，但同样离不开对三代经典的重新诠释和整理，其结果是一方面确定了十三经体系，另一方面将“四书”立为新的经典。朱子除了为“四书”做章句之外，还对《周易》《诗经》《仪礼》《楚辞》等先秦文献都做出了新的诠释，开创了一个新的解释传统，并按照这种诠释编辑《家礼》，使这种新的文明理解落实到了社会生活当中。可以看到，宋明之间的文明架构，仍然是建立在对古典思想的重新诠释上。

在明末清初的大变局之后，清代开始了新的古典学重建，或可称为“中国的第三次古典学时代”：无论清初诸遗老，还是乾嘉盛时的各位大师，虽然学问做法未必相同，但都以重新理解三代为目标，以汉宋两大古典学传统的异同为入手点。在辨别真伪、考索音训、追溯典章等各方面，清代都取得了巨大的成就，不仅成为几千年传统学术的一大总结，而且可以说确立了中国古典学研究的基本规范。前代习以为常的望文生义之说，经过清人的梳理之后，已经很难再成为严肃的学术话题；对于清人判为伪书的典籍，诚然有争论的空间，但若提不出强有力的理由，就很难再被随意使用。在这些方面，清代古典学与西方19世纪德国古典学的工作性质有惊人的相似之处。清人对《尚书》《周易》《诗经》《三礼》《春秋》等经籍的研究，对《庄子》《墨子》《荀子》《韩非子》《春秋繁露》等书的整理，在文字学、音韵学、版本目录学等方面的成就，都是后人无法绕开的，更何况《四库全书总目提要》成为古代学术的总纲。而民国以后的古典研究，基本是清人工作的延续和发展。

我们不妨说，汉、宋两大古典学传统为中国的古典学研究提供了范例，清人的古典学成就则确立了中国古典学的基本规范。中国今日及今后的古典学研究，自当首先以自觉继承中国“三次古典学时代”的传统和成就为己任，同时汲取现代学术的成果，并与西方古典学等参照比较，以期推陈出新。这里有必要强调，任何把古典学封闭化甚至神秘化的倾向都无助于古典学的发展。古典学固然以“语文学”（philology）的训练为基础，但古典学研究的问题意识、研究路径以及研究方法等，往往并非来自古典学内部而是来自外部，晚近数十年来西方古典学早已被女性主义等各种外部来的学术思想和方法所渗透占领，仅仅是最新的例证而已。历史地看，无论中国还是西方，所谓考据与义理的张力其实是古典学的常态甚至是其内在动力。古典学研究一方面必须以扎实的语文学训练为基础，但另一方面，古典学的发展和新问题的提出总是与时代的大问题相关，总是指向更大的义理问题，指向对古典文明提出新的解释和开展。

中国今日正在走向重建古典学的第四个历史新阶段，中国的文明复兴需要对中国和世界的古典文明做出新的理解和解释。客观地说，这一轮古典学的兴起首先是由引进西方古典学带动的，刘小枫和甘阳教授主编的“经典与解释”丛书在短短十五年间（2000—2015）出版了三百五十余种重要译著，为中国学界了解西方古典学奠定了基础，同时也为发掘中国自身的古典学传统提供了参照。但我们必须看到，自清末民初以来虽然古典学的研究仍有延续，但古典教育则因为全盘反传统的笼罩而几乎全面中断，以致今日中国的古典学基础以及整体人文学术基础都仍然相当薄弱。在西方古典学和其他古典文明研究方面，国内的积累更是薄弱，一切都只是刚刚起步而已。因此，今日推动古典学发展的当务之急，首在大力推动古典教育的发展，只有当整个社会特别是中国大学都自觉地把古典教育作为人格培养和文明复兴的基础，中国的古典学高深研究方能植根于中国文明的土壤之中生生不息茁壮成长。这套“古典与文明”丛书愿与中国的古典教育和古典研究同步成长！

2017年6月1日于北京

我将本书献给形塑了此研究的同伴、同事和学生们：

伯克利（1979—1987）

剑桥（1983—1984）

康奈尔（1986）

圣安德鲁斯（1981）

多伦多（1978）

目　录

导 言

缘 起

苏格拉底的“怪异”(strangeness)[1]是《会饮》中阿尔喀比亚德(Alcibiades)的苏格拉底颂词的关键词。讲辞以这个话题开始(215A),临近尾声又呼应了这个话题: 1

> 他的怪异就是这样,无论是他本人还是他说的那些话,你们在古往今来的人之中再怎么找也不可能找得到。(221D)

拙著正是为这样一些柏拉图早期对话[2]的读者而写:他们也觉察到了这种怪异,试图理解这种怪异,并且孜孜不倦地探

[1] ἀτοπία. 希腊文的表意更强,strangeness(怪异)这个译法已算比较温和,它更激进的含义只有outrageousness(出格)甚至absurdity(荒谬)才能表达出来:当《高尔吉亚》中的卡里克勒斯(Callicles)感叹说“苏格拉底,你真是太ἄτοπος了”时,他的意思正是“你真是太出格了”(伍德海德[Woodhead]和厄尔文[Irwin]译本译作absurd[荒谬],本书中提到的柏拉图对话译本均已列入书末的参考文献)。

[2] 出于方便考虑,本书所讨论的“苏格拉底”仅指这些对话的主人公。他是历史上那个真正的苏格拉底吗?是。他是柏拉图吗?也是。有可能两个都是吗?有可能。怎么个可能法?有耐心的读者等读到本书第二章就可找到答案。迫不及待的读者亦可直接前往第二章。

求个中无数谜题的答案。我提出的见解不应该妨碍他们亲自与活在柏拉图文本中的苏格拉底打交道，而是应该带他们返回文本做更仔细的审视。

本书酝酿了很长时间，它始于一次半途而废。1953年，我有幸空出了一整年，没有教学任务，于是前往普林斯顿高等研究院，打算研究柏拉图哲学，虽然尚未决定如何开展。在那里，彻尼斯（Harold Cherniss）这位该领域的大学者不愿意给出具体建议——这一点他多像苏格拉底呀。在只能自力更生的情况下，我决定将计划砍掉一半，将一整年时间都安排用来研究柏拉图的苏格拉底对话。至少这个程度我是下定决心要做到的，理由也许有些可笑：这样一来我至少能靠 2 它赢得在美国学术界立足的起码的底气，也就是出版一部精装版专著（我当时正值职业生涯中期）。埋头苦干一年后，一部分量十足的书稿顺理成章地摆在了我的案头。但在密封邮寄出去之前，我像出版社审阅别人的作品一样用冷静、批判的眼光从头到尾重读了一遍稿子。读罢，我的胃里一阵异样，这种感觉告诉我这部书稿纯属鸡肋。我满意它的确对我提出的问题——其实也就是半个世纪以来本领域的专家们翻来覆去提出的那些问题——给出了正确的答案。但它还是不对劲。怎么回事？如果要现在的我给个评判，我会说，它错失了苏格拉底的那种怪异。这种隐隐约约、更近乎直觉而非理性判断的感觉坚定了我的一个念头：就该废弃掉这部书稿。我确实这么做了。

几十年后回过头来看，我觉得这是我做过最明智的决定之一。如果当初把这部书付梓，然后开始为当中的观点辩护，我会在迷误中越陷越深。及时止损的结果是什么？白费一年光阴？非也。白纸黑字写下对苏格拉底的错误解释让我能够看到纠正一些错误的关键所在。首先一点就是，在那部书稿中被打发到一边的他的那些悖论（paradoxes）必须被当作重中之重来处理。[3]哪怕破解不了，我也必须在日后一切关于苏格拉底的论述中随时警惕这些悖论的存在。

很快我就迎来了逐步破旧立新的契机。我受邀为博雅出版社（Liberal Arts Press）出版的《普罗塔戈拉》英译本撰写导言。它所在的古典丛书的受众是高校学生——我乐此不疲地教授了二十多年（先是在加拿大女王学院[Queen's College]，后是在康奈尔大学和普林斯顿大学）的本科课程的听众就是这些人。他们一点也不希腊，满脑子专业名词，抗拒学术研究的繁文缛节但尊重学术的目标；如果周遭突然有谁逮住他们讨论，他们也会热情十足地回应。我试着用这种语调去写那篇导言，[4]我觉得，在前一部书稿失败的地方，它取得了成功[5]——这个苏格拉底是活生生的。

---

〔3〕 偶尔会有学术著作注意到苏格拉底的怪异乃是理解他个性为人的关键（如Robin, 1928: 186；另比较Barabas, 1986: 89ff.）。本书则相信这种怪异同样也是理解他的哲学的关键。

〔4〕 Vlastos, 1956: vii-lvi.

〔5〕 时任高等研究院主任的奥本海默（Robert Oppenheimer）因这篇“导言”给我手写了一张便条，上面只有一句话，却比任何人对我的工作做过的评价都更暖我心：“感谢你，格里高利，给了我们一个成色十足的苏格拉底。”将这张便条公之于众岂不是显得我在自吹自擂？要是写这张便条的人是哪位同行专家，那确实如此。

3 我将这种语调延续到了次年在加拿大人文协会（Humanities Association of Canada）做的题为“苏格拉底的悖论”[6]的讲座中。这一次我的听众依然不是同行专家。面对一群学科背景极其庞杂的学者听众，我提出要警惕“博学而无知”（*docta ignorantia*）的危险，在我们这个学术研究高度职业化、弥散化、零碎化、精细化的时代，这种危险空前之大。哀于学者背离人文精神的现状，我说（1958: 497）我的讲座要呈现给大家的不是学术而是“人文精神”（humanism）——我有点开玩笑地把“人文主义者”定义成“一种热切努力想要成为人的学者，他会首先尝试找寻他的个人著述和我们共通的人性之间的关联，然后尝试用通俗的语言——我指的不是大白话，而是无须借助连篇累牍的术语索引就能看懂的标准英语——来说明他的发现”。在做学术的同时从事那种“人文”是可能的吗？我不确定。但我的演讲试图做的就是这件事。在本书中我依然没有放弃这个目标，虽然如今实现起来会更困难，因为本书难免需要更加侧重学术。

原先那部著作中的确存在许多我从未回头检讨的错误。翻旧账自我检讨是一种无聊而自视甚高的做法，[7]但其中一

[6] Vlastos, 1958: 496-516.

[7] 但我很感激Donald Morrison（1987: 9-22）相当认真地对待了我三十年前在一篇半普及性的论文中说过的东西，认为它们时至今日仍然值得在一本专业期刊中予以反驳。我应不应该像他说的那样为误导了桑塔斯（Santas）和克劳特（Kraut）负责？我认为不应该。如果这两位杰出学者中的哪一位仅仅因为我的一家之言就囫囵接受了这样一个关于色诺芬的大错特错的观点（对此我表示很怀疑），那就只能怪他们自己了。

个错误实在是太大——真的大得离谱——太要命，以至于我没法把它当作无心之失置之脑后。[8] 这个错涉及我之前对苏格拉底的核心悖论——他的无知——的理解。他宣称自己无知，无论哪种知识，一丁点也没有："没有智慧，无论是大是小。"（*Ap.* 21B-D）但他言谈和生活方式的从容自信表明他其实相当有知，起码足以支持他日复一日地追求德性。他所说的话同样暗示他有智慧。[9] 为了忠实反映苏格拉底的怪异，我们必须想办法既保留他明言的无知，又承认他言外之意对无知的否定。我在《普罗塔戈拉》导言里明确犯下而在"苏格拉底的悖论"里暗中犯下的错误，是全盘接受了他明言的一面，而忽略了他有所保留的另一面。我之前认为："他已经看到，（1）他的探究方法不可能以最终的、演绎的确定性为目标，但同时，（2）运用这种方法，与悬置对其结论之真值的任何实质性判断，是完全兼容的。"（Vlastos, 1956: xxxi）（1）不但完全正确，而且直抵苏格拉底思想开创性的核心。我所表达的这层意思——将苏格拉底对知识确定性的否弃视为他哲学的核心——是这篇导言最有价值的内容之一，但将它与（2）关联在一起是不对的。两者并无必然关联。杜威对"追求确定性"嗤之以鼻并不意味着他放弃了对知识的追求。[10] 苏格拉底在**他自己**对确定性的否认中

4

〔8〕 由于那部作品仍然有大学生在读，纠正其中的主要错误也是有必要的。

〔9〕 Vlastos, 1985: 1ff., at 3-11，我搜集了七段确凿无疑地暗示了这点的文本；在本书相应的地方我会援引更多文段。

〔10〕"对确定性的追求"（The Quest for Certainty）是他吉福德系列讲座（Gifford Lectures）的标题。

同样并未放弃求知——在所有哲学家中，他尤其不会如此，因为他主张知识**就是**德性。我错就错在仅仅根据（1）就将（2）强加给了苏格拉底。

掉进陷阱的除了我还有其他人。维多利亚时期的柏拉图主义者中的翘楚格罗特（George Grote）心目中的苏格拉底在一次次盘诘探问中所持的正是这一立场："我心中尚无定论……我把赞同和反对的理由都提出来给你……你必须自己做决定。"[11]格罗特遵从西塞罗的权威，将苏格拉底同"新学园派"（New Academy）领袖阿尔刻西劳斯（Arcesilaus）和卡尔涅阿德斯（Carneades）联系起来：他们是彻底的怀疑论者，认为自己"对一切事物悬置判断（ἐποχή）"的立场继承自苏格拉底。[12]认为这个立场颇有吸引力的西塞罗[13]则说它"由苏格拉底提出，并且得到了阿尔刻西劳斯的认可和卡尔涅阿德斯的确证"[14]。

我本不该花上整整二十年时间才发现这个说法与柏拉图早期对话——我们最可信赖的文献来源——中的苏格拉底严重不符。当在《高尔吉亚》中（473B）被告知他的立论并不难驳倒时，苏格拉底反唇相讥："不是难，波洛斯

---

〔11〕 Grote, 1865: 1239.

〔12〕 见Glucker, 1978: 32ff.；另比较Long, 1986: 431ff., at 440-1。

〔13〕 他也掉进了同一个陷阱，将"原则上有所保留，既不认同也不反对"（*neque adfirmare quemquam, neque adsensione approbare*）与"否弃确定性"（*de omnibus quaeritur, nihil certi dicitur*）关联在了一起（*Acad.* 1.45-6），仿佛后者必然要求前者。

〔14〕 *De Natura Deorum* 1.11.

(Polus),而是不可能;因为真理永远不会被驳倒。”稍后(479E)他又反问:“我所说的是真的,这难道不是已经被证明了吗?”柏拉图绝不敢想象将这样的话放到一个主张“悬置判断”“心中尚无定论”“反驳一切,从不给出正面断言”的人嘴里。[15] 从来没有哪个道德哲学家曾像苏格拉底那样对一个高风险的论点的真理性抱有如此坚定明确的信心,例如在他论证对他人行不义者对自己的幸福造成的损害总是比对受不义者所造成的损害更大的时候。[16] 阿尔刻西劳斯和卡尔涅阿德斯是怎么将他们系统的“悬置判断”主张与苏格拉底[对正面真理]掷地有声的肯认关联起来的,我们无从得知——毕竟我们对他们知之甚少。但格罗特可是留下了三大卷的柏拉图专著(1865)——该著从头到尾忽略了众多散见于柏拉图早期对话的、不支持上述关于苏格拉底知识论立场的描述的文段——有鉴于此,我们只能说,虽然格罗特作为柏拉图专家的成就斐然,但他在这点上仍然误入了歧途。我早年那些文章的迷误更是有过之而无不及。 5

奇怪的是对这个迷误的批评来得太慢。我稍早前发表的一篇论柏拉图形而上学的论文[17] 引来了如潮的批评(事实

---

〔15〕最后一段引文来自西塞罗对新学园派立场的描述:*contra omnia disserendi nullamque rem aperte iudicandi*(*Acad.* 1.44-6)。

〔16〕*G.* 473Aff.,尤其参见本书第五章第Ⅲ节。(以下援引柏拉图对话篇名均采用缩写,完整篇名列于后文第46—47页[指原书页码,即本书边码,全书同。——编者注],缩写参考Irwin, 1977a。)

〔17〕Vlastos, 1954: 319ff.

上此文是20世纪50年代该领域最受争议的单篇论著)，[18]反而我提出的这个怀疑论的苏格拉底直到60年代末以前都未遭半句指摘，除了多兹(E. R. Dodds)在其《高尔吉亚》评注的一个脚注中顺带批评了一下以外。[19]详尽的批评直到九年以后才由格里(Norman Gulley)在《苏格拉底的哲学》(*The Philosophy of Socrates*)中提出——该书是继A. E. 泰勒(A. E. Taylor)的《苏格拉底》(*Socrates*，1933)之后的第一部英语苏格拉底专著。[20]格里指出了我那个不可知论的苏格拉底——与亚里士多德和色诺芬笔下的苏格拉底大相径庭——的许多瑕疵。我认为他的批评缺乏说服力，因为它依据传统的观点将苏格拉底的无知宣言弱化成了一种出于教导之用的佯装(pedagogical feint)。[21]但当时我太过专注于其他领域了。我整个60年代关于苏格拉底的著述只有一篇短篇论文《波洛斯被驳倒了吗？》(Was Polus Refuted?)[22]，此文思路正确但并未深入问题要害(直到70年代厄尔文和桑塔斯才在这点上有所突破)；[23]一篇发表在《耶鲁书评》(*Yale Review*，1974)上的短文《苏格拉底论政治服从与不服从》(Socrates

---

〔18〕其他学者在该文之后发表的论“第三人论证”(Third Man Argument)的论文计有21篇(Vlastos 1981: 361-2罗列了其中大多数)，这些文章几乎都包含对我观点的批评。

〔19〕1959: 16, n. 2.

〔20〕1968: 68ff.

〔21〕这时我还没意识到，一个在某一点上大错特错的批评家有可能在其他几个点上完全正确。

〔22〕1967: 454ff.

〔23〕参见本书第五章第Ⅲ节。

on Political Obedience and Disobedience），此文引来了迪比考斯基（Dybikowski）在同刊（1975）的论战文章的标题中毫不留情（似乎也毫不过分）的讽刺——《苏格拉底真如弗拉斯托教授那般理性吗？》（Was Socrates as Rational as Professor Vlastos?）；还有一篇虽然篇幅更长但却不完全成功的论文《苏格拉底论不自制》（Socrates on Acrasia，1969）。在所有这些著述里我从未尝试纠正甚至承认我在50年代那两篇论文对苏格拉底哲学的解释中犯的主要错误。如今我只把它们当作我中年时期的不成熟作品。

促使我重新思考苏格拉底的契机来自一本令人惊艳的新书，厄尔文的《柏拉图的道德理论》（*Plato's Moral Theory*）[24]。在普林斯顿，我是厄尔文的鸿篇博士论文（我指导过的博士论文中最长、最优秀的一篇，全文皆是紧凑精练的论证）名义上的导师。该书是此文的部分成果。阅读这部最终成形、论证经过提炼后更加大胆激进的作品，绝对是我这辈子最有收获的一次学习体验，它比我以往读过的任何一部作品都更有效地激活和加深了我对该主题的理解。自然，厄尔文所列的每一部参考文献（连专著和期刊文章在内多达数百种）我都再熟悉不过——毕竟那时我教授柏拉图已经不止十五个年头，所有文献我基本上都读过，其中一些还深入研究过。但它们都没有给过我如此强烈的冲击，因为没有哪一部能如此一针见血地切中许多基本问题的要害。

---

〔24〕 Irwin, 1977a.

这些问题中最重大的一个，是柏拉图对话中的道德哲学总体上是否是功利主义的。初读者肯定会认为它是，因为对话中一直宣称“正义总有回报”（justice pays）——总会回报行正义者以幸福。这似乎是在说，一个人做出道德行动的最终理由应该是：这是他实现非道德目的最稳妥的指引。不少颇负盛名的著作在解释柏拉图早期的苏格拉底对话时都采取了这一思路，另一些则干脆避而不答。在格思里（W. K. C. Guthrie）的《希腊哲学史》（*History of Greek Philosophy*，“剑桥出品”字号认证了、全世界也广泛认可了它作为权威参考书的地位）里我们能读到：“苏格拉底因其对善和德性的这种功利主义解释而著称。”[25] 当作者用“功利主义”这个由19世纪英国伦理学家提出的范畴来描述希腊先人时，他默认我们**当然**明白这个词是什么意思。

如果你有胃口读完厄尔文书的前四章，就会明白为什么我在读的过程中总是想起一句话：“糊涂之祸，甚于谬误。”（*malheur au vague, mieux vaut le faux.*）厄尔文弃用了“功利主义”这个术语，认为用它不足以准确分析苏格拉底关于德性与幸福的观点。他代之以“工具论”（instrumentalism）：德性只是获得幸福的一种“工具性手段”，它与幸福“判然有别”，

7

---

〔25〕 Guthrie, 1969: 462. 如果只参考色诺芬著作中的某些段落，如其中苏格拉底与阿里斯提普斯（Aristippus, *Mem.* 2.1）和欧谛德谟（Euthydemus, 4.5.1-11）的对话，那格思里的说法倒没错；色诺芬还把同样的观点归于他的另一位偶像居鲁士（Cyrus，*Cyr.* 1.5.8-12）。但色诺芬也没有一以贯之地把苏格拉底视为功利主义者，反例见 *Mem.* 4.8.6。

两者间是因果关系。[26]接下来的问题就再清楚不过了：这一说明是否符合苏格拉底道德哲学中德性与幸福的关系？对于这个明确的问题，厄尔文研究柏拉图中期对话得出的明确结论是“否”。但在讨论柏拉图早期的苏格拉底对话时，厄尔文在那本书中的回答同样明确：“是。”

我同意厄氏书中的这个“否”——柏拉图不是工具论者，这是当然的，但坚决不同意这个“是”：我觉得工具论因素在苏格拉底那里甚至比在柏拉图那里更少。在为《泰晤士报文学增刊》（*Times Literary Supplement*，*T. L. S.*）撰写的该书书评中我毫不含糊地指出了这点，[27]我承认厄尔文非凡的才华，[28]但极力论证以反驳他关于苏格拉底的观点。我的观点和他针锋相对，我尊苏格拉底为那一理论流派的创始人：它最先在柏拉图的著作中得到阐述，复得到亚里士多德更慎重的认可，后又被安提斯忒涅斯（Antisthenes）和他的犬儒派徒子徒孙以及斯多亚派推向极端。[29]该流派的理论认为德性绝非仅是幸福的外在手段，而是它最内在的核心，是它唯一的或主要的构成部分。厄尔文回应了，他去信《增

〔26〕 Irwin, 1977a: 300, n. 52.

〔27〕 Vlastos, 1978a.

〔28〕 他后续出版的亚里士多德专著充分印证了我的判断。我有生以来问世的著作没有哪部比他的《亚里士多德的第一原理》（*Aristotle's First Principle*，1988）对亚里士多德研究做出过更根本性的贡献。

〔29〕 但另一位苏格拉底圈子的成员阿里斯提普斯并不认同这一立场，他是快乐主义道德理论一脉的创始人，认为快乐是最终目的，德性只是作为获得快乐的手段而有价值（D. L. 2.87）。

刊》，反驳了我的批评。我回复了他的回应，之后他又回应，你来我往，持续了近六个月[30]——这是《增刊》通信栏目有史以来历时最长的哲学对话。

我为什么无法接受德性对苏格拉底而言只是幸福的“工具性”手段这种观点？因为这种观点主张，对苏格拉底而言幸福和德性“判然有别”，[31]以至于一切人欲求作为其一切行动的最终目的的幸福**对于所有人而言都是相同的**，无论他们在道德品性上有何差别：上至最高尚的君子，下至最卑劣的小人，所有人都追求同一个“确定的”（determinate）终极目的，只是在手段的选择上有所不同。[32]苏格拉底在文本中提出过这样的观点吗？显然没有。但是，任何对其哲学的哲学性诠释都必须在某种程度上超越文本的字面意思，厄尔文的解释也不例外。它的建构性想象非常出彩，但要判断它是真是假，我们就得问：它是不是对柏拉图早期对话中苏格拉底教义的可信解释？

就此而言，首当其冲的问题必定是：这套解释能否让柏拉图的《申辩》、《克力同》和《高尔吉亚》中的苏格拉底

〔30〕厄尔文的第一封信在三月发出，我的最后一封信则是在九月。这次对话止于我在九月信中宣布这将是我最后一次回应，而厄尔文客气地把总结陈词的机会让给了我。

〔31〕参见 Irwin, 1977a: 300, n. 53 中对“工具性手段”的描述。

〔32〕简短引述我给该书的书评第二段中的说法：“苏格拉底被认为持这样的观点：有德之人和缺德之人追求同样的目的，只是选择手段不同。道德家的任务很简单，就是点明如何选择……整个规划是还原论的。道德知识只不过是‘技术性’知识——关于手段的知识。”

持一套内在地融贯的理论？我在七月致《增刊》的信中论证了它不能。[33]现在容许我更扼要地重申一次我的观点。在向判处自己死刑的法庭做自辩时，柏拉图笔下的苏格拉底假想了一位同胞邦民作为听众。这位邦民责备称，让苏格拉底如今沦为罪人、身陷囹圄的，正是他一直以来的生活方式。对此苏格拉底反驳道：

> **《申辩》28B5—9** “此言差矣，你这人啊。你似乎相信一个稍有身价的人会相对重视生死的危险，或者会在行动时考虑任何别的东西，除了这点：他的行动是正义还是不义，是善人抑或恶人所为。”[34]

厄尔文本人也是这样阐述《高尔吉亚》中的一段话的（512D-E）：“活得好才是重要的，**无论**它会对未来的福祉造成**多么坏的后果**。”（1977a: 240）如果将苏格拉底的观点建构为一种工具论正确的话，他能说得出**这种话**吗？按照那种建构，选择正义的行动还是不正义的**只取决于后果**——它们最终指向某个有别于德性的东西。但苏格拉底事实上相信的是，选择哪种行动应该取决于是否符合德性，无论其有别于德性的后果是什么。无论如何，那个选择的目的都是幸福，因为苏格拉底认为幸福是每个人的终极目的。但正如我在最

〔33〕但我的要点恐怕没有表达清楚，只能怪我自己的论证太费周章。

〔34〕我会在本书第八章和结语中再次援引这段文本并讨论其意涵。

后一封信中强调的，两种情况的动机是截然不同的。[35]

9 然而我所着力批评的并不是以下两个命题的不融贯：

（1）应当追求德性，“无论其后果多么坏”——这些后果可能是任何有别于德性的东西。

（2）应当只为了幸福——它是某个有别于德性的东西——的后果而追求德性。[36]

我主张的是，苏格拉底的工具论即便内在地融贯，也令人遗憾地缺乏眼力见。[37]想想苏格拉底“正义之人永远比不义地迫害他的人要幸福”这个主张。在我第一封信（三月）所举的例子里，苏格拉底声称，一个靠戕害无辜之人发家的僭主对自己幸福的损害远甚于对受害者幸福的损害。即便容许两人持迥异的幸福观，上述乍看之下令人难以置信的主张在“苏格拉底的怪异”的限度内仍然是可以合理地成立的。但从工具论的角度看这种观点则是全然不合理的，因为它假设僭主和受害者都欲求同样的东西，但又认为受害者比僭主得到的更多。[38]要是苏格拉底相信这样一种观点，那他

---

〔35〕 *T. L. S.*, Sept. 3, 1978.

〔36〕 虽然这已足以在缺乏直接的柏拉图文本证据的情况下推翻厄尔文的解释：按照广受认可的“仁慈原则”（相关讨论见附注0.1），对作者的话维持融贯的重构比任何做不到这点的重构更可取。

〔37〕 不妨对照这样一个信念：只要我动动手指头，就会导致宇宙毁灭。不妨假定，正如休谟认为的那样，这个信念是内在融贯的。但除了疯子谁会认真对待它呢？

〔38〕 下文引自我四月二十一日致《增刊》的信：“如果同受害者调换位置，僭主会得到更多他想要的东西。”厄尔文并未被这个假设的荒谬打乱阵脚，他反驳称这种荒谬的观点并不比密尔版本的功利主义 ［转下页］

真可算是缺乏最基本的眼力见。我使厄尔文理解这点了吗？他在五月的信中回应道：“哲学家［有时］会相信些不怎么合情理的东西。”这倒不假。但有哪位哲学家相信过**这么**不合情理的东西呢？

如果请一位不偏不倚的裁判来给这场争论打分，毫无疑问厄尔文的“得分”会更高，因为他为一个更弱的论点提出了最强的论证。他也因此更坚定地认同关于苏格拉底的工具论观点。[39] 换言之，《增刊》这场交锋对他的触动不大。对我则不然，它打开了我的思路，标志着我个人对苏格拉底的理解有了重大突破。如今我比以往任何时候都更加看清了 *10*

［接上页］更不合理。但后者其实也并不比任何值得尊敬但我们认为出了错的哲学观点更“荒谬”。反过来，要柏拉图笔下的僭主为了正义而甘愿丧尽世俗荣华、饱受痛苦折磨，从心理学/灵魂论（psychology）的角度看反而是不可能的：柏拉图在描绘这种人的性格特质时将权谋—权力—快乐置于其偏好序列的顶端，而将正义置于最末。除非在灵魂层面上洗心革面，否则抱有这种偏好序列的人不可能为了维护正义而甘愿忍受最极端的折磨。Irwin, 1977a: ch. 3 中赋予苏格拉底的立场的困难在于，它为所有人都设定了对同一种不可描述的幸福的整齐划一的欲望，这种幸福和欲望与他们彼此灵魂的差异毫不相干。它所设想的人无心可洗、无面可革。

〔39〕后来他的观点有所发展（1986: 85-122），试图通过允许苏格拉底持一种“随遇而安的幸福观”来消除其中的偏激，具体而言，一旦我们明白自己的某些欲望无法实现，这些欲望就会消失，然后它们所带来的沮丧就不再有损于我们的幸福（97 *et passim*）。这看起来像是把吃不到葡萄说葡萄酸当成了一条道德选择的最高原则。我们现有的苏格拉底文本中压根没有说过或暗示过任何类似的观点。而且任何暗示苏格拉底和伊壁鸠鲁派的思想存在亲缘关系的观点都有悖历史事实：在伊壁鸠鲁派的著作中，“苏格拉底被描绘成一个彻底的反伊壁鸠鲁主义者”（Long, 1988: 155，详尽的文本证据见 Kleve, 1981）。

苏格拉底在希腊思想发展史中的真正位置[40]：他最先奠定了伦理学的幸福主义的理论基础，这也成为所有继承自他的思想流派的共同根基；不仅如此，他还是柏拉图主义者、亚里士多德主义者、犬儒派以及斯多亚派——换言之，**除**伊壁鸠鲁派**以外**的所有希腊道德哲学家——所共同持有的那种非工具论的幸福主义的创始人。我要感谢厄尔文加深了我对这个问题的理解，此外我还要感谢他在论辩过程中保持的风度。他对自己立场的论证从容而冷静，不带半点敌意；得益于此，我的批评也毫不尖刻。这场辩论一点也没有给我们的私人关系造成隔阂，也无碍这段我一生最珍视且硕果最丰的友谊日后的增进。厄尔文在后续的通信交流中为我澄清自己的观点提供了积极的帮助。我在那场辩论之后发表的第一篇论文《苏格拉底对希腊正义观的贡献》(Socrates' Contribution to the Greek Sense of Justice)[41]矫枉过正，把苏格拉底眼中德性与幸福的关系理解成了同一的(identity)。正如我将在第八章中解释的，这种理解是错的——虽然错得不像将之降格为一种纯工具关系那么离谱，但仍然是错的，必须更正过来。厄尔文向我指出了导致该结论的一个逻辑谬误。[42]

《增刊》争论的一个令人意想不到的后续(甚或可以说是副产物，因为它广而告之了一个事实，那就是从普林斯顿退休并未宣判我学术公民身份的终结)是圣安德鲁斯大学

---

〔40〕 参见本书第八章第Ⅲ节。

〔41〕 1980: 301ff.

〔42〕 感谢他帮助我在1984年更正这个谬误，见第八章脚注〔46〕。

邀请我主讲1981年的吉福德系列讲座。一想到吉福德讲座历年主讲人名单上那串令人敬畏的名字——约西亚·罗伊斯（Josiah Royce）、威廉·詹姆斯、约翰·杜威——我就对这份邀请感到惶恐万分。但我克服了临阵退缩的冲动，完成了奠定本书基础的研究工作，而且不止如此：自1978年起，我付出的辛劳、绞尽的脑汁全是拜这次邀请所赐。为此我再怎么感谢吉福德信托基金也不为过。原本可能会在无所事事中虚度的这几年光阴，我过得充满激情。我从前的工作——40年代末艰难摸索前苏格拉底哲学，50年代研究柏拉图的存在论，60与70年代研究柏拉图的道德灵魂学和社会哲学——从未如此令我全身心投入过。我甚至一度搁置了自己的柏拉图存在论研究。后来重拾它[43]是因为我意识到，柏拉图称为"形式"（Forms）或"理念"（Ideas）的那些形而上实体与苏格拉底式定义探究的那些"焦点"（foci）——它们同样可以被称作"样式"（forms）或"观念"（ideas）[44]——之间的区别对于正确地理解柏拉图早期对话中的"苏格拉底"与后来那个阐述柏拉图二元世界观的同名对话角色之间的关系至关重要。[45]

11

虽然我明白圣安德鲁斯期待的是一次完成度相当高的讲

---

〔43〕参见第二章第Ⅱ节、第Ⅲ节。

〔44〕这里用不同写法来表示柏拉图的"形式"（Forms）和苏格拉底的"样式"（forms），用意正是要提醒读者注意这一贯穿全书的区别。（关于书中Form、form、Idea、idea这几个词的译法，参见第二章脚注〔46〕中的说明。——译者注）

〔45〕这将会是第二章的重要主题之一。

座，但三年的准备时间只是堪堪够我完成初步任务，亦即澄清自己对这个主题的理解。为此我利用上了我在自己的研究生和本科生研讨班里分发的关于各个子论点的课堂材料。我最先在多伦多大学的研讨班——参与者包括哲学系和古典系的师生——上大胆试用了我为圣安德鲁斯讲座准备的材料，并且从中获益良多。[46]后来在伯克利的几次苏格拉底研讨班——其中既包括校内的常规研讨班，[47]也包括国家人文学科基金（the National Endowment of the Humanities）资助的一次面向高校哲学教师的夏季研讨班——里我也这么做了，收效同样显著。在后一次研讨班中我有幸与一批在各自的院校机构中教授古希腊哲学相关课程的年轻学者分享了我关于苏格拉底的思考，他们给我的收获远比我给他们的要多。[48]以另一种方式有助于我的是我于1980年和1981年秋作为资深研究员在位于北卡罗来纳的国家人文研究中心（National Center for

12

〔46〕我对这次研讨班上的讨论对我的帮助深表感谢，其成员包括已故的伍德伯里（Leonard Woodbury），以及戈狄尔（David Gauthier）、苏萨（Ronnie de Sousa）、赫尔兹伯格（Hans Herzberger）、亨伍德（Kenneth Henwood）和哈佩尔（Edward Halper）。

〔47〕我最要衷心感谢的是在伯克利校内研讨班或后来同在伯克利内举办的国家人文学科基金研讨班中以评论的形式帮助我理清了想法的寇德（Alan Code）、朗（A. A. Long）、美茨（Benson Mates）、西尔弗曼（Alan Silverman）和怀特（Stephen White）。

〔48〕我从下列学者的献言中获益尤多：本森（Hugh Benson）、贝弗斯鲁伊斯（John Beversluis）、布里克豪斯（Tom Brickhouse）、格雷汉（Daniel Graham）、哈佩林（David Halperin）、勒克哈特（Grant Luckhardt）、麦克法兰（Mark McPherran）、普里奥尔（William Prior）、史密斯（Nicholas Smith）、薇丝（Roslyn Weiss）以及泽尔（Donald Zeyl）。

the Humanities）所做的几次特邀报告，[49] 当时我正在那里工作，享受着能够同其他领域的人文学者互动的理想环境。

我走进圣安德鲁斯的时候两脚都在发抖，因为我为这几次讲座所做的准备远未达到公开发表的水平。我尚未思考成熟的问题并不能给听众多少进一步的启发。听众中既有在校师生也有当地居民，因此我又一次要面对必须用非专家学者也能听懂的语言来演讲的挑战。但同时我也有幸能从许多深受该校闻名遐迩的苏格拉底学术传统熏陶的学者的专业批评中获益。杰出的希腊学者伯奈特（John Burnet）——他编校的牛津版柏拉图作品集（1900）以及他的《游叙弗伦》、《申辩》、《克力同》笺注（1924）和《斐多》笺注伴随了我几十年的学术生涯——在20世纪头几十年间一直是该校的希腊语教授。他的第三任继任者是多沃尔（Kenneth Dover），后者的《云》（*Clouds*，1968）译注本导言中关于苏格拉底的大师级论文收录于拙编文集《苏格拉底哲学》（*The Philosophy of Socrates*，1971）中。多沃尔的继任者是基德（Ian Kidd），博学的他是《波塞多纽斯》（*Posidonius*）[50] 标杆版本的编者，他在《哲学百科全书》（*Encyclopedia of Philosophy*，1954）中介绍苏格拉底的文章长期以来是我向学生推荐的论文篇幅

---

〔49〕 其中两份报告包含我日后以《苏格拉底式盘诘法》（The Socratic Elenchus［1983a: 27-58 and 71-4］）和《苏格拉底的否认有知》（Socrates' Disavowal of Knowledge［1985: 1-31］）为题发表的两篇文章的许多文字材料。

〔50〕 他的波塞多纽斯的残篇编校本第一卷于1972年问世（再版于1989年）。第二卷的笺注则于1988年出版。

的关于苏格拉底其人其学质量最上乘的导论。

万幸的是这次讲座的邀约条款中只鼓励但不要求将演讲发表。正因如此，我才有机会在圣安德鲁斯讲座中大胆按自己的思路阐发苏格拉底思想，并且在之后持续不断地批判反思之。讲座有文字稿，随时可以发表，但其中的想法太欠完善了。将之按原样付梓将是灾难，和出版我二十五年前在普林斯顿完成的那部废稿差不多。带到圣安德鲁斯的材料中缺失的东西，我后来从听众的回应里学到了。举一个和我前面提到的主题，即苏格拉底设想的德性与幸福的关系是同一的有关的很好的例子。这个解释不乏可观的文本证据支持，我一度怀疑，苏格拉底下面这些话还能是别的意思吗？他说，德性应当是“一个人生活的目标（σκοπός），也是一切行动，无论是自己的还是城邦的，所趋向的目的，这样一来，正义和节制就会出现在那个将会获得福佑的人身上”（*G.* 507D）。但在讲座后的研讨会上我对这个主张的论证却遭到了猛烈抨击。基德指出，赋予苏格拉底这样一种观点无异于抹杀他同斯多亚派立场的差异，而这经不起扎实的历史考据的推敲。我承认他的批评意见非常中肯，并在系列讲座的后几场中说明了这点。但要找到一个恰切的术语，来表达柏拉图阐述的苏格拉底思想中德性与幸福真正的关系，需要花费的功夫却多得多：直到两年多后我才找到了解决这个极端棘手难题的方案。[51]

〔51〕 1984年在剑桥的一次讲座中。讲稿修订为本书的第八章。

这只是在准备好、使书可以出版前，我在那些讲座上展现的苏格拉底哲学图景中有待纠正的几个要点之一。另一个要点是苏格拉底的反讽。我觉得过往的研究文献对他身上任何一点的理解都比对这点要更深入。按照一种几乎已成不刊之论——甚至被各种辞典坦然收录——的误解，苏格拉底的反讽就意味着苏格拉底的**欺骗**，无论这种欺骗是恶意的，如《理想国》中忒拉叙马科斯（Thrasymachus）认为的那样，[52]还是温和无害的，如按通常理解的《会饮》中的阿尔喀比亚德所描绘的那样。[53]我花了很长时间才开始真正触及它**为什么**错这个问题——我在剑桥的一次题为"苏格拉底式反讽"（Socratic Irony）的讲座中这么做了，[54]而这距我在圣安德鲁斯做同一主题的讲座已经过去了三年之久。如今我才明白原先那次讲得有多么肤浅空洞：它仅止于指出苏格拉底个人特质中的种种反讽元素（我当时用的表述倒挺对：他整个就是"各种反讽的杂糅"[a collage of ironies]），却没能揭示反讽如何服务于他的无知宣言。这个宣言只有作为反讽才可以理解：苏格拉底在否认拥有某一类知识的同时也宣称拥有另一类知识。我认为这个假设是理解一切的根本，所以我把它放到了本书的第一章里。但我并不认为它能自动成立。我将其不可或缺的论据支撑写进了不久后发表的论文《苏格拉底的否认有知》（1985）里，在其中我系统地论证了

〔52〕本书第一章T1。

〔53〕本书第一章T8、T9。

〔54〕Vlastos, 1987b: 79-96，现重刊为本书第一章。

这样一个主张：苏格拉底对知识的否认是一个“复杂反讽”（complex irony），这是一种“表意（what is said）既是又不是本意（what is meant）”的说话方式。我在论“苏格拉底的复杂哲学反讽”的附注1.1中给出了该论证的一个简要版本。

14

另外一场我思考得不够透彻的圣安德鲁斯讲座主题是苏格拉底的盘诘法，但这并不是说我想要收回当中的什么想法。盘诘法是一种哲学探究方法这个观点是绝对正确的，而不像罗宾逊（Richard Robinson）在《柏拉图早期辩证法》（*Plato's Earlier Dialectic*）中认为的那样，[55]只是一种暴露苏格拉底的对话者之困惑的技巧。我在讲座上的观点和罗宾逊正好相反，我认为盘诘法虽然是反驳性的（adversative）、在形式上绝大多数是否定性的，但其目标却有很强的正面性，即发现并且为真正的道德教义辩护。[56]我认为强调这点是正确的，同样，苏格拉底希望借此手段发现的是知识而不仅是真信念的主张[57]也是正确的。除此之外，还有我对盘诘法的

〔55〕虽然在这点上我与罗宾逊有分歧，但在其他方面我受惠于他极多。在20世纪中叶，推崇盘诘法为苏格拉底探究方法中最根本、最独特的要素的只有孤军奋战的罗宾逊一人。对比其他学者在罗宾逊的书出版之前（Maier, 1913: 367ff.；A. E. Taylor, 1929: *passim*；Cornford, 1932: 29ff.；Shorey, 1933: *passim*；Hardie, 1936: *passim*）甚或出版几十年之后（Kneale & Kneale, 1962: 1ff.；Crombie, 1963: 517ff.；Guthrie, 1969: 417ff.；von Fritz, 1971: 250ff.）关于盘诘法说了什么，或者没能说出什么，我们就能看出罗宾逊有多么超前于时代。

〔56〕如Gulley, 1968: 22ff. 和Irwin, 1977a: 36-8 *et passim* 在我之前就论证过的。

〔57〕见Vlastos, 1985: 1ff., at 5, n. 12.

范围限制：和伍德拉夫（Woodruff）一样，[58]我坚持认为在早期对话中盘诘法仅被用于检验道德，而从未被用于检验形而上学或者知识论论点。与后来柏拉图中期对话中苏格拉底的做法不同，这个更早的苏格拉底只在追求道德真理的过程中运用盘诘；他自始至终都是个一心一意的道德论者，从不冒险涉足任何探讨这种探究方法的有效性或者其存在论预设的真实性的元盘诘论证（meta-elenctic argument）。最后还有我坚持的“说出你所信”（Say only what you believe）这条苏格拉底经常下的指令的重要性。罗宾逊之前一直留意到这条规则在苏格拉底式论证中的存在，[59]但他和其他所有人都没有意识到这条规则的方法论意涵：它的实际作用是排除掉那些基于未经断言的（unasserted）前提的论辩，由此将苏格拉底式辩证法同芝诺式的以及（至少据我们所知）其他所有早期的辩证法类型区别开来。

关于盘诘法的所有这些方面，我在圣安德鲁斯吉福德系列讲座里都讲得一清二楚。但我依然对自己在前几年的研讨班里称作“盘诘法之谜”的那个问题感到迷惑不解，亦即苏格拉底如何可能期望通过一种本质上只能检验融贯性的论证方法来通达真理。按戴维森（Donald Davidson）的知识理论，融贯本身就足以保证真理性。[60]但没有一个人敢说——戴维森本人尤其不会说——苏格拉底领先了同时代人

15

〔58〕 Woodruff, 1982: 137-8. 我在Vlastos, 1983a: 33, n. 22中承认了他的功劳。

〔59〕 Robinson, 1953: 15ff.

〔60〕 Davidson, 1986: 307-19.

两千五百年，已经算是个远见超凡的“戴维森主义者”。出于忠于文本考虑，我们并没有一套可以归于苏格拉底的**知识论理论**。[61]但在此之外我们还能如何合理地解释他这个坚定的信念，即他确实通过盘诘论证获得了道德真理？当我开始反问自己下面这个问题的时候，事情开始变得明朗起来：难道苏格拉底就不可能的确在没有哲学理论支撑的情况下就做出了某些预设，而这些预设让他看起来能够合情合理地相信，盘诘法能做的不只是暴露对话者们的假信念和苏格拉底从中推出否定了假信念的其他那些信念之间的不融贯？假设他原本就相信，他所探寻的道德真理早已以真信念的形式存在于他的每个对话者**那里**，他通过与他们进行盘诘对话就能够通达这些真信念，并且他**总是**可以期望这些信念出现在他们心中，继而能够将它们用作前提以推导出对他们错误论点的否定。**如此一来**，苏格拉底相信自己能够通过盘诘论证发现道德真理，在我看来就没那么不合理了。这就是我在《苏格拉底式盘诘法》（Vlastos, 1983a）一文中采取的新思路，[62]这一思路的发现已经是我做完1981年吉福德系列讲座中关于盘诘法的那场之后的事了。

我没有料到的是，回到伯克利不到两年，幸运女神

---

〔61〕 比较附注1.1的脚注〔5〕，以及第二章的脚注〔12〕。

〔62〕 我很高兴在这点上能得到戴维森的支持：“如弗拉斯托解释的，盘诘法只需要确保一组信念的融贯性就足以得出真理，只要我们预设每个人那里总是有与假信念不融贯的许多真信念存在……我认为我们有很好的理由相信这个预设是真的——其真实性起码足以确保当我们的信念是融贯的，它们在大多数大问题上就会是真的。”（1985: 16）

又一次展露了微笑。我获邀以基督学院杰出教授研究员（Distinguished Professorial Fellow at Christ's College）和古典系讲师的身份访问剑桥大学。剑桥很久以前就有恩于我，这段故事还得追溯到二战前：1938年，前途未卜、志向未定的我只身来到剑桥。作为个人学者到访的我没有正式身份，和学校的唯一关系就是一张图书馆阅览卡。吸引我到剑桥的是康福德（Cornford）。他的著作给了我的柏拉图研究很大的启发 *16* 和指引，因此我很渴望能和他有进一步的交流。虽然没有制度上的义务满足我的任何要求，而且刚经历了丧子之痛——他儿子此前在西班牙离世——康氏还是友善地抽时间和我见了面。在讨论的过程中，我对他关于《蒂迈欧》中的创世神话的观点提出了异议。他鼓励我将想法写成文章，并且在我完笔之后对我说："你还是没能说服我。不过我们一定得把这篇文字发表在《古典学季刊》（*Classical Quaterly*）上。"这篇文章的顺利刊登也标志着我人生的一个新转折，我不再茫然失志：我得到了在古典哲学领域辛勤工作的同行们的认可。这是这位当时最负盛名的柏拉图专家对一个无名后生的馈赠。

承蒙多方眷顾，我1983年在剑桥的日子过得无比满足。有机会作为基督学院的访问院士和理事会投票成员亲身领略一种迄今仍未见于美国和加拿大的事物——一个声誉崇隆且完全自治的高等研究机构——对我来说是一项殊荣。除一场正式讲座外，我按约定要承担的义务就只有一次研讨班，但事实证明，这是一个意义非凡的研讨班！我这辈子几乎从未有过这种体验。在座的几乎都是大学教员（dons），其中包括一些全世界最出色的古代哲学学者。能每周把我目前关于苏格拉底的研究成果展示在他们面前，这种机遇带来的挑战和回报是我这辈子从未有过的。我在圣安德鲁斯的讲座的内容，以及那些争议极大的、如今我已经有了更进一步思考的观点，不仅受益于它们在研讨班上引发的批判性讨论，也受益于关于它们的私下讨论擦出的火花。

这些收获中最富益处的来自伯恩叶（Myles Burnyeat），他是现任的劳伦斯教授（Laurence Professor），也是这个为康福德而设的教席的第四任继任者。伯恩叶的一系列研究在我到剑桥时已经出版了，我当时就已经认定它是在我有生以来问世的最出色的《泰阿泰德》研究著作，甚至比康福德的更胜一筹：它在处理柏拉图文本的细腻程度上与后者不相伯仲，但在哲学解释上明显比后者更强。并且我发现它所采取的解释进路与我的不谋而合。举例而言，他关于“苏格拉底式助产术”（Socratic Midwifery）的论文就令人信服地论证了这个比喻乃是柏拉图的发明，与柏拉图早期对话中的苏格拉底毫不相干；这个论点我在普林斯顿和伯克利都提出过，虽然在文本分析的精细度和批判论证的力度上不及伯氏此文。在讨论过程中，伯恩叶总能展现出他罕见的天赋，在你17自己想到某一步之前就已洞悉你思路的走向，既帮助你想清楚问题，又不越俎代庖。我对“盘诘法之谜”的解决方案是在他的帮助下提出的。[63] 但我至今仍然不清楚他是否同意这

〔63〕我在Vlastos, 1983a: 57, n. 65中感谢了他的帮助。

个方案。我关于柏拉图的见解，**通过**（*through*）厄尔文获得的最多，但**来自**（*from*）伯恩叶的最多。

逗留剑桥期间，幸运女神向已经步入退休岁月的我投来了第三次大大的微笑：我受邀主讲康奈尔大学新开设的唐森系列讲座（Townsend Lectures）的第二讲。这所大学一直被我视为自己的哲学摇篮。这里正是我开始面向研究生教授古希腊哲学的地方，同时也是我自己开始学习现代分析哲学的地方。我在哈佛读研究生期间学到的这方面内容少得可怜，虽然我的导师怀特海（A. N. Whitehead）和我是亦师亦友的关系，也给了我不少启发，但除了自己的哲学加上一个严重怀特海化的柏拉图[64]之外，他几乎没教给我多少当代哲学。我很庆幸在离开哈佛后很快就从对这种柏拉图的上头迷醉中清醒了过来，开始在加拿大女王学院教授本科哲学课程的同时自学柏拉图。在康奈尔，哲学讨论俱乐部里的马尔科姆（Norman Malcolm）、布莱克（Max Black）、墨菲（Arthur Murphy）和他们的学生们分享的分析知识论让我甘之如饴。我绝大多数的当代哲学知识是在康奈尔学到的，那时的我宛如一个顶着教授头衔的超龄研究生。因此这次唐森系列讲座的邀请不免让我这个老校友浮想联翩，仿佛找回了当年的青

〔64〕这时期的怀特海已经着迷于柏拉图。他表达对柏拉图的热情的方式是给后者赠送自己的哲学大礼。在这点上，他也被同时代一些柏拉图学者带坏了。A. E. 泰勒对《蒂迈欧》宇宙论的诠释中的“怀特海成分”和柏拉图成分一样多，有时候前者甚至比后者更多。对我来说，万幸康福德给我提供了一剂强力解药：见 Cornford, 1937: Preface。

春悸动。但让这次邀请难以抗拒的还不只是这点怀旧愁绪，我也很难拒绝向一批全新的听众口头讲述自己任何一篇有分量的旧作的机会。使这次机会更难拒绝的，是有机会和厄尔文再续前缘——他现正在康奈尔任教，并且是唐森讲座委员会成员之一——并且结识康奈尔哲学系的另一位知名柏拉图专家法茵（Gail Fine）[65]以及两位的研究生们[66]。我在研讨班中报告了我关于苏格拉底的思考。和在圣安德鲁斯一样，我的听众中既有古典学家也有哲学家，还有零星参与的使讨论更引人入胜的非专业人士。

本书中包含了我在那里做的几场讲座的内容。第一至七章分别是我的七场康奈尔讲座内容的修订。第八章是我在剑桥发表的关于苏格拉底伦理理论的论文，其中给出了我对苏格拉底道德哲学的正面阐释，算是我对1978年《增刊》那场论争所持立场的总结。我如今关于苏格拉底的思考总算是比吉福德讲座时成熟了不少，但还远未定型或者完善。我目前正在写附带的论文，同时改写我吉福德讲座的内容。它们预计会收录在后续将出的一卷《苏格拉底研究》（*Socratic Studies*）中，该卷将另含我此前发表的《苏格拉底式盘诘法》《苏格拉底的否认有知》两文的修订版，以及一篇题

---

〔65〕我关于柏拉图存在论的论文（Vlastos, 1987a）就是为回应她在我的康奈尔研讨班上提出的挑战而写的。她和厄尔文都参加了那次研讨班。

〔66〕我论“苏格拉底式反讽”的论文迄今收到的最宝贵的批评来自亚当斯（Don Adams），当时他还是康奈尔的一名研究生，参加了我的研讨班。我在第一章脚注〔64〕中感谢了他的帮助。

为《历史上的苏格拉底与雅典民主》（The Historical Socrates and Athenian Democracy）的论文，我在其中将挑战最近由斯通（Stone）那本畅销书引领的将苏格拉底描绘成一个亲寡头的意识形态头子的时兴观点。[67]我否认苏格拉底的态度是反平民的（anti-populist），并在上述第三篇论文中论证他的态度是**爱民的**（*demophilic*），虽然不是严格意义上的**民主派**（*democratic*）——我们不应该赋予苏格拉底一套民主政治理论，因为苏格拉底并没有任何政治**理论**，[68]但他的确有自己的政治观点和立场，而且很强硬。只要就这点拿他和柏拉图的《理想国》比较，我们就能看出这些观点和立场的（广义上的）民主[69]意味有多深。将道德探究限制在一小群精英的范围内，像柏拉图在《理想国》第四卷至第七卷中做的那样，[70]就意味着抹杀掉苏格拉底那使得哲学生活向一切

---

〔67〕 Stone, 1988. 这本书的错误见我致《增刊》1988年11月号的信，4—10。关于苏格拉底的定罪本质上是由政治动机策动这种观点，最值得参考的莫过于现由蒙托里（Mario Montuori，1981b）辑录的两位18世纪学者弗雷特（Fréret）和德累锡（Dresig）的开创性论文，以及蒙托里本人对同意此观点的学术文献的综述（1981a）。

〔68〕 关于后一点，我和我的好友克劳特有分歧，见我对其《苏格拉底与国家》（*Socrates and the State*）的书评（Vlastos, 1984a）。

〔69〕 已故的哈弗洛克（Eric Havelock）评论说希腊人“将文字素养民主化了”（democratized literacy），在这种意义上，苏格拉底也将道德哲学民主化了：他让“多数人”也能够进行道德哲学思考。

〔70〕 柏拉图直至第七卷（537D-539D，本书第四章T4引用了该段的部分文字）之前都未曾明言这点，但第四卷中“完善的”（427E）城邦的阶级结构——各个阶级的智慧都只是哲人统治者的智慧使然——早已为之打好了基础。

人开放的洞见。如果“未经检省的生活不值得人去过”（*Ap.* 38A），那么柏拉图“只有精英有权过上经过检省的生活”的限制在苏格拉底看来就会意味着大多数人的生活都是不值得过的。

19 三十年前，研究苏格拉底的著作在英语学术出版物中还稀罕得很，今天这类著作已经屡见不鲜。[71]能够为苏格拉底研究的开枝散叶贡献一份力，我与有荣焉。它的萌芽可以追溯到20世纪60年代，伴随着下列几本书的出版：已故的维尔森伊（Laszlo Versenyi）的《苏格拉底式人文主义》（*Socratic Humanism*，1963）、奥布里恩（Michael O'Brien）的《苏格拉底的悖论和希腊心灵》（*The Socratic Paradoxes and the Greek Mind*，1967）、格里的《苏格拉底的哲学》，以及格思里的《希腊哲学史》（1969）第三卷第二部分。对我个人而言，转折始于桑塔斯1964年的论文《苏格拉底的悖论》（The Socratic Paradox）[72]。这篇论文率先梳整了苏格拉底式怪异的重重枝蔓，对我长期以来肤浅地认为苏格拉底只是为了反叛常识而提出的一个论点给出了很好的解释。[73]我在本书中苦心经营的也是同一片葡萄园。我的许多设想都值得商榷，其中一些更是充满争议。明知如此，我却并没有选

---

〔71〕如今一年内问世的苏格拉底研究著作比30、40或50年代任一个十年内问世的都要多。

〔72〕1964: 147-64. 奇怪的是当时其他许多学者都忽视了此文，它既不在Guthrie, 1969详尽的参考文献列表里，也不在后来的Guthrie, 1975的参考文献列表里。

〔73〕见本书第五章第Ⅳ节。

择在学术争论的语境中呈现这些设想，因为那样一来，我要写的书就完全变成了另一种——写给专家看，而不是写给柏拉图对话的“寻常读者”看的那种。

如我在开头说的，我在本书中提出的观点并不是想把读者的注意力从柏拉图的故事中转移开去，而是想请他们更细致地考察它。读者如果在充分思考之后仍不觉得本书是对我们手头的苏格拉底文本最合理的解释，就应该将之弃若敝屣。它的唯一价值就只在于使得柏拉图的话变得比之前更好理解。我相信那些认为我让他们带着批判的眼光专注于文本的建议有点道理的读者，绝不会吝啬对我的理性批评。[74]我过去犯了错误，将来犯的错只会更多。示吾错者，皆吾友也。

个人致谢

感谢我在伯克利哲学系的同事们：感谢他们在我1976年从普林斯顿退休后给了我一个学术家园；感谢他们无比慷慨地提供给我最优渥的教学和研究条件；感谢他们让我在1987年二次离休后得以继续以荣休教授的身份与他们共事，虽然很难说我配得上这份荣誉，因为我在职期间于此的合约 20

〔74〕我很期待能在阅读这些批评的过程中有所收获，虽然我可能已经没法一一回应了。人到暮年，朝不保夕，加之身体欠安，我只能争分夺秒，把时间和精力留给自己的原创性工作。接下来我的当务之急是完成本书后续的苏格拉底研究。

身份不过是访问教授。

感谢厄尔文：仿佛过去帮我还帮得不够多，他怀着一片好心自告奋勇通读了本书的全部手稿并且给了我许多批评意见，其中一些最终帮助了本书的改进。

感谢我的麦金托什电脑（Macintosh）使用指导们，主要是寇德，还有怀特（Stephen White）和门德尔（Henry Mendel）：感谢他们耐心辅导我这位后进生，感谢他们忍受我不分昼夜只要一卡壳就给他们打求救电话的烦扰。要不是用熟了这台玩意儿，我很怀疑自己现在或者以后有能力完成这部作品。

第一章　苏格拉底式反讽[1]

“反讽（Irony），”昆体良（Quintilian）说，是这样一种比拟说法（figure of speech）或转义修辞（trope），“以此所说的话会被理解为某种相反的意思（*contrarium ei quod dicitur intelligendum est*）。”[2] 他的表述经受住了时间的检验。它被约翰逊博士（Dr. Johnson）的词典完整收录（“含义和语词相反的言说方式”［1755］），又几乎完整地留存到了我们的常用词典里：“反讽就是用语词表达某种与［其］字面义不同的尤其是相反的含义。”（《韦伯斯特大辞典》［*Webster's*］）举个再简单平常不过的例子：一位英国旅客在瓢泼大雨中到达洛杉矶，有人听到他议论了一句“你们这里的天气可真好”。天气糟，但他说天气“好”，并且轻易就能让人明白他想表达的意思与嘴上说的相反。 21

我们为什么会想要扭曲字词，使其含义与“字面

---

〔1〕 本文原系为剑桥大学古典系B组（B Club）所写，后曾在康奈尔大学（作为唐森系列讲座之一）和哥伦比亚大学（在一次崔灵研讨班［Trilling Seminar］上）报告并讨论。我向那些帮助本文最终成形的评论者表示感谢。

〔2〕 *Institutio Oratorica* 9.22.44. 6.2.15和8.6.54处也出现了几乎同样的定义。

的”——亦即现成的、通常理解的——意思差别如此之大甚至于完全相反？一是出于幽默，二是出于嘲讽。也可能同时出于两者，正如梅·韦斯特（Mae West）在解释为什么要拒绝杰拉德·福特（Gerald Ford）总统的白宫国宴邀请时所说：“跑那么老远就为了一顿饭，太折腾了。”这是个**针对**某人的段子，是一句带着意味深长的微笑说出来，从而能够被社会所接受的奚落话。

反讽的第三种可能用法很少有人注意到过，[3]以至于连专门的名称都没有。让我通过举例来说明。保罗平时是个22 好学生，但今天的表现不太好：他的辅导课上得磕磕绊绊，令导师气得不行，最后甩了他一句：“保罗，今天你的表现可真优秀。”这话说得他恨不得找个地缝钻进去。但事出何因？他做错了什么惹火了导师？是他上课散漫、不守纪律，说话支吾、口齿不清、语法句法不对，没有预习，听课走神，还是思路糊涂、毫无逻辑？他是在哪个细节上被诟病？没人告诉他。他被卖了个关子，只能自己去索解。这类反讽虽然肯定算不上普遍，却也不像我们想象的那么罕见。只有最朴素的那类——如我举的第一个例子——才完全不带这种反讽。第二个例子已经有点这种意思了。梅·韦斯特的戏谑口吻告诉我们，她回绝那份金边请柬的理由只是遁词。她的言下之意是：只要不是没脑子的都知道这不是我真正的理

〔3〕 Muecke, 1969: 15-19举出的例子——其中好几个都很精彩——中并没有这类反讽的纯正示例。该著和另外那本杰作（Booth, 1974）都未曾注意到，更遑论深入探讨过反讽的这个维度。

由。真正的理由是什么你们自己琢磨去吧。

反讽如果像谜语一样玄乎，就有被误解的风险。极端情况下听者甚至可能全然听不出反讽。如果保罗既自大又愚蠢，可悲地不知道反躬自省，那他完全有可能拿那句话来往自己脸上贴金，觉得自己总归是说了**些什么**妙语高见。这样一来我们会说，产生欺骗效果并非说话者的本意。因为如果那位导师的本意是说反讽话，那他的意图就不可能是欺骗；这两种用意是矛盾的，实现了前者就不可能实现后者。显然，我所举的三个例子其实都没有欺骗的用意。回过头来参照本章开头给出的定义，我们不难发现三者有此共同特征并非偶然。仅从该定义我们就可以推论出，如果游客的意图是欺骗某人，例如他身在伦敦的妻子，相信洛杉矶当时的天气不错，那他根本不可能通过在电话里**反讽地**说"这里的天气可真好"来实现这个意图。因为反讽地说这句话的用意是希望她反着理解"可真好"，如果当真反着理解了，那她就没有被骗：洛杉矶当时的天气**确实**和"可真好"正相反。

这个道理非常基本，不妨再举个例子。一个骗子戴着一枚他明知是假的钻石戒指到处招摇撞骗，逢人就问："您对钻戒感兴趣吗？"将这也称为"反讽"无异于承认一点也不了解这个词的意思。我们的定义告诉了我们为什么：出于诈骗的目的，他意图传达的只能是"钻石"的字面义。要看他怎么反讽地用这个词，我们只能设想一个他不带这种意图的情景，例如说他使着讲故事的眼色对他十岁的女儿说："宝贝，你对钻戒感兴趣吗？"现在假设他说这句话的时候

23

没有流露那种神色，我们还会把这称为“反讽”吗？也许会，前提是我们相信他不是在试图愚弄她：她十岁了，不是五岁，已经足够懂事，知道那个小饰品如果真是钻戒，得值几千块钱，她爹可片刻不会让它离开视线。如果我们觉得他的用意正在于测试小女孩的智力和感受力，那我们仍旧可以称之为“反讽”，一则纯正的卖关子类型的反讽。小女孩通不过测试并不会改变它的性质，因为这句话里并不带有欺骗的意图。类似地，那位导师在说“你的表现可真优秀”时完全可能已经意识到保罗或许会听不出反讽，误把贬听成褒。明知如此，出于自己的理由，他还是愿意一试。

充分理解这点后再回到希腊人中间，我们会大为惊讶地发现，与我们表示“反讽”的词如此格格不入的欺骗意图在其希腊语词源*eirōneia*，*eirōn*，*eirōneuomai*中却常见得很。[4]我们从这个词在存世阿提卡文献的最早三处用例中——皆见于阿里斯托芬——都能明显看出这种差异。在《马蜂》（*Wasps*）行174，ὡς εἰρωνικῶς指的是斐洛克里昂（Philocleon）撒谎要把驴从家里带出去卖，以便自己借机溜出去当陪审员。在《鸟》（*Birds*）行1211，它被用来描述伊里丝（Iris）靠撒谎一路混进了鸟儿们的城邦。在《云》行449，εἴρων夹在两个表示“油滑”的词中间出现在了“一

〔4〕 关于εἴρων在古典时期作为一个辱骂词（*Schimpfwort*）的研究，可参见开创性论文Ribbeck, 1876: 381ff.，尚无后世研究能出其右，我也不打算综述它们。

份针对法庭上狡猾对手的骂人话清单”[5]里。前4世纪类似的用法更多。德摩斯提尼（Demosthenes,《反腓力辞第一》[*1 Phil*. 7]）用它来形容那些想靠敷衍推搪来逃避繁杂城邦义务的公民。柏拉图在《法义》中（908E*）制定针对宗教异端的刑罚时用了这个词。他把其中虚伪的那一类人称作*eirōnikon*：按他制定的法律，这类人死有余辜；那些思想不端但直言不讳的人则可从轻处以监禁和训诫。在《智者》中，柏拉图称苏格拉底的辩证法是一种更高超的*sophistikē*（智术）[6]，并将之与一般智者搞的那种普通智术相对；他把后者所从事的技艺归类为*eirōnikon*。被柏拉图称作*eirōnes*（268A-B）的恰恰不是苏格拉底而是他的死敌，是那些被柏拉图视为骗子的家伙。

24

不真诚的意味在*eirōn*一词最日常的用法中有多么浓，从亚里士多德和忒奥弗拉斯特（Theophrastus）对反讽者的描绘中可见一斑。虽然他在两者笔下的形象大相径庭——在忒奥弗拉斯特笔下面目可憎，在亚里士多德笔下却颇为讨喜。[7]但有一方面是一致的[8]：他在谈论自己时会故意含糊其

---

〔5〕 见Dover（1968）极具价值的编本《云》该处注释。

〔6〕 ἡ γένει γενναία σοφιστική（“出身更高贵的一种智术”），321B。

〔7〕《尼各马可伦理学》、《优台谟伦理学》和《大伦理学》对苏格拉底的指涉都是如此，但也许《修辞学》（*Rhet.*）是个例外：后者认为εἰρωνεία是一种“可鄙的”特质（καταφρονητικόν，1379b31-2）。

〔8〕 其内核是相同的：亚里士多德（*N.E.* 1108a22）的说法是προσποίησις ἐπὶ τὸ ἔλαττον（故作卑微），忒奥弗拉斯特（1.1）的则是προσποίησις ἐπὶ το χεῖρον（故作下贱）；两者都是一种做作（或假装）。

* 原书误作“901E”。（凡星号注均为译者注，全书同。——编者注）

词。亚里士多德将这种被他称为反讽者的人同其反面，自吹自擂者（*alazōn*）相对比，并认为前者远比后者更吸引人，因为他否认的都是些备受推崇的品质，并且否认的理由——“免得自大”——也值得褒扬（《尼各马可伦理学》1127b23-6），虽然要注意的是亚氏本人并不认为这种人可敬。他会用一种完全不同的方式表达对苏格拉底个人品质的推崇：他表扬苏格拉底的“心高志大”（*megalopsuchos*，《后分析篇》[*Po. An.*] 97b16-24*；参见D. L. 6.2），但这并不是指他的εἰρωνεία而是指他应对无常命运的淡然（*apatheia*）。忒奥弗拉斯特则毫不留情地挖苦反讽者，[9]把后者描绘成一贯口是心非、[10]善于伪饰以图谋私利[11]的阴险恶毒的两面人。[12]

这正是忒拉叙马科斯在提到苏格拉底“惯常”的*eirōneia*的那个著名段落中对苏格拉底的看法：

T1 《理想国》337A “赫拉克勒斯！”他说，“这就

〔9〕“比起躲着蝰蛇，更应该躲着这类人。”（1, *sub fin.*）

〔10〕“他就算听到了也假装没听到，看到了也假装没看到，答应过的东西也假装不记得。”（1.5）

〔11〕“他会当面夸赞那些他背地里攻击的人。”（1.2）我惊讶地发现Friedländer（1958: 138）居然会说忒奥弗拉斯特描述了εἰρωνεία，但“并未做价值评判”。还能有比此处以及前注所引用的评论语气更重的贬低吗？由于已将苏格拉底排除在外，忒奥弗拉斯特毫无顾忌地把反讽者活该受的通常观点的嘲弄都倾泻在了这样的人身上。

〔12〕亚里士多德同样发现，你最危险的敌人是那些“悄不作声、假惺惺、无所不为的人”（οἱ πρᾶοι καὶ εἴρωνες καὶ πανοῦργοι），他们用心险恶却装作若无其事（*Rhet.* 1382b21）。

* 原书误作“98a16-24”。

是苏格拉底惯常的惺惺作态（εἰωθυῖα εἰρωνεία）。我早就对这些人预言过，你会拒绝回答，装模作样（εἰρωνεύσοιο），千方百计不回答别人给你提的问题。”

忒拉叙马科斯指控苏格拉底说自己不知道向别人提出的问题的答案是在说谎。他抗议道，苏格拉底肯定知道，却藏着掖着，假装不知道，好来挑我们的刺，把我们的回答驳得体无完肤，他自己的答案却免遭攻讦。所以我们没有理由把这里的*eirōneia*译成“反讽”（布鲁姆［Bloom］，格鲁伯［Grube］，肖里［Shorey］）；[13]如果那样译没错，那么撒谎就会是一种标准的反讽。[14]　25

从εἰρωνεία在上述从阿里斯托芬到忒奥弗拉斯特的所有阿提卡文献中的语用表现来看，我们很容易仓促得出一个错误的结论：**因为**这个词在这一时期如此普遍地被用来表达狡诈的、带有欺骗意图的言行，柏拉图就**一定总是**在这种意义上用它来形容苏格拉底。许多著名的希腊学者都是这么认为

〔13〕Bloom（1968）和Grube（1974）把εἰρωνεία和εἰρωνεύσοιο都理解成了这个意思。Shorey（1930）也认为εἰρωνεία的意思是“反讽”（他参考了*Smp.* 216E，详见下文的讨论），但他却未经解释就把后者译成了“伪饰”（dissemble）。我猜他是弄混了irony这个英文词的含义，以为它就是伪饰的意思。

〔14〕可以接受的译法，可参见Lindsay, 1935（“狡诈”［slyness］）；Cornford, 1945（“佯装无知”［shaming ignorance］）；Robin, 1956（“假装无知”［feinte ignorance］）。从语境看，“佯装”“假装”才是正确的意思，这点应该是再清楚不过的。

的，其中包括伯奈特、[15]维拉莫威兹（Wilamowitz）[16]和格思里[17]。请容我指出这种推论是多么不妥。仅从一个词在许多用例里都表达某个特定意思这个事实，并不能推出它不能在其他情况下表达另外一个截然不同的意思。这类统计推论总是有风险的，至少这个推论肯定是错的。考虑下例：

T2 《高尔吉亚》489D—E

［**a**］苏格拉底："既然你不认为'更好'意味着'更强大'，那请再告诉我一次你的意思是什么。而且你得更温柔地教我，可敬的人啊，好让我不会从你的课上跑掉。"卡里克勒斯："你这是在嘲讽我（εἰρωνεύῃ）。"

---

〔15〕见他对Plato, *Ap.* 38A1的注："εἴρων，εἰρωνεία，εἰρωνεύομαι这些词（在柏拉图那里）只被苏格拉底的对手们用在他身上，并且总是表示一种不好的含义。"他这么说的时候并没有忽视*Ap.* 38A1处的εἰρωνευομένῳ。Allen（1984）也将这句话译成了同样的意思："你会认为我要诈、不老实。"但伯奈特却忽视（或者误解？）了这个词在《会饮》里的阿尔喀比亚德讲辞中值得注意的使用（详见下文的讨论）。

〔16〕1948: 451, n. 1："［Ironie这个词在柏拉图那里］被用在苏格拉底身上时总是表达一种指责——例如*Smp.* 216E处阿尔喀比亚德的使用。"无论是他还是伯奈特（见前注），都没有注意到里贝克（Ribbeck）对*R.* 337A的讨论，后者准确把握了此处εἰωθυῖα εἰρωνεία的含义。

〔17〕"在柏拉图笔下，这个词保留了坏的含义，它往往出自像忒拉叙马科斯这样尖刻的对手，或者对苏格拉底那种对每个人欺瞒自己的真性情的做法表示恼怒的某人（*Smp.* 216E, 218D处的阿尔喀比亚德）之口。"（Guthrie, 1969: 446）格思里本来可以加上*Ap.* 38A1的例子：οὐ πείσεσθέ μοι ὡς εἰρωνευομένῳ。苏格拉底预料到他从神谕故事那里得到的"命令"会被当成不诚实的编造。但格思里一点也没有注意到*G.* 489D-E（详见紧接下来对上述引文的解释），并且他认为在*R.* 337A处εἰρων-的意思与*Smp.* 216E, 218D处相同。

[**b**] 苏格拉底:“不,凭泽托斯(Zethus)起誓——你先前还拿他嘲讽(πολλὰ εἰρωνεύου)了我好多回。”[18]

在[a]中卡里克勒斯抗议的是苏格拉底在扮演(casting)他的学生——一个明明白白的反讽,因为卡里克勒斯无疑觉察到其实是苏格拉底一直在扮演教师的角色。在[b]中苏格拉底反驳说卡里克勒斯之前借用泽托斯的形象调侃了他,把他同泽托斯的可怜兄弟安菲翁(Amphion)联系在一起,后者“虽然天性高贵,却显得像个愚鲁少年”(485E-486A)。在这两处,抗议所针对的都是嘲讽,没有任何针对有意欺骗的指责。两处都没有出现任何对于假装、狡诈或者含糊其词的质疑——把他们的话换作粗俗的辱骂,譬如互称对方是 *26*

[18] 我的译文遵从Croiset & Bodin, 1955。伍德海德“你这是在反讽”的译法在[a]中可以接受,因为那里的嘲讽**确实是**反讽的(它采取了说反话的形式:说话者所说的与所相信为真的正相反),但在[b]中则不然,因为该处情况并非如此。厄尔文的“狡诈”也不通:这里的口吻或者内容并没有特别“机智、诡计多端或者虚伪”(《牛津英语词典》[*O.E.D.*]对“狡诈”的解释)的成分。我们还要拒斥里贝克对[a]中含义的理解:他毫无来由地从εἰρωνεύῃ中读出了“欺诈”(chicanery)的意思。但他对[b]中εἰρωνεύου的解释(“一种通过虚假的、不真诚的赞美表达的嘲讽”)倒没什么错——他正确地将此处的εἰρωνεύειν的用法同波吕克斯(Pollux)2.78的καὶ τὸν εἴρωνα ἔνιοι μυκτῆρα καλοῦσι,以及讽刺作家提蒙(Timon)对苏格拉底的指涉(fr. 25D, *ap*. D. L. 2.19)μυκτήρ ῥητορόμυκτος ὑπαττικός εἰρωνευτής联系起来看。里贝克就[b]评论道:“因此眼下εἰρωνεύεσθαι的含义必定比通常认为的要更广。”(*loc. cit.*)他本应具体指出这种“更广”的用法到底是什么。εἰρωνεύεσθαι可以用来表达简单纯粹的嘲讽,不带任何欺骗暗示,这点里贝克似乎并没有把握到,不然他怎么会把[a]中的意思理解成“欺诈”呢?

“猪”或者“蠢驴”，也一样。

下面这段出自《致献亚历山大的修辞学》(*Rhetorica ad Alexandrum*，一部作者不确的著作，很可能创作于前4世纪)[19]的引文同样有助于理解我的观点：

> **T3** *Eirōneia*就是［a］在说某些话时假装没有在说，或者［b］用相反的名称来称呼事物。(21)

［a］并没有告诉我们什么新东西：*eirōneuein*不过是这本手册教给修辞家们的许多内行门道之一。[20]但［b］就不一样了，作者所举的例子更清楚地表明了这点：

> **T4** 显然，那些好人(οὗτοι μὲν οἱ χρηστοί)对盟友做了许多坏事，我们这些坏人却带给了他们许多好处。(*loc. cit.*)

---

〔19〕 它被朗长期归于亚里士多德名下（被收入柏林版亚里士多德作品集），后又被认为是忒奥弗拉斯特的同时代人兰普萨科斯的阿那克西美尼（Anaximenes of Lampsacus）的作品（参见拉克汉姆［H. Rackham］的洛布［Loeb］丛书译本导言，1973: 258ff.）。虽说作者归属还很难确定，但其创作时间不可能晚很多。其语言风格和反映的政治氛围属于前4世纪雅典，与伊索克拉底（Isocrates）的《论修辞术》(*Technē Rhetorikē*)遥相呼应。该著有八段残篇出现在一份被编者断代于3世纪上半叶的莎草纸卷中（Grenfell & Hunt, *Hibeh Papyri* pt. 1, no. 26, pp. 113ff.）。

〔20〕 Cope, 1967: 401ff.将此著所推崇的说服类型形容为“一个由言辞把戏、委婉表达和遁词构成的体系，它透露出一种对是非、真假彻底的不关心”。

χρηστοί（好的，有用的）在这里的用法令我们想起阿里斯托芬的《云》中斯瑞西阿德斯（Strepsiades）的开场独白："这个好小子"（ὁ χρηστὸς οὗτος νεανίας）。这是老人对他不中用的儿子的称呼。[21] 这是最最纯粹的反讽，丝毫不带欺骗意图的嘲讽。 27

我们能合理地解释这种情况吗？在大量阿提卡文献中（前文已经援引了八种，但我还可以举出很多类似的），我们都发现εἰρωνεία暗含故意歪曲之意，但在第九段文本中（T2）我们发现它指代一种不带任何这类意涵的嘲讽。同样，一位谙熟前4世纪阿提卡用法的修辞家在第十段文本（T3）的［b］部分给出了一个εἰρωνεία的定义，完美预示了昆体良所说的，甚至可以认为两者是完全等价的：T3［b］从讲者视角，昆体良从听者视角，分别描述了同一种言语行为。这个语言现象合理吗？完全合理，别忘了我们惯用的"装"（pretending）这个词也有类似的用法。说一个装病的人在"装"病和说一个骗子"装"作自己有高层人脉就是说他们在欺骗："假称"（to allege falsely）是"装"的基本用法。但在某些语境中"装"与假称无关，因为它与假（falsehood）无关，例如当我们说小孩子将他们手里的彩色塑料片"装

[21] 我是否需要提醒读者，反讽言语行为的出现和说话者所使用的语言能够对它们进行描述并无必然联系？有别于对反讽的反思，反讽的使用非常古老。我们可以想象一个穴居人递给同伴一块硬邦邦的肉排，说："来一口，可嫩了。"荷马史诗中的例子也不少（欧迈俄斯［Eumaeus］对"乞丐"说："若杀了你，我会在人群中享有美名与美德。"*Od.* 14.402：他真正的意思正好相反）。

作”是钱（他们把这叫作“样子钱”[pretend-money]），或者令他们的玩偶“装作”生病了、死了、去上学了。同样，我们可以说开头例子里的骗子在把小饰品递给他女儿的时候是在将上面的石头“装作”钻石，这同他当着行骗目标的面假装那是钻石完全不是一回事。虽然后者很可能是“装”最普遍（并且从逻辑的观点看也最首要）的用法，但这并不妨碍“装”这个词有另一种派生的、与前者大相径庭的含义：后者完全不涉及故意欺骗，而只是表达那种我们借以进入艺术或戏剧的想象虚构世界的“自愿悬搁不信任”（willing suspension of disbelief）的态度。我们恰恰能够援引“装”的这层含义来阐明反讽性的措辞，例如梅·韦斯特的评论：我们可以说她将路途遥远“装作”她回绝邀请的理由，但在“装”的首要含义上这样说显然是荒谬的。这里不存在“假称”，因为她根本没有“宣称”什么：她只是在和我们打趣。

28　我认为这很好地解释了如下事实：虽然*eirōn*，*eirōneia*，*eirōneuomai*通常被用来暗示一种不真诚，但它们仍然可以有另一种完全脱离这层含义的用法，并且与伯奈特、维拉莫威兹、格思里[22]和多沃尔[23]的观点相反，柏拉图对话中的苏格拉底不时会这样用。我认为个中缘由是这样的：当

---

〔22〕见本章脚注〔15〕、〔16〕、〔17〕。

〔23〕参见他对*Smp.* 216E4的解释：“（和反讽不一样），εἰρωνεία是‘故作谦虚’‘假装无知’；在*R.* 337A，忒拉叙马科斯（用不甚友好的语气）提到了‘苏格拉底惯常的εἰρωνεία’。”他暗示εἰρωνεία在两段中的意思是一样的。

εἰρωνεία在阿提卡用法中开始成为主流时（最晚在前5世纪末的三十余年间），其语义场之宽堪比当代英语中的pretend这个词。并且，*eirōn*带有强烈的贬义，被用作贬损或辱骂词，因为它两种用法中的第一种处于压倒性的支配地位；说某人是个*eirōn*，说得好听点是不讨好，说得难听点则是种冒犯。但把历史往后翻个三百年，从前4世纪的希腊到前1世纪的罗马，你会发现情况发生了惊人的变化（前提是我们未对此熟视无睹）：这个词现在失去了令人不快的意涵。当热衷于用希腊语转写来丰富自己母语的西塞罗造出*ironia*这个新拉丁词时，其内涵已经带上了完全不同的腔调，经过濯洗去污的它如今成了风雅、得体和好品位的标志：

> **T5　西塞罗，《论演说家》（*De Oratore*）2.67**　风雅是一种掩饰，即所说的和所理解的不一样……就这种反讽和掩饰而言，苏格拉底的魅力和人性在我看来远超其他人。这种类型最优雅，同时又不失严肃。（Urbana etiam dissimulatio est, cum alia dicuntur ac sentias...Socratem opinor in hac *ironia* dissimulantiaque longe lepore et humanitate omnibus praestitisse. Genus est perelegans et cum gravitate salsum ...）[24]

---

〔24〕“Urbane is the dissimulation when what you say is quite other than what you understand...In this irony and dissimulation Socrates, in my opinion, far excelled all others in charm and humanity. Most elegant is this form and seasoned in seriousness.” 在把这里的*dissimulatio*译成掩饰［转下页］

而当两代人以后的昆体良进一步提炼*ironia*在西塞罗那里的用法、用上文援引的那个定义来概括其内涵时，这个词无疑已经完全摆脱了其充满争议的过往，变成了现代欧洲语言和认知中的那个样子：一种表达与字面意思完全相反的含义的言语，因而也是那种不涉欺骗的嘲讽的绝佳媒介。在古典希腊词源中处于从属地位的用法如今变成了标准用法。*Eirōneia*最终脱胎换骨成了反讽。

29 我们没法确切指出是什么导致了这种变化的发生，我们缺少追踪这个词的上行轨迹所需的大量语料。但在我看来，我们能说得出是**谁**带来了这种变化：苏格拉底。不是说他专门批评过这个词［的传统用法］，我们没有理由相信他曾经这么做过。在我们手头的所有文献来源中，他从未把*eirōneia*作为他“什么是那*F*？”问题中的*F*，或者用盘诘法以别的什么方式拷问过它。他没有对它做过理论反思，而是为它创造了某种新内涵：一种在他自己身上实现了的崭新生活方式，这种生活方式完美体现了εἰρωνεία在当时流行的第二种用法，即像小孩佯装玩具钱币是真钱一样完全不涉及故意欺骗、像诚实的游戏一样毫无弄虚作假，但与游戏不同，它的嘲讽是正经的（*cum gravitate salsum*），它的戏谑是抵死

［接上页］（dissembling，鉴于有各种词典作为依据，我们大可以这样译）时我们应该谨记，这个英文词通常传达的**欺瞒**（deceitful concealment）的含义并不见于西塞罗眼下所说的那种修辞手法。欺骗性的说辞不可能是他所谓的风雅的掩饰，“在此，你言语的整个旨趣都表明你是在意味深长地打趣（*severe ludens*），你说的和想的不同”（*loc. cit.*）。

诚挚的（*severe ludens*, dead earnest in its playfulness）。这种无人曾了解甚至想象过的人格类型是如此地吸引他的同时代人，又是如此值得后世纪念，以至于在他去世千百年后，有教养的人思考*ironia*几乎不可能不想起苏格拉底。随之而来的自然是这个词的词义变化，苏格拉底作为*eirōn*典范的形象改变了这个词的本义。[25]通过苏格拉底这个化身的传世形象造成的影响，*eirōneia*在古典时期一度边缘的用法变成了它中心的、通常的和规范的用法——它变成了*ironia*。

我下了一个很强的断言。我们的文献中有什么证据可以证实苏格拉底是西塞罗和昆体良所想的那位反讽宗师吗？

在阿里斯托芬那里没有。不同人对《云》里那位反英雄有不同的理解，但没人会把他理解成一个反讽家：他作为自然哲人、圣贤或者宗教圣徒（hierophant）的一面过于严肃，作为青年教唆分子的一面又过于狡猾（knavish）。[26]

---

〔25〕这种变化是如此剧烈，以至于这个词原本的词义淡出了西塞罗和昆体良的视野，而且似乎淡忘得非常彻底：从他们对*ironia*的讨论看，我们根本就不会在字里行间察觉他们熟知这个词的希腊词源是个骂人词。苏格拉底这个典范太权威了，以至于西塞罗满足于简单地把这个词理解成“从苏格拉底那里发现的……那种*ironia*，他在柏拉图、色诺芬和埃斯基涅斯（Aeschines）的对话录中都用过”（*Brutus* 292）。而当昆体良评论道“*ironia*可以形塑一个人的一生”时，他指涉的是且只是苏格拉底一个人（*Inst. Or.* 9.2.46）。

〔26〕他虽然自己不灌输不义的论证，但却去迎合人们对它的需求。他给正反双方（正义的［δίκαιος］和不正义的逻各斯［ἄδικος λόγος］）都找出充分的前提，然后让顾客自己选。参见Nussbaum, 1980: 48：“在整部剧中，苏格拉底从未试图教授正义或者呼吁正义地使用修辞技巧。他的态度说得好听叫中立，说得难听叫纵容欺骗。”

《蛙》中对他的顺带批评（1491-9）也并未把他描绘成一个反讽家。现在这幅肖像明显不一样了：走出思想所——不然不会冒出一个雅典普通人挨着他坐这种问题——的他不再是个奸佞小人，但仍旧是个喋喋不休的家伙，带着一股吹毛求疵的认真劲（ἐπὶ σεμνοῖσιν λόγοισι καὶ σκαριφησμοῖσι λήρων，1496-7），拿些无聊的细枝末节来纠缠对话者。这个自命不凡的闲人的唠叨里完全没有反讽的痕迹。

30

我们再来看色诺芬。乍看之下这里也找不到我们想找的。纵观《回忆录》（*Memorabilia*）的大部分篇幅，里面那位诲人不倦、老实单调的苏格拉底生性似乎并不比阿里斯托芬漫绘的那个无神论自然哲人和“闲言碎语、胡说八道的大祭司”[27]更喜欢打趣、嘲讽或者卖关子，但时不时我们仍能瞥见一丝异样。[28]然后，到第三卷第十一章，这种异样来了个大爆发：这里苏格拉底突然变得活络起来，跑去拜访大美人赛娥多忒（Theodote）。[29]他给她提建议，帮她揽客，她则邀他做伴，一道觅求［男性］朋友（*philoi*）。他推托说自己的公私事务太多，忙不过来，然后又加了一句：

T6　色诺芬，《回忆录》3.11.16　“我自己有好些女友

〔27〕*Clouds* 359，译文来自 Arrowsmith（1962）。

〔28〕Kierkegaard, 1965（58-9 and 64）指出了与喀里克勒斯（Charicles，1.2.36ff.）和希庇阿斯（Hippias，4.4.6）的对话中一闪而过的反讽。

〔29〕在这里克尔凯郭尔失去了他通常无可挑剔的品位。他觉得这一节“令人恶心”（1965: 61-2）。

(*philai*)，她们日夜不离我左右，从我这里学习催情术和魅惑术。”

因为苏格拉底希望她发现——她也确实发现了——这些“女友”都是些爱智者，[30]是些让人提不起兴趣的中年男人，所以毫无疑问她不会被误导以至于以为这位访客真的有一批形影不离的漂亮女伴跟着他学做春药。因此至少在这里我们的确能找到某种西塞罗和昆体良会承认的*ironia*，虽然它很难算得上是这种类型中的精品：它的幽默太剑走偏锋，而且用力过猛。

拜访完赛娥多忒之后，《回忆录》中的苏格拉底又继续搞起了他有益但老套的道德说教。但好在他在色诺芬的《会饮》[31]里跳脱了出来。在那里我们看到了一个没有被《回忆录》中沉重的辩护意图压抑得灰暗失色的苏格拉底本该有的样子。轻松活泼的宴饮场景设置让色诺芬也不禁给画面增添了些明亮甚至斑斓的色彩。在被问到那种令他备感自豪的技艺是什么时，苏格拉底回答说是拉皮条的技艺（*mastropos*, 4.56）。面对英俊的克力托布罗斯（Critobulus）竞赛比美的挑战（5.1ff.），他极力宣称自己那些最丑陋的体貌特征—— *31*

[30] 他点名提及的有总是与他形影不离的阿波罗多若斯（Apollodorus）和安提斯忒涅斯，还有经常自忒拜来访的刻贝和西米阿斯（Cebes and Simmias，3.9.17）。

[31] 对这部作品中的反讽眼光独到的鉴赏，见Higgins, 1977: 15-20对会饮过程细节的评论。对同一段材料更全面的讨论另见Edelstein, 1935: 11-12，不过蹊跷的是她并没有将它理解成反讽。

塌鼻子、硕大朝天的鼻孔——有多么美，理由是有用的就是美的（5.6）。这里我们看到了一种据我所知在希腊文学史上全无先例的新反讽形式，它是苏格拉底独有的；在没有更好的名称的情况下，我姑且称之为“复杂反讽”〔32〕，以对比本章迄今为止一直在处理的各种简单反讽（simple ironies）。在“简单”反讽中，所说的根本不是想说的——按照普通的、常人所理解的意思，这个陈述单纯就是假的。在“复杂”反讽中，所说的既是又不是想说的——它的表面内容原本就意在使之在某种意义上为真，在另一种意义上为假。因此当苏格拉底说他是个皮条客，他想表达的既不是又是字面的意思——显然他想表达的不是这个词通常的庸俗的意思。但他的确想表达他赋予这个词的另一层专门含义，即“使客人对他中意的伴侣产生吸引力的人”（4.57）。色诺芬的苏格拉底完全可以宣称，这正是他所做的事情。另外，当说自己的凸眼和朝天大鼻孔很美时，他想表达的既不是又是字面的意思。按照“美”的通常含义，他会第一个否认自己这些外表特征美，但如果“美”可以用来表达“被造得好，适于发挥所需的功能”（5.4）这层意思，那他就不难让我们明白他那种眼睛和鼻子反而最美：和时装模特那种深窝眼不同，他的眼睛不只可以看到前方，还可以看到两侧；他的鼻子比时人崇尚的鼻型更便于通气（5.5-6）。

〔32〕 延续我在Vlastos, 1985: 1 ff., at 30处引入该词时的用法，在这里以及后文我将把这个词用作一个准术语。

因此色诺芬对苏格拉底的描绘中无疑含有真正的反讽。[33]但若要说服我们在*eirōneia*转变成反讽的过程中扮演关键角色的是苏格拉底，色诺芬的证言恐怕还存在重大缺陷。

首先，色诺芬加诸这幅肖像的反讽几乎没有学说意义。它们对解释苏格拉底的哲学没有任何贡献，因为色诺芬恰恰系统地忽视了其中那些苏格拉底希望被理解成“复杂反讽”——亦即色诺芬在让他的主人公自称皮条客或者说自己的鼻子漂亮时例示的那种反讽——之说法的特色。我指的是我们在柏拉图早期对话中听闻的那些巨大的哲学悖论，例如苏格拉底否认自己拥有和教授知识。[34]这些全都只能理解为一种复杂反讽。当否认有知时，他既是又不是表面的意思。他想要通过这些话让听者明白，在道德领域内，没有一个命题是他可以宣称确定知道的；但在“知识”的另一种意义上，即作为可证成——通过苏格拉底独有的盘诘论证方法——的真信念，确实有许多命题是苏格拉底宣称自己知道的。[35]同理，我会论证，苏格拉底否认教授知识也应该理解

32

---

〔33〕因此西塞罗会在柏拉图对话之外提到色诺芬（以及埃斯基涅斯）的对话录中苏格拉底的*ironia*（*Brutus* 292：参见本章脚注〔25〕），这也是可以理解的。但他在阐发反讽时只着重讨论了前者［柏拉图］，并且显然此时他眼中的苏格拉底（“什么都不知道”，*omnium rerum inscium*）不可能来自色诺芬笔下，虽然还是可能来自埃斯基涅斯：见fr. 11（译文见附注1.4，另引为第三章的T20），“我没有那种可以教授给他来使他获益的知识”。

〔34〕关于这些复杂反讽，以及与它们紧密相关的另一种（第三种）反讽，见附注1.1。

〔35〕Vlastos, 1985（at pp. 6-11）给出了支持这个主张的相当细致的文本证据。

成一个复杂反讽。在传统意义上，“教”意味着老师把知识直接灌输到学生脑子里，苏格拉底想表达的就是字面意思。但在**他本人**会赋予“教”的那种意义上，即与潜在的学习者一道进行盘诘论证，以使他们意识到自己的无知，从而有能力自行发现老师存而不论的真理；苏格拉底会说自己确实是个教师，而且是唯一真正的教师；他与同伴对话想要达成，也确实达成了的效果是唤醒并协助他们自行追求道德的自我提升。〔36〕

其次，在色诺芬的苏格拉底作品中，*eirōneia*、*eirōn*、*eirōneuomai* 等词从未被色诺芬本人或者其他任何人用来描述苏格拉底。如果手头只拥有色诺芬的苏格拉底肖像，我们根本不会有理由认为苏格拉底的同时代人会觉得 *eirōneia* 是苏格拉底的鲜明特征。那个在前引 T1 忒拉叙马科斯对苏格拉底的攻击中如此引人注目的名词及同根词，在《回忆录》中的希庇阿斯发出同样的责难时却销声匿迹。现在我们读到的抱怨是这样的：

T7　色诺芬，《回忆录》4.4.9　“我们受够了你对其他人的嘲笑，你盘问并且反驳每个人，却从来不愿意对任何人给出自己的说法，或者表达自己关于任何事情

〔36〕他说他是“少数从事（ἐπιχειρεῖν：参见附注 1.1 脚注〔21〕）真正的政治技艺活动的雅典人之一，甚至是唯一”（*G.* 521D）——按照此处的语境，实践这种技艺的标准就是一个人对他乡党的道德品性产生影响。上述两个文本在附注 1.1 中都有讨论。

的意见。”[37]

T1中提到的苏格拉底惯常的*eirōneia*在这里完全被洗刷掉了。[38]

幸运的是，我们手头上有柏拉图的苏格拉底对话，其中补充了大量色诺芬拒绝向我们透露的内容，要把这些内容全部讨论一遍恐怕要花一整本书的篇幅。考虑到不得不有所拣选，[39]我将会集中讨论其中一个片段：柏拉图《会饮》中篇幅长达数页的阿尔喀比亚德讲辞。虽然这段文字出自一部柏拉图中期对话，但当中的苏格拉底无疑是早期那位哲人[40]：他被描绘成宣称自己彻底否认知识，[41]而这正是早期苏格拉底的一个相当显著的特征，正如我将在第二章论证的，这个苏格拉底是柏拉图对那位历史人物的再创造。在《会饮》中，苏格拉底宣称用自己的口吻转述的第俄提玛（Diotima）的讲辞，印证了柏拉图那套不苏格拉底的

33

[37] 更全的引用见第三章T24。

[38] 色诺芬笔下的对话者中也没有任何一个说过或者暗示过苏格拉底是个εἴρων。他从来没有表现过苏格拉底给他的朋友或者论敌造成过像柏拉图笔下的他给阿尔喀比亚德造成的那种印象，那种**惯于**反讽乃至以反讽为**个性**的印象（反讽之意同本章T9中的εἰρωνικῶς，我将在疏解该文段时论证这点）。色诺芬《会饮》中的听众肯定能听出苏格拉底自称皮条客或者称自己的五官标致是在反讽，但他们从未表明自己将此视为苏格拉底的惯常个性。

[39] 但另可参见第五章第Ⅱ节。

[40] 柏拉图两个时期对苏格拉底的文学描绘中的多种差异将在第二章中予以讨论。

[41] 216D（=本章T15）：“他又什么都不知道，什么都不懂。”

（*un*Socratic）“超验形式”（transcendent Forms）[42]学说，其力度不逊于任何一篇柏拉图作品。但阿尔喀比亚德未曾听闻苏格拉底转述第俄提玛的教诲，他直到苏格拉底发言完以后才加入宴饮。在阿尔喀比亚德随后发表的关于苏格拉底的讲辞，也是《会饮》的最后一篇讲辞中，柏拉图肯定复活了早期那个**不**柏拉图（*un*Platonic）的苏格拉底，一如他在《理想国》第一卷中的做法。[43]他带领我们穿过一道苏格拉底门廊，走进《理想国》；又陪同我们穿过一道苏格拉底后门廊，走出《会饮》。[44]

阿尔喀比亚德讲辞的关键句是：

T8 《会饮》216E4 “他整个一生都在和人们的*eirōneuomenos*和打趣中度过。”

我们该怎么释读*eirōneuomenos*？当昆体良（*Inst. Or.* 9.2.46）评论*ironia*不仅可以形容一段文本或者话语，还可以形容“整个一生”（*vita universa*）时，苏格拉底是他唯一的例子。换言之，我们知道**他**在文中是怎么理解*eirōneuomenos*的，但学者们历来的读法却一再出现分歧。格思里认为它指的

[42] 具体讨论见第二章第Ⅲ节，尤见其中对T22的阐释。

[43] 见附注2.1（“《理想国》第一卷的创作”）。

[44] 类似地，在《斐多》中，真正属于苏格拉底的材料也被用来引入（57A-64A）同样真正属于柏拉图的哲学论证并且充当其幌子（115A至结尾）。

是“苏格拉底向每个人欺瞒其真实特质的一种方式”[45]。多沃尔将之类同于本章T1，否认它在这里的意思是“反讽”，而认为它指的是苏格拉底“假装无知”。[46]葛罗登（Suzy Groden）把这句话翻译成：

> 他装作（*pretends*）[强调为我所加]无知，并且把整个一生都花在哄骗人们上。 34

汉密尔顿（W. Hamilton）则译成：

> 他把整个一生都花在装模作样（*pretending*）[强调为我所加]和戏弄人们上。

如果按照昆体良的解释，我们应该将阿尔喀比亚德的话理解成苏格拉底终其一生是个反讽家。如果按照格思里等学者的解释，我们应该将之理解成苏格拉底终其一生是个骗子。正如我上文所解释的，由于后者才是这个词当时最普遍的用法，合理的预设的确应该是：这些学者才是对的。因此，如果有人反过来相信昆体良的解读正确，他就负有举证的义务。我很乐意一试。

但我必须从阿尔喀比亚德讲辞中的另一句话着手。这

---

〔45〕 Guthrie, 1969: 446.

〔46〕 见本章脚注〔23〕。

句话对于我的立论同样重要，因为在这句话里那个批评词再次被用来形容苏格拉底惯常而独特的说话方式，而不是他在某个具体段落中所说的话：

> **T9 《会饮》218D6—7** “听我说完后，他用极为*eirōnikōs*的口气，以他非常独特、惯常的[47]方式说……”

这句话葛罗登和汉密尔顿的译文分别是：

> “他用自己一直用的那种极其反讽的（*ironical*，我做的强调）、非常独特的方式回答。”

> “他用自己惯常的反讽（*ironical*，我做的强调）风格给出了一个完全独特的回答。”

从各自的理解出发，两位学者都给出了我想要的译法。他们意识到了自己在做什么吗？他们有没有发现他们违背了各自此前对T8中*eirōneuomenos*的译法？我不知道，也不需要知道。我知道一点就够了：柏拉图的文本不允许我们选择其他译法。

让我们回顾语境。T9出现在阿尔喀比亚德讲辞的高潮处：他正在讲述一段许久之前的少年往事，当时他正值“花

---

〔47〕 εἰωθότως，对比本章T1中的εἰωθυῖα εἰρωνεία。

季”——一个男孩步入成年前的最后阶段，在那时的文化中，这意味着他对年长男性的肉体吸引力达至顶峰。故事的开头是这样的：

> **T10 《会饮》217A** “深信他已经被我的如花美貌迷倒的我认为那［美貌］是一笔意外之财，是令人惊奇的幸运，因为通过给他献殷勤，我就能从他那里学到所有他知道的。”

用性换取道德智慧的计划在今天看来也许不可思议，但换作阿尔喀比亚德当时的处境**一点也不**奇怪。容我举例如下： *35*

（1）我们从《会饮》泡萨尼阿斯（Pausanias）的讲辞中（218D6-219A）得知，那种更高尚的娈童恋的规矩就是如此：男孩献“殷勤”，成年男子则报以智性和道德的提升。

（2）阿尔喀比亚德已经具备（也自知具备）[48]那种日后他一生赖以左右逢源的本钱：惊人的美貌和魅力。[49]

（3）我们从其他柏拉图对话[50]以及色诺芬[51]那里了解

---

〔48〕 217A5-6：“我向来惊叹自己的美貌。”

〔49〕 比较 W. Ferguson, *Cambridge Ancient History* V（Cambridge, 1935）, 263 处的说法：“凭借着英俊逼人的仪表，他从雅典的男人们那里获得了在其他地方只有美艳绝伦的女子才配享有的声名和尊荣；他用翩翩风度把自己的傲慢包装得如此之好，以至于人们总是忘记了他行事的出格，只记住了这个人的腔调气派。”

〔50〕 *Prt.* 309A; *G.* 481D; *Chrm.* 155C-E; *Men.* 76C1-2.

〔51〕 Xen. *Smp.* 8.2.

到，苏格拉底对男性美没什么抵抗力，性感的美少年很难不令他动心。[52]

（4）苏格拉底从不回答问题，也从不解释自己的“智慧”。他的盘诘论证偶尔会透露出些许端倪，这更使得对话者好奇他有多少深藏不露的智慧。

（5）我们知道发表这段讲辞的是个非常缺乏自制的人。他的整篇讲辞是以一段忏悔开头的：

> **T11 《会饮》216B3—5** “我知道我没法反驳他，他说什么我就得做什么，但一离开他我就会迅速拜倒在民众的阿谀奉承之下。”

我们没有理由认为他青年时和现在有什么不同。

综合以上五点，一个渴望成为“洵美且好之人”（*kalos kagathos*）的男孩会想到如下这点也就不奇怪了：能够帮他达成所愿的秘诀就藏在苏格拉底高深莫测的智慧里；如果自己愿意拿出某种苏格拉底遇见过的所有男人都抵挡不了的东西——举世无双的青春美貌——来交换，那就有可能引他泄露一点天机。于是阿尔喀比亚德按部就班地实施计划，把当

---

〔52〕色诺芬（*Mem.* 3.11.3）还补充了一条（柏拉图从未透露过的）宝贵信息：苏格拉底也倾慕女性美。赛娥多忒暴露的衣着下的春光令（代表自己和同伴表态的）苏格拉底“渴望能亲手触摸我们所看到的；我们将会激动不已（ὑποκνιζόμενοι）、满怀向往地（ποθήσομεν）离开”。

时所有勾引同性的手段都用了个遍，[53]但全无收效。苏格拉底始终亲切友善却保持距离。阿尔喀比亚德想听的是爱情的甜言蜜语，但翻来覆去听到的只有老掉牙的盘诘论证。终于，他按捺不住找了个场合开口向苏格拉底求欢。他得到的回复是这样的： 36

> **T12 《会饮》218D6—219A1** “听我说完后，他用极为*eirōnikōs*的口气，以他非常独特、惯常的方式说[54]：‘亲爱的阿尔喀比亚德，看来你并不傻（*phaulos*），如果你说的那些关于我的话是真的，我这里真有某种能让你变成更好的男子的力量，你一定是在我这看见了什么美得不可思议的东西，你的美貌比之简直望尘莫及。如果看到这点，你还盘算着以美换美，那你真是想占我个大便宜：你是想用看起来的美换得真正的美——“以铜换金”。’”

我认为这里*eirōnikōs*的意思**只能**是“反讽地”，这点再清楚不过了，因为假装或欺骗义在语境中根本站不住脚。苏格拉底是在直截了当地回绝交易的提议，说那就是场骗局。他开头用了个简单反讽，嘴上对阿尔喀比亚德说“你不傻”，但意思显然是“你**就是**傻，傻得很：你居然觉得我会接受以铜换金的买卖，还有比这更傻的吗”。当同样的事情发生在此处影射的《伊利亚特》段落中，即格劳科斯（Glaucus）拿

[53] 虽然在这里双方的角色是反转的：男孩是追求者而非被追求者。
[54] T12的前半部分另引为本章T9。

他的黄金甲换回一副铜甲时，诗人解释道：“宙斯收走了他的智慧。”[55] 苏格拉底这里则是在对阿尔喀比亚德说：“我怕是失了心才会接受你的提议，你居然以为我会让你得逞，该不会真当我是傻瓜、蠢蛋吧。”

他用了一个“复杂”[56] 反讽来收尾：

> **T13 《会饮》219A1—3** “但幸运的男孩啊，你再看仔细点，免得看走了眼，其实我什么也不是。心灵的视力只有在肉眼昏花后才会变得敏锐，你离那境界还远着呢。”

阿尔喀比亚德被告知，那儿根本没有他要找的“金子”。如果道德智慧被理解成某种通过交易换来的现成东西——阿尔喀比亚德就是这么理解的——那苏格拉底会坚称他压根没有这种智慧：作为囤积这种智慧的智囊，他“什么也不是”。这么说并不否认他拥有另一种智慧，如果阿尔喀比亚德自行去追求那种智慧，不把苏格拉底当作师尊（guru）而是把他当作一道探寻的伙伴，那他不费一分一毫就能求得。[57] 这段

37

---

〔55〕 *Il.* 6. 234.

〔56〕 参见本书第31—32页，以及附注1.1。

〔57〕 比较苏格拉底在《拉刻斯》（*Laches*）中的做法。他坚决否认拥有他被要求提供的那种道德智慧：“他对那东西没有知识，也没有能力判断［关于它］你们哪个说的是真的，他从来不懂怎么发现或者学习那类东西。”（186D-E）但当拉刻斯主动向苏格拉底请教（189C），苏格拉底也表示欢迎——不是欢迎别的人把知识一股脑灌输给他，而是欢迎他和自己“共同考虑，共同探讨”（συμβουλεύειν καὶ συσκοπεῖν·，这里两次出现的前缀突出了双方本质上是合作关系）。

发言里如果还找得出什么欺骗成分，那也是我们自己埋进去的——苏格拉底最*eirōnikōs*地对阿尔喀比亚德说的话里没有一点误导用意的影子。

这解释清楚T8中*eirōneuomenos*的意思了吗？没有。但它给了我们一个相信两处意思相同的理由：*eirōnikōs*不太可能如我们现在看到的那样被用在T9中——如果仅仅在（斯特方页码［Stephanus pages］）两页之前，“他整个一生都在*eirōneuomenos*中度过”的意思还是苏格拉底一辈子都“在自己的真实性格上欺瞒每个人”的话。[58]既然如此，让我们仔细看看这里的语境，看看阿尔喀比亚德色诱苏格拉底的故事之前的几段话，它们在发挥讲辞开头那个著名的比喻：

> **T14 《会饮》215A7—B3** “我认为他整个人像是那些端坐雕像铺中的西勒诺斯像（Sileni）……要是打开，变成两半，[59]里面包藏的神的形象就会露出来。”

---

〔58〕 Guthrie, 1975就是这样认为的。

〔59〕 “打开”并且暴露某些无比珍贵却隐藏起来不被庸俗观点看见的东西，这一意象在216D6、216E6和222A处均出现了。我认为纳斯鲍姆（Martha Nussbaum）的观点，即柏拉图使用这个意象“本质上带有性暗示”（1986: 189），在所有这些文段中均缺乏依据。纳斯鲍姆认为［爱者］能够通过性关系获得一种独特的关于被爱者的知识，这个思考的确揭示了某种深刻的真理；她评论道，在我们对它的欲求中，“性的和知识论的［知识上的］需求紧密结合，并且显然不可分割”（1986: 190）。但柏拉图的文本并不能确保这种解读是正确的；在216D-E处阿尔喀比亚德并没有向在座的会饮宾客暗示，通过性关系，真实的苏格拉底就会向他或者他们揭晓（“打开”）。

这幅画面描绘的是一个活在面具背后的形象——一个谜一般高深莫测、无人了解的人。阿尔喀比亚德对苏格拉底的朋友们说，“你们要知道你们中间没有谁了解他”（216C-D）。这么说并非暗示苏格拉底一直在欺骗他们——有所保留和成心欺骗不是一回事。从这个比喻中我们看出的是隐瞒〔60〕而非欺骗。但即便如此，我们还是要问，阿尔喀比亚德自己在解释这个比喻的时候有没有带着欺骗的先入之见？

T15 《会饮》216D2—5 “你们也看到了，［a］苏格拉底生性爱欲俊美的年轻人，总是流连在他们周围，被他们迷得不行；但［b］他又什么都不知道，什么都不懂……这不是很像西勒诺斯吗？简直像极了。”

38 这段文本［a］部分指涉的苏格拉底的好色在柏拉图和色诺芬作品中都有大量佐证。〔61〕但在这里聚焦苏格拉底追慕花季美男的形象之后，阿尔喀比亚德似乎又撤回了它：

T16 《会饮》216D7—E1 “你们要知道，他一点也不关心某人美不美——你们绝对不会相信他是怎么鄙薄那类东西的。”

---

〔60〕 比较本章脚注〔24〕我对西塞罗描述苏格拉底的*ironia*时用的*dissimulantia*一词的解释。

〔61〕 比较本章脚注〔50〕和〔51〕，以及Dover, 1978: 154-5处的指涉。

类似的话他在色诱故事的高潮处讲了不下四回：

T17 《会饮》219C3—5 “他是如此之盛气凌人，如此之鄙薄并取笑我的花季，如此之侮慢。”

换言之，一方面我们被告知苏格拉底被男性美“迷得不行”，另一方面又被告知他对这种美不屑一顾。这不正可以作为支持格思里将“欺骗”的意思放入T8的*eirōneuomenos*之解读的根据吗？如果苏格拉底如此鄙薄这种美，那么他的热切追求除了是假把式还能是什么呢？

这个问题非常致命，我必须正面回应它，为此，我得先对苏格拉底式爱欲稍做探讨，将它与经常被同之混为一谈的柏拉图式爱欲区分开来，最近的例子包括多沃尔的《希腊同性恋》（*Greek Homosexuality*，1978）和其后福柯的《性史》（*Histoire de la Sexualité*, 1985）第二卷。两者的不同之处有四。

1. 在柏拉图式爱欲中，美少年身上被爱欲的是超验的“美”的形式，他只是这个形式的影像。〔62〕苏格拉底的存在论中没有超验的形式，他爱美少年，爱的就是他本人，别无其他。

2. 激情洋溢的身体接触〔63〕在柏拉图式爱欲中很常见：

---

〔62〕或曰“同名”（ἐπωνυμίαν，*Phdr.* 250E3）及“相像”（μεμιμημένον，*ibid.* 251A）。

〔63〕据描述，这种身体接触会激起强烈的性冲动，会使得那匹“不节制的马”因渴求满足而躁动不安（255E-256A）。

《斐德若》中的情侣会互相触碰、亲吻、“躺在一起”，甚至“一起睡”（255E）。[64]相反，在苏格拉底那里，爱欲的亲密互动只限于心灵和眼神的接触。[65]

39 3. 虽然柏拉图和苏格拉底都谴责以欲望满足为最终目的，但他们的理由并不一样。柏拉图的理由有很强的形而上学意味，因为他把灵魂与身体的结合视为一种命定的召唤：人们应该终生投身修行，力图在现世尽可能地使灵魂脱离身体，从死后轮回的循环中解脱出来；性爱的愉悦会消磨挫败这种努力，将灵魂牢牢“钉”在身体之上，扭曲它对何为真实的感知（《斐多》83D）。[66]这一学说对于苏格拉底是完全陌生的，我们手头没有任何证据来源表明苏格拉底反对感官

〔64〕这种身体接触在《斐德若》文本中分明可见（比较 Vlastos, 1974 and 1981: 39），学界关于柏拉图式爱欲的讨论却很少注意到这点。Wilamowitz, 1948: 368-9（比较本章注〔16〕），Gould, 1963: 119，Guthrie, 1975: 405都忽略了它。早期的《斐德若》译本削弱了柏拉图语言表达的冲击力，乃至掩盖了其本意：在乔伊特（Jowett）那里，συγκατακεῖσθαι被译成了embrace（拥抱），而ἐν τῇ συγκοιμήσει被译成了when they meet together（当他们聚在一起）。

〔65〕在色诺芬笔下，苏格拉底近乎偏执地惧怕同一个俊美可人的青年有任何身体接触（亲吻俏美的脸庞就意味着“立即沦为奴隶，不再是自由人”，*Mem.* 1.3.11；苏格拉底裸露的肩膀刚和俊俏的克力托布罗斯相碰，立马感到如同“被野兽咬伤”，过了好几天才缓过来，Xen. *Smp.* 4.27-8）。柏拉图笔下的苏格拉底一点也不惧怕和美少年有肌肤之亲：他“经常”赤身裸体同阿尔喀比亚德摔跤，虽然只是应后者的提议（*Smp.* 217C），而且柏拉图文本中没有证据表明苏格拉底鼓励与他所“爱”的那些青年发展亲密的肉体关系。

〔66〕见第二章脚注〔42〕和〔43〕。

快乐本身。他只反对娈童恋情侣所追求的那种感官快乐，[67]而且是出于道德而非形而上学的理由：他认为这种快乐对男孩是有害的，[68]并将之视为一种爱者为了获得单方面满足而剥削（“吞食”[devoured][69]）年少男孩的狩猎。[70]

4. 柏拉图式的爱欲会产生一种汹涌澎湃的情感，和诗人们对各种形式的性爱激情——无论是出自娈童恋、女同性恋还是异性恋——的描绘如出一辙。像诗人们一样，柏拉图称爱欲是一种“疯狂”，并这样描述它：

> **T18 《斐德若》251D—252B** “因此，[爱者]就在这种苦乐交加中对自己的怪诞处境感到彷徨不安：他迷惘惶惑又心潮澎湃，如同疯狂，夜里无法安眠，白天无法安坐……母亲、兄弟、朋友他通通遗忘，邻居毁坏他的家财，他也无心管顾；他现在对以前引以为傲的守规矩和举止得体嗤之以鼻，甚至愿意像奴隶一样

---

[67] 比较Xen. *Mem*. 2.6.22：苏格拉底只向“那些享受花季少男们的性感魅力的人”请教如何拒绝诱惑，“为的是不烦扰任何不该惹上这档子事的人”。

[68] 比较附注1.3关于ἔρως καλός的讨论。

[69] *Chrm*. 155D-E：“我以为居狄阿斯（Cydias）可懂爱欲了呢：在给某人提关于某个美少年的建议时，他警告说‘不要把幼鹿带到离狮子太近的地方，狮子可是会吞食它的皮肉’。”又见*Phdr*. 241D1：“爱人爱恋男孩，如同狼群嗜好羔羊。”

[70] Xen. *Smp*. 8.19：男人“把快乐留给自己，而把最羞耻的留给男孩”。*ibid*. 21（部分译文参考E. C. Marchant）：“男孩不会像女人一样与男人分享性爱的愉悦，而是会冷眼看着迷醉在爱中的对方。”

过日子，睡在什么地方都行，只要能尽可能靠近他的心上人。”

苏格拉底式的爱欲容不下这种亲密的疯狂，它平和中正又轻松诙谐，振奋人心又保持清醒。[71]并不是说苏格拉底厌恶性爱（前面我强调了相反的观点）或者说他预示了犬儒派和基督教坚决将性爱欢愉从幸福的经济学中排除的取向。他不但允许，甚至公开追求一些性爱欢愉，丝毫不觉得不光彩，也从来不担心它会失控，因为在他的灵魂动力学中，它们在力场中被一股无可比拟的强力牢牢控制着。当说到他瞥见了苏格拉底掩藏在萨提尔野兽般的外表下的“诸神的形象”时，阿尔喀比亚德的语言变得如痴如狂，消融在一连串粲然生光、令人心驰的形容词中：

40

T19 《会饮》216E—217A “我只瞥见过它们一次，它们看上去是那么神圣，金灿灿的，美得不可方物，令人惊叹。”

苏格拉底藏在自己灵魂里的到底是什么这么令人目眩神驰？是他的节制（*sōphrosynē*）。阿尔喀比亚德说：

---

〔71〕柏拉图和色诺芬的苏格拉底对话都是这么描写苏格拉底的爱欲的。苏格拉底圈子中人埃斯基涅斯提到苏格拉底对阿尔喀比亚德的ἔρως时的说法（fr. 11 Dittmar：完整引文和讨论见附注1.4）也并无二致。

T20 《会饮》216D7—8 “不过，酒友们啊，如果打开他，[我们就会看到他]里面装了多少节制。”

但不可能仅止于此，因为这只是公众所能看到的。我认为，只有苏格拉底自己才能看到的，是他从节制中感受到的幸福，这种幸福比他能企望从身体的美或者其他任何平凡的善——健康、财富、荣誉、生命本身——中获得的都远远更吸引他。他享受那些平凡的善各自的价值，品尝每种善本有的一小份甜蜜的满足或愉悦，仅此而已，绝不多贪；一旦过了度，他立马会对面前的诱惑“嗤之以鼻”。一股大激情（maxipassion）悄然掌控着所有这些小激情（minipassions）。最近有一种受福柯启发的观点认为，在所有关于爱的西方话语中，“性都是一个焦虑的死结”。[72]如若此言不虚，那苏格拉底应算是一个例外。我们从柏拉图那里了解到的[73]苏格拉底式爱欲中并无半点焦虑不安（*inquiétude*）。[74]

---

〔72〕见福柯《性史》的书评，Michael Ignatieff, *Histoire de la Sexualité*, in the *Times Literary Supplement*, 28 Sept., 1984, p. 1971。

〔73〕虽然在色诺芬那里并非如此：对肉体接触的极端恐惧（比较本章脚注〔65〕）肯定是焦虑的一种症状。在这点上，正像在其他点上，如果色诺芬的证词和柏拉图的相冲突，更明智的做法是采信后者：我们有很好的理由认为柏拉图与苏格拉底的个人关系远比色诺芬与他的关系更亲密。

〔74〕据我所知，从克尔凯郭尔到福柯的所有关于苏格拉底式爱欲的阐述都错失了这个根本特征：前者出于浪漫的想象，从中读出了“激情难抑的骚动”（1965: 88）；“苏格拉底-柏拉图式爱欲”（l’Erotique socratico-platonicienne）这个用连字符连在一起的表述则恰恰暴露了后者关于柏拉图对话中“真正的爱欲”的精微讨论难以摆脱的盲区。

41 一旦考虑到这点，再从苏格拉底与花季少年的调情中读出欺骗或假装之意就有些武断了。我们可以把苏格拉底式爱欲理解成一个复杂反讽，与阿尔喀比亚德在本章T15［b］部分所说的"什么都不知道，什么都不懂"同属一类。正如当说他"什么都不知道"时，苏格拉底既是又不是字面意思，同样，当说他爱欲满满地被美少男们吸引时，他也既是又不是字面意思。在目前理解的娈童之爱这层意义上，苏格拉底并不爱阿尔喀比亚德[75]或者他所追求的其他任何少年。但按照"爱"在苏格拉底式爱欲学说和实践中的另一层意思，他的确爱他们：他们肉体的美的确给他与他们心智的亲密接触增添了特殊的愉悦。因此在对其他人宣称他是阿尔喀比亚德的爱人（《高尔吉亚》481D*），包括对阿尔喀比亚德本人说同样的话时（他无疑这么说过），苏格拉底并不是在假装或者欺骗。

"但是，"有人会说，"去向那些被有权有势的雅典人吹捧得飘飘然忘乎所以的小年轻献殷勤肯定会让他们受骗。如此一来苏格拉底岂不还是难辞故意欺骗之咎吗？"关于其他青年的情况我们缺乏正面信息源，但我们确实有一份来自阿尔喀比亚德的理直气壮的回应。是的，阿尔喀比亚德是被骗了，否则他不可能想出用花季青春换智慧这么个疯狂的计划来，更不可能一直坚持下来实施——天晓得他坚持了多

［75］比较*Pr.* 309A1-D2：苏格拉底在承认自己"追逐"阿尔喀比亚德的青春（娈童求欢的标准隐喻）后马上用反讽将之掩饰起来。

* 原书误作"581D"。

久——哪怕苏格拉底一直不肯上钩。他被骗了，但是被谁骗的？不是苏格拉底，而是他自己。他相信他所相信的，只是因为他一厢情愿想要相信。以上可能纯属我们的臆测，但我们没有必要臆测：从他自己讲的故事我们能分辨得出实情就是如此。T12 中的苏格拉底是在对阿尔喀比亚德开出的条件说“不”，其语气之坚决，不亚于禅师对不开窍的请教者当头棒喝。阿尔喀比亚德不可能听不出他的提议被回绝了，但他还是不愿意相信。他硬往苏格拉底的躺椅上凑，仿佛他听到的是一句“好”，或者至少是一句“也许可以吧”。如果实情果真如此，那我们就没有理由相信苏格拉底说过或者做过的什么，是意在骗取阿尔喀比亚德相信他想从年轻人那里得到肌肤之亲。

但有人可能会问我：“即便是这样，难道我们不能从他的说辞推断，早在那晚之前苏格拉底就已经察觉了男孩的心思，但还是情愿放任这位年轻朋友深陷自欺之中，而从未采取任何决定性的行动帮他打消错觉？”这个问题的回答必然是肯定的，在那晚之前，苏格拉底有无数次机会向阿尔喀比亚德解释清楚，他这是在一厢情愿、自欺欺人。但苏格拉底一句话也没说，他只是一再袖手旁观。为什么这样做？唯一的答案只能是，他希望阿尔喀比亚德靠自己发现真相。他对阿尔喀比亚德的爱中隐含的那种一开始就如谜一般的反讽一直持续到男孩以一种艰难的方式找到了答案：他忍受了一整夜的痛苦羞辱，赤身裸体躺在苏格拉底身边，而后者始终冷若冰霜。

42

本章至此一直在探究irony和*eirōneia*两个词的含义，其中很大一部分篇幅仅集中讨论了后一个词在阿尔喀比亚德讲辞中出现的两个变形：T8中的*eirōneuomenos*和T9中的*eirōnikōs*。但这部分探讨确实能引申出更丰富的意涵，不妨简单总结如下。

我们研究柏拉图的苏格拉底对话总是会面临一个迫在眉睫的问题：主人公是否允许自己使用欺骗作为辩论手段？[76]一些苏格拉底的忠实门徒认为这理所当然。在克尔凯郭尔眼里，苏格拉底是位敌智者（anti-sophist），利用智术反讽来忽悠智者们接受真理。[77]弗里德兰德（Paul Friedländer）的三卷本柏拉图研究学养之深厚不输同时代的任何作品，在他眼里，苏格拉底“鲜活地见证了一个事实，即知道真理的人比不知道的人、自愿地（voluntarily）为之的人比不自愿地为之的人更善于行骗”（1964: 145）。这个观点的影响非常广泛，我们能在奥布里恩杰作的核心处[78]以及不少柏拉图研究

---

〔76〕第五章将更充分地讨论这个问题。

〔77〕“苏格拉底使诡计让普罗塔戈拉被迫放弃了每一种具体的德性；通过将每个德性都还原为一个统一体，他完全消解了它；而智术就在于那种使得他能够成就这种诡计的力量。换言之，这里我们看到的既是由智术诡辩造就的反讽，也是体现在反讽中的智术诡辩。”（1965: 96）

〔78〕O’Brien, 1967，它的作者把我们对苏格拉底所做贡献的理解带歪了：由于把错误的反讽用法套用在了苏格拉底对话中，他势必要放弃苏格拉底的一些最基本的学说。如此一来，如果*Pr.* 352D4处καλῶς（漂亮地）的意思与字面上正相反，那么苏格拉底的“不自制不可能”（impossibility of *akrasia*）学说就得整个废掉；援引亚里士多德的佐证也于事无补，因为他大可反驳说亚氏也错失了个中的反讽。

名著的边边角角[79]看到它的痕迹。对此最明显的反驳就在柏拉图让苏格拉底说的一段话里：

> **T21 《高尔吉亚》458A—B** “至于我，我很乐意盘诘你，只要你是像我这样的人；如果不是，我会放你走。我是哪种人？是这种：如果我说了什么不真实的，我会很乐意被反驳；如果别人说了什么不真实的，我也很乐意反驳他。但总归是乐意被反驳胜于去反驳——正如一个人自己摆脱最大的恶总胜于帮助别人摆脱，因为我不相信对一个人来说还有什么恶更甚于在我们目前讨论的话题上抱有虚假信念。” 43

那些学者都很熟悉这些话。如果问他们怀不怀疑这些话的真诚，他们会信誓旦旦地说不怀疑。但，我们要追问，既然在对方掌握真理的情况下苏格拉底宁愿输掉辩论也不愿赢，偷偷引入虚假前提或者诡辩推理于他又有何益呢？然而这个本该一锤定音的论证在一些学者看来却太过肤浅。他们对我们说，这个论证暴露了我们在阅读柏拉图文本的过程中对反讽一点也不敏感。他们声称，一个浅显的道理是，在寻常的哲

〔79〕 最近的例子来自 Charles Kahn（1983: 75ff.）。他提到了苏格拉底用以驳倒波洛斯的“诡计”（90）。我不能接受他把我此前对这个论证的分析（Vlastos, 1967: 454ff.）描述成“苏格拉底算计波洛斯”（90），因为我的论证反对了“苏格拉底论证的漏洞是故意为之”的观点。我会在第五章第Ⅲ节回到这个问题。

学言说方式中纯属无稽之谈的东西，在反讽的哲学言说中却可能稀松平常：如果苏格拉底用来对付智者的诡辩是反讽性的，那么他比他们更擅智术并不是什么悖论。[80]

在本章里，我希望澄清这种观点隐含的对反讽概念的错误理解。为此我回到了从西塞罗拉丁语以降所有西方语言中的irony所来自的那个活生生的词，回到了它首要的、朴素的含义。按照这种衍生出了所有哲学生造用法（包括克尔凯郭尔从黑格尔那里提炼出来的"无限的、绝对的"）[81]的首要用法，"反讽"的意思就是通过说反话来表达某个意思。我们经常会这么做——连孩子也会——并且如果选择这么做，我们就自动摒弃了说谎这个选项。如果想法颠倒过来，我们就把*ironia*混淆成了*eirōneia*，颠倒了前者乃是由后者演变而来的顺序，并且抹杀了让苏格拉底名垂青史的主要功绩之一，即他对西欧的感受力（sensibility）的贡献——这项贡献同他对我们道德哲学的贡献一样值得铭记。

但在探讨上述问题的过程中，我误打误撞发现了一些 *44* 我开始时并未意识到的东西：在柏拉图所描绘的苏格拉底的个性中，有某种东西能够帮助我们解释克尔凯郭尔的天才和弗里德兰德的博学到底把什么放进了对苏格拉底之形象的解

〔80〕 比较本章脚注〔77〕中克尔凯郭尔的说法。

〔81〕 Kierkegaard, 1965: 276 *et passim*. 他对苏格拉底式反讽的处理被这种令人眼花缭乱的故弄玄虚弄得过于复杂。他受此吸引从柏拉图文本里发现的东西听起来就像是一篇浪漫短篇小说在渲染情节的突转："[反讽]暗含的伪装和神秘……它预设的无限的同情，那无从捉摸、难以言喻、转瞬间就被误解的焦虑淹没的灵光一现"，等等（85）。

读里。借助我仔细辨析的那一小段材料，如今我们终于可以看到，苏格拉底完全可能在无意欺骗的情况下骗了人。如果你是被苏格拉底热烈追求的年轻的阿尔喀比亚德，你只能自己想办法去理解他谜一般的反讽。如果你行差踏错被他看在眼里，他可能连动动手指头帮你纠错都不愿意，更不会觉得有义务清除你头脑里的谬见。如果只是无关紧要的小错，那［苏格拉底的袖手旁观］没什么大的害处。但如果事关"他爱不爱你"这个最最重要的问题呢？他用那种谜一般的口吻说他爱你，任由你往一个方向想，哪怕往另一个方向想才对；他眼看你误入歧途，却任你越走越远。你会说什么？你当然不会说他不关心你是不是应该追求真理，但你会说他更关心别的东西〔82〕：他更关心的是你必须为你自己并且靠你自己达至真理。

道德自律（moral autonomy）的概念从未明确出现在柏拉图的苏格拉底对话中，〔83〕这并不妨碍它成为这些对话中苏格拉底最深刻的思想和最强有力的道德关切。他的构想的根基是这样一个事实：我们所说的一切都会给听众留下诠释负担。我们在说一句话的时候并不会附带说明应该怎么理解这句话。这样做并不能卸除听众的负担，因为这是个永远完不

〔82〕在本章的一个早前版本中我曾经用"爱的失败"来解释这点。当时我在康奈尔的研讨班的成员亚当斯说服了我这个解释思路是错的：苏格拉底希望阿尔喀比亚德用更艰难的方式自行发现真理，这和苏格拉底对这位青年的爱完全不冲突。

〔83〕我们手头的苏格拉底文献来源从未在道德（或政治）的意义上使用αὐτονομία。

成的任务：每一个说明都会引发同样的问题，继而要求无穷多的进一步说明。苏格拉底式反讽在接纳自由解释带来的负担这方面并非独一无二，因为这种负担是一切有意义的沟通所固有的。它的独一无二之处在于，西方哲学史上从未有谁在这场游戏中押下过如此重的注码。苏格拉底并没有说支撑他和我们的生活的那种知识截然不同于任何人对道德知识曾经有过的理解甚至设想，他只是轻描淡写地说他无知——哪怕无知意味着他一无是处，然后留我们自行索解那句话的可能含义。

第二章　苏格拉底对比柏拉图对话中的苏格拉底[1]

第 I 节

桑塔斯1979年为“哲学家们的论证”（Arguments of the Philosophers）丛书执笔的杰作题为《苏格拉底》（*Socrates*）。但只要深入阅读你就会发现，该书关注的其实是柏拉图对话中的“苏格拉底”。从着手准备本书开始我就不止一次问自己：“为何不遵循那本书的先例？为何不像他那样直接绕过柏拉图研究中的那只唬人精（bugbear），也就是所谓的‘苏格拉底问题’（Socratic Problem）？为何不把历史上的苏格拉底留给史家们一手包办，我自己专心处理那个令人着迷的人物形象——无论他是史实还是柏拉图的虚构，对后世哲学家的挑战都是一样的？”如果我的兴趣像桑塔斯一样是纯哲学的， 45

[1] 本章和下一章中的材料，许多曾在圣安德鲁斯大学吉福德系列讲座（1981）上报告；康奈尔大学唐森系列讲座（1986）涉及更多；在伯克利、剑桥和多伦多的历次研讨班（1978—1987）则讨论了绝大部分。本人于英国国家学术院做的一场题为“苏格拉底”的讲座（发表于 *Proceedings of the British Academy*, vol. 85［London, 1989］）已经扼要地给出了在本章呈现并且贯穿于全书的对所谓“苏格拉底问题”的回答。

那我无疑也会选择这条路。但事实是我的哲学兴趣并不纯粹；把责任全部推给史家，自己袖手旁观，我做不到。我和他们同门共事了一辈子，深知入门容易出门难。“你谈论的是谁？是苏格拉底还是柏拉图笔下的‘苏格拉底’？”这个问题会像拦路恶犬般朝你吠个不停，逼你直面它并且自卫。如果你意指的是前一个，那你必须给出论证。你必须给出理由证明我们可以透过柏拉图笔下的一个“苏格拉底”了解历史上的苏格拉底——那个缔造了历史，教育了柏拉图和其他人，改变了他们的思想和生活方式，并且通过他们改变了西方思想进程的苏格拉底。

46 我一直说柏拉图的“一个‘苏格拉底’”，但其实有两个：在不同的柏拉图作品篇目中有两个叫这个名字的哲学家；人是同一个人，但在不同组次的对话中他所探讨的哲学的差别是如此之大，以至于无法被描述为共存于同一个头脑，除非是精神分裂症患者（schizophrenic）的头脑。两套哲学在内容和方法上的分歧之大，反差之鲜明，不亚于它们与其他任何值得你一提的哲学——例如亚里士多德哲学——的差异。这个主张很强，我将在本章和下一章给出我的论证。

上面所说的两组对话大致分属于柏拉图文学创作的早期和中期两个阶段。[2] 由于我需要经常单独指涉柏拉图在各时

〔2〕 关于20世纪柏拉图学者在这点上的大体共识以及支持此共识的一些理由，见Ross, 1951: ch. 1（“The Order of the Dialogues”）；更多的细节见Constantin Ritter, 1910a: 190-272（“Untersuchung der zeitlichen Folge ［转下页］

期对话中借苏格拉底之口讨论的内容，为了替读者免除烦琐的重复，我打算简化一些表达：我将把他早期作品中的“苏格拉底”称为“苏格拉底$_E$”（E代表“早期”[earlier]）。柏拉图中期作品中的“苏格拉底”，我将称作“苏格拉底$_M$”（M代表“中期”[middle]）。以下我逐一列出据我判断属于这两个时期的对话，并且另列出一组居于两个时期之间的对话，作为第一组中的盘诘性对话[3]到第二组中的对话的过渡。

第I组　柏拉图早期的对话

（a）盘诘性对话，按字母顺序排列[4]：《申辩》（*Apology*），《卡尔米德》（*Charmides*），《克力同》（*Crito*），《游叙弗伦》（*Euthyphro*），《高尔吉亚》（*Gorgias*），《小希庇阿斯》（*Hippias Minor*），《伊翁》（*Ion*），《拉刻斯》（*Laches*），《普罗塔戈拉》（*Protagoras*），《理想国》第一卷（*Republic* I）[5]（缩写为[6]：*Ap.*，

[接上页][der Dialogen]”）；最出色的研究当属Brandwood, 1958。我认为尤其能说明问题的一个事实是，仅只依据文体风格标准对对话进行排序的结果（综述见Brandwood, 1976: xiiiff., at xvii）与我**单纯依据其哲学内容对之进行排序**的结果大体一致：见本章脚注〔8〕。

〔3〕　我如此命名这些对话的原因是，苏格拉底在其中一贯采取的是盘诘的哲学探究方法，而这在过渡性对话中戛然而止：见Vlastos, 1983a: 27ff., at 57-8, Appendix on “Demise of the Elenchus in *Eud.*, *Ly.*, *HMa.*”。本书第四章对此做了进一步讨论。

〔4〕　因为当下该组对话的编年顺序对于我的论证并不重要。不过现在绝大多数柏拉图学者都会同意，《高尔吉亚》是该组的最后一部对话（例如见Dodds, 1959: 20及Irwin, 1979: 5-8）。

〔5〕　见本书附注2.1“《理想国》第一卷的创作”。

〔6〕　大部分缩写遵循Irwin, 1977a。

Ch.，*Cr.*，*Eu.*，*G.*，*HMi.*，*Ion.*，*La.*，*Pr.*，*R.*I）。

（b）过渡性对话（写于所有盘诘性对话之后、所有第II组对话之前），按字母顺序排列[7]：《欧谛德谟》（*Euthydemus*），《大希庇阿斯》（*Hippias Major*），《吕西斯》（*Lysis*），《美涅克塞努》（*Menexenus*），《美诺》（*Meno*）（缩写为：*Eud.*，*HMa.*，*Ly.*，*Mx.*，*M.*）。[8]

47

第II组　柏拉图中期的对话

按较可能的编年顺序排列：《克拉底鲁》（*Cratylus*），《斐多》（*Phaedo*），《会饮》（*Symposium*），《理想国》第二

---

〔7〕因为关于本组对话编年顺序的争议也很大。关于《美涅克塞努》我们有一个确切的年代上限（245C-E指涉了前387年与柯林斯［Corinth］的战争的结束），但这并未提供任何该对话与组内其他四部对话的相对顺序的线索。

〔8〕Brandwood, 1976: xvii（对照本章脚注〔2〕）将*Ap.*，*Ch.*，*Cr.*，*Eu.*，*HMi.*，*Ion.*，*La.*，*Pr.*（他的"1A组"）所有这些对话排在了*G.*，*Eud.*，*HMa.*，*Ly.*，*M.*，*Mx.*，*Cra.*，*Phd.*，*Smp.*（他的"1B组"）之前。我和他的不同在于我把《高尔吉亚》排在了他的1B组的所有对话之前，这依据一条标准，即盘诘法的使用：在《高尔吉亚》中堂而皇之地被运用的盘诘方法并不见于他1B组的其余所有对话——而他忽视了这一点（可以理解，因为他只采用文体风格的标准）。但由此造成的编年顺序上的差异并不大，因为他同样认为（1976: xviii）他的1B组中和我的第II组重合的三部对话（即*Cra.*，*Phd.*，*Smp.*）"很可能是［1B组中］最后写成的"；因此如果《高尔吉亚》被移到他的1A组中，他的1B组就自然会分成更早的和更晚的两部分，并且更早的那部分（*Eud.*，*HMa.*，*Ly.*，*M.*，*Mx.*）就会和我的过渡性对话一致，我们就能在对话的顺序上完全达成共识：*Ap.*，*Ch.*，*Cr.*，*Eu.*，*G.*，*HMi.*，*Ion.*，*La.*，*Pr.*；然后是*Eud.*，*HMa.*，*Ly.*，*M.*，*Mx.*；然后是*Cra.*，*Phd.*，*Smp.*，*R.*，*Phdr.*，*Prm.*，*Tht.*。余下的差别——我将《理想国》第一卷与剩余九卷分开，并将前者归入盘诘式对话——并不重要（见附注2.1）。

至第十卷（*Republic* II-X），《斐德若》（*Phaedrus*），《巴门尼德》（*Parmenides*），《泰阿泰德》（*Theaetetus*）（缩写为：*Cra.*，*Phd.*，*Smp.*，*R.* II-X，*Phdr.*，*Prm.*，*Tht.*）。

出于完整起见，我将补上

第III组　柏拉图最晚期的对话

按较可能的编年顺序排列：《蒂迈欧》（*Timaeus*），[9]《克里提阿斯》（*Critias*），《智者》（*Sophist*），《政治家》（*Politicus*），《斐勒布》（*Philebus*），《法义》（*Laws*）（缩写为：*Ti.*，*Crit.*，*Sph.*，*Pltc.*，*Phlb.*，*Lg.*）。

柏拉图借苏格拉底$_E$之口说出（put into the mouth）的哲学与他通过苏格拉底$_M$阐发（expound）的哲学之间的差异有多显著、多深刻，将会是本书相当大部分篇幅要探讨的主题。我下面提纲挈领地罗列了十个论点，[10]每个论点的A部分指明一个苏格拉底$_E$**唯独**在第I组对话里（其中的一部或者多部）才表现出的特征，B部分则指明一个苏格拉底$_M$**唯独**在第II组对话里（其中的一部或者多部）才表现出的特征：[11]

---

〔9〕 关于《蒂迈欧》，见附注2.6。

〔10〕 我在本书中将称它们为"十个论点"。

〔11〕 例外包括（a）《会饮》中阿尔喀比亚德的讲词——正如我在第一章已经解释过的，这篇讲词描绘的是早期对话中"什么都不知道，对一切都无知"（216D）的那个苏格拉底，和（b）《斐多》中的两个传记性段落（57A-61C和115C-118）——它们描绘的同样是苏格拉底$_E$。96E-99E处的那段我认为是柏拉图的而不是苏格拉底的传记，因为它明面上的目的是要引入形式理论（100Aff.）。

IA. 苏格拉底$_E$单纯是个道德哲学家。[12]

48 **IB.** 苏格拉底$_M$是个道德哲学家**和**形而上学家**和**知识论者**和**科学哲学家**和**语言哲学家**和**宗教哲学家**和**教育哲学家**和**艺术哲学家，他的领域覆盖哲学科学的全部门类。

IIB. 苏格拉底$_M$有一套关于"分离地存在"的形式和通过"回忆"前生储备的知识片段来进行学习的可分离的灵魂的宏大形而上学理论。

IIA. 苏格拉底$_E$没有这类理论。

IIIA. 苏格拉底$_E$盘诘地求知，同时一直宣称自己无知。

IIIB. 苏格拉底$_M$寻求证明性知识（demonstrative knowledge），并且确信自己找到了。

IVB. 苏格拉底$_M$有一套复杂的灵魂三分模型。

IVA. 苏格拉底$_E$完全不了解这套模型，它会动摇苏格拉底的道德德性观念，颠覆他的"不自制不可能"（impossibility of incontinence [*akrasia*]）学说。

---

〔12〕 对照附注1.1的脚注〔5〕。他的论证有时候会岔到其他的主题上，但他盘诘地探究的所有论点都是道德领域内的命题。因此，他会去探究"存在像'关于知识和无知的知识'这样的东西"这个主张，仅仅是因为它是作为节制的一个定义被提出来的；并且一俟逐渐相信探究不太可能得出什么结果，他就放弃了这个探究，承认他对自己"澄清这些东西的能力"（*Ch.* 169A）并没有信心。

VB. 苏格拉底$_{M}$精通当时的诸数学科学。

VA. 苏格拉底$_{E}$完全没有表现出对这些科学的兴趣，也没有在任何盘诘性对话中留下精通这些科学的证据。

VIA. 苏格拉底$_{E}$的哲学观是平民主义的（populist）。

VIB. 苏格拉底$_{M}$的哲学观是精英主义的（elitist）。

VIIB. 苏格拉底$_{M}$有一套详备的政治理论，其政体排序将民主制列为当下最坏的政府类型之一，次于荣誉制和寡头制，只优于缺乏法律约束的僭主制。

VIIA. 苏格拉底$_{E}$没有这类理论。虽然尖锐批评雅典的政治现状，但他说自己喜爱这个城邦和她的法律，胜过同时代的任何其他城邦。但他没有解释偏爱的理由。

VIIIA & B. 同性爱欲依恋（homoerotic attachments）在苏格拉底$_{E}$和苏格拉底$_{M}$的爱欲观中都有突出体现。但在后者那里这种爱欲形而上地植根于对美的超验形式的爱，它完全不见于前者。[13]

49

IXA. 对苏格拉底$_{E}$而言，虔敬的内涵是侍奉这样一位神：虽然它是完全超自然的，但它的品性和对人们的要求却严格地符合伦理。他的个人宗教是实践性的、在行动中

〔13〕 对照第一章对苏格拉底式和柏拉图式爱欲之差异的分析。

实现的。

IXB. 苏格拉底$_M$的个人宗教的核心在于与神圣但非人格的诸形式交融合一。它是神秘的、在沉思中实现的。

XA. 在盘诘性对话中，苏格拉底$_E$的哲学探究方法是反驳性的：他通过驳斥持异见的对话者的立论来追求道德真理。在过渡性对话中他不再这样做，而是反驳由他自己提出并反对的论点。

XB. 在从《美诺》到《斐德若》的一系列对话中，苏格拉底$_M$是一位指教式的（didactic）哲学家，将真理灌输给唯唯诺诺的对话者；后来，中期对话中的形而上学遭到了"巴门尼德"的探索性批判；再后来，苏格拉底另起炉灶，转向了《泰阿泰德》中新的"助产式"（maieutic）探究模式。

我将会给出一个分两部分的论证。第一部分（本章和下一章第Ⅰ节）将完全集中在柏拉图著作的范围内论证如下主张：在第I组对话中，柏拉图的苏格拉底呈现出截然不同的特征，在上面罗列的十个论点下，这些特征使得他的哲学与第II组对话中那个同名角色的哲学彼此对立。第二部分论证（第三章第Ⅱ节）将援引柏拉图著作之外的证据来支撑如下主张：**苏格拉底$_E$的哲学与苏格拉底$_M$的哲学存在本质差异的那些方面，苏格拉底$_E$的哲学属于历史上的苏格拉底；**柏拉图在他所创作的对话中再创了它，探讨了它的内容，展示了它的方法。注意我说的是柏拉图“创作”（invented）而不是“汇报”（reported）它。宣称在忆述自己亲眼目睹的苏格拉底的交谈的是色诺芬。[14]柏拉图没有这么做。除了《申辩》以外——在那里他两次（34A，38B）一反常态地叫读者注意他身在审判现场[15]——他总是退居自己创作的苏格拉底戏剧的幕后，甚至刻意设置某些对话的场景以明确排除他的在场：他为《普罗塔戈拉》设置了一个他自己不可能参与的戏剧场景，因为当时他尚未出生；[16]在《克力同》《游叙弗伦》《伊翁》《大希庇阿斯》中，他则留苏格拉底同他的对

50

〔14〕 *Memorabilia* 1.3的开头是这样的：“为了佐证我的观点，即苏格拉底总是有益于他的同伴——既通过能够体现他为人的行动，也通过和他们讨论——我将把我记得的一五一十说出来。”（*Mem.* 1.3.1）在1.4开头他宣称：“首先我将陈述我有一次听到的他关于神圣事务的说法，当时他正在和阿里斯托德摩斯（Aristodemus）交谈……”关于色诺芬更多的这类担保，以及它们的史料价值之低，见Robin, 1910: 32 and 35-7，其翔实地记录了它们作为事实陈述的不可靠；对照Momigliano, 1971: 46-57，他把色诺芬连同其他苏格拉底派作家的作品划入了“真实和虚构之间那片令专业史学家大为手足无措的区域”（46）。

〔15〕 我们也许可以赋予《申辩》以修昔底德（一位显然可以与柏拉图相提并论的作家）笔下的演说同样的史实性：他承认“他或者他的消息源根本不可能准确记得前人说过的话”（τὴν ἀκρίβειαν αὐτὴν τῶν λεχθέντων διαμνημονεῦσαι，按A. Andrews的引述［1962: 64ff., at 65-71］——我认为其对这段文本的自然含义的辩护完全令人信服）。修昔底德一再向我们确认“它们反映的是我认为（ὡς ἂν ἐδόκουν ἐμοί）每个说话人在特定主题上最适合说的话，它们尽可能接近真正所说的大体意思（ἐχομένῳ ὅτι ἐγγύτατα τῆς ξυμπάσης γνώμης τῶν ἀληθῶς λεχθέντων）”（Thuc. 1.22.1）。

〔16〕 柏拉图出生那年（前427年）苏格拉底四十二岁，早已告别了《普罗塔戈拉》中反复提到的（314B, 317C, 320C, 361E）他的青年时代。

话者独处。[17]只有按照我的假设，这种设计才是合情合理的：那些柏拉图早期对话的意图和之后的对话一样，都是探讨哲学，而不是记传。柏拉图只是顺带把苏格拉底的个性特征写进了剧作中，而且大多数情况下是因为他认为这些个性特征与哲学内容有关。[18]

按照我的假设，迥异于色诺芬在其苏格拉底著作[19]中宣称的目标，柏拉图的首要关切不是保存关于苏格拉底哲学活动的记忆，而是要重新创造它，让它在戏剧——其中的主人公以一种“更苏格拉底”的方式从事哲学——中获得新生。我们只能期望柏拉图充分利用他记得的资料。但我的假设并不依赖于那种期望。因为它假定的是，在那些早期作品中，柏拉图分享苏格拉底的基本哲学信条，同时自行思考支持或推翻这些信条或者合理地悬置对它们的信念的关键理由是什么；他的做法是将这些信念置入到盘诘交锋中，与不同对话者宣扬的观点对勘。在这么做的时候，柏拉图是在制造而非再造苏格拉底式的哲学活动。利用一种允许苏格拉底为自己发言的文学媒介，柏拉图让苏格拉底说出了**他**——柏拉图——**在写作当时**认为苏格拉底会为了阐发和辩护自己的哲

---

〔17〕 要坚持假设柏拉图在这些对话中是在“充满想象力地回忆他老师进行过的交谈，既包括其形式，也包括其内容”（Guthrie, 1975: 67），我们就不得不毫无根据地假设柏拉图曾经亲耳听到过（或者确保一名第三方知情者转告他）苏格拉底本人或者他的对话者汇报每部对话中的论证。

〔18〕 见本书附注2.2“柏拉图作品中苏格拉底的个性特征”。

〔19〕 比较本章脚注〔14〕和色诺芬《家政》（*Oeconomicus*）的开篇句：“我曾经听［苏格拉底］这样讨论过家政问题。”

学而说的最合理的话。[20]

相应地，我可以忽略那个折磨困扰过许多前辈史家的问题："柏拉图有可能在这个或那个场合亲耳听到过他让苏格拉底说出的那些话吗？如果没有，那他有权威的消息源吗？"正是因为缺乏这样的权威，伟大的策勒尔（Eduard Zeller）放过了《克力同》中的一个关键段落（47Cff.），[21]因为它出自一个苏格拉底在牢房里与朋友交谈的私密场景，也没有任何迹象表明这些话后来通过哪些人传到了柏拉图耳中。我的假设消除了这种顾虑。柏拉图借苏格拉底之口说出的每一句话都经得起我的假设的推敲。恰恰因为他所描绘的这个角色比任何西方哲人都更是一个"活出"他的哲学的人，深刻意识到这个事实的作者自然有理由给我们多讲讲这个人的生活，包括他的内在生活，以便我们能够比看待整个古希腊文学传统 51

〔20〕这部分假设提醒我们要警惕苏格拉底在第I组对话中的哲学立场存在游移的可能性，例如他可以在《拉刻斯》中反驳他曾经在《普罗塔戈拉》中提出的"勇敢"的定义，又或者可以在《高尔吉亚》中明确提出此前诸篇对话从未明言的一个苏格拉底式论证中的预设：对话者自身的信念体系总是已经包含这样一些前提，它们蕴含了他每个错误论点的否定。对照Vlastos, 1983a: 27ff., at 71ff.（《苏格拉底式盘诘再思考》[Afterthoughts on the Socratic Elenchus]，我如今认为该文亟须修订）。

〔21〕这点对于苏格拉底道德理论的阐释很重要（正如我将在第八章脚注〔38〕以及我对该章引文T12、T13、T14、T15的评论所指出的）。策勒尔觉察到了色诺芬《回忆录》中的工具论伦理学和柏拉图《申辩》中至高无上的正义主张之间的冲突，他相信这种冲突应该诉诸苏格拉底在《克力同》中（47D）的一个观点来解决：不义之于灵魂正如致死的疾病之于身体，它对行动者事实上是有害的。但策勒尔自己否定了这个解决方案，因为他说"我们不能保证《克力同》中所说的一切都来自苏格拉底，因为它的作者并不在它所描述的对话现场"（1885: 151）。

中任何一个真实或虚构的角色都更全面、更真切地看清这个人。即便如此，作者压倒一切的关注点永远是哲学——是苏格拉底坚定认同、用论证捍卫并且在生活中实践的真理，是一些只要对苏格拉底一人为真就对每个人都为真的命题。[22]

如果柏拉图的首要兴趣在此，那他采用对话而不是简洁明了的论述性散文的形式岂不是很出人意料？但如果他选择的是后一种形式，会更出人意料。他之前的好几代人——从米利都的第一批哲人，到苏格拉底的同时代人阿那克萨戈拉、阿波罗尼亚的第欧根尼（Diogenes of Apollonia）、德谟克利特——一直偏好以论述性散文作为自然探究的文体；[23]对于道德和政治反思，希腊作家则惯常采用对话体。[24]例如希罗多德在关注道德问题时就是如此。薛西斯（Xerxes）“出于心胸宽宏”拒绝报复斯巴达对本邦使者的欺辱的道德寓言采用的就是小对话的形式。[25]在权衡君主制、寡头制和民主制的矛盾主张时，希罗多德同样用了一段政体辩

52

〔22〕 *G.* 505E, *Ch.* 166D.

〔23〕 相应地，在希波克拉底派论著的例子中也是如此。

〔24〕 正如已故的哈弗洛克所见："演出的戏剧，或者戏剧化的对话，是希腊人讨论和分析道德问题的传统方法。"（1934: 283）即便考虑到格言散文（gnomic prose）中宣言性或劝勉性的说法（如希腊"七贤"的箴言、《忒奥格尼斯集》[Theognidea]、希波克拉底派的《训诫集》[παραγγελίαι]、赫拉克利特和德谟克利特的残篇），这个说法依然成立，只要我们谨记：当道德探讨需要呈现相反观点的交锋时，希腊人自然而然会诉诸对话。

〔25〕 Hdt. 7.136. 关于同一主题的类似对话也出现在9.78-9（两段对话在第七章第Ⅲ节均有部分引用）。另参照梭伦和克洛伊索斯（Croesus）在1.130-2处的对话。

论（3.80-3）来表达他的思考。同样，普罗狄科（Prodicus）在描绘轻易满足的生活和艰苦的自我修行生活间的抉择时也从宣言式散文体（declamatory prose）转换成了对话体：他设计了一场对话让“失德”和“德性”给赫拉克勒斯（Herakles）提出矛盾的建议（出自Xen. *Mem*. 2.21-33）。同样，修昔底德对权力与正义之间的扞格的反思造就了米洛斯对话（Melian Dialogue，5.85-112）。

此外，在柏拉图准备着手创作时，散文体对话（prose dialogue）已经在由苏格拉底本人拒绝著述所催生的一种奇特副产物中自成一格：一种新体裁，“苏格拉底语录”（*Sōkratikoi logoi*），诞生并突然成为一种风尚乃至狂热。根据我们的文献来源，除柏拉图和色诺芬外，下列作家都或曾写过此类作品：斯斐图斯的埃斯基涅斯（Aeschines of Sphettus）、安提斯忒涅斯、阿里斯提普斯（Aristippus）、布吕松（Bryson）、刻贝、克力同（Crito）、麦加拉的欧几里得（Euclid of Megara）、斐多（Phaedo）。[26]我们可以从两份汇报中推断出柏拉图不是该领域的第一人：亚里士多德提到某位阿勒克萨美努斯（Alexamenus）是最早写作哲学对话的人，[27]而忒奥庞普斯（Theopompus，史家，德摩斯提尼和亚

〔26〕 参考文献见Grote, 1865: III, 465ff.。

〔27〕 Aristotle *ap*. Athenaeus 505B-C（fr. 3 of *On Poets*, Ross）. 阿忒奈乌斯（Athenaeus）在引述残篇时提到，尼开亚的尼基阿斯和亚历山德里亚的索提翁（Nicias of Nicaea and Sotion of Alexandria，两人都是第欧根尼·拉尔修［Diogenes Laertius］援用作史料来源的“历代哲人”史［histories of “successions of philosophers”］的作者）都能佐证亚里士多德的证词。

里士多德的同时代人）[28]指控柏拉图的大多数作品都剽窃自阿里斯提普斯、安提斯忒涅斯和布吕松的对话。

熟练掌握一种能充分发挥其戏剧才华的崭新文学中介，对柏拉图的艺术天赋是很大的挑战。他小试牛刀，写了些短小精悍的杰作。成功创作的喜悦让他年复一年坚持了下来。[29]但柏拉图艺术家的一面取代不了哲学家的一面。我们必须假设探究哲学是他创作那些早期对话以及后来的所有对话的首要动力，[30]并且在整个第一阶段，柏拉图对苏格拉底教义的真理性和方法的有效性始终深信不疑。不过这两颗心灵的持续和谐虽然充满活力，却并非牢不可破：那位父亲的形象启发、指引和主导但并不束缚柏拉图的哲学探索。因此，当有了另辟蹊径的强有力的理由时，柏拉图并不觉得需要切断他与苏格拉底的私人纽带。当这些新道路引领他得出新的、非苏格拉底甚至反苏格拉底的结论（这种情况在他写

53

〔28〕 *Ap*. Athenaeus 500C (=*Fr. gr. Hist*. II B 115, F 259 Jacoby). 这份报告的真实性获Glucker（1978: 163）的认可，并得到Döring（1988: 69）和Tsouna（1988: 64-5）的辩护。

〔29〕 不止柏拉图一个人在运用这种体裁的事实并不会对他构成威胁——正相反，他的作品高出余者一等，这在他自己和后世眼中一样是明摆着的。只要拿他的对话同色诺芬的苏格拉底著作或者另一位苏格拉底派作家埃斯基涅斯——他创作的对话在古代享有盛誉——的存世残篇稍加对比就会高下立判。

〔30〕 一个次要动力可能来自这样一个事实：关于苏格拉底的哲学活动，当时市面上充斥着各种矛盾的说法。柏拉图很可能急于捍卫苏格拉底的哲学，以免其被混同于其他苏格拉底派作家宣扬的那些初衷良好的半吊子真理，正像色诺芬急于针对波吕克拉底（Polycrates）在其《诉苏格拉底》（*Accusation of Socrates*）中的诽谤为苏格拉底辩护一样。

作《美诺》时显然已经发生），这位戏剧家对他笔下主人公的忠诚，以及他对这位青年时期的师长和挚友的爱，并未因思想观点的分道扬镳而消亡。[31]就这样，随着柏拉图的改变，他笔下的苏格拉底的哲学个性也随之改变：他接受了作者的新信念并且热情洋溢地论证它，一如之前对话里那位苏格拉底热情洋溢地论证作者所认可的那位前人的原创观点。

这就是我将在本章以及接下来两章中充实的假想情景。当然，我提出的只是假说，不是教条或者事实汇报。接下来我也只会将之作为一种假说来逐步论证。读者须自行判断它正确与否。

第Ⅱ节

上述十个论点中的第一条无须多做解释。它的含义会随着我对其余论点的阐述自行澄清。因此我直接进入论点II，也是十个论点中最强有力的一点：正如我接下来将在本章的主要部分展示的，**即便只有这一条成立，苏格拉底$_E$和苏格拉底$_M$之间不可调和的差异也完全可以据此标准确立起来。**

在中期对话中柏拉图建构了一套激进的思辨形而上学体系，其双重基础分别是转世的灵魂（transmigrating soul）

---

〔31〕 Xen. *Mem.* 3.6.11的说法证明青年柏拉图很早就和苏格拉底关系密切：柏拉图的兄长格劳孔（Glaucon）在二十岁时一度雄心勃勃地渴望成为政治领袖；苏格拉底管束了他，“因为格劳孔的［叔叔］卡尔米德（Charmides）**以及柏拉图**的缘故而友善地关心他”。

和它的存在论对应物——超验的形式（transcendent Form）。我们可以精确锚定前者进入柏拉图作品集的地方：

54

> **T1 《美诺》81A—B** “……我听说有在神圣事物上有智慧的男人和女人。”——“他们说了什么？”——“说了些我觉得既真实又华丽的东西。”——“他们说的是些什么？他们是些什么人？”——“男祭司和女祭司，他们的职事是解释他们所施行的仪式的道理……他们是这么宣称的：人的灵魂是不死的；某些时候它会抵达叫作‘死亡’的终点，某些时候它又会重生。它永远不会灭亡。”

这里我们第一次在柏拉图作品中遇到这条陌生的、洞见性的学说，即灵魂曾经多次出生和死去，以及与之关联的知识论，即**一切**知识都是内在的，我们在此世的一切学习都只是在恢复灵魂从其原初过往携带来的东西：

> **T2 《美诺》81C** “既然灵魂不死，已经出生过许多次，见过了这里和冥府中的一切，那就没有什么是它没学习过的……既然整个自然都是相似的，灵魂已经学习过一切，那就没有什么能阻挡我们一旦回忆起一件事情——这就是人们所谓的‘学习’——就立马自行回忆起其他所有事情，只要我们足够勇敢，不放弃探寻。因为整个探究和学习就是回忆。”

《美诺》之前的任何一部对话都没有出现任何稍微与此相关的陈述、暗示甚或提示。[32]一被引入，它就安扎下了营寨：它贯穿整部《斐多》，[33]延续到《斐德若》中（245C-246A，249B-D），[34]并且在柏拉图的晚期对话《蒂迈欧》中（42B）[35]得到恢宏的展示。这套新说法对于苏格拉底$_E$[36]的整个思维方式有多么陌生，从他在《克力同》里指涉灵魂的方式中就可见一斑：

---

[32] 有学者认为《高尔吉亚》中的神话已经隐约预示了这套学说，但其推理过程过于牵强（如Dodds, 1959: 375；更扎实的分析见Annas, 1982: 117）。《美诺》中新的灵魂概念（《斐多》对之的讨论更充分）的核心要素是（a）它在生前就存在，并且会不断投胎到有朽的生命中（T1）；（b）它在生前就拥有无与伦比的认识能力，这些能力是它投胎凡生期间一切学习的来源（T2）。《高尔吉亚》的终末论中**找不到（a）或（b）的任何痕迹**；那则神话纯属道德寓言，只是对“米诺斯和其他冥界神灵会在凡人死后裁决一切报应”这种流行信念——它的道德寓意丰富但毫无知识论内涵——的一种夸张表现（苏格拉底$_E$对流行信念颇为热衷：*Ap.* 41A）。

[33] 69E-72D; 72E-77A; 78B-80C; 100B-109A.

[34] 关于《蒂迈欧》，见附注2.6。

[35] 由于本篇对话的主人公是理想化的柏拉图本人的化身（蒂迈欧在哲学[20A]、宇宙论和天文学[28A]上都登峰造极，而且还成就了柏拉图一生数次矢志追求却最终无果的政治功业[19E-20A]：对照第四章倒数第三段），我们有理由将这套奠基性的学说归于柏拉图本人：是他借苏格拉底之口在标志着苏格拉底$_E$向苏格拉底$_M$转变的这个关键节点上提出了这套学说。

[36] 忽视苏格拉底$_E$和苏格拉底$_M$之间的差异，继而把苏格拉底描绘成与俄耳甫斯派（Orphics）过从甚密（Taylor, 1949: 147）将严重歪曲历史上的苏格拉底的思想观点和亲缘关系：这种观点似乎能从《斐多》中找到一些依据（即便这样我们也不得不认为它是一种带有误导性的夸大），但却严重扭曲了柏拉图早期对话以及色诺芬作品中的苏格拉底形象。

55

T3 《克力同》47E “那一旦我们身上会因不义而受损，因正义而得益的那部分被毁坏，我们的人生还值得过吗？还是说我们应该认为，我们之中与正义和不义有关的那东西，无论它是什么（ἐκεῖνο, ὅτι ποτ' ἔστι τῶν ἡμετέρων），都比身体更次要？”

“我们之中的那东西，无论它是什么”（that in us whatever it be）这个短语尤其反映出说话者的灵魂观避讳形而上的脾性（metaphysically reticent temper）。对苏格拉底$_E$而言，我们的灵魂就是我们的自我——无论这个自我到底是什么。它就是作为心理官能和道德归责主词的“我”——就是“我感觉、我认为、我知道、我选择、我行动”中的“我”。他用“我的灵魂相信”来表达“我相信”（《高尔吉亚》486E）。当他说某人的灵魂失德时，我们至多知道他的意思是：那个人是失德的。[37]他还有什么更深的意思，我们不得而知，因为他自己不说；他从不对那个问题发表意见。他的盘诘议程里从来不会出现“灵魂是物质的还是非物质的？有死的还是

〔37〕极具误导性的名文Burnet, “The Socratic Doctrine of the Soul”（1916: 126ff.）助长了一种至今仍不时在相关著述中（如Havelock, 1963: 204）浮现的误解，即认为将灵魂理解为心理学人格的观点是苏格拉底和/或柏拉图的发明。对此的纠正可见Vlastos, 1945-6: 381ff. and 53ff.；更好的澄清见Solmsen, 1983: 355ff.。Solmsen（356）提醒我们注意用“一个*psuchē*”——例如一个“强有力的*psuchē*”“心灵强健的*psuchē*”“甜蜜的*psuchē*”——来指称一个人的现象（Soph. *Ajax* 154, 1361，*Philoct.* 1013ff.；Eur. *Medea* 110；等等）。

不死的？它会不会随着身体的腐朽而湮灭？”这类提问。他确实在《申辩》尾声提过第二个问题，但只是想说明它无法理性地解决：两个选项——彻底湮灭，或者继续在冥府中存活——都是开放的。他在《克力同》中隐约透露，[38]在《高尔吉亚》中甚至公开宣称自己相信灵魂不死。[39]但他在早期对话中从未试图证明这点。[40]

另一方面，对于苏格拉底$_{M}$，灵魂的非物质性是一条正式的定理，[41]灵魂的生前和死后存在是他所向披靡的证明针对的目标之一。他在《斐多》中进行了一系列论证，[42]在《理想国》中加了一套新的论证（608D-611C），随后又在《斐德若》中提出了思路迥异的另一套论证（245C-246A）。苏格拉底$_{M}$如此迫切地希望证明其不朽的那个实体是来自另一个世界的羁旅者，与此世的质料随缘结合在一起。这种结 *56*

〔38〕54B-C.

〔39〕他确认他的终末论神话是“真的”（523A），称卡里克勒斯认为它不过是则老妇人的传说的想法错得厉害（527A），但他完全没有说过任何暗示他关于灵魂死后存在的信念能盘诘地得到辩护的话，否则就会违背《申辩》中（29B）他不知道任何冥界之事的宣言。尤其是，他并没有给出对这种信念为真的任何论证。他能够并且确实论证了的是这则神话所传达的道德真理——他认为这个道德真理**能够**并且其实已经被证明为真（ἀποδέδεικται，479E），而其反面则不可能被证明（οὐκ ἔχετε ἀποδεῖξαι，527B）。

〔40〕亦即从未在《美诺》引入转世投胎的信条之前的任何地方试图证明这点，柏拉图在这部对话里为这个信条的必然推论，即回忆理论，给出了论证：在《斐多》中（73A-B），他提到该论证“十分清楚地”（σαφέστατα）证成了那条推论的真理性。

〔41〕*Phd.* 79A-B.

〔42〕69E-72D; 72E-77A; 100B-109A.

合是它的大不幸，是对它的腐化、放逐、监禁、埋葬和玷污。[43]这种图景是毕达哥拉斯式的。[44]在《斐多》中我们看到苏格拉底$_M$接受了它。他现在深信，如果能够脱离肉身凡胎，我们在智性和道德上都会变得更出色；如今既然被困在一具形骸中，我们最美好的希望应该是打破牢笼，远走高飞，一去不返。在同时代或更早的希腊思想中，我们只听说过毕达哥拉斯主义[45]中有类似的观点。

---

〔43〕这些意象尤其参见 *Phd.* 67D, 81E, 82A, 82E。投胎的灵魂被"镣铐锁在身体上"，*Phd.* 81E；"被掩埋在当下的身体里"，*Cra.* 400C；因它与身体的羁绊而"面目全非"，*R.* 611C-E；"被幽禁在体内，如在牡蛎壳中"，*Phdr.* 250C。"玷污"或"污染"的意象体现在灵魂只要脱离身体就得到"净化"、只要还与身体有牵连就受到"污染"的说法上（*Phd.* 67A-C; 80E）。这些意象中最不阴森的是灵魂"失足滑落到"它每次注定投胎的那个身体里，*Phd.* 81E。

〔44〕Aristotle, *De Anima*, 407B20ff. 中提到的"毕达哥拉斯派神话"说灵魂"失足滑落到"（ἐνδύεται）身体里；ἐνδύνειν也出现在关于重生轮回的说法中——希罗多德（2.123.2-3）称这种说法源自毕达哥拉斯派，后被"早先和后来的一些希腊人"据为己有。灵魂"与身体结合是一种惩罚，仿佛被埋在坟墓里"的说法被亚历山德里亚的革利免（Clement of Alexandria，*Strom.* 3.17）归于"毕达哥拉斯派的"斐洛劳斯（Philolaus）：按革利免的描述，斐洛劳斯说"古代的神学家和先知们"能证明这套学说的存在。柏拉图把身体是灵魂的"牢房和监狱"的学说归于"那些和俄耳甫斯有关的人"（*Cra.* 400C）。这正是苏格拉底颇为赞许地提到，而刻贝则认为与斐洛劳斯有关的那套学说（*Phd.* 61E-62C）。漫步派哲人索里的克列阿尔科斯（Clearchus of Soli）（fr. 2, *ap.* Athenaeus 157C）则将之归于"毕达哥拉斯派的"欧克西透斯（Euxitheus）。

〔45〕转世投胎信仰是见证最多的毕达哥拉斯派教义：Xenophanes B7（*ap.* D.L. 8.36）；Empedocles B129（*ap.* Porphyry, *Vita Pyth.*）；Dicaearchus, fr. 29（*ap.* Porphyry, *Vita Pyth.*）。亦参见 Burkert, 1962: 98ff.；Barnes, 1982: 100ff.。

但远没有那么显而易见的是，苏格拉底$_E$和苏格拉底$_M$对他们所谓的*eidos*或*idea*（“形式”[form]，“特性”[character]）[46]的理解同样相去甚远。我必须将本章余下篇幅都用来详细论证这点。澄清苏格拉底$_E$如何理解*eidos*（或者同义的*idea*）的最佳线索来自他用它完成的工作。这是严格的定义性工作。他只会在探讨“什么是那F？”的问题时提到形式。在《游叙弗伦》中他规定这个问题的正确答案必须满足两个条件：

[1] 定义项必须对被定义项涵盖的一切个例都为真

苏格拉底通过问F在每个是F的事物（即每个具有那种被命名为“F”的属性的事物）之中“是否不同”来表达这一点： 57

T4 《游叙弗伦》5D “那虔敬难道不是在每个［虔敬的］行动之中都与自身相同吗？相对地，那不虔敬难道不是与所有虔敬的事物相反，只与自身相同，每个

[46] 虽然两个英文词都可以转译两个希腊词中的任一个（参见LSJ *s.v.* εἶδος, ἰδέα），英文form（在“种类”[kind]的意义上，例如“监禁是惩罚的一种”）对应希腊文ἰδέα或者εἶδος都同样合适。但我将坚持用form对译εἶδος，character对译ἰδέα，以便读者知道我在译文中指涉的是柏拉图原文的哪个词。并且我将循（相当普遍的）惯例，（仅）在其被用来指涉柏拉图中期对话引入的那些不可感的、不变的、不具体的、“分离的”存在者（参见本章第Ⅲ节）的语境中使用首字母大写的Form和Character。（由于作者强调苏格拉底的form/idea/character与柏拉图的Form/Idea不可混同，这里便将前者译为“样式/观念/特性”，后者译为“形式/理念”。——译者注）

能变得不虔敬的事物都具有某种单一特性（*idean*），[47]在不虔敬这方面？”[48]

[2] 定义项必须揭示任何事物之所以是被定义项的示例的原因

苏格拉底$_E$阐明这个条件的方式是提出，“什么是那F？”的正确回答必须说明什么是任何事物“因为它”（because of which，或“经由它”[by which]、“通过它”[through which]、“凭借它”[in virtue of which]）[49]而是F的那个东西：

---

〔47〕参见本章脚注〔46〕。

〔48〕最后一个分句καὶ ἔχον μίαν τινὰ ἰδέαν κατὰ τὴν ἀνοσιότητα ὅτιπερ ἂν μέλλῃ ἀνόσιον εἶναι被Guthrie, 1975: 114-15译成“而[不虔敬]在其不虔敬这方面具有一个单一样式。这难道不适用于每个能被刻画为不虔敬的事物吗？”。这种译法相当于生造了一个独立的问题，它把最末一个短语解读成了“谈话过程中的一个补充想法，在句法上与全句的其余部分是脱节的，它的唯一读法是把τὸ ἀνόσιον作为那些谓词的主词”。说这是柏拉图的希腊原文“唯一”的读法肯定是错的。上面译文中的读法就是Robinson, 1941（Robinson, 1953的第一版）、Ross, 1951和Allen, 1970的读法。这种译法更忠实于原文（它保留了原有的分句划分），并且认为该分句并不是在用不虔敬来述谓不虔敬[本身]，而是用来述谓它的诸示例：“每个**将变得不虔敬的事物”（亦即每个可能的“不虔敬”的示例）**都具有不虔敬这种“单一特性”。

〔49〕英文要使用介词短语（上述四者任一皆可）才能表达柏拉图用中性的关系代词加上工具与格就能简洁明了地表达的含义。另外他还会用“那使（ποιεῖ）F的事物是F的东西”来表达同一个意思——这里采用的是“使”这个词非因果性的、构成性的用法（参见*O.E.D. s.v.* “make”, sense 13: “constitute”[构成]，如谚语“一燕不成夏”[one swallow does not make a summer]）。在11A6-8处，苏格拉底驳回了以“被神所爱”为“什么是虔敬？”的答案，因为它只是“虔敬”的一个πάθος（所有虔敬的事物可能恰巧都具有的一个属性）而不是它的οὐσία（每个虔敬的事物要成其为虔敬的事物必然具有的属性）。在这种与πάθος相对的语境中，οὐσία显然代表了F的本质自然，因此可以恰切地译为[转下页]

T5 《游叙弗伦》6D—E “别忘了我要你教我的可不是许多虔敬的［行动］中的一两个，而是所有虔敬的［行动］之所以虔敬所因为的那个样式本身。因为你说过，不虔敬的［行动］不虔敬，虔敬的行动虔敬，是单一一个特性使然。还是说你不记得了？”

在预设这两个条件都能够被满足的时候，苏格拉底$_E$已经做出了一套实质性的存在论承诺（ontological commitment）*。他暗示，存在者中不仅有时空单项（spatio- 58

［接上页］“本质”（essence）。如果x是F，且P是F的一个πάθος，而E是F的本质，那么x是F不是由于P，而是由于E；“使”它是F的是E而非P。

* 关于εἶναι/ὄν及其关联词的译法，这里大致以“存在”转译作者将之译为to be/being的地方（包括将ontology转译为“存在论”、there be转译为“存在/在/有”、entity转译为“实体”），以“实在”转译real/reality，以“真”转译true。读者须注意这些译法的区别并不严格，也不暗示εἶναι/ὄν的含义或用法在柏拉图那里有系统性的区分。作者对柏拉图的εἶναι/ὄν有两个基本判断：（1）柏拉图虽然意识到了，但未曾明确区分εἶναι/ὄν的“存在性”（existential）和“非存在性”（non-existential）用法。换言之，像“X ἐστί”这样的绝对句式既可能实义地表达“X存在”，也可能是“X ἐστί F”这样的系表句式的缩略，表达“X是F”（述谓）或“X为真”（断真）。（2）柏拉图从不用εἶναι/ὄν来专题地表达“存在”义，例如当他说除了由有知之人统治的“唯一正确政体”，其他政体都οὐδ’ ὄντως οὔσας（*Pltc*. 293e3）时，他想说的不是这些影射希腊诸现存政体的政体“子虚乌有而不存在”（not existingly existing）——作为一个坚定的实在论者，柏拉图从不质疑认知对象的存在——而是说它们相较于那个政体“并不真正实在”（not really real）；当他说理念“完全地实在”（παντελῶς ὄν，*R*. 477a3；τελέως ὄν，*R*. 597a5）或者比其可感示例“更实在”（μᾶλλον ὄντα，*R*. 515d3）时，他并不是想说理念“完全存在”“更存在”——因为存在不是一个程度性［转下页］

temporal items），例如个物和事件，还有另一类实体，它们的同一性条件与前者迥异，因为它们在不同的人和行动之中是“相同的”：这里、那里的或者别处的正义，无分人、无分场合，都是相同的；它在它们每一个之中都是实在的（real），但它实在的方式与它们实在的方式完全不同，它自身的实在性只体现为一个事实，即它可以自身同一地在广泛弥散的诸多时空场合中得到例示。这样一来，只要一个个例中的正义被正确定义，这个定义就会对正义的每个示例都为真，无论它们发生在过去或将来的什么时候、什么地方——在希腊还是波斯，在地上、奥林匹斯山上还是冥府里。

的确有一些事物能够满足这个苛刻的条件，这是根深蒂固地存在于苏格拉底$_E$的言语和思想中的一则存在论。他的确**持有**（*has*）这套存在论。但他能既持有它，又不违背我在上文论点IA中的主张，亦即他仅仅是个道德论者，再无其他身份——不是形而上学家，也不是存在论者吗？一个

［接上页］概念——而是想说理念的“实在程度”（degree of reality）比其可感示例更高。这里的“实在性”在预设了对象绝对存在的同时包含“认知可靠性”（cognatively reliable）和“价值可靠性”（reliably valuable）两重允许程度差异的含义。参见Gregory Vlastos, “A Metaphysical Paradox”, in *Proceedings and Addresses of the American Philosophical Association*, vol. 39 (1965-1966), pp. 5-19, rpt. in Gregory Vlastos, *Platonic Studies*, Princeton, N. J.: Princeton University Press, 1973 (2nd edn., 1981), pp. 43-57；“Degrees of Reality in Plato”, in Renford Bambrough (ed.), *New Essays on Plato and Aristotle*, London: Routledge & Kegan Paul, 1965, pp.1-19, rpt. in Gregory Vlastos, *Platonic Studies*, pp. 58-75。

人能**持有**一套存在论却不是个存在论者吗？[50]为什么不能呢？相信一个独立于我们自己的心灵而存在的物理世界，其中充塞着物质对象，它们维持着实质的同一性，以及时间跨度或长或短的性质延续性——这是一则实实在在的存在论，它在当时一个普通雅典人思维中根深蒂固的程度和在今天一个普通纽约市民的思维中没什么两样。这会让他俩中的哪个变成存在论者吗？怎么会呢？一个人不是语言学家，就不能掌握一套语言了吗？一个把语言作为反思探究对象的人才算是个语言学家。一个把存在论作为反思探究对象的人才算是个存在论者。但苏格拉底$_E$恰恰从来没有做过这些事情。他从来不问，如果样式与那些处在时空中的个体事物和事件的同一性条件如此之不同，以至于前者能够存在于不同的个体事物和事件“之中”，[51]那样式必须是何种东西。探寻那些使得样式与非样式系统地区别开来的一般属性，从来不是他盘诘探究的议题。他问的问题是：什么是“虔敬”的样式？什么是“美”的样式？诸如此类。什么是样式本身？他从来不问。他对许多东西感到困惑，但从来不对存在者中包含样式

〔50〕三十年前（Vlastos, 1956: liii, n. 10）我想当然地认为这个问题的答案只能是“否”。Woodruff, 1982: 163 *et passim* 如今延续了那个立场并给出了比我当初更出色的论证。即便如此，正如我上面解释的，我现在的观点还是不一样了。伍德拉夫说：“那些把存在论的范围扩大到涵盖一切关于什么存在的问题的人会把我们全都变成存在论者。”如果成为存在论者只要求我们抱有某些关于什么存在的信念，这话倒不假；如果还要求对这些信念进行坚持不懈的反思，就不然了。

〔51〕参见本章T4：“……在每个［虔敬的］行动之中都与自身相同。”

这个事实感到困惑。他从不惊讶于“样式”这样的东西竟然 59 存在。他不经反思、省察、论证或者辩护就对样式的实在性信赖无疑，像街上的路人信赖草木瓦石的实在性一样。

这就是为什么赋予他一套“样式理论”（theory of forms）——这在学术著作中屡见不鲜——是过于慷慨的做法。[52] 拿他相信它们的实在性来佐证他有这样一套**理论**无异于拿街头路人相信物理对象的实在性来佐证他有一套关于物理对象的理论。如果每个人对某个信念的同意都可以被假定为是当然的——每个人都不觉得它有问题，不觉得它需要解释或者加以辩护——那么信念就不是理论。这就是苏格拉底$_E$相信样式的实在性的心理状态。他问游叙弗伦（Euthyphro）虔敬是否就是每个虔敬的行动中那种相同的特性，并立即得到后者的认同。他向拉刻斯（Laches）展示各式各样的勇敢之举——英勇面对各种危险，战场上的、海上的、政治中的，等等[53]——然后问道：

> **T6 《拉刻斯》191E** “你再试着说说勇敢，首先说说在所有这些之中相同的东西是什么？”

而拉刻斯毫不犹豫接受了苏格拉底的预设：在林林总总的集

---

〔52〕该观点一个颇具吸引力的版本——它允许苏格拉底$_E$持有苏格拉底$_M$的一部分存在论，虽然前者较后者更温和，远未达到后者的两个世界的实在理论的程度——见 Allen, 1970: 67ff. *et passim*。

〔53〕*La.* 191A-E.

合之中的确**存在**某个“在所有这些之中相同”的东西。游叙弗伦和拉刻斯都不是哲学家：前者是个预言家，后者是一介武夫，是个将军。但他们的回应在相当程度上可以代表苏格拉底随便找个路人就能问出的结果。

即便他明确发问他试图定义的样式是否**存在**，同样的结论仍然成立。不妨考虑他与希庇阿斯（Hippias）的这段对话：

> **T7 《大希庇阿斯》287C—D** “他会问你，‘来自厄里斯（Elis）的异乡人啊，难道正义之人之所以正义不是因为正义吗？’希庇阿斯，试着像被问到的是你那样回答一下。”——“我会回答说正是因为正义。”——“那么这[东西]，正义，存在？”[54]——“大概是如此。”——“难道智慧的人不是因为智慧而有智慧，一切好的事物不是因为善而好？”——“还能是怎样？”——“那么这些东西[智慧、善]存在：它们不会不存在。”——“它们确实存在。”——“那么所有美的东西不也是因为美而美

60

[54] οὐκοῦν ἔστι τι τοῦτο, ἡ δικαιοσύνη; 按字面翻译（如Fowler, 1926; Woodruff, 1982），ἔστι τι=“正义是某物吗？”，亦即“是否存在正义这样一个东西？”（用逻辑学家的语言表达：“是否存在某个x，满足x=正义？”），简言之则是“正义存在吗？”——在之后出现ἔστι τι短语的重要引文中我都将采取这种译法，这些引文包括出自《斐多》的T11、T12（见本章下文），出自《会饮》的T22，（附注2.5中）出自《巴门尼德》的T1、T5及其后各处（参见本章脚注〔127〕），以及《蒂迈欧》51B-D（引于附注2.6）。参见本章脚注〔55〕和〔66〕。

> 吗？”——“不错，因为美。”——“因为这美存在？”——“它确实存在，这有什么可疑虑的？”——“‘那你说说，’他会说，‘这个美是什么？’”

不像游叙弗伦和拉刻斯，希庇阿斯是著名的知识分子。他是资深的数学家和天文学家，也是史家，是一位多面手。但没有证据表明他的博学多能给了他去探究正义或者正义的人是否**存在**的契机。因此，在这些问题上，我们没有理由相信苏格拉底期待能从或确实能从希庇阿斯那里问出些什么，除了他从市场里随便找个人就能问出的那些简单的、不加反思的回答。我们也能看到这些回答是怎么得出的。那些存在者的存在在希庇阿斯看来是如此显而易见，以至于他对苏格拉底净是给他提这些不言自明的问题越来越不耐烦。[55]直到T7末尾，苏格拉底争取就正义与善以及最终就美的存在达成共识的意图才显露出来：他一直在为“什么是那F？”这个大问题做铺垫。一俟对方承认存在美这样的东西，他就直接转到了“什么是美？”的问题上，并且在余下的对话中像只斗牛犬一样咬住这个问题不放，直至最后哀叹自己未能找到答案。

现在不妨考虑一下苏格拉底与普罗塔戈拉的对话。他

〔55〕他同意第一个问题时还挺热情，第二个就已经有些干巴巴了，最后他终于忍不住想知道这些翻来覆去的问题用意何在：ἀλλὰ τί γὰρ μέλλει——“问题是什么？你到底想问什么？”

用等价[56]的术语提了同样的问题：

> **T8 《普罗塔戈拉》330C1—2** “正义是一个东西，还是什么也不是？在我看来它是个东西。你觉得呢？”——“我也这么觉得。”他说。

这次苏格拉底的对话者也是位著名知识分子，但他的声誉来自某种非希庇阿斯的博学多能可相提并论的东西。普罗塔戈拉因其名言“人是万物的尺度”而著名。这是一句极端相对主义的宣言。[57]柏拉图在《克拉底鲁》中就是这样理解的：

> **T9 《克拉底鲁》385E** “赫莫根尼（Hermogenes），让我们来看看：你是不是认为，事物的本质[58]是我们每个

61

〔56〕 T8中的问题，πρᾶγμα τί ἐστίν，和T7中的ἔστι τι并没有什么不同。两种问法都可以。苏格拉底想要问的是“存在美这样一个东西吗？存在正义这样一个东西吗？”参见本章脚注〔66〕，以及附注2.3。

〔57〕 许多年前（1956: xiiff.）我将这种观点称为“主观主义”（subjectivism）。在此我仍坚持我当时的解释的实质。但现在我同意Burnyeat, 1976: 44ff.的观点：“相对主义”（relativism）能更准确地表达出这里的观点，如果a在t1时刻对于一个给定的主体S显得是F，那么a在t1相对于S就是F——只要我们谨记这是**一种高度主观化的**相对主义形式。

〔58〕 οὐσία τῶν ὄντων. 此处οὐσία正确的译法是“本质”而非“存在”（参见附注2.3），这从T9的语境就可以清楚看出，又或者参看386E：苏格拉底认为事物“顺其自然（ᾗπερ πέφυκεν，386E4）而自行具有它们自身的本质”，这反对的正是普罗塔戈拉的学说，后者动摇的恰恰不是事物的存在，而是它们的“自然”，正如这里的πέφυκεν以及接下来反复出现的相关说法（参见387D1处的φύσιν）所表明的。

人私有的，正如普罗塔戈拉曾宣称的那样，‘人是万物的尺度’——事物对我显得是什么，它们对我来说就是什么；相反它们对你显得是什么，它们对你就是什么？还是说你相信它们自身有某种固有的性质？”

如果普罗塔戈拉认为，任何人关于（例如）“正义”的信念只对那个人——正义对他显得如此的那个人——而言为真，那他怎么可能同意，正义在各色人等皆称之为正义的种种行动中总是“相同的”？他不可能同意，事实上也不同意。他从未被问到过“**什么是那F？**”的问题。[59]这是有原因的：那样一来形而上学问题就会浮现，对立的两套存在论承诺就会起冲突，苏格拉底就难免要为自己辩护——他将被迫扮演他更愿意回避并且在早期对话中一直坚持回避的存在论者的角色。[60]柏拉图的精心安排使得读者可以忽略两者的冲突。《普罗塔戈拉》通篇没有直接提到“人是尺度”的名言。[61]苏格拉底$_E$第一次指涉普罗塔戈拉的存在论是在过渡性对话《欧谛德谟》中（286B-C）。在那里，普罗塔戈拉的矛盾不可能（contradiction is impossible）学说不是被苏格拉底，而是

〔59〕柏拉图在《普罗塔戈拉》中没有给苏格拉底提这个问题的机会。这部对话并没有能够让苏格拉底提出像他在T4和T5中问游叙弗伦或者在T6中问拉刻斯的那些问题的探讨定义的语境，因此也就无法明确提出“‘F’指代的是一种在其适用的全部复多示例中都‘相同’的特性”这条预设。

〔60〕参见本书第47页的论点IA。

〔61〕虽然苏格拉底想必对这套学说一清二楚（他可没有被描绘成一个哲学文盲）。

被他的对话者狄奥尼西多若斯（Dionysidorus）引入的：后者复述了这套学说却没有说明其来源，而苏格拉底也只不过是提醒我们注意他在剽窃。[62]他这么做是为了表明这套学说是陈腔滥调，没什么值得激动的，因为它和它的推论——假陈述不可能（false statement is impossible）——都是自我反驳的。[63]那些尖锐的悖论在任何一部盘诘性对话中连被提一嘴的机会都没有；当有人在过渡期对话中宣扬它们，引来的也不过是一阵鄙夷。考虑到柏拉图中期、[64]晚期对话[65]对它们着墨甚多，一部以普罗塔戈拉本人的名字为题的对话竟一字不提它们，这很值得注意。 *62*

回到T7，让我们注意，东西（thing）这个词有一层相当温和无害的含义，每个乐意讨论正义、虔敬之类问题的人都会倾向于同意它们在此意义上是些“东西”。我们用英语

---

〔62〕他评论说他“经常从许多人那里”听说过这个说法，并且“那些普罗塔戈拉周围的人，还有其他更早的思想家，都运用过它”（虽然没有点名，但他暗指的是巴门尼德）。

〔63〕他认为这些主张就只配得上这种“流俗”（286E10：φορτικώτερόν τι）的反驳。这里没有半点柏拉图多年以后在《智者》中专门针对它们提出的批评的预示。未曾注意到它们对存在论者的挑战的苏格拉底把它们视为一些假悖论——一旦对其令人无法容忍的智性后果（286D-E）和道德后果（287A）心中有数，它们就只不过是些炸得响但不伤人的歪理炮仗。

〔64〕《克拉底鲁》中对普罗塔戈拉“人是尺度”学说的拒斥正是中期对话对存在论的第一次阐发（出现在本章T9，后又在386E重申）。柏拉图在《泰阿泰德》中反复回顾了“人是尺度”的名言（152A，160D，170D-E，171C，178B）。

〔65〕“假陈述不可能”将成为《智者》中埃利亚的异乡人集中批评巴门尼德的标靶。

进行日常交谈[66]时用在“每个（东西）”、“某个（东西）”、“没有（东西）”（everything，something，nothing）[67]等计量词或者“你说的东西我一点没听懂（haven't understood a thing）”等不定代词短语中的“东西”表达的就是这层含义。在此意义上，普罗塔戈拉将不得不同意，正义是个“东西”，亦即他和苏格拉底正在辩论的那个东西，否则讨论将没法进行下去。但他**可能**连这点也同意，同时不违背自己的相对主义教条吗？柏拉图让苏格拉底$_E$拒绝提出这个问题，[68]只敦促普罗塔戈拉同意，正义是一个与诸德目中的每一个都有明确关联的“东西”，[69]以便两人接下来探讨针对这种关联的分歧：正义与另外四种德性之间究竟是否有纯**道德性的**[70]关联

---

〔66〕 参见 Vlastos, 1956: liii, n. 10。

〔67〕 第三个词在希腊语中有很好的对应：希腊语中表达nothing的通常是οὐδέν，它是οὐδὲν πρᾶγμα的一个缩略表达，没有东西（no thing）=没有（nothing）（我在本章T8中就是这么译的）。第二个词则符合πρᾶγμα用作存在量词x时的用法。

〔68〕 这样做可以理解，如果他希望保持苏格拉底作为一心一意的道德论者的形象，把他的盘诘探究限制在道德主题上（参见附注1.1的脚注〔5〕和本章脚注〔12〕）：他也许对各种各样的事情，包括存在论，都有自己的观点，但他拒绝辩论它们。容许普罗塔戈拉挑战“正义是个东西”的预设将无异于火上浇油：整个辩论将会被从道德探究带偏到存在论探究上。

〔69〕 如果普罗塔戈拉相信他的相对主义存在论让他有理由挑战苏格拉底关于德性的观点，那苏格拉底也完全有理由无视普罗塔戈拉的存在论，专注于批评这位智者观点的道德内容。

〔70〕 我着重标出了“道德性的”，因为这是苏格拉底的诸论点中唯一一个在论辩全过程中一直遭到普罗塔戈拉挑战的方面。苏格拉底令人意外地任他用来指认诸德性之相互关系——这是他整个论证辩护的要点——的那些表述所引入的存在论内涵保持含混不清。在331B，［转下页］

是这部对话接下来发生的所有回旋转折的核心——苏格拉底坚决主张，而普罗塔戈拉则坚决否认每种德性都和其他任何一种德性相互关联，或者更简单地说，〔71〕具备任何一种德性的人也“必然”具备全部德性。柏拉图再清楚不过地表明这部对话中苏格拉底的兴趣纯粹是伦理性的。〔72〕既已与这位当时的头号相对主义者面对面，辩论存在论的机会可以说已经摆在苏格拉底$_E$面前了，但他不为所动。 63

[接上页] 他说他们讨论的那些德性“要么相同，要么尽可能相似”；在333B（原书误作331B。——译者注），他说它们是“一个[东西]”，然后又说它们“近乎相同”。他和他的论敌都没有尝试辨明那种关系，除了苏格拉底在329E2-4处以再简洁不过的术语给出了一个非常精确的陈述（无论谁只要拥有它们中的一种，就必定拥有全部）。更进一步的指认对于辩论的宗旨并不必要；无论普罗塔戈拉希望批驳的苏格拉底观点中的逻辑或存在论是怎样的，他与后者在道德学说上的实质分歧在329E已经揭示得一清二楚，在那里（329E5-6），他断然否认了苏格拉底在329E2-4提出的论点，随后又在辩论的白热化阶段再一次予以拒斥（349D5-8）。对照Vlastos, 1981: 221ff.，特别是264以及428-33的注释。

〔71〕 如他自己在329E2-4的说法：对照本章脚注〔70〕。

〔72〕 单从这点我们并不能推断出，与他关系最密切的伙伴也同他一样对形而上学和知识论议题不感兴趣。因此我们从亚里士多德那里了解到，安提斯忒涅斯就提出了相当重要的逻辑-形而上学学说（见Caizzi, 1964: 48ff., at 49-65；Giannantoni, 1983: II 319-407 and III 177-370）；类似地，麦加拉的欧几里得也有一套埃利亚派色彩浓重的逻辑学（Giannantoni, 1983: I 37-48 and III 31-58）；此外阿里斯提普斯也会是如此，**如果**（有可能，但可能性不大）他真的是那套被归于“居勒尼派”（Cyrenaic sect, *ap*. Sextus Empiricus, *Adv. Math.* 7.190-200，关于这点参见Tsouna, 1988: part 2, ch. 1）的蔚为可观的知识论学说的创始人的话。苏格拉底令人印象最深的一点就是他有本事吸引并留住一批忠实的追随者；他们热心与他结交，深受他的影响，但又能毫无顾忌地另起炉灶，发展出与彼此，同时无疑也与苏格拉底的立场迥异的伦理和元伦理学说。

现在考虑苏格拉底$_M$。苏格拉底$_M$把“那F存在”这个所有苏格拉底$_E$的对话者都毫无异议地承认的前提视为一个高度可疑的论点。在《理想国》中他称之为一个“设定”(posit):

> **T10 《理想国》596A** “我们已经习惯给每个我们以同名相称的多(plurality)设定[73]一个单一的形式。”

在《斐多》中他称之为一个**悬设**(*hypothesis*):

> **T11 《斐多》100B** “我将回到那些常挂在我们嘴边的[东西],以它们为出发点,悬设[74]‘美’自身就其自身存在,[75]‘善’和‘大’等等也是如此。如果你承认这

---

〔73〕 τίθεσθαι. 注意与苏格拉底$_E$的差异,后者并未要求希庇阿斯“设定”正义、美、智慧等存在——他只是问它们是否存在,并且得到了希庇阿斯的完全同意。(我把这里的Form大写了[参见本章脚注〔46〕],因为εἶδος此刻已是一个术语,被用来指称一些街头路人闻所未闻的实体——它们的固有属性将在本章第Ⅲ节列出。)

〔74〕 ὑποθέμενος.

〔75〕 εἶναί τι αὐτὸ καθ' αὑτό. 本章脚注〔54〕已经解释了εἶναι τι译为“是某个东西”=“存在”(“is something” = “exists”)的理由。此处第一次出现的反身代词的含义也并不神秘:它是在αὐτός=*solus*(独自)的意义上(释义见Riddell, 1867: 134,并参见Burnet, 1911:“αὐτό在此严格意义上是αὐτός, alone[唯独]的一个发展。”他指出,在*Phd.* 67D1处,μόνην καθ' αὑτήν[单独就其自身]被用作稍早前的αὐτὴν καθ' αὑτήν[自身就其自身]的同义表达)。但καθ' αὑτήν在这个语境中到底引入了什么呢?这个谜题我将在本章第Ⅲ节中,并且进一步在附注2.5中尝试解决。

些并且承认它们存在，那我想我就能发现并且向你解释灵魂不灭的原因（αἰτία）。”

把某个命题称为“悬设”，在这个语境中就意味着把它当作在后续论证中全程未经断言的（unasserted）前提；这个论证的目的不是去考察那个前提的真，而是去演绎如果那个前提为真的话结论会是什么。[76]这样去使用那个命题并不是在表达不确定它的真。这部对话前面完全没有提到过任何与此相关的内容，直到形式的存在随着下面这个问题——它原本就预期会获得，并且确实立马就获得了对话者的热情同意——的提出而被迅速引入： 64

T12 《斐多》65D “我们是断言正义自身就其自身存在，还是断言它并不？”[77]——“凭宙斯，我们断言它是。”

这时苏格拉底或者他的伙伴根本没有在顾虑任何不确定性，相反，这条悬设本身就被呈现为消除其他事物的不确定性的基础。苏格拉底认为，要证明灵魂生前存在，只需证明它和

---

[76] 他遵循的是一种他称为ἐξ ὑποθέσεως σκοπεῖσθαι（从悬设出发探究）的探究方法（详见本书第四章的讨论），这套方法在柏拉图作品中首次出现是在*M.* 86Dff.，是堂而皇之地从数学家那里借鉴过来，并且用一个几何学例子加以说明的。

[77] φαμὲν τι εἶναι δίκαιον αὐτὸ καθ’ αὑτὸ ἢ οὐδέν；τι εἶναι这个在柏拉图的存在论中至关重要的术语的引入将会在本章稍后的部分讨论，更进一步的讨论见附注2.5。

形式的存在“具有相同的必然性”[78]就足够了；而他对此的论证使听众完全信服。西米阿斯（Simmias）听毕回应道：

> **T13 《斐多》76E—77A** “……论证可以正确地归结为下面这点[79]：我们的灵魂在我们生前的存在正对应于你谈到的那种实在者的存在。[80]因为在我看来这点是如此清楚：所有那些东西——‘美’和‘善’，还有你提到的其他一切——都尽最大可能地实在。”[81]

那为什么苏格拉底后来在前引T11处回到形式的问题时说它们的存在是一个“悬设”，还问他的对话者**是否**会承认它？因为他这时想强调，我们不能简单地认为这个命题是理所当然的。我们不能预期每个人都会同意它。那些像T12般胸有成竹、像T13般信心满满地断言它的人，是“那些哲人”“那些真正的哲人”“那些正确从事哲学的人”“那些正确掌握哲学的人”，[82]是从普罗大众[83]中筛选出的真正的信徒；至于缺乏思想和理解力的多数人则

65

---

〔78〕 ἴση ἀνάγκη, 76E5.

〔79〕 字面义为“逃（καταφεύγει）到这里”。

〔80〕 Hackforth, 1955和Bluck, 1955均不加解释地将οὐσίαν译成“实在”。关于这点的解释见附注2.3。

〔81〕 εἶναι ὡς οἷόν τε μάλιστα. 支持上述译法的论证见附注2.3。

〔82〕 οἱ φιλοσοφοῦντες, 64B4-5; οἱ ὡς ἀληθῶς φιλόσοφοι, 64B9; οἱ φιλοσοφοῦντες ὀρθῶς, 67D8, E4; ὅσοι τυγχάνουσι ὀρθῶς ἁπτόμενοι φιλοσοφίας, 64A4-5.

〔83〕 多数人（the many），*Phd.* 64B2 *et passim*。

T14 《理想国》第五卷，476D “相信各种美的事物，却不相信美本身，并且即便有人试图带领他们认识它，他们也跟不上。”

因此在存在论层面上注定只能浑浑噩噩过一辈子”。

“活在梦里而非清醒的现实里。”(《理想国》476D3)

切勿过度解读这个比喻。苏格拉底$_M$并没有说只有形式存在，而它们的时空示例不存在，日常世界中美的对象只是梦中的影像、有死者心中的幻影。他接下来继续论证感觉对象和意见“居于完满的实在者与彻底不实在者之间”[84]。他不可能走到否认感觉世界存在的地步。但他走得也够远的了。他想说，那些断言可感物的实在性却否认形式的实在性的人将陷入一种虚妄状态：“他们的心智不正常。”[85]每当“我们”这些哲人试图拯救他们，“他们会对我们发怒”[86]，会抗议说“我们说的不真实”[87]。

在早期和中期对话中柏拉图都把苏格拉底描绘成一个

〔84〕 *R.* 486D6-7, μεταξὺ κεῖσθαι τοῦ εἰλικρινοῦς ὄντος τε καὶ τοῦ πάντως μὴ ὄντος，遵循Cornford, 1945的译文。ὄντος在这里的意思不可能是“存在的”：形式之可感示例的存在与形式的存在相对应，这被视作理所当然。在《斐多》中（79A）苏格拉底$_M$承认有两类存在者（δύο εἴδη τῶν ὄντων），“可见的和不可见的”。

〔85〕 Cornford, 1945和Grube, 1974均如此译*R.* 476E2处的οὐχ ὑγιαίνει。

〔86〕 χαλεπαίνει, 476D.

〔87〕 *Loc. cit.*

敌世俗者（*contra mundum*）。但在前一组对话中他反对“多数人”完全是出于道德的理由。[88]苏格拉底$_{E}$从未说过一句暗示他和他们的形而上学信念有任何冲突的话。出了道德领域，他同他们的思想面貌基本上并无二致。他和他们一样都对自然哲人们的思辨和智者们的主张[89]持怀疑态度。但他并不期待他们会拒斥，也**从未听到**他们拒斥那些他命名为*eidos*或*idea*的存在者的存在。而这恰恰是苏格拉底$_{M}$区别于“多数人”的关键：他相信这一区别将会带来道德层面的差别。[90]既然柏拉图没有暗示“多数人”的存在论信念眼下已经改变，那么他必定是往“形式存在”（Forms exist）这个命题的旧瓶里装进了新酒。随着他致力于系统地阐发苏格拉底$_{E}$之所未发，这一新内容开始浮出水面：形式是**如何**实在的——它们具有何种实在性。

66

[88] 苏格拉底$_{E}$对这种对立的关键（他对同态报复律［*lex talionis*］的拒斥，详见第七章的讨论）的看法见*Cr.* 48D。卡里克勒斯对此的看法见*G.* 481C：他认为“承受不义比行不义更好”的学说将“颠覆我们人类的生活”。

[89] *Ap.* 19C, 20C.

[90] 他们对于形式的无知消解了他们道德信念整体的有效性：“多数人关于美和其余［例如‘正义与善’，479D］的许多传统信念都漂浮在纯然实在和彻底不实在之间的某个模糊区域。”（*R.* 479D；译文部分遵从Cornford, 1945）在《斐多》中甚至连举止最得体有度的非哲人（οἱ κόσμιοι αὐτῶν，68E）都只能成就一种“德性的幻象”：“他们只是因某种畏惧和懦弱而勇敢”（68E），“因某种不节制而节制”（69A）。他们的道德是“奴性的，既不健康也不真实”（69B）。对照Weiss, 1987: 57ff. at 62：“真正的好人（*agathos*）是哲人。”（但其未能注意到，《理想国》第三至第四卷对这里说的非哲人之德性的虚幻本质做了相当激进的定性：参见Vlastos, 1981: 137, n. 79，以及Irwin, 1977a: 198-203；另参见第三章脚注〔30〕—〔32〕。）

第Ⅲ节

苏格拉底$_M$自从在《斐多》——这是他系统阐述形式理论的第一部对话——中开始提及形式起，就全身心投入到了这项新计划中去。[91]他注意到它们的第一个特点就是**不可感**：

> **T15 《斐多》65D4—12** “再问一次，美和善存在吗？［接T12］……噢，那你曾经亲眼见过那类东西吗？……或者你曾经通过其他身体感官把捉过它吗？”

这里关于形式存在的断言并不是在定义性探讨的语境中提出的[92]——例如在《大希庇阿斯》[93]中，争取希庇阿斯同意“美”存在的目的是向他提出“那你说说它是**什么**？”的问题。在《斐多》中，它变成了早期对话中从未提出过的另一类问题的铺垫：正义、美等等，属不属于那类我们可以通过感官感知的事物？如果问苏格拉底$_E$这个问题，他无疑会同意它们不属于。这点隐含在他的整套探究程序当中：盘诘

［91］ 这套新理论初现端倪是在《克拉底鲁》中，虽然那里只论证了诸样式的其中一种固有属性：不变性（439D-E，可参见*Ti.* 50B3-5）。但这段论证的老练、笃定充分说明了柏拉图正在稳步向他的新存在论进发。

［92］《斐多》（75D，78D）偶尔提到这类探讨，但这类探讨并未嵌入对话脉络**当中**。没有任何一部中期对话用形式的存在来引出“什么是那F？”的问题并限制其回答——而这恰恰是它们的存在在早期对话中的唯一用处。

［93］ 本章第Ⅱ节T7。

论证，作为一种理智的运作，显然与诉诸可感证据毫不相干——认为诉诸所见、所闻、所嗅、所尝、所触到的东西就能直接回答“什么是那F？”的问题，这种想法本身就是荒谬的。因此在这点上我们完全可以信赖苏格拉底$_E$和苏格拉底$_M$已有的共识。两者的差异恰恰在于那些苏格拉底$_E$从未提出过的问题成了苏格拉底$_M$的头等关切。这种差异反映 67 出，苏格拉底$_E$的兴趣是纯伦理性的。他对这些兴趣的追求从不蔓延到知识论上，甚至没有让他得出形式无法靠感觉领会这个基本的观点。

这还只是开了个头。苏格拉底$_M$提出的不只是正义、善等形式不可见、不可闻、不可触及之类的保守主张——任何理解他的问题的人都会视此为理所当然。他走得比这远得多：**他拒斥感觉作为获得关于任何事物的知识的途径**，主张任何配得上“知识”之名的东西都不可能靠感觉通达；我们有望获得知识的唯一途径是通过他称为“推理”（reasoning）或“思”（thinking）[94]的那种纯理智活动。他在T15之前几行就说：

---

〔94〕λογίζεσθαι, διανοεῖσθαι. 苏格拉底$_M$用διανοεῖσθαι（我有点蹩脚地译为思［thinking］）这个术语来指那种尤其（但不仅）显著地运用于数学领域的理智活动。他将线段喻中（*R.* 511D-E, 533D）数学探究所属的第二段称为διάνοια。λογίζεσθαι这个柏拉图在早期、中期对话中最青睐的表示道德推理的术语也与数学推理有联系。正如Burnet, 1924就观察*Phd.* 65C2所得，“这个词的首要含义就是算术计算”；参见*M.* 82D4, λογισάμενος εἰπέ，这里要求的是个简单的算术计算。

T16 《斐多》65B—C “那么灵魂何时才把握真理？既然无论何时，只要同身体一道探究些什么，她就会彻底受身体蒙骗……因此，如果可能的话，只有在推理之中，某个实在才能够向灵魂清楚揭示（κατάδηλον αὐτῇ γίνεταί τι τῶν ὄντων）。”

在这里和紧接下来一段，以及后面另一段对其思想更简短却同样有力的复述中（82E-83B），感觉都备受怀疑和敌视，被一口咬定为心智惘乱的肇因。[95]如果这个论断只涉及数学知识，那拒斥感觉证据无可非议；它可以当作一种培养严谨的几何学思维的有益方式。[96]但苏格拉底$_{M}$指涉的不只是有限的某一类形式：

T17 《斐多》65D12—13 “我说的是所有，例如，伟大、健康、体格强壮——总而言之，诸实在之中每个恰巧是的东西（τῆς οὐσίας ὃ τυγχάνει ἕκαστον ὄν）。”

强调完他是在一般地谈论我们关于形式的知识后，他宣称，

---

〔95〕“眼睛、耳朵，总而言之，整个身体，都会扰乱（ταράττοντος［参见 θόρυβον παρέχει καὶ ταραχὴν καὶ ἐκπλήττει，66D］）灵魂，在它与身体联结时阻碍它获得真理和智慧。”（65A）“哲学通过证明眼睛、耳朵和其他感官的探究充满了欺骗来说服我们抛弃这些感官，除非不得已要使用它们。”（83A）

〔96〕见附注2.4。

68

T18 《斐多》65E—66A “而且一个人不是能够做到这点［即尽可能对他所思之物有知］[97]吗——如果他尽可能仅凭思想接近它、拒不让肉眼所见混进他的思考，或者把其他感觉和他的推理牵扯到一起，而是运用那纯粹的思想本身来尝试追踪每个纯粹的实在[98]本身（αὐτὸ καθ’ αὐτό）？”

苏格拉底$_{M}$竟然希望将他反对将感觉资料用作证据的告诫推广到对健康和体格之类事情的探究上（T17），这相当令人费解，要知道它们正好属于当时生理学和医学的领域，而感觉经验被奉为首要的知识来源。[99]但他无疑就是这个意思。他深信，如果我们要追求的是知识，那么获得它的唯一希望就是通过“思”和“推理”。如此一来，从滋生幻觉的感觉经验中获救的心灵就不至于误入歧途——这与笛卡尔考

［97］ 65E6处的τοῦτο指的是γνῶναι ἕκαστον［περὶ οὗ σκοπεῖ］，65E4-5。

［98］ αὐτῇ καθ’ αὑτὴν εἰλικρινεῖ τῇ διανοίᾳ χρώμενος αὐτὸ καθ’ αὑτὸ εἰλικρινὲς ἕκαστον ἐπιχειροῖ θηρεύειν τῶν ὄντων。ὄντα译为“诸实在”（realities）：参见附注2.3。

［99］ 从希腊人对这些学科最早的方法论反思开始，感知觉（sense-perception）就被认为是这些领域中知识的正确来源：例如前5世纪早期的阿尔克迈翁（Alcmaeon）就认为诸感官是向大脑传递信息的通道（ducts）（Theophrastus, *De Sens*. 26）；同样，不久之后，恩培多克勒（Diels-Kranz, DK B310）也认为每个感官都是一条“理智的通道”（duct of understanding）。我们看到（晚期）希波克拉底派论著《训诫集》中也表达了这种观点，该著开篇一段即宣称：“实践医术者须格外关注的不是看似合理的推理，而是结合理性的经验。因为理性反思就是对通过感官接收到的东西进行整理。”

察“清楚分明的观念”（clear and distinct ideas）得出的结论可谓殊途同归。[100]

与其无法通过感知觉通达的性质紧密相关的，是苏格拉底$_M$的形式的第二个固有属性：它们**绝对免于变化**。他认为，可感世界的所有部分都一直在变，但形式世界的任何部分都不会变：对形式来说，不变性就是其实在的本质。苏格拉底$_E$可想而知也会同意这些。他完全可能会认为它是“每个样式在其各个分明的时空示例中都保持自我同一”这条预设的一个严格推论。这似乎就是“虔敬难道不是在每个［虔敬的］行动之中都与自身相同吗？”这类问题的明显意涵：如果虔敬之举a中的虔敬与虔敬之举b中的虔敬“相同”，那么它在把a同b或者同其他任何虔敬示例——无论它离a或b多远——分隔开的整个间隔中岂不是必须保持不变？下面这段话明示了“在每个F中相同”与“那F总是F”的关联： 69

T19 《大希庇阿斯》299E6—7 “我问的是那个对于一切都总是美的东西……因为美肯定总是美的。”[101]

---

〔100〕两者都不容许纯粹理智有犯错的可能性。笛卡尔认为一切错误的根源是意志，苏格拉底$_M$则认为是感觉。λογισμός（推理）可能会误入歧途，需要感觉经验将它保持在正轨上，这在《训诫集》的医师作者看来显而易见，苏格拉底$_M$却从未想到过这点。

〔101〕我释读这句话的方式与T4中最后一个分句（*Eu.* 5D3-5）一样，认为谓词述谓的是形式的每个示例，而不是形式本身：无论美［本身］的示例是什么，它总是美的。

但苏格拉底$_E$表达这个信条的目的是什么？是要对他正在进行的定义性探讨加以控制，预防（或者反驳）只在对话者看到的个别例子中为真，但在其他例子中都为假的定义项。苏格拉底$_E$并未停下来反思，如果一个样式在散布于某个时间范围内的诸个例中都是自我同一的，那它本身必定能免于其时空个例难免的变化。这个失误与前文提到的是类似的：虽然苏格拉底$_E$的盘诘程序将诸样式的不可感性视为理所当然，但他从未注意到也从未反思过这点，且从未将这条预设明确提出来。这两次失误都表明他的兴趣完全专注在道德问题上，对知识论和形而上学问题毫不关心——令苏格拉底$_M$兴奋的正是后面这类问题。这种兴奋也感染了苏格拉底$_M$的说话风格：

T20 《斐多》78D1—7 “我们在问答过程中试图就其本质给出说明[102]的那实在本身，它总是恒常不变，还是每每不同？[103]相等本身、美本身、每个实在者本身、

〔102〕αὐτὴ ἡ οὐσία ἧς λόγον δίδομεν τοῦ εἶναι. 回答“什么是那F？”问题的λόγος是对名为“那F”的实在（οὐσία）的一个说明，它陈述了“那F”的本质。见附注2.3。

〔103〕πότερον ὡσαύτως ἀεὶ ἔχει κατὰ ταὐτὰ ἢ ἄλλοτ' ἄλλως; “ὡσαύτως ἀεὶ ἔχει κατὰ ταὐτὰ”（总是恒常不变）这个短语乍听上去累赘多余。ἀεὶ ἔχει κατὰ ταὐτὰ不是已经足以表达苏格拉底$_M$的形式的恒常不变性了吗？为什么还需要加上那个副词？因为他希望充分完整地展现他所设想的那种不变性。因为假定F蕴含G和H，那么F就不但恒常的是F，而且也恒常的是G和H——**并不恒常的是**F，而是不恒常的是G或H。我们需要确保F本身在其所有可能变的方面都一直保持不变。

那实在，[104]它经受任何变化吗？那每个总是实在、[105]总是自身就其自身存在、[106]形式单一且保持恒常不变、[107]从不在任何方面以任何方式经受任何变化的东西呢？”

这几行文字相当引人注目，因为它们出自一位挑剔的、绝不会在没有好理由的情况下重复自己[108]的作家的哲学散文，却变着法子讲了两三遍同一个意思：它们“从不经受任何变化”，它们“总是恒常不变”——它们“保持恒常不变”。如此三令五申产生的强调效果再强烈不过了。 *70*

现在考虑一下形式的时空示例变动不居这个互补的主张：

T21 《斐多》78D10*—E4 “那么那诸多美丽的［东西］——男人、马匹，诸如此类——或者诸多相等的［东西］，又或者任何与它们同名者，[109]它们又如何呢？

[104] αὐτὸ ἕκαστον ὅ ἔστιν, τὸ ὄν.

[105] ἢ ἀεὶ αὐτῶν ἕκαστον ὅ ἔστι.

[106] ὂν αὐτὸ καθ’ αὑτό. 添加了下横线的短语引入的内容将在下文讨论。

[107] ὡσαύτως κατὰ ταὐτὰ ἔχει.

[108] 但并不反对偶尔出于强调的目的重复自己的话。早期对话中的盘诘论证同样允许有目的的重复：“他们说，把高贵的东西说两次甚至三次，这本身就是高贵的。” *G.* 498E.

[109] πάντων τῶν ἐκείνοις ὁμωνὺμων：由于一个“美”的示例就是“一个美［的东西］”（a beauty），因此它是它所例示的形式的同名者（namesake）。柏拉图诉诸这个隐喻来填补其哲学语汇中“示例”（instance）或者“个别”（particular）的术语空缺。亚里士多德用来表示后者的术语 τὰ καθ’ ἕκαστα 还没有被造出来。

* 原书误作“78D18-E4”。

> 它们总是处于相同的状态吗？还是反过来，它们难道不是——照这么说[110]——绝不处于相同的状态？”

切勿忽视“照这么说”这个插入语的实质效力。没有它限定这个断言的效力范围，T21对可感物之稳定性的否认就会同T20对形式之不变性的断言一样覆盖一切：它将意味着绝对的、全面的变动不居，意味着每个可能的方面都在持续不断地发生变化。而这根本不是柏拉图想说的。如果一个给定的形式的某个可感示例被卷入这种遍及一切的、全面的变化，我们如何能够设想它是那个形式的忠实示例呢？如果不能，我们又如何能够指认（identify）出**它**，从而把**它**指称（refer）为那个正在变化的事物？[111] **每个事物**都处在全面的变化中这个假定是自我消解的：如果这个假定为真，那么我们就不可能断言它对任何个别事物为真。此外，柏拉图的如下学说也将变得毫无意义：可感事物乃是形式的“同名者”，

---

〔110〕ὡς ἔπος εἰπεῖν. 柏拉图经常用这个短语（或者另一个更短的等价短语 ὡς εἰπεῖν：例如见Ast, 1835: *s.v.* εἶπον）来限定一个断言的效力范围，例如*Lg.* 656E：“我的意思真的是一万——不是随便说说而已。”在T21中他是在提醒我们，形式之示例的无常绝不像它们所例示的形式的不变性那么绝对：形式绝对不变，但它们的示例并非绝对变动不居。

〔111〕苏格拉底$_M$正是沿此思路拒斥了万物皆流的假说：“如果某物总是在流逝，那我们还有可能真正地言说它——首先，‘那是它’，其次，‘它是如此这般’——当它还在我们说着的时候就必定立马变得不同，流逝而去，不再处于那个状态吗？”（*Cra.* 439D，对照*Tht.* 182D）。

它们各自“分有”[112]它们与之“同名”的那个形式。一旦我们把那个限定短语考虑进去，那么T21就完全没有断言任何反对这个学说的内容：我们可以把苏格拉底$_{M}$的断言理解成，在一段无论多么短的时间内，没有任何可感物的**所有**属性和关系都保持相同。[113]这将允许可感物在某些方面发生变化，在其他方面保持恒常——我们感觉经验的每个对象中都时刻发生着无数微观的、无法觉察的变化，但同时许多宏观可感知的属性仍然保持相同。“但如果柏拉图确实希望我们这样去理解他，他不是可以直接说清楚点吗？”诚然。但为什么要假设他希望这样？让自己的学说更受那些“好声者和好色者”（soundlovers and sightlovers）欢迎对他有什么好 71

[112]“在我看来，如果除了美本身以外还有什么是美的，它必定是因为分有了那‘美’而美。”（*Phd.* 100C）*Prm.* 128E更完整地提出了这个学说：“你不是认为存在一个‘相似’的形式和这东西的反面，即‘不相似’吗？有了这两个东西，你和我以及其他我们称为‘多’的事物都分有它们——那些分有‘相似’的就在那方面按其分有的程度（ταύτῃ τε καὶ κατὰ τοσοῦτον ὅσον ἂν）变得相似，那些分有‘不相似’的则变得不相似，而那些两者都分有的则变得两者皆然［既相似又不相似］？”（*Prm.* 129A）

[113]柏拉图从未下过比这更强的断言。在《斐勒布》中（59B1-2）他宣称没有任何此世的东西“曾经是、将会是或者当下是恒常的”。Cherniss, 1957a: 243将这句话理解为“一切γιγνόμενα［生成物］的**每个方面**都处在永恒的变化中”（强调为我所加）。但（正如Irwin, 1977b: 3, n. 5指出的）其解释因过度夸大而错误表达了柏拉图的文字：我着重标出的那几个词在他的原文中并没有任何对应；严格地理解的话，原文断言的只是，此世中的每个东西总是在**某些方面**发生变化——这个主张完全可以理解，甚至可能是正确的。

处呢？[114]他根本不想迎合这些凡夫俗子。恰恰相反，他想要震慑他们，把他们从对虚假的存在论的盲从的确信中惊醒。他给他们的告诫是：“如果你们追求的是绝对的安稳不变，那么你们在声色世界里是永远追求不到的。你们必须要到你们不相信其存在的另一个世界去找。”[115]

我们现在可以考虑苏格拉底$_{M}$的形式的第三个固有特征了：它们的**不具体性**（*incorporeality*）。直到晚期回顾中期对话中的存在论观点时，柏拉图才愈发清楚地看到这个特征是多么根本。在《智者》中，他认为形而上学[116]的头等问题在于划分唯物论者——对他们来说，体（body）**定义**了实

72 在[117]——和他称为“形式之友”的非唯物论者，[118]后者会

〔114〕这是苏格拉底$_{M}$在*R.* 475ff.给不哲学的“多数人”——也就是那些相信没有什么比眼前这个半真半假的感觉世界更好的人——所贴的标签：参见本章脚注〔115〕。

〔115〕*R.* 479A1-3：“那位伙伴［‘好色者’］，他并不相信美本身——美的某个总是恒常不变的形式。”

〔116〕他将之譬喻为γιγαντομαχία——大地生育的巨人们与奥林匹斯诸神的大战。

〔117〕ταὐτὸν σῶμα καὶ οὐσίαν ὁριζόμενοι. 可感物的这个属性在如今他对中期对话里的存在论的回顾中变得如此突出，如此明确地界定了它们与形式的差异，以至于他觉得已经不太需要正式地摆出它们的其他固有属性了。至于物质世界的感官可通达性，他认为是理所当然的（物体“可见且可触”这点紧接着在*Sph.* 247B就被提出了）；它们的永恒流变性只出现在非唯物论者对他们对手的指控中——后者把实在化约成了单纯的过程（γένεσιν ἀντ' οὐσίας φερομένην τινα，246C1-2）。

〔118〕我忍住没有用“观念论者”（idealists）这个替代说法：与近代从贝克莱式的到黑格尔式的各种形而上学观念论正相反，柏拉图的存在论始终是坚定的实在论。

“迫使我们接受这样的观点：真正的实在[119]由某些可理智认知的、不具体的形式组成”（246C）。[120]中期对话把形式的这个维度视作理所当然，点到即止，无须论证。它在《斐多》（79A-B）关于灵魂不死的论证之一中作为一条辅助定理被提出：灵魂必定是不死的，因为在“两类存在者”[121]中——其中一类不可见且不变，另一类可见且时刻变化——灵魂比起后者“更近似且更亲近”前者。这里并没有直接说后者是物质性的，但比起我们的灵魂，“它更近似且更亲近”[122]我们的身体。《理想国》并没有正式承认可感物的具体性，但苏格拉底$_M$在对比“一”的形式（“一”本身）和它的可感示例时——后者被描述为“具有可见和可触[123]之体”（525D）——顺带提到了它。在《会饮》[124]中，“美”的形式被拿来与“美

---

〔119〕τὴν ἀληθινὴν οὐσίαν. 为什么要说“真正的”实在（即实在的最高级：参见 Vlastos, 1981: 62, n. 16）？为了确保物质世界的存在状态，在对比 γένεσιν φερομένην（作为过程的生成）和 οὐσία（实在）时柏拉图并没有完全否认 γένεσις 也具有某种程度的实在性：对照 *Ti.* 50D，“存在……与生成皆存在”（ὄν τε καὶ ... γένεσιν εἶναι）。

〔120〕柏拉图如今认为唯物论者和非唯物论者的分歧是如此之深，以至于双方之间没法进行任何有价值的对话：如果你告诉唯物论者说你承认非物质实在的存在，他们会“极度鄙视你，一句话也不想多听”（*Sph.* 246B）。

〔121〕δύο εἴδη τῶν ὄντων. 参见本章脚注〔84〕。（原书作“脚注〔75〕”，疑误。——译者注）

〔122〕ὁμοιότερον ... καὶ συγγενέστερον, 79B-E.

〔123〕物体的可触性在柏拉图对中期存在论的回顾中将被赋予相当突出的地位：“巨人们”在将具体事物等同于实在时只允许那些“具有作用力（impact；δύναμις, 247E。——译者注）且可触者”具有实在性。在《斐多》中物体最显著的特征就是其可见性：例如本章T18以及79A-B中的“两类存在者”就是按一类“可见”、一类“不可见”来划分的。

〔124〕211A-B（=T22）.

的脸或手或其他任何具体的东西”对举。因此，在中期对话中形式的不具体性被当然地视为其标准特征之一；这也很正常，考虑到它在结构上对于另外两个吸引了我们绝大部分注意力的固有属性至关重要：正是因为形式不具体，它们才**无法**被我们的感官（后者是我们身体的一部分并且只能记录它与其他物体的相互作用）通达，并且才**能够**是不变的（因为如果它们是具体的，它们就会被卷入吞没整个物质世界的流变）。

读者也许会注意到前面《斐多》的两段引文都出现了一个奇怪的短语：形式**自身就其自身存在**（*exists itself by itself*, T11, T12［=T15］）[125]——我特地留到最后才来讨论它所表达的苏格拉底$_M$的形式的那方面性质。苏格拉底$_M$说那些被他称为εἶδος和ἰδέα的存在者“自身就其自身存在”，这是什么意思呢？[126]由于他从来没有直接谈过这个问题，我们必须从它在语境中的用法摸索答案。那就让我们着重来

73

［125］关于这个短语的字面义，见本章脚注［75］。

［126］蹊跷的是这个问题在关于柏拉图形式理论的浩如烟海的论著中长期遭到忽视。虽然学者们很清楚“F本身”（αὐτὸ τὸ Φ）这个更精简的短语在柏拉图的早期作品中已经有不少先例（Riddell, 1857: 134；Campbell, 1894: 305-6；Burnet, 1924，论*Phd.* 64C6, 65D5, 65E3；Ross, 1951: 16-17；Allen, 1970: 74-5），他们却显然没有注意到，形式的“自身就其自身存在”第一次出现是在《斐多》，早期对话中从未出现过。进一步探究αὐτὸ καθ’ αὑτὸ τὸ Φ的独特意涵更非早期对话的议程。最令人吃惊的是，连迄今为止最煞费苦心的柏拉图术语考证著作Constantin Ritter, *Neue Untersuchungen über Platon* (1910b)，都忽视了这点：该研究包含一个篇幅长达100页的论“*Eidos*、*Idea*及相关同源词”的章节，其中却完全没有提到“自身就其自身”这个短语在柏拉图用语习惯的发展演进中扮演的角色。其两卷本巨著*Platon*（1910a, 1923）亦未补正这个缺漏。

看柏拉图中期对话出现该短语的诸多段落里[127]内涵最丰富的一段，即《会饮》中第俄提玛[128]向苏格拉底揭示爱欲美之形式的人的终极洞见的那段话：经过一番艰苦求索，他终于面对面“看见”[129]了美本身，而他此前观看的只不过是显现在美的身体、心灵、政体或知识中的美：

> **T22 《会饮》211A5—B6**[130] “[a]‘美’[在那一刻]不会向他显现为一张脸、一双手或者其他具体的事物，又或者某种言辞或知识，[b]也不显现为存在于别处的某个东西——例如地上或者天上的某个活物或者别的什么——之中，而是[c]自身就其自身伴随自身地存在，总是在形式上独一，[d]其他美的事物则以某种像这样的方式分有它：其他事物生生灭灭，它却毫无损益，全然不受影响。”

---

[127] 但它在《巴门尼德》(128Eff.)的出现同样内涵丰富：正如我将在附注2.5中论证的，这里我们可以看到，柏拉图用“形式自身就其自身存在”(128E-129A，130B7-9，133A，133C，135A-B)和“形式独立存在(exist separately)”(130B3-5，130C1-2，130C5-D2)表达的是同一个形而上学观点。

[128] σοφωτάτη Διοτίμα(208B)，一个虚构人物，她的名字——字面义为“受宙斯尊崇的”——表明她“掌握最高的智慧和权威”(Bury, 1932: xxxix)。柏拉图作品中仅有的表现苏格拉底把获得自宗教的更高真理融入到自己哲学中的另一段话出自《美诺》(81A-B=本章T1)：他的灵魂投胎转世学说是从那些“关于诸神之事有智慧”(σοφῶν περὶ τά θεῖα πράγματα)的男女祭司那里“听”来的。

[129] “他会突然间看到一种惊人的美。”(210E)

[130] 对本段之前一段的评论，见Vlastos, 1981: 67-9。

在［a］处第俄提玛说，在上升至最高点并洞见美的本质的那一刻，爱美者不会把美的形式看作存在于任何美的具体事物（脸或双手），或者美的思想过程或结果（言辞或知识）**之中**。考虑到“具体的/心灵的”（corporeal/mental）这个析取已经穷尽了时空世界中的事物和过程，第俄提玛的意思只可能是，美的形式不会被看作存在于此世的任何事物**之中**。但第俄提玛仍不满意，觉得没有给听众留下足够深刻的印象，于是继续在［b］处说，美的形式不会被看作是存在于别处[131]的某个东西之中——例如某个灵魂，无论是投了胎的（“在地上”）还是没有投胎的（“在天上”或者在天外）。[132]但这在［a］处不是讲清楚了吗？为什么要在［b］处老调重弹？为什么三番五次地强调？[133]

74

要明白为什么，不妨回想，说一个属性在某物“之中”就是说它在那里得到例示：日常希腊语也会这样表达某物**具有**与某个“形式”相关的属性。苏格拉底$_E$也是这样讲话和思考的：他说“节制在你之中”意思就是“你是节制

---

〔131〕που，字面义为“在某处”。对照*Ti.* 52B：在（常人所抱有的［对照此处的ὀνειροπολοῦμεν（我们梦到）和*R.* 476C处的ὀνειρώττειν（做梦）］否认形式存在的）“如梦寐般”的实在观看来，“任何存在者都必然存在于某处，某个地方（που ... ἔν τινι τόπῳ）……既不在地上也不在诸天上的，就什么都不是。”（参见Aristotle, *Phys*. 208a29：“每个人都认为［一切］存在的事物都在某处。”）

〔132〕柏拉图的灵魂转世叙事中离奇但不可或缺的一个因素是，哪怕是纯粹精神性的存在者——脱离肉身的灵魂和诸神——也在“某处”（“天外之方”［the super-celestial place］，*Phdr.* 247C）。

〔133〕如我前面（本章脚注〔108〕）提到的，柏拉图并不抗拒为了产生预期效果而重复。

的”，[134]说“虔敬在那些行动之中”意思就是“那些行动是虔敬的”。[135]苏格拉底$_E$理所当然地认为，节制、虔敬或美如果存在，就必定存在于时空世界内的某个东西之中。因此如果有人问苏格拉底$_E$：“‘美’在哪里、在什么之中存在？”他会指着常人经验世界中的美的身体、心灵、行动、政体和知识说：“那里——它就存在于它们之中。”这是它唯一可能在的地方，对他和他的所有对话者来说都是如此。而这恰恰是苏格拉底$_M$试图否认的。他在T22中宣称，在爱欲美的形式者最深刻、最完整地辨明其本质的那一刻，美的形式会被视为“超越一切实际或者可能的[136]例示而存在”。哪怕此世间真有美得无与伦比的身体、心灵、行动或政体，美的形式也不会存在于它们**之中**。形式本身不依赖它们中的任何一个而存在。是它所是的那种性质足以保证它存在（To be the very quality which it is suffices for its existence）。[137]

［c］将［a］和［b］中接连否认的东西明示了出来：美 75

〔134〕*Ch.* 159A1-2: ἐνοῦσαν αὐτην, εἴπερ ἔνεστιν. 或者换用等价的说法，“出现在你之中”，σοὶ πάρεστιν，158E7（对照*Eud.* 301A4，πάρεστιν μέντοι ἑκάστῳ αὐτῶν κάλλος τι［“某个美呈现在它们每个之中”］)。

〔135〕*Eu.* 5D（=T4）：ταὐτόν ἐστιν ἐν πάσῃ πράξει τὸ ὅσιον αὐτὸ αὑτῷ（“虔敬……在每个行动之中都与自身相同”）。同样在《拉刻斯》中（191E-192A）：勇敢在苏格拉底要求拉刻斯思考的所有那些行动**之中**都相同。

〔136〕［a］和［b］中的否定都是完全一般性的，不限于美的实际示例：它们对于可能的示例也同样成立。

〔137〕如果希腊语有分别对应“存在”和“本质”的词（实际上并没有：参见附注2.3论οὐσία），柏拉图会说，“美”的本质蕴含它自身的存在——这个存在论范畴里的任何事物都只能具有这种存在：美的形式要存在只需要**是**其永恒所是。

自身就其自身伴随自身存在（exists itself by itself with itself）；这里的“就其自身”[138]之后加上了“伴随自身”以强调形式能够独立、自足地存在。“伴随自身”存在意味着形式不需要依存于时空世界中的任何事物。[139]并且我们能看到这个想法是如何引出［d］中观点的：必须在许多其他事物“分有”形式这个事实的前提下坚持形式独立存在。［d］表达的正是这个意思：它向我们保证，那些“分有者”的存在完全不影响形式自身的存在。它“形式单一”（μονοειδές），超脱于它们变化无穷的多样性，全然不受它们死生变化的影响：它们“生生灭灭”，它却毫无损益，“全然不受影响”。哪怕此世之中每个美的客体最终都在一场宇宙大毁灭中消亡；[140]哪怕世上所有的灵魂也随之湮灭殆尽；哪怕连神圣造物主自己也化为乌有——多么渎神的想法！——美的形式仍会一如既往地“自身就其自身伴随自身”永远是其所是，无论世界存在与否。

---

［138］并且在柏拉图作品中只有这里是这样。柏拉图用“就其自身”这个短语来描述“形式”时比较灵活：他通常会在开头补足反身代词——“自身就其自身”——但只会出于强调的目的这样做，因为他也能不带补充地单独使用那个短语（例如*Cra.* 386E，*R.* 476A11）。在我们眼下的这个《会饮》段落中他则通过给“就其自身”加上“伴随自身”最大程度地加强了语气。

［139］我们要注意，形式自身存在的自足性**只是**就它与时空示例的分离，**而非**就它与其他形式的分离而言。“诸形式的彼此联合”（*R.* 476A，亦即每个形式同其他多个形式的蕴含-关联［entailment-linkage］）对于每个形式的本质是不可或缺的。

［140］只是一种纯理论的可能性：出自“匠人中最出色的那位”之创制的柏拉图的宇宙，本身就被造为永恒的（*Ti.* 37C-D）。

如果这就是柏拉图在中期对话乃至《蒂迈欧》[141]中所谓形式“就其自身”存在的意思，我们就很有理由相信，它意在表达的正是他最出色的学生和最严厉的批评者日后所谓的柏拉图式形式的“分离”（separation，χωρισμός）[142]：**形式独立于它在时空世界中任何实际的或可能的示例。**[143]亚里士多德的用语在柏拉图作品中并没有准确对应的先例[144]：柏拉图从来没有写过他的形式是“分离的”（χωριστά）。[145]他也不需要明写：他完全可以用——也确实用了——它们“分离地存在”或者“自身就其自身存在”的等价说法[146]来表 76

[141] 对照本书附注2.6（“《蒂迈欧》中的形式”）。

[142] 关于亚里士多德和柏拉图那里χωρισμός一词的含义，见附注2.7。

[143]（a）这正确地解释了亚里士多德为什么将“独立”的形式归于柏拉图，并且（b）他这么做完全忠实地反映了柏拉图本人的用意，这两个与主流意见背道而驰的观点得到了Cherniss, 1942: 31ff.力排众议的有力辩护。Fine, 1984: 131ff.同意了它的（a），却不同意（b）。在本书附注2.5“柏拉图论‘分离’”的第二部分中我给出了我们在（a）、（b）两点上都应该同意之的理由。

[144] 虽然，正如我在本书附注2.5第二部分中认为的，这个词可能在学园内的口头讨论中出现过。

[145] 但他确实写下过与这非常近似的表述——形式“独立地存在”（εἶναι χωρίς），有时带上从属属格（*Prm.* 130B4 and C1 [即以从属属格的形式指明“相对于什么”而独立地存在。——译者注]），有时甚至不带（130D1）——以至于许多出色的译者（Cornford, 1939；Diès, 1956；Allen, 1980b）都对两者的区别熟视无睹。因此τούτων ἑκάστου εἶδος εἶναι χωρίς，“这些中的每个所对应的一个形式独立地存在”（a Form of each of these exists separately）被康福德译成了“这些中的每个都有一个独立的形式”（each of these has a separate Form），被阿伦译成了“它们中的每个都有一个独立的性质”（there is a separate character for each of them），仿佛柏拉图原本写的是χωριστὸν εἶδος εἶναι ἑκάστου。

[146] 正如我将在附注2.5中详细论证的。

达实质内容相同的学说。他把后一个短语安插在了《斐多》中（T11）他那个宏大“悬设”——“美”独立就其自身存在——的正中心，并且不觉得需要专门加以论证，因为形式独立于其他一切现实世界构成要素——可感物体或者不具体的灵魂——的存在就是它们本质的直接后果。[147]这就是柏拉图形而上学的核心：设立一个超越此世万事万物的、不受销蚀着时空世界中一切造物的变迁更替影响的、永恒自存的世界，这个世界荡涤了一切感觉内容，[148]唯独安顿着一切有价值的或可知的事物的形式。在西方世界的哲学、神学、诗学、爱欲思想甚至数学哲学等一切活跃着柏拉图主义的地方，我们都能看到这套理论的影子。因此，再继续插入区分在柏拉图中期对话里阐发这套哲学的“苏格拉底”和柏拉图本人的解释机关就多此一举了。接下来在明显能看出我所指的是柏拉图的地方，我将不再用“苏格拉底$_M$”这个说法。[149]

现在我们可以来考虑柏拉图的不可感的、永恒的、不

---

〔147〕对照本章脚注〔137〕。

〔148〕因此苏格拉底$_M$把它称作εἰλικρινές（纯粹的）、καθαρόν（洁净的），把这两个单独或一起放在短语αὐτὸ καθ’ αὑτὸ之后：αὐτὸ καθ’ αὑτὸ εἰλικρινές（纯粹的、自身就其自身的），*Phd.* 66A（=本章T18）。甚至不带那个短语单独用：*Phd.* 67B，πᾶν τὸ εἰλικρινές（一切纯粹的东西），以及*Smp.* 211E，αὐτὸ τὸ καλὸν ... εἰλικρινές, καθαρόν, ἄμεικτον（那……纯粹的、洁净的、无混杂的美本身）。形式的领域是“纯粹的存在”（ὄντως εἰλικρινῶς, *R.* 478D, 479D），它是“纯粹的处所”（τόπον ... καθαρόν，见*Phd.* 80D［引于本章脚注〔152〕］）。

〔149〕同理，在明显能看出我指的是柏拉图在早期对话中再创的苏格拉底的地方，我将不再说“苏格拉底$_E$”。

具体的、超验的形式是如何与《美诺》（本章T1）里突然闯入柏拉图作品中的非同寻常的灵魂概念关联起来的了。灵魂转世说必须借助一个“两个世界”的方位图来讲述灵魂历时存在的故事：作为灵魂当下居所的“此”世，[150]以及其方位始终神秘莫测，[151]只能通过启发性的描摹语[152]或者传统的方位状语[153]来指认，但却对于灵魂转世故事不可或缺——因为它是灵魂每次投胎之前所逗留和每次从肉身中解放之后所回到的地方——的“彼”世。超验的形式是联结我们肉身性的当下存在和我们脱离肉身的过去和将来的桥梁。由于在生前历程中已经认识了这些存在者，我们如今才能“回忆”起那些业已散佚的珍贵知识残片。

77

对哲人来说，“回忆”是一种艰苦的智性锻炼。正如我将在第四章解释的，它需要经年累月的数学和辩证法训练作

---

〔150〕字面义为“此处”（τόνδε τὸν τόπον，*Tht.* 176B）。这里的指示代词可以用表明其固有状态的描述性谓词代替：“具体且可见的领域”（ἐν τῷ σωματοειδεῖ καὶ ὁρατῷ τόπῳ，*R.* 532C-D）。

〔151〕那是“地上的诗人从前未曾、以后也不可能恰如其分地歌颂的天外之方（τὸν ὑπερουράνιον τόπον）”（*Phdr.* 247C）。

〔152〕“存在者中最有福的那批栖居的地方”（τόπον ... ἐν ᾧ ἔστι τὸ εὐδαιμονέστατον τοῦ ὄντος，*R.* 526E）。“高贵、纯粹且不可见的地方，哈德斯”（τόπον ... γενναῖον καὶ καθαρὸν καὶ ἀϊδῆ, εἰς Ἅιδου，*Phd.* 80D）。按照一种异想天开的词源学，去掉送气音的“哈德斯”衍生自 τὸ ἀϊδές，“不可见者”；*Cra.* 404B 提到了另一种（同样异想天开的）说法，即它衍生自 πάντα τὰ καλὰ εἰδέναι（知道一切美的东西）。

〔153〕“我们应该尽力从此处逃**往彼处**”（ἐνθένδε ἐκεῖσε，*Tht.* 176A-B=“从此世逃往彼世”，Cornford, 1935），并对照 *Phdr.* 250A 把形式描述成“灵魂在那里（[τὰ] ἐκεῖ）看到的东西”。

为预备。但《斐德若》中宏大的神话也通过诗性意象揭示了它的另一个维度。在“回忆”中，哲人长出了翅膀，他的灵魂将在死亡后靠它们“飞升”前往“彼”世：

> **T23 《斐德若》249C** “这正是为什么只有哲人的理智能正确地长出翅膀：因为他能够在回忆中尽可能地靠近那些诸神因之而神圣的东西。”〔154〕

在流行信仰中，诸神能享有免于命定的死亡的特权，靠的是琼浆仙馔之类的超自然饮食。〔155〕柏拉图通过他的神话让荷马笔下那些太人性的神更加清高缥缈（upgrades, aetherealizes）。在他的想象中，一次次对形式的沉思取代了奥林匹斯山上的宴饮喧哗（《斐德若》247Bff.）；在他看来，令他理智化的诸神变得神圣的正是心智与形式的接触。他的神话把同样的特权开放给了凡人：我们在生前也分享过不朽的给养；如今在有死的此生，我们也能通过回忆寻回那使我们不死的滋养。〔156〕虽然我们是时间性的造物，但在沉思形

78

〔154〕πρὸς γαρ ἐκείνοις ἀεὶ ἐστιν μνήμῃ κατὰ δύναμιν, πρὸς οἷσπερ θεὸς ὢν θεῖός ἐστιν：伯奈特的原文。我并没有遵循Hackforth, 1952的译法；Robin, 1950表达的是同样的意思：“c’est à ces realités mêmes que ce qui est Dieu doit sa divinité”。

〔155〕亚里士多德相当认真地对待这种信仰，甚至试图论证驳斥它：“他们［诸神］怎么可能是不死的，如果他们还需要食物的话？”（*Metaph.* 1000a17）

〔156〕诸神通过接触形式“获得滋养”这点在关于诸神和脱离肉身的人类灵魂对形式的沉思的描述中相当突出（247D-E：“在沉思真理中［转下页］

式的过程中我们也能在知识与爱[157]之中与永恒相融为一。

“神秘主义”（Mysticism），按《牛津英语词典》的解释，就是“相信能够通过迷狂的沉思与神圣自然交融为一”。这个解释作为定义太过狭隘了。首先它忽视了非有神论的（例如禅宗的）神秘主义。其次是它甚至忽视了那些通过沉思以外的手段寻求“与神圣自然交融为一”的有神论神秘主义者。但即便狭隘，它依然能帮助我们理解柏拉图主义中那个确具神秘主义色彩并且启发了西方后世神秘主义哲学和神学[158]的面向。“迷狂沉思”（ecstatic comtemplation）完美符合柏拉图用表示“看”、“目视”、“注视”（ὁρᾶν，καθορᾶν，ἰδεῖν，κατιδεῖν，θεᾶν）和“触碰”（ἅπτομαι，ἐφάπτομαι）的动词所表达的那种获得对形式的终极领会的体验。他以这种方式来形容那种经过穷年累月的求索“突然间”[159]臻至如亲眼所见般明晰、如触手所及般真切的洞见的智性体验。柏拉图从来没有直接说过［迷狂沉思者］在这种体验中就实现了

［接上页］他也受滋养并且茁壮成长”［θεωροῦσα τἀληθῆ τρέφεται καὶ εὐπαθεῖ］，“而当他真正沉思过、尽情享用过真正的实在”［τὰ ὄντα ὄντως θεασαμένη καὶ ἑστιαθεῖσα］），在灵魂此生与形式的接触中也很引人注目，如*R.* 490B（=本章T24）的τρέφοιτο；*Phd.* 84A（引于本章脚注〔160〕中）的τρεφομένη。

〔157〕爱和知识一样都是哲人与形式的关系的一个突出特征：参见*R.* 490A-B（=T24）以及500C（哲人“爱慕地结交”［ὁμιλεῖ ἀγάμενος］形式），*Smp.* 211D-212A（太长无法引用）。

〔158〕西方最纯粹的神秘主义哲学的创始人普罗提诺（Plotinus）相当醉心于柏拉图，用“新柏拉图主义”这个标签来命名那个由他引领的哲学运动整体并没有错。

〔159〕*Smp.* 210E4-5，引于本章脚注〔129〕。

与形式的“神圣[160]本质融合为一”。他满足于描绘“融合为一”的种种意象，包括上面我们已经看到的“滋养”意象和另一个对应的性意象：

T24 《理想国》490A—B “真正的爱知者的本性就是要力争接近实在，他不会流连于多数人信以为真的意见对象，而是会凭着一股不折不挠的爱勇往直前，直到凭他灵魂中那因同宗同源而适于触碰实在的部分触碰到了每个事物的本质自然；既已接近了真实的存在并与之混合，[161]他就能生育出理智与真理，获得知识，过上真正的生活，获得滋养，并由此免除劳苦困顿——只有在那之后，之前可不行。”[162]

79 同样，在《会饮》中（212A），“注视”美的形式并“与之共处”（θεωμένου καὶ συνόντος）的哲人“将会生育（τεκόντι）出真正的德性”。

为了唤起这种体验，柏拉图暗示，洞见形式的哲人修成了秘仪信徒们在仪式中寻求的正果。他不时将这种状态形

〔160〕关于形式的神圣性，例见*Smp.* 211E和*Phd.* 80B, 84A-B，还有*R.* 611E。另对照色诺克拉底（Xenocrates）对“独立的”形式的描述（fr. 30：参见附注2.5，本章脚注〔95〕）。

〔161〕πλησιάσας καὶ μιγεὶς τῷ ὄντι ὄντως. 关于μείγνυμι作为表示性交的常用词语，见LSJ *s.v.* sense 4（该词的被动态“在荷马和赫西俄德处常表示性爱：与……交媾”）。

〔162〕译文参照Cornford（1945）。

容为狄俄尼索斯秘仪中的神灵附身——ἐνθουσιάζειν[163]——这时人处在ἔνθεος（“神在他之中”）的状态。[164]另外他也把灵魂生前沉思形式的状态描绘得如同厄琉息斯幻视秘仪（Eleusian vision-mystery）一般：

> **T25 《斐德若》250B—C** “那光芒四射的美就在眼前，当我们在欢腾的歌队陪同下目睹那有福的景象和洞见，并且举行那被我们崇敬地称为一切之中最神圣有福的仪式。那时我们这些仪式参与者都是圆满的，丝毫不沾染日后将降临在我们头上的不幸。仪式中的那些奇观异象圆满而单纯、静谧而至福。在那纯净光芒照耀下的我们也是纯净的，还没有被埋到如今这具名为‘身体’的坟墓里，到哪里都得带着它，被它幽禁，如在牡蛎壳中。”[165]

正如这段引文表明的，柏拉图的形式神秘主义（Form-mysticism）具有深刻的彼世意味。这套关于不可感的、永恒

---

［163］*Phdr.* 241D2, E1; 253A.

［164］参见Burkert, 1985: 109，将ἔνθεος解释为“当中是一位神”（within is a god）：ch. 6, n. 55。并参见*Phd.* 69D：“正如那些关心秘仪的人告诉我们的：‘多数人是持杖者，少数人是βάκχοι［已与酒神巴科斯（Bacchus）融为一体的信徒］。’那些βάκχοι在我看来不外乎是已经正确地从事哲学的人。”

［165］牡蛎壳的意象借用自《理想国》（611D-612A）：要如其所是地查看灵魂，我们必须“清理掉那一堆杂乱、丛生的砾石和牡蛎壳（ὄστρεα），它们给它包覆上了一层土质的外壳”（译文遵循Cornford, 1945）。

的、不具体的、独立自存的、可沉思的形式的存在论，以及与之相应的关于不可见的、不死的、不具体的、轮回转世的灵魂的人学学说，能够对心智和情感产生极其深远的影响。在情感层面上，它唤起了一种对肉身所处的“此”世的陌生感，和一种对业已失落的“彼”世乐土的乡愁——那里是灵魂的生地，也是它日夜思归之所。在心智层面上，它引发了对那种无法通过探究物理世界满足的知识的渴求。我们在这个世界能找到的只有那个真实世界的幻象、摹本、投影；只有逃出这个“牡蛎壳”，我们才能完全认识它。[166]

我们恐怕很难想象出一幅比这对苏格拉底更陌生的世界图景了。苏格拉底是出世的（unworldly）：他不在乎钱财、名声、安危，乃至性命——事实上，不在乎除了德性和道德知识以外的任何东西。但他不是彼世的（otherworldly）：柏拉图寻求与之神秘地融为一体的那个永恒世界，他一点也不了解。对苏格拉底来说，实在——实在的知识，实在的德性，实在的幸福——就在他生活的世界之中。其余的东西对他而言都不过是只可信望的幸赐。[167] 他对于人生的热情笃定立足于此时此地。

80

---

〔166〕“有一点已经向我们显明无误：为能获得关于任何事物的纯粹知识，我们必须摆脱身体。……正如上述论证表明的，我们只有在死后才能获得它，仍在世时则不能。”（*Phd.* 66D）

〔167〕《申辩》末尾几段再清楚不过地表明了这点。《高尔吉亚》中的终末论神话虽然是作为一个“真实的说法”（523A）被告诉卡里克勒斯的，其内容却显然不属于此前苏格拉底与他的盘诘讨论的范围，因为盘诘的真理只能通过理性论证建立。

第三章　亚里士多德和色诺芬的证据

在上一章开头，我提出了这样一个主张：透过柏拉图笔下的一个“苏格拉底”，我们能够了解历史上的苏格拉底的思想。读毕本章，读者应该就能比较公正地评判我的主张是否站得住脚了。 81

在开始之前，让我们至少先就下面这点达成共识：虽然我十分倚仗柏拉图的证词，但只有他的证词我是完不成任务的。我们能从他的作品了解到的至多是，他在不同的人生阶段托苏格拉底之口言说的哲学不仅有差别，而且在许多重要方面上构成反题。而仅凭这点完全不足以支撑我的主张。因为没有任何内在理由可以解释为什么这两套哲学——尽管存在种种反差——不可能来自柏拉图自己在不同人生阶段的原创。在20世纪内我们已经目睹了这种转折的一个精彩实例。在《逻辑哲学论》（*Tractatus*）中，维特根斯坦（Wittgenstein）提出了一套令人惊艳的原创哲学，并且在出版时自信满满地认为这将是他本人——事实上，**任何人**——在该主题上的盖棺论定。他在序言中说：“本著所传达的思想的真理性在我看来是颠扑不破、确凿无疑的。因此我认为，这些问题实质上已经被一劳永逸地解决了。”但离该著出版还不到十年，我们就看到他在从头处理相同的问题，寻求通过一套完全不同的方法得出与《逻辑哲学论》对立——不亚于与罗素或摩尔（Moore），或者古往今来任何哲学家的观点对立——的结论。同样的转折完全有可能发生在柏拉图身上。如果我们要相信另外的可能性，就必须诉诸他本人著作以外的证据作为支撑。如果不掌握这类证据，我的主张就会是空洞的。但事实是我们掌握了。我将在本章第Ⅱ节摆出这些证据。

第Ⅰ节　苏格拉底$_E$ VS. 苏格拉底$_M$：另外两个对比

82　但是，我首先必须更尖锐地呈现出柏拉图作品中那两套哲学的差异。在第二章开头附近，我罗列了十个论点，以一种简要而教条的方式勾勒了我前面一直称为“苏格拉底$_E$”和“苏格拉底$_M$”的两个人物的十点对比鲜明的特征。这只是比较突出的十条。如果追求完备，我列出的会多很多。满足于那十条的我接下来打算快速跳过论点I：这个论点原本就是纲领性的，是一条非常一般性的主张，它将随着我论证的推进一步步充实。所以我立刻从论点I跳到了论点II。论点II所指出的差异非常能说明问题，以至于即便单凭这点也足以有力地说明我的主旨：当我们征询亚里士多德和色诺芬的证词，单在这个论点上他们提供的信息就足以让我们保险地推断，那个信奉苏格拉底$_M$所谓的可脱离肉身转世的灵魂和“分离的”形式的哲学家不可能是苏格拉底$_E$，后者在色诺芬和柏拉图的苏格拉底著作中是个道德哲学家，与形而上学思辨毫无瓜葛。但既然传召了这两位证人，我们不妨多拜托他们做点事。让我们拿十个论点中的另外两个与他们对质：首先是论点IIIA，即苏格拉底$_E$特有而苏格拉底$_M$闻所未闻的“否认有知”；然后是论点IVB，即灵魂三分模型这个苏格拉底$_E$完全不了解而苏格拉底$_M$相当标榜的成就。让我分别展开说说这两个论点。

论点III：苏格拉底非柏拉图式的否认有知

以下是柏拉图对话中该论点最清晰的表述：

T1〔1〕**《申辩》21B和D** “［a］我意识到自己既不在大事上也不在小事上智慧（οὔτε μέγα οὔτε σμικρὸν σύνοιδα ἐμαυτῷ σοφὸς ὤν）。〔2〕……［b］看来，似乎虽然我们都不知道任何有价值的东西，〔3〕他却以为他知道；至于我，我既然事实上不知道，也就不认为我知道。”〔4〕

---

〔1〕 在本书附注1.1中引为T1。

〔2〕 如我在后文（附注1.1脚注〔7〕）指出的，在某个给定的领域内是智慧的（σοφός，或者对此拥有智慧［σοφία］），在柏拉图那里是可以与拥有相关的ἐπιστήμη（知识）换用的。

〔3〕 字面义为“美与善”（καλὸν κἀγαθόν）。以上我遵循了Grube（1985）对这个短语的译法。

〔4〕 许多读者（包括我［Vlastos, 1985: 29］）都误读了这段文本，误认为苏格拉底是在说**他知道**（*knows*）**他无知**。仔细阅读的话我们就会发现，他在［a］或者［b］中都没有表达过这样的意思：他在［a］中只是说他不觉得（aware of）拥有任何知识，在［b］中则直接说［转下页］

83 我已经在本书第一章并在附注1.1中更全面地论证了这种否认是一个“复杂反讽”——一个本意即是在某种意义上为真、另一种意义上为假的陈述。在这里，我想请读者注意三个密切相关的要点。

第一点是柏拉图把这种否认当作苏格拉底最名声在外，连像忒拉叙马科斯这种远离苏格拉底圈子的人都熟知的特征。柏拉图把这位智者描绘成认为无知宣言露骨地体现了苏格拉底的狡诈虚伪，而那是后者惯常的、意料之中的态度。这正是忒拉叙马科斯对苏格拉底在探寻他和友伴们遍寻不得的“正义”定义时讥嘲地卖惨求助的回应：

T2[5] **《理想国》337A** “赫拉克勒斯！”他说，“这就是苏格拉底惯常的惺惺作态。我早就对这些人预言过，

［接上页］他没有。两者有实质性的差异：说一个人不觉得有知并且事实上无知，并不同于（也不蕴含）他**知道**他无知——只有后一种说法会有让人陷入说谎者悖论的危险。（最近采取后一种解读的例子见Kraut, 1984: 272, n. 44：“通过把他对神谕的最初反应表达为**自相矛盾**的形式［强调为我所加］，苏格拉底是在告诉他的听众，他们从一开始就应该意识到他对一切有知主张的否认是错的。”这显然认为苏格拉底在［a］中说的是他知道自己无知，因此将导致自相矛盾。）这种误读在古代已有先例，至少在西塞罗那里已经出现了（*nihil se scire dicat nisi id ipsum*，*Acad.* 1.16），并且无疑能追溯到更早以前。但亚里士多德没有误读：他说“他承认（confessed［ὡμολόγει］）他无知”（*Soph. El.* 183b7，引文见本章T13），但未至于说他知道他无知（我很高兴地发现A. A. Long［1988: 158］和Michael Stokes［在其未刊论文“Socratic Ignorance in Plato's *Apology*”中］分别独立地得出了我目前对*Ap.* 21B的解读）。

〔5〕 引为第一章T1。

你会拒绝回答，装模作样（sham），[6] 千方百计不回答别人给你提的问题。”

第二点，柏拉图从不给苏格拉底机会解释其否认有知是什么意思，他的朋友们都直接无视了这些否认：即便亲耳听到他说他无知，没法帮他们答疑解惑，他们仍旧把他看作他们所认识的人当中最智慧的，[7] 从来不逼他澄清他在自称无知时说自己所没有的到底是什么。如果论点IA为真，那出现这种情况就很合情合理：柏拉图保护早期的苏格拉底免于讨论“什么是知识”的问题。因为追究这个问题背离了他的全副热情所在，亦即回答道德问题，从最紧要的开始：我们应该如何生活？

第三点，也是这种否认最悖论性的、绝对独一无二的特征：它可能出现在一个滴水不漏的、再怎么看苏格拉底也已经完美证成了目标论点的盘诘论证的结论处。 *84*

T3 《高尔吉亚》508E—509A “这些东西已经在我们早先的论证中随着我的陈述而显明了，已经被固定

---

〔6〕 我在第一章对同一段文本（即引文T1）的评论中论证了εἰρωνεία，εἰρωνεύσοιο的这种译法。

〔7〕 例如见《拉刻斯》：每个人都听见苏格拉底说“在这个问题上我没有知识”（186E），但拉刻斯还是宣称“我自愿受教于你，任你怎么检查”（189B，引于附注1.1的T9）。同样，尼基阿斯也在结尾处表达了对作为教师的苏格拉底的无条件信赖：如果他需要接受道德教育，苏格拉底就是他要找的那个人（200C，引为同一个附注的T10）。

> 下来，并且，说得粗俗点，被钢铁般的论证牢牢缚住了，如你们所想那样……至于我，我的立场总是相同的（ἐπεὶ ἔμοιγε ὁ αὐτὸς λόγος[8] ἐστιν ἀεί）：我不知道这些东西如何成立[9]。”

纵观整个西方思想史，我们还能在哪里找到一个哲学家会如此郑重其事地说，他已经为自己的立论做了超强的论证——已经用“钢铁般的论证”把它牢牢绑定——同时却不知道它是否为真？肯定不在《美诺》之后的任何一部柏拉图对话里。在这方面柏拉图与其他哲学家并没有什么两样，虽然他比他们中的大多数更不教条主义，更敏锐地意识到自己的求索远未穷尽那未为人知的真理的无限风光。因此在《理想国》中（第二至第四卷）一段据称已经证明了正义较我们可以选择的其他行动总是更有益的漫长论证的尾声处，格劳孔宣布如今再做深究就有些可笑了。苏格拉底表示认同，但又

---

〔8〕 λόγος在这里指的不是他针对卡里克勒斯的攻击所辩护的那些论点（他在A5以及此前的508E6和此后的509B1处用了ταῦτα来指代它们），而是他的否认有知（对照506A3-4处的οὐδὲ εἰδώς λέγω［我不讲我已经知道的］和509A4-5处的λόγος ... ὅτι ... οὐκ οἶδα［（这个）立场……即……我不知道］）。λόγος在这里的意思也不是“论证”（如Irwin, 1979: *ad loc.*）：正如之前在506A那样，苏格拉底否认有知，但在两段中他都没有用论证来为这种否认辩护。Monique Canto（1987）译出了正确的意思：“我说的和我总是说的一样：我不知道。”（je dis et je redis toujours la même chose: que je ne sais pas.）

〔9〕 ἐγὼ ταῦτα οὐκ οἶδα ὅπως ἔχει：他不知道他（已经用“钢铁般的论证”确立起来）的论点是否为真。

补了一句：

T4 《理想国》445B “我也会说那样确实可笑。但既然到了这个地步，我们一定不要懈怠，要尽可能地看清那些事物确实如此。”

这一探究持续了整整六卷的篇幅。但目的是什么？不是为了确定“那些事物**是否**确实如此”，而是为了更加看清它们**就是**如此。[10]但这个前景并没有促使苏格拉底在柏拉图中期的任何一部对话中说他在某个给定的时刻并不知道他宣称当时已经“证明”（*G*. 479E8）了的东西。

这类情况从未在苏格拉底$_M$身上出现过——哪怕是在《泰阿泰德》里：柏拉图（出于这部对话特殊的理由）[11]选取 *85*

---

〔10〕类似地，在《斐多》的灵魂不死论证尾声处（117B），苏格拉底鼓励刻贝和西米阿斯继续他们的探究，但一点也没有暗示他们这样做还应该有别的什么目的，除了更加清楚地确定该学说的根据。在《理想国》中（611C）他宣称：“灵魂不死已经无可置疑地［beyond doubt, Cornford, 1945把ἀναγκάσειεν ἄν译成这样］被上述和其他的论证［很可能指《理想国》没有直接指涉的《斐多》中的论证］确立了。”

〔11〕对照Burnyeat, 1977: 10-11：柏拉图给苏格拉底塑造的接生婆形象尤其适合于这部“意在批判，刻意回避提出正面观点”的对话。我也是这样理解这个问题的：《巴门尼德》中引入苏格拉底$_M$的两个世界形而上学理论是为了对它猛加挞伐（对照附注2.5脚注〔87〕）——老巴门尼德一再提出异议，对它发起狂轰滥炸，那位年轻的代言人却只言不发，毫不招架（苏格拉底被临时改造成了一个资历浅薄的年轻辩证家）。拒绝直面这些令人生畏的难题的柏拉图在此后的《泰阿泰德》中——当中183E处明确指涉了年迈的巴门尼德和年轻的苏格拉底的那场（虚构）会面——尝试从白板一块的状态重新开始。

了一位在对话开篇就坦承他“不断言任何事情，因为他没有智慧”（150C）[12]的主人公。然而这个与苏格拉底$_E$[13]有如此多共通之处的角色却被剥去了后者在本章T3中否认有知最关键的特征，亦即**在成功举出看似能够支持观点的证据的那个时间点**重申他的无知。因此在187A，在意识到探究已经取得了可喜的进展后，[14]苏格拉底**接下来**并没有宣称他仍然不知道他如今无论怎么看都已得知的东西是什么。[15]

---

〔12〕 οὐδὲν ἀποφαὶνομαι περὶ οὐδενὸς διὰ τὸ μηδὲν ἔχειν σοφόν：这里ἀποφαίνειν的意思不是像Cornford, 1935认为的那样是揭示（bring to light），而是如McDowell, 1973所说，是宣告（make pronouncements），对照χρὴ οὕτως ἀποφαινόμενοι λέγειν（必须这样宣示清楚），*Tht.* 151D。

〔13〕 虽然无疑在两点上与他不同：（1）苏格拉底式的盘诘法不再是他的哲学探究方法（见附注3.1“《泰阿泰德》中的苏格拉底式盘诘？”）；（2）他现在彻头彻尾地成了苏格拉底$_E$从来不是的那种人，即一个坚持不懈地追问“什么是知识？”这个苏格拉底$_E$从未深究过——哪怕在《卡尔米德》中已经被当面问到——的问题的知识论者：参见第二章脚注〔12〕。《泰阿泰德》中的苏格拉底与苏格拉底$_E$另外一个与此相类并且同样根本的差异，见第五章倒数第三段及脚注〔92〕。

〔14〕 “我们已经前进至此。”（τοσοῦτον γε προβεβήκαμεν）另参见苏格拉底在187B2处对泰阿泰德（Theaetetus）的评论：“看你能不能提出个更好的观点，既然你已经进展到了这个地步（ἐπειδὴ ἐνταῦθα προελήλυθας）。”

〔15〕 他现在已经获得一个重要的洞见：我们感知到我们所听见的两个声音的不同，但我们听到的只有声音，“两个”和“不同”并不是通过听觉、视觉之类的感官感知的。他认为这蕴含着，知觉中那些“共”项不是通过感官，而是通过“心灵本身自行伸张出去（reach out）[到那些共项上]”（186A）而被认识到的。对比这个观点与《斐多》中认为心灵“自身就其自身”领会形式（65C7，66A1-2，67A1，67C7，83B1），经由“纯粹的”、不受感觉内容污染的推理，“伸张出去触及实在，尽可能不与身体发生接触”（65C8-9）的学说，我们就能发现，柏拉图在《泰阿泰德》中已经找到了处理他此前所持的形而上学学说中部分问题的一条新路子——一条**独立于那套学说的**直接分析现象材料的路子。

在整部对话的尾声，他承认——事实上强调——他并没能找到那个关于知识的“什么是那F？”问题的答案。但他自称不知道“什么是知识”并不是在重申他当初用全称词提出的无知宣言。他现在说的是：“那些伟大而惊人的古人所拥有的知识，我一点也没有。”（210C）他获知的东西同赫拉克利特、巴门尼德，包括柏拉图自己在更早的中期对话中所取得的那些令人叹为观止的成就相比只是九牛一毛。但他知道的已经比探究开始时要多了，并且他从此往后都没有说过任何怀疑这些在探究过程中获得的知识的话。T3中的悖论并没有被重提。苏格拉底$_E$与苏格拉底$_M$之间的差异仍然鲜明。 86

论点IV：柏拉图的非苏格拉底式的三分灵魂

在《理想国》第四卷中，已经抵达中期思想巅峰的柏拉图提出了一套对灵魂内在结构的全新分析，这套分析将会彻底改变他对德行动机和德性本质的看法。在灵魂的理性部分之外，他设置了另外两个分明的非理性成分，它们彼此不同并且分别不同于理性。其中一部分是激情[16]——最典型的例子是愤怒，[17]但当然也包括畏惧等其他情感。[18]另一部分，例如饥、渴、性欲之类的身体性欲求，则是“欲望”（ἐπιθυμητικόν）。对善的欲望，一如早期对话中的苏格拉底

〔16〕或者说“意气的”（spirited，正如我们说“一匹意气昂昂的马”[a spirited horse]或者说某人“意气高昂”[high spirits]）。

〔17〕θυμός——引申出θυμοειδές，柏拉图称呼灵魂这部分的术语。

〔18〕《蒂迈欧》中（42A，69D）明确加入了畏惧。

所理解的那样，是一种强有力的、每每在场的驱动力，[19]与理性相关。[20]但过去的苏格拉底认为理性是全能的，[21]这套三分模型却给三部分中的每一个都赋予了独立的动力机制：每个部分原则上都是自主自动的，因而也就有可能与另外两者分别产生抵牾。因此各种欲望都被描述成一种对自身特有的、高度确定的目标的渴求：

> **T5 《理想国》437D—438A** “那么，渴，既作为渴，在灵魂中还欲求什么，除了单纯的饮料之外？……这里我们必须万分谨慎，别因放松警惕中了招，受下面这种反对意见所扰：没有谁欲求食物而不欲求好食物，或者欲求饮料而不欲求好饮料。”[22]

87 要明白柏拉图想说的是什么，我们不妨提醒自己，在极端情况下，强烈的口渴甚至会动摇我们的判断力惯常设定的可接受的饮料的下限，我们可能会发现自己被迫要去喝任何喝得下肚的东西——喝漱口水，喝须后乳，甚至像那些1978年夏被困亚利桑那沙漠的露宿者一样喝尿——而不是忍着不

---

〔19〕 *R.* 505D-E：善是“每个灵魂都追求并且为之竭尽所能的东西”。

〔20〕 τὸ λογιστικόν：从我们已知、相信或希望如此的东西出发推理出其潜在意蕴的官能。

〔21〕 *Pr.* 352C：“从不被任何东西胜过”；参见本章脚注〔22〕。

〔22〕 说渴**作为**渴是对单纯的饮料而非**好**饮料的渴望的要义及其引入的反苏格拉底的思想内容在Murphy, 1951: 28-9中得到了正确的理解（在英语学界这显然是头一次；此前的观点，例见Adam, 1902，论437E）。如今更深入的讨论，见Annas, 1981: 128-31。

喝。柏拉图没有举这类骇人听闻的例子。他在说明的是一个他料想任何人只要注意到都会认为不言自明的道理。这个道理就是，同其他身体欲望一样，“渴”定义了一个专属的对象，在特殊情况下我们对它的渴望可能会强过一切，以至于不顾那些由来已久的、理性地奠定的可欲之物的标准。为什么柏拉图这么强调这点？因为他希望读者注意到一个事实：我们有时会渴求一些理性无法接受的满足。[23]他想说的是我们不能像苏格拉底那样**先天地**排除掉这种可能性——后者认为对X的欲望必然是对好的X的欲望。按照那种灵魂学模型，我们欲求一杯坏饮料只可能是因为我们没有认识到它是坏的：认识它的坏处，苏格拉底$_{E}$认为，就足以使我们摆脱[24]“去”（to go）追求它的欲望；[25]因此如果这种欲望依旧强烈，那就说明我们的理性判断必然出了错。[26]在柏拉图的三分模型中

---

〔23〕 多年以后柏拉图在解释性爱的生理原理时用一个极富冲击力的说法表达了灵魂的第三个部分具有自主的驱动力机制这个信条：他把男性的性器官描述成我们身体里的一头“动物”（ζῷον），它“不听劝告，自作主张”（ἀπειθές τε καὶ αὐτοκρατές），只按自己的意愿行事，不服从理性，“硬是要压过一切”；相应地，女性的也被描述为有自己的一套生活方式，欲求交配，全然不受理性左右（*Ti.* 91B4-D4）。

〔24〕 会使一向宰制我们的“那些现象失去效力”（ἄκυρον ἐποίησε τὸ φάντασμα，*Pr.* 356D）——会暴露那些印象都只不过是错觉；一旦识破其虚假，它们就将失去左右我们的力量。

〔25〕 在认识到Y是我们的最佳选择的情况下，“想要去”（ἐθέλειν ἰέναι）寻求X而不是寻求Y，这“不合于人的本性”：*Pr.* 358C-D。

〔26〕 苏格拉底$_{E}$其实非常清楚，一个人时不时会冒出些违背对最好的事物之判断的稍纵即逝的欲望：没有这类欲望的人很难说是个人。但他绝不会承认这类欲望经得起理性的否决。因此在《卡尔米德》中，只是瞥了一眼那位诱惑的美少年“披风里的光景”，苏格拉底便[转下页]

则没有这种必然关系：并没有内在理由规定欲望不能执着于某个对象，并且违抗理性判断的否决不依不饶地追求它。[27]

88 这两种相反的灵魂学预设决定了相反的人性道德改革策略。如果苏格拉底的预设是正确的，那么道德改革的充分必要条件就是智识启蒙。接下来改革者的任务就是让我们看到，沉溺于坏的欲望或激情会损害我们自身的幸福。如果他能成功令我们理解自身的善，我们就必定会去追求这种善；不自制（ἀκρασία）——明知道更好的，却去做更坏的——在心理层面上是不可能的。但如果遵循的是柏拉图的三分分析法，改革者不会这么认为。他会认为经过启蒙的理性判断不足以产生正确的行动，除非灵魂已经具备使理性判断具有可靠的实践效力的条件。按柏拉图的诊断，这种条件就是灵魂的和谐统一，而和谐统一的关键又是各种激情充当理性的盟友，为它的判断提供必要的情感支持，以镇压骚动的贪欲。

如此一来，柏拉图就把一个从未出现在苏格拉底设想中的企划提上了重要议程：各种激情的卫生性陶冶（hygenic conditioning）。因为这些激情不是理性的，所以对它们的塑

［接上页］“火烧火燎，忘乎所以”，丢掉了往日的自持，“几乎没法”与男孩交谈（155D-E）。但片刻之后他就把持住了：在对话此后的部分中，完全没有出现苏格拉底惯常的镇定自若有所减弱的迹象。他们在一番冷淡而不无反讽的挑逗调笑后就分道扬镳了。

〔27〕 在中期对话中柏拉图不下三次（*Phd.* 94D-E；*R.* 390D, 441B）提到《奥德赛》（20.5ff.）那个形容即便理性极力反对沉溺其中，欲望仍然恼人地挥之不去的段落（当场杀死那些放荡女仆的冲动一直剧烈地“来回激荡”，令奥德修斯无法安眠，即便他早已意识到立马实施这个计划并不明智）。

造也不是理智性的：论证无法打动它们。触动它们的唯一办法是通过想象。它们会被影像打动，只要不断地在正确的时机——即我们的青少年时期，这时的我们对抽象事物最缺乏接受力，却对实在的、生动可感的刺激极为敏感——向灵魂展示正确的影像，激情就能得到塑造。因此柏拉图会任用那些影像的制造者：诗人、寓言家、歌手以及所有其他有能力美化我们这个世界之中那些人造成分的人。他希望他们在他举一反三地称为“音乐”教育的计划中扮演主力角色：这种教育试图通过艺术的力量——用种种把德性表现得美好迷人、把缺德表现得丑陋不堪的影像——来给他们的成长环境润色，以俘获儿童和青年的心灵。[28]

我不拟讨论这种“音乐”教育过程中许多含混不清或者成问题的地方。在这里我唯一关注的是柏拉图赋予它的无与伦比的重要性，以及他这么做的理由。在讨论理想城邦中的军人的勇敢时，他观察到，如果他们错过了这种教育，那么即便灌输给他们的信念都是正确的，他们养成的也不是真正的勇敢，而是真货的廉价仿冒，根本不配称为“勇敢”：

> **T6 《理想国》430B6—9** “我认为，关于那些事情［亦即什么是、什么不是真正可怕的］的正确信念，如果未经音乐教育就引入，将会变得既兽性又奴性；你不会说它们合乎我们的种种制度，[29]也根本不会称它

89

［28］ *R.* III，尤其见401A-402A。参见Vlastos, 1981: 237-8。

［29］ Cornford, 1945如此译οὔτε πάνυ νόμιμιν ἡγεῖσθαι。

们为‘勇敢’。”

他说这种假勇敢将会变得“既兽性又奴性”的意思必定是，它只会被我们用来使唤牲畜和奴隶的那种纯外在的、竿子吊萝卜式的动机所激活，因此根本不可能构成真正的德性——后者在灵魂层面的控制必须是内在的。在柏拉图看来，一个真正勇敢的男人做勇敢之事是因其自身之故——因为他亲眼看见并且感受到勇敢是美的，这种美感正是驱使他勇敢行事的动力。[30]因此人们要真正变得勇敢就必须接受教育以能够与勇敢之美产生共鸣。[31]他相信我们必须在青年人的青少年时期甚至更早就培养他们的这种共鸣。错过了这个时机，以后再着手培养只会事倍功半，那就为时已晚了。

---

〔30〕尤其值得注意的是，德性被内在地驱动并不要求具备关于善的**知识**；真信念足矣，只要“音乐”教育在一个人性格成形的年纪里施加了正确的情感管控。忽视这个基本要点可能会让人产生柏拉图认为“只有哲人可能获得真正的德性”的印象（例如Cooper, 1977: 151ff., at 153, n. 7，柏拉图“很显然要求任何正义之人都须具备智慧和知识”；以及Cross and Woozley, 1964: 126，“真正的正义被哲人所独占”——如果只有哲人有能力养成自我驱动的德性，那当然会是如此）。并见本章脚注〔31〕、〔32〕。

〔31〕对照Irwin, 1977a: 202对T5的解释：“一个奴性的人选择德性只是因为它能带来他早已在追求的荣誉和快乐，但一个受过音乐教育的人了解到德性自身就是快乐和荣誉的一个源泉：他享受并且推崇德行本身……并且柏拉图暗示音乐教育将会造就对美好崇高的东西（καλον, 403C4-7）的爱……这种爱将会是使［受过音乐教育的非哲人］摆脱奴性的德性。”但蹊跷的是接下来厄尔文（202-3）将“受过音乐教育之人”与“有德之人”做对照，理由是前者“并不因德性自身之故而只是因其后果而选择德性”——这个说法实在非常怪异，考虑到他此前刚评论“受过音乐教育之人”（引述见上），称他“**因其自身之故**而享受并推崇有德的行动”（强调为我所加）。

伴随这种新的[32]道德教育观念而来的是一套分析道德德性概念的新思路。作为三分的灵魂的一种卓越（excellence），勇敢变成了一种与苏格拉底的理智主义灵魂学中的勇敢完全不同的成就，后者将勇敢定义为一种“智慧”：

> **T7 《普罗塔戈拉》360D** “勇敢是关于什么可怕、什么不可怕的智慧。”

按这种观点，勇敢乃是一项认知成就，是理智灵魂的一种卓越。对比柏拉图的定义： *90*

> **T8 《理想国》442B—C** “并且我相信，我们称一个人‘勇敢’是因为灵魂的这个部分［即激情的部分］，当它忍受住痛苦和快乐，坚持听从关于什么可怕、什么不可怕的理性的命令。”

在这里，勇敢是一项情感成就，是激情灵魂的一种卓越。[33]

---

〔32〕 它的新不仅是相对于早期对话中理智主义的道德行动观念而言，也是相对于柏拉图在中期之初对这个论点不成熟的理解而言。参见 Vlastos, 1981: 137, n. 79 将之与《斐多》（68C-69C）限制只有哲人才能拥有真正的德性的观点做对比。

〔33〕 引文称我们判断一个人是否勇敢时需要考察的那个灵魂部分是激情（τὸ θυμοειδές），务必注意这个断言的清晰内涵。我们的问题一定得是：**它**在重压之下是否有“能力保持”对什么可怕、什么不可怕的正确判断？如果有，那人就是勇敢的；没有，就不是。

理智的作用——提供“关于什么可怕、什么不可怕的理性的命令”——当然是必不可少的。[34]但那些理性命令能否经得起考验，发挥实践效力，在柏拉图看来是只有诉诸灵魂的激情部分才能解释清楚的问题。它们会发挥效力，当且仅当我们灵魂的这个部分有能力在重压关头仍然唯那些命令马首是瞻，维系它们，使之不至于分崩离析或者变得模糊不清，或者——用柏拉图自己精妙的比喻来说——一经痛苦的临头威吓或者快乐的贴身诱惑就被消磨或者褪色。[35]而这，柏拉图认为，将取决于正确的“音乐”教育是否赋予了我们的理性判断以强大的定力，用某种无法销蚀的药剂将它们牢牢固着在了我们的灵魂中，犹如给布料染上了经久不去、用最强力的洗涤剂也洗不掉的颜色。[36]

综合以上以及前章已经呈现的内容，我们现在已经对

---

〔34〕 虽然不一定以知识的形式体现：参见本章脚注〔30〕。

〔35〕 “你知道那些打算给羊毛染紫色的人，首先会挑选天然洁白的羊毛，而后悉心加工使之能充分吸收染料的光彩，然后才将它浸入染缸。按这种方法染，羊毛会牢固地上色（δευσοποιὸν γίγνεται），无论再怎么洗，不管用不用洗涤剂，都消磨不掉它的光彩。”（429D-E：译文主要参考Cornford, 1945）柏拉图用了不止18行的篇幅来表现这个比喻，以突出他的要点：是“音乐”教育使得正确的信念在士兵们的灵魂中牢固（δευσοποιός）附着，甚至无法被强如“快乐与痛苦、欲望与恐惧”（430A-B）的洗涤剂洗刷褪色。

〔36〕 早前他用了另一个同样有力的比喻来表达苏格拉底完全忽略了的要点：即便一个人关于“什么应该惧怕，什么不应该惧怕”的理性信念再精纯，他仍然有可能无法按其指示行动，因为他可能会因为“蛊惑［快乐］或胁迫［痛苦］”（413B-C）而丧失信念。因此需要引入理性指令之外的某种东西来防范、杜绝这些可怕的意外。

柏拉图在早期对话中托苏格拉底之口说出的哲学和在中期对话中让苏格拉底为之背书的哲学之间深刻的差异有了相当的（虽然远算不上全面的）了解。具备了这些，我们现在就可以先传召亚里士多德，然后传召色诺芬，看看如果有的话他们分别能为以下主张提供什么证据支持：这两套哲学中前者的思想属于历史上的苏格拉底，而后者则是柏拉图沿着他自己新的、非苏格拉底的思路开辟出来的。 *91*

第Ⅱ节　亚里士多德的证词

> **T9 《形而上学》1078b9—17** ［a］现在，关于诸理念（περὶ δὲ τῶν ἰδεῶν），[37] 我们必须首先考察理念论本身（τὴν κατὰ τὴν ἰδέαν δόξαν），像那些最先提出诸理念存在的人最初所理解的那样来处理它（ὡς ὑπέλαβον ἐξ ἀρχῆς οἱ πρῶτοι τὰς ἰδέας φήσαντες εἶναι）。[38]
>
> ［b］那些人提出关于诸理念的理论（ἡ περὶ τῶν ἰδεῶν δόξα），是因为他们相信赫拉克利特的学说是真

〔37〕本章接下来我将只转写（而不翻译）ἰδέα。在亚里士多德指涉柏拉图的形而上学“理念论”并将 ἰδέα、εἶδος 这些词用作关键概念时，我将把对应英文的首字母大写。（这里将统一译为“理念/形式”。——译者注）

〔38〕亚里士多德认定的理念论创始人就是柏拉图本人，即便此处、［b］中以及本章脚注〔40〕的引文中都用了泛指的复数。《形而上学》中呼应T9的重复文段（987b29ff.）清楚表明了这点，该段开头说“随上述哲学之后而来的是**柏拉图的**探究（μετὰ δὲ τὰς εἰρημένας φιλοσοφίας ἡ Πλάτωνος ἐπεγένετο πραγματεία）”，紧接着就用与T9一模一样的话阐述了这种“探究”的实质内容。

的：一切可感事物总是处在流变中，因此如果存在关于任何事物的知识，可感物之外就必定有某些持存的、有别于这些［可感物］的本性；因为不存在关于处在流变中的事物的知识。

［c］然而，[39]苏格拉底忙于探究道德德性，他是第一个寻求它们的普遍定义的人……

苏格拉底完全不涉足理念的形而上学理论这个事实在亚里士多德看来是如此显而易见，以至于他不觉得有必要加以论证。他不是把它作为一个有待辩护的争议说法提出来的。他认为只要在［c］处暗示有这种区别就够了：他用一种强调苏格拉底与柏拉图截然有别的语气陈述了苏格拉底的探究旨趣，即道德德性的定义；这与柏拉图在［b］处对赫拉克利特的流变学说的关注完全不搭边——**他**［柏拉图］正是受后者引导才提出了理念的设想。［b］告诉我们，是柏拉图从可感物的永恒流变中推论出了关于它们的知识不可能，并且**在此基础上**假定了诸理念作为不变、不可感的存在者而存在，以充当知识的对象。[40]亚里士多德在［a］或［b］处完全不

92

〔39〕δέ，有强烈的对照意味。

〔40〕虽然在［b］处理念尚未被指明为“分离”的存在者（参见Fine, 1984: 47ff.），但几行之后就会反复明确这点，先是1078b31（引于T11中）称苏格拉底“并未将普遍者……视为分离的存在者”（οὐ χωριστὰ ἐποίει），而柏拉图做了分离（εἰ δ' ἐχώρισαν，1079b36：χωρὶς εἶναι），然后是亚氏在1079b36处对柏拉图学说著名的批评中说“它使得实体分离于它是其实体的事物而存在（χωρὶς εἶναι）”。

提苏格拉底，只在［c］处提起他作为一个探究各种道德品质的定义的道德论者，这表明苏格拉底从未做过此种推论。

亚里士多德在《尼各马可伦理学》中表达自己不情愿批评这套理论时的用语也能证明理念论为柏拉图独创：

> **T10 《尼各马可伦理学》1096a12—13** 这项探究［指批评柏拉图关于善的理念的理论］是痛苦的，因为是［我们的］朋友们引入了形式（εἰσαγαγεῖν[41] τὰ εἴδη）。

此外，在《形而上学》T9的几行之后，柏拉图和亚里士多德在这点上的分歧被单举出来作为他们各自对“普遍者”的理解的对立所在，后一种理解正符合亚里士多德认为柏拉图的“形式”本该是，而苏格拉底的“样式”事实上是的那样：

> **T11 《形而上学》1078b30—2** 但苏格拉底并未将普遍者或定义［的对象］视为分离的存在者（οὐ χωριστὰ ἐποίει）；他们［柏拉图］则确实分离了（οἱ δ' ἐχώρισαν），并且将这类存在者命名为形式。

这里更明确地告诉了我们，到底是什么让柏拉图的那些不可

---

［41］ 对照Burnet, 1900 *ad loc.* 对εἰσαγαγεῖν的释读：“该词常用来引入新观点，且暗示它带有独断性。”例如*De Caelo*, 271b11：“如果有人引入了极小者（τοὐλάχιστον εἰσαγαγών），那他将会动摇最重大的数学真理。”

感的存在者在亚里士多德看来不仅超出了苏格拉底关心的范围，而且他自己也无法接受：柏拉图把苏格拉底此前寻求定义的那些普遍伦理概念[42]变成了“分离的存在者”，而苏格拉底并**没有**把它们看作“分离的存在者”。

由此可见，亚里士多德并不支持部分学者区分两套形式理论的观点：他们将较早的一套形式理论归于苏格拉底，较晚的一套归于柏拉图。[43] 93 在亚里士多德看来整个形式理论都是柏拉图的，与苏格拉底无关。因此当亚里士多德碰到柏拉图早期对话中一些假定或暗示诸如正义、虔敬、美之类的东西存在的说法，[44]他不会把这些东西当作是柏拉图的理念或者形式，即便柏拉图在这些和其他一些早期对话[45]的文段

---

〔42〕 正如我在第二章第Ⅲ节中讨论柏拉图的形式的固有属性时指出的，其中有两项（无法通过感觉通达、免于流变）是苏格拉底$_E$完全可以接受的，但它们所回答的都是毫不关心形而上学的苏格拉底$_E$从来不就那些他寻求定义的存在者发问的问题。他也完全有可能认可那些属性中的第三项——它们的不具体性：他没理由会（荒谬地）认为正义、美等是物理对象。苏格拉底接受不了的是第四项，即它们“分离”于我们所经验的时空世界而存在：对他来说正义、美等就存在于那个世界之中，他从未暗示过它们在一个超越此世的世界之中“分离地”存在。在T11中亚里士多德表明他意识到这正是苏格拉底和柏拉图各自探究的ἰδέα/εἶδος概念间的关键差异所在。

〔43〕 Allen, 1970（参见第二章脚注〔46〕）将这种观点写进了著作的标题里：《柏拉图的“〈游叙弗伦〉”与早期形式理论》（*Plato's "Euthyphro" and the Earlier Theory of Forms*）。这种观点一点也不生僻，反而广为人接受。

〔44〕 本书第二章T4和T5（《游叙弗伦》）和T7（《大希庇阿斯》），以及*Meno* 72C7-8。

〔45〕 *HMa.* 289D, 298B; *Meno* 72D-E.

里用εἶδος、ἰδέα作为它们的通名。[46]亚里士多德明白苏格拉底所讨论的是他（亚里士多德）称为“普遍者”的东西——他完全有可能这么认为，考虑到苏格拉底的εἶδος完全满足他给这个术语下的定义[47]：

> **T12 《形而上学》1038b11—12** 因为那本性从属于多个事物的东西（ὃ πλείοσιν ὑπάρχειν πέφυκεν）就称为“普遍者”。

这个表达式与苏格拉底$_E$解释他所谓的“样式”时所用的语言非常吻合，要看到这点，我们不妨注意，“F从属于a”（τὸ Φ ὑπάρχει τῷ α）就是希腊语中断言a具有属性F的通常说法，而后者又可以表达为“F在a之中”（τὸ Φ ἔνεστι τῷ α）。[48]因此苏格拉底问游叙弗伦的问题“虔敬难道不是**在每个［虔敬的］行动之中**都与自身相同吗？”[49]也可以换一种问法：“虔敬难道不是**在它所属于的所有行动中**都与自身

---

〔46〕虽然绝非全部：在《普罗塔戈拉》、《卡尔米德》或《拉刻斯》中，苏格拉底$_E$定义性探究的对象从未被称为εἴδη、ἰδέαι。这有力地论证了这些对话比《游叙弗伦》早，它们标志着柏拉图对苏格拉底哲学的理解仍处于这样一个发展阶段：这时的他尚未意识到那些词尤其适合作为苏格拉底“什么是那F？”问题中的那F的统称。

〔47〕亚里士多德为此生造的τὸ καθόλου（普遍者）这个短语似乎衍生自《美诺》中（77A）苏格拉底用的一个表达：“恪守你的承诺，整体说说德性是什么（κατὰ ὅλου εἰπὼν περὶ ἀρετῆς ὅτι ἐστίν）。”

〔48〕对照第二章脚注〔131〕、〔132〕。

〔49〕第二章T4。

相同吗？”而如我们在T12中所见，在被定义项的所有示例之中都“与自身相同”的正是亚里士多德所谓的“普遍者”。苏格拉底$_E$的问题“什么是虔敬这个εἶδος？”，按亚里士多德的理解，问的就是“什么是虔敬这个普遍者？”

但亚里士多德并没有进一步宣称或暗示苏格拉底发现了普遍者的**概念**。如果走到这一步，那他终究还是把苏格拉底看成了一个形而上学家。但他从来不这么看。他在上文［c］中把苏格拉底表现为“第一个寻求德性的普遍定义的人”——而不是第一个寻求**普遍者的**定义或者探究**普遍者的本质**的人。当他赞扬苏格拉底未曾“分离”普遍者时，[50] 他赞扬的并不是后者提出了关于它们的正确的理论，而是赞扬他从未提出错误的理论，因为他从未提出过任何关于它们的理论，也从来没有机会提，因为这类探究与他的思路完全不同。“忙于探究道德议题，全然不关心自然整体”，[51] 亚里士多德眼中的苏格拉底从来没有踏入过柏拉图后来迷失其中的形而上学森林。苏格拉底幸免于柏拉图形而上学理论的种种“难堪”[52] 不是因为他的理论高超，而是因为他在理论上的“清白”。

94

因此亚里士多德很好地证实了我的主张：柏拉图的盘

---

〔50〕 本章T11，亚里士多德在该段之后继续说（1086b6-7）：“它们的分离正是诸理念导致难堪的后果的原因。”（τὸ δὲ χωρίζειν αἴτιον τῶν δυσχερῶν συμβαινόντων περὶ τς ἰδέας ἐστίν.）

〔51〕 *Metaph*. 987b1-2（与前引第一卷中的T9［c］相呼应的段落）。

〔52〕 比较本章脚注〔50〕。

诘性和过渡性对话中那个寻求道德语词的定义的道德哲学家是柏拉图对苏格拉底的再创造，而那个发明关于"分离地存在"的形式的理论的形而上学家表达的是柏拉图自己的观点。同样得到证实的还有我的另一个主张：苏格拉底$_E$的自称无知反映了那位历史人物的立场：

> **T13 《驳诡辩》(*Soph. El.*) 183b7—8** ……这正是为什么苏格拉底往往问而不答：因为他承认他无知(ὡμολόγει γὰρ οὐκ εἰδέναι)。

在《驳诡辩》尾声的这段话里，亚里士多德停下来回顾了他在本篇开头的说法。在那里，他区分了辩证式的(dialectical)和检验式的(peirastic)[53]论证。在前一种论证中，我们诉诸关于该主题的享誉的信念(τὰ ἔνδοξα)来反驳对手的立论。[54]在后一种论证中，我们诉诸对手本人的信念来反驳他：

---

[53] πειραστικός来自πεῖραν λαμβάνειν(检验、提审)，如*Protagoras*. 348A，ἐν τοῖς ἑαυτῶν λόγοις πεῖραν ἀλλήλων λαμβάνοντες καὶ δίδοντες("在论证的往来中彼此检验")。

[54] Barnes, 1984以ἔνδοξα的这种译法取代了我在1983a: n. 39及其后各处中不加批判地遵循的"被普遍相信的意见"的旧译法。Burnyeat(1986)令人信服地论证了新译更贴近亚里士多德ἔνδοξα定义的本意("那些为所有人或大多数人或智慧之人，尤其是这些人之中所有，或大多数，或最权威、最有声望之人[τοῖς μάλιστα γνωρίμοις καὶ ἐνδόξοις]，所相信的事物"，*Top*. 100a29-b23)。

T14 《驳诡辩》165b3—6 辩证式论证是那些诉诸大众所相信的东西来得出［与被驳斥论点］相反结论的论证。检验式论证是那些诉诸回答者自己的信念的论证。

T13虽然短，却给我们提供了宝贵的信息，它告诉我们，在亚里士多德看来，苏格拉底拒绝同时采用这两种论证方式，并且告诉了我们他拒绝的理由：亚里士多德认为苏格拉底的否认有知排除了基于大众信念的论证——苏格拉底告诉对话者自己无知，这在亚里士多德看来就意味着否认自己利用了大众信念来反驳他们，因为他自己也承认他并不知道那些声誉卓著的信念是否为真；因此苏格拉底在问答论证中只可能扮演“检验式的”角色，[55]亦即通过提问来争取对话者的同意，以便利用它们作为前提，通过演绎或归纳论证[56]推导出对对话者原论点的否定。换言之，在这点上亚里士多德的证词同样证实了我的观点，即柏拉图笔下的苏格拉底$_E$是在再

〔55〕我在Vlastos, 1983a: 27ff., n. 39中指出，根据亚里士多德，成熟老练的辩证家不仅会采用（a）检验式论证，即限定自己只扮演提问者的角色，安于只从对手那里“提取说法”（λόγον λαμβάνειν），从来不阐发和辩护自己的异议；也会采用（b）辩证式论证，即充当回答者的角色，“从最享誉的前提中提出说法来维护自己的异见”（λόγον ὑπέχοντες φυλάξομεν τὴν θέσιν ὡς δι’ ἐνδοξοτάτων）。（b）描述了亚里士多德在其伦理学论著中一贯的做法，在其中他无法运用诉诸真实无疑的前提的“证明性三段论”（ἀποδεικτικὸς συλλογισμός, *Soph. El.* 100a27-b21）；（a）在他看来是苏格拉底论证的方式，因为不像亚里士多德，苏格拉底在论证时总是自称无知。

〔56〕“因为有两样东西可以公正地归于苏格拉底：归综式论证（ἐπακτικοὺς λόγους，关于这点参见附注3.2）和普遍定义。”（*Met.* 1078a27-9）

现历史上的苏格拉底。虽然亚里士多德从未在其他地方提到那则总体地否认有知的宣言——他恐怕也会像我们一样觉得这条宣言难以理解[57]——但他仍然相当确信苏格拉底做过类似的宣言，以至于他把它当作苏格拉底固守检验式论证，宁愿自废一部分武功也不愿在论证过程中采用亚里士多德在自己的伦理学论著中大量运用的那种推理形式的理由。

同样无可争议的是亚里士多德也支持我的另一个主张，即对于只在柏拉图中期对话中出现的灵魂三分观念，历史上的苏格拉底完全不了解：

T15　亚里士多德，《大伦理学》(*Magna Moralia*)[58]

1182a15—26　后来的苏格拉底［比普罗塔戈拉］对这些［关于道德德性的］问题说得更好、更透彻。但他说的也不对。因为他把德性变成了某种知识（ἐπιστήμας ἐποίει），而这是不可能的。因为所有的知识都是理性的活动，[59] 而理性出自灵魂的理智部分；因而在他看来所有的德性都出自灵魂的理性部分。结果是，由于把德性变成了知识，他抛开了[60]灵魂的非理性部分（ἀναιρεῖν τὸ ἄλογον

96

〔57〕他从未在存世著作中尝试解释或者评论过这个宣言。

〔58〕该著虽然很可能并非出自亚里士多德本人之手（但见Cooper, 1973: 327ff.对其真实性所做的谨慎辩护），但无疑是一部早期漫步派论著，有理由认为它忠实保存了亚里士多德所理解的苏格拉底和柏拉图各自的灵魂结构观念之间的分歧。

〔59〕字面义为“伴随理性的”（μετὰ λόγου）。

〔60〕即忽视它，未给予它应有的考虑。

μέρος τῆς ψυχῆς)。这样一来，他也就抛开了激情和道德品性（ἀναιρεῖ καὶ πάθος καὶ ἦθος)。这就是为什么他没能正确看待德性。但后来柏拉图正确地划分了灵魂的理性和非理性部分，并赋予了适于各部分的德性。[61]

因此，亚里士多德的观点将那套理智主义的动机和道德德性的本质的观念——它把勇敢和其他每种德性都还原成某种知识，并因此忽略了激情和道德品质（πάθος καὶ ἦθος）在行动决策中扮演的角色——毫不含糊地归给了与柏拉图对立的苏格拉底。亚里士多德[62]抗议将德性等同于知识的做法，他认为这导致苏格拉底忽视了增进一个人的道德知识和改善一个人的道德品质之间的差异：

T16 《优台谟伦理学》(*Eud. Eth.*) 1216b2—9 那位年长的苏格拉底认为认识德性就是目的，并追问什么是正义、什么是勇敢，什么是德性的各个部分。他这么做可以理解。因为他认为所有的德性都是知识，因为［他认为］学了几何和建筑，[63]我们就是几何学家和

---

〔61〕即将理智德性赋予灵魂的理性部分，将道德德性赋予灵魂的非理性部分。

〔62〕*Magna Moralia* 1183b8-18.（不妨对照Irwin, 1977a: 198对亚里士多德对苏格拉底观点的批评犀利的转述：“他让德性变得毫无意义。”）另参见*Eudemian Ethics* 1216b2-25，我从中引述了T16。

〔63〕正如他举的一些例子（此处的οἰκοδομία［建筑］,《大伦理学》段落中的医药）表明的，亚里士多德的批评直接针对的是*G.* 460A-C处苏格拉底反驳高尔吉亚的论证。

建筑师了。[64]

类似地，亚里士多德从未把一种还原论的理智主义灵魂学最棘手的后果之一——“不自制不可能”——归于柏拉图，而是只归于苏格拉底：

> **T17 《尼各马可伦理学》1145b23—7** 因为苏格拉底认为这是很奇怪的[65]：知识存在于一个人之中，却被别的什么东西宰制，像奴隶般被拖着到处走（περιέλκειν αὐτὴν ὥσπερ ἀνδράποδον）。[66] 苏格拉底完全反对那种观点，而是认为不存在不自制这种东西（ὥς οὐκ οὔσης ἀκρασίας）。因为他认为没有人会在行动时认为他所做的与什么是最好的相冲突，[如果有人这么做，那一定是] 因为无知。

97

因此在苏格拉底$_{E}$与苏格拉底$_{M}$十个对立论点中的前四个所标明的要点上，亚里士多德在阅读柏拉图对话时都毫不犹豫地将柏拉图借苏格拉底$_{E}$之口说出的观点归于苏格拉底，

---

〔64〕 亚里士多德在尝试思考为什么那个在他自己（和柏拉图）看来无比重要的问题——“德性如何、通过何种手段产生”（πῶς γίνεται καὶ ἐκ τίνων，1216b10-11）——完全没有出现在苏格拉底道德探究的议程里。他非常明白为什么柏拉图对“音乐”教育的关注完全与苏格拉底不契合。

〔65〕 δεινόν，“骇人的”“放肆出格的”，在此语境中想必表达的是“无法理解的”之类的意思。

〔66〕 许多学者已经注意到，亚里士多德这里是在呼应柏拉图在 *Pr.* 362C 处的比喻：περὶ τῆς ἐπιστήμης, ὥσπερ περὶ ἀνδραπόδου περιελκομένης（[多数人心目中的] 知识就如同被拖着到处走的奴隶）。

而将柏拉图借苏格拉底$_{\mathrm{M}}$之口说出的观点归于他本人。[67]这种区分和指派最值得注意的地方在于亚里士多德似乎一点也不觉得有必要为它做论证和辩护——他是如此之自信他的听众会将这种分派视为理所当然，根本不期望他会做任何辩护。[68]是什么给了他这等自信？还能是什么，除了这样一个事实，即这种分派背后有亚里士多德一直以来掌握的来自其

---

〔67〕在我所援引的这些指涉苏格拉底的段落中（T9，T10，T11，T12，T13，T15，T16，T17），他从未使用过任何表述来明示当下讨论的观点属于柏拉图对话中的某个角色，并由此暗示“苏格拉底”的所指有别于历史上的苏格拉底。因此T17虽然与《普罗塔戈拉》的用语雷同，但在其中亚里士多德却没有（像他说ὁ ἐν Φαίδωνι Σωκράτης［“《斐多》中的那位苏格拉底”］、Σωκράτης ἐν τῷ ἐπιταφίῳ［“葬礼演说中（即《美涅克塞努》）的那位苏格拉底”］那样）说ὁ ἐν Πρωταγόρᾳ Σωκράτης（“《普罗塔戈拉》中的那位苏格拉底”），甚至也没有说ὁ Σωκράτης（“那位苏格拉底”，见Bonitz, 1870: 598A-B），而只是说Σωκράτης（“苏格拉底”）（关于两种说法的区别，以及亚里士多德虽偶有变通但实质上遵从的所谓的“菲茨杰拉德律”［Fitzgerald's canon］，即Σωκράτης指代的是历史人物，而ὁ Σωκράτης［“**那位**苏格拉底”］指代的是柏拉图笔下的人物，见Ross, 1924: xxxix-xli。另参见亚里士多德对柏拉图《会饮》中阿里斯托芬的指涉：ἐν τοῖς ἐρωτικοῖς λόγοις λέγοντα τὸν Ἀριστοφάνην［在**那位**阿里斯托芬所说的充满爱欲的言辞中］，*Pol.* 1262b11）。Stenzel（1927: A. 1, col. 882）另提醒我们注意亚里士多德在做引述时所用的动词时态：当指代柏拉图笔下的苏格拉底时用“他说”（he *says*，现在时），当指代历史上的苏格拉底时则用“他曾寻求、曾认为、曾承认”（he *sought, thought, confessed*，过去时）等等。能够佐证这种区分的指派属实的一个很好的例子，见亚里士多德在《政治学》第二卷中对柏拉图《理想国》中的乌托邦的批判：这段批判以ὥσπερ ἐν τῇ Πολιτείᾳ τοῦ Πλάτωνος · ἐκεῖ γὰρ ὁ Σωκράτης φησὶ（正如在柏拉图的《理想国》中：在那里**那位**苏格拉底**说**）开头（1261a6），然后一直将柏拉图在《理想国》第四和第五卷中阐发的观点归于“那位苏格拉底”，完全没有指涉柏拉图。

〔68〕了解柏拉图对话的后世作家也做过同样的分派，例如西塞罗：见本章脚注〔91〕。

他来源的信息的支持，这些来源既包括埃斯基涅斯、安提斯忒涅斯、阿里斯提普斯等人创作的一大批苏格拉底对话，也包括亚里士多德在雅典遇到的那些曾经在二三十岁时认识苏格拉底，并且在亚氏进入学园时（前367年）仍然在世的人的口头传述：亚里士多德肯定有大把机会盘问他们。〔69〕

设想维特根斯坦是一位像苏格拉底一样的纯口头哲学家，他有个天赋出众的年轻学生和朋友名叫“保罗”（Paul，化名柏拉图）。保罗在他逝世后出版了一部对话体著作，题为《哲学与逻辑》，其中的主人公名字叫“维特根斯坦”，有着维特根斯坦的种种个性特征。然后让我们继续设想，十余年后，保罗又出版了一本题为《哲学与语言》的书。这部书的体裁也是对话，主人公也叫“维特根斯坦”，言谈举止与他肖似。但这个角色现在阐述的哲学方法和内容在许多要点上都与前作借他之口阐发的那套哲学截然对立。最后，为了补全这个类比，不妨想象，在第二部书出版之后，一位年方十八的青年才俊“阿诺德”（Arnold，化名亚里士多德）来到剑桥从学于保罗，并且在保罗的圈子里待了将近二十年。 98

〔69〕经常有学者（最近的是Kahn, 1983: 305ff., n. 3）从亚里士多德的许多证词似乎直接来自柏拉图的早期对话（这种依赖在T17中尤其引人注目：参见本章脚注〔67〕）这一事实推论出，亚氏关于苏格拉底的证词中来自柏拉图的东西太多，以至于没有独立价值。但正如Ross（1933, *ap.* Patzer, 1987: 225-39, at 234-5）指出的，亚氏证词中有些段落的内容不可能取自柏拉图，因为其中的信息根本就不在柏拉图的文本里——因此，亚里士多德“不可能从［柏拉图的］对话中了解到克拉底鲁是苏格拉底的第一位哲学老师”。Deman, 1942罗列的42处关于苏格拉底的证词中有超过三分之一无法溯源至柏拉图。

阿诺德对保罗的两部书烂熟于胸（以至于仅凭记忆就能准确征引书中文字），但他处理两书内容的方式非常不同：讨论《哲学与逻辑》的时候他把其中的观点视为维特根斯坦的，讨论《哲学与语言》时他则认为里面的观念完全属于反对维特根斯坦的保罗。他压根不觉得需要解释为什么他要区别对待两本书中同样的角色，把前一个“维特根斯坦”当作维特根斯坦的代言人，而把后一个“维特根斯坦”当作保罗的代言人。要是看到阿诺德这么做并且从不觉得需要为自己的做法辩护、未曾想过会有任何人怀疑只有第一个“维特根斯坦”是保罗的老师，而第二个只是保罗本人的一个笔名（*nom de plume*），我们又岂会怀疑在阿诺德的立场看来，这么做的理由只可能是：当时的每个人——只要他是剑桥哲学圈子的一员——都年复一年持同样的假设，因为圈子里有好些老一辈哲学家本来就与维特根斯坦相熟，理应知道《哲学与逻辑》阐述的实际上就是维特根斯坦的观点，同时每个保罗圈子中的人，无论年长年轻，都能了解到保罗本人的第一手观点，因而无须额外说明就知道《哲学与语言》中的“维特根斯坦”只是保罗的一个面具。

第Ⅲ节　色诺芬的证词

99　我可不打算费心在这幅假想图景里给色诺芬也找个位置，哪怕只是因为我实在很难在维特根斯坦的追随者里找到一个和那位地地道道的雅典人较为对应得上的人物。很难想象有人能像色诺芬那样在品位、性情和批判素养（或者说欠缺批判素养）上同苏格拉底圈内的顶尖人物的差别如此之大。最重要的差别当然是，柏拉图、阿里斯提普斯、欧几里得、斐多等人都是勇于开拓、提出了原创性学说的哲学家，其中之一［柏拉图］更是杰出的大哲，而色诺芬虽然博学多能，文采非凡，开创了数种全新的文学体裁，[70]但在哲学成就或者哲学才能上却似乎难以望他们项背。[71]如果我们要利用上色诺芬关于苏格拉底的证词——也势必要利用，因为一手证词的哪怕一丁点片段我们都忽视不起，而色诺芬的证词无疑是一手的[72]——那么这是我们必须理解的第一点。

---

〔70〕类似《居鲁士的教育》（*Cyropaedia*）这种伪历史的教诲性浪漫文学（pseudohistorical pedagogical romance），或者类似《远征记》（*Anabasis*）这种军事回忆录在希腊散文中并无已知先例。关于色诺芬作为这些新文体领域的“先驱试验者”，见Momigliano, 1971: 46ff.。

〔71〕色诺芬对作为哲人的苏格拉底的认知的一些缺陷，见Irwin, 1974: 490ff., at 411-12对Leo Strauss, “Xenophon’s Socrates”的精彩评论。一位坚定的、智识上非施特劳斯派的色诺芬捍卫者能怎么替他辩护，见Morrison, 1987: 9-22。

〔72〕从他自己的证词中我们得知，他在苏格拉底生命的最后两年里与后者没有任何接触，前401年时他已经离开雅典加入了居鲁士的远征（*Anabasis* 3.1.4）。但在那之前他肯定和苏格拉底见过面，否则他不太可能在考虑加入居鲁士的邀约时征求到苏格拉底的建议。但因为我们完全不了解他们从何时开始相知或者他们关系有多密切，这些会面完全不能给他自称“听到了”他所讲述的那些交谈的主张增添任何可信性：从内部证据来看这些宣言显然都不实。见第二章中（脚注〔14〕）援引的罗斑（Robin）的研究，他对下面这条貌似合情合理的假设（最早由黑格尔提出，而后被伟大的策勒尔和许多二流史家严肃采纳）提出了细致入微的反驳：色诺芬是一位史家，因此他关于苏格拉底的说法具有更高的历史可信度，所以他理应成为我们了解苏格拉底的首要来源。另参见Momigliano, 1971: 54。

作为起头，让我们先考察《回忆录》的两个段落。第一段：

> **T18　色诺芬，《回忆录》3.9.5**　并且他［苏格拉底］说正义和其他每一种德性都是智慧。因为正义的行动和其他有德的行动都高贵且好；而那些知道这些［即高贵和好］的人不会偏好除它们之外的任何事物，那些不知道的人则没有能力实践它们，一旦尝试做就会犯错。

由于色诺芬在这里认为那种偏好是实践性的——是在行动中表达出来的偏好——他实际上是在赋予苏格拉底这样一个论点：当我们需要在排他且能穷尽的选项——我们知道其中一个选项高贵且好，另一个选项可鄙且坏——中做选择，后者之中“没有什么”能让我们偏好它胜过前者。由此可得，当我们可以自由地实践我们的偏好时，我们总是会选择我们知道是高贵且好的东西，不考虑任何其他选项的相对吸引力；因此我们绝不会有意识地偏爱对我们敞开的选项之中更坏的——亦即绝不会屈服于不自制：知道正确的做法是什么，是实际上这么去做的充分条件。这不就是苏格拉底的不自制不可能学说吗？肯定是它的一部分，但绝对不是它的全部。这段话丝毫没有说明甚至暗示为什么关于善的知识会对我们对善的欲望产生这样一种决定性的作用。因为按通常的信念，知识和具有实践效力的欲望是两种相当不同的东西：

100

“我们知道善却不践行（οὐκ ἐκπονοῦμεν）”[73] 在欧里庇得斯的《希波吕托斯》（*Hippolytus*，380-1）中是作为常识经验的事实而被断言的——它太过众所周知，以至于根本无须论证的支持。[74] 为什么苏格拉底不但要怀疑，还要斩钉截铁地否认每个人都接受的真理？亚里士多德的证词虽然简短，却探讨了这些问题。不像色诺芬，他带我们探入到了他所汇报的苏格拉底学说的内里，却只让我们瞥了一眼它的基础：一套必定会让一位打破砂锅问到底的思想家在这点上藐视常识信念的灵魂结构观念。

从另一个角度看，色诺芬对苏格拉底学说的解释也是缺漏不全的。看看苏格拉底在《回忆录》另一个段落里说了什么：

> **T19 《回忆录》4.5.6** “你难道不认为，ἀκρασία把人从快乐的事物那里拖走，阻止他们关注并理解有益的东西，并且经常把人震慑住（ἐκπλήξασα），明明认知了孰好孰坏，却做了更坏的而不是更好的。”[75]

---

〔73〕我看不出如果我们追随Barrett, 1964: 229将之另译成“不（通过πόνος［工作、辛劳］）完成它”，这个希腊语短语的表意有何实质性区别。

〔74〕在Euripides, *Medea*（1078-80）中也是一样；对照Vlastos, 1956: xliv对该段的评论。

〔75〕此处色诺芬的苏格拉底被安排以他本人的口吻教授那条柏拉图笔下的苏格拉底大加抨击（*Prt.* 355A-B *et passim*）的流行观点：因为被快乐“慑服”（ἐκπληττόμενος，355B1），一个知道善的人毕竟有可能违背善而行事。

我保留了ἀκρασία不译，因为这是考验译者的一个老大难。如果我们赋予它亚里士多德解释苏格拉底学说时赋予它的含义，[76]将之译成“不自制”（incontinence），[77]那我们对色诺芬的指控必定要比“汇报得不完整”严重得多：我们将不得不判定，他对自己所汇报的学说的理解出现了严重的混淆。因为那样一来苏格拉底在T18中否认存在的东西又会在T19中鲜活地出现，作为一股能够“震慑”我们的真实力量迫使我们做按T18的说法我们从来不会做的事情，亦即在更坏的选项恰好更使人快乐的情况下选择它。但我们无须这样去解读色诺芬的想法，仿佛他糊涂透顶。要排除这种嫌疑，我们只需（完全合理地）预设他是在不同于亚里士多德[78]——但也绝不生僻，因为其在流行用法中有充分依据[79]——的意义上使用ἀκρασία这个概念的，即将它理解为ἀκράτεια的同义词，意为“不自控”（intemperance）[80]而非“不自制”。按理来说，这将洗清色诺芬糊涂透顶的嫌疑，只允许我们提出更温和的抱怨：他对苏格拉底观点的阐发从头到尾都未曾提醒我们——很可能是因为他自己也不理解——苏格拉底的观点

101

〔76〕本章T17。

〔77〕正如马尚（Marchant）在其洛布古典丛书《回忆录》译本中对T19的译法。

〔78〕两次出现在*Mem.* 3.9.4中的ἀκρατεῖς也是如此，此处将codd.本的ἐγκρατεῖς校正为ἀκρατεῖς的誊抄错误，这与马尚的译文一致但与其校定的原文不一致（他保留了未校正的原文，但译文是正确的）。

〔79〕见LSJ *s.v.* ἀκρασία。

〔80〕或“放肆”（licentiousness），亚里士多德的用词是ἀκολασία（*Nic. Eth.* 1107b6 *et passim*）。

不但否认自控者可能不自制，**也否认不自控者可能不自制**；如果正确地加以理解，T18中归于苏格拉底的观点将会蕴含连不智慧者也不是不自制的——没错，他们是不自控的，但并不是不自制的。按照这种观点，没有任何人是不自制的，不智慧且不自控的人并不比智慧且自控的人更加不自制：前者同样选择他们判断为最佳的选项；他们的问题并不出在选择违背判断，而是出在判断有误上。

如果以上结论属实，那我们要怎么处理色诺芬关于苏格拉底教义的证词呢？罗素用一句评论将它们通通推翻了："一个蠢人（stupid man）汇报的聪明人的话不可能准确，因为他总是不自觉地把他听到的东西翻译成他能理解的东西。"[81]但色诺芬可不是什么蠢人。他的《居鲁士的教育》作为纯文学性的教诲式虚构体裁（belletrist didactic fiction）的一次探索，在智性深度上堪比古典时代流传下来的任何一部同类作品。在该作中以及其他许多地方，色诺芬都表现出了对人对世的敏锐判断力。假如我是那一万名群龙无首、流落在安纳托利亚（Anatolia）这片蛮荒之地的希腊人之一，迫切需要选出一个可以信靠的指挥官领导我们安全重返文明世 102 界，我很怀疑我还能找出一个比色诺芬更适合的人选：在罗素和他之中选，我肯定会投他一票。就算我们没法指望色诺芬指点我们找到理解苏格拉底的不自制学说中种种精微细

〔81〕 1945: 83. 他冷落色诺芬关于苏格拉底的证词更重要的理由是，据他观察，苏格拉底宁愿让一个敌对的哲人汇报自己的哲学观点也不愿意信任一个不理解哲学的朋友。

节的门径，但在别的许多事情上他依然有充当权威证人的资格。让我们就本章特别关注的三个论点来盘问盘问他——让我们促请他直接回应这些论点，告诉我们在每个论点上他所熟悉的苏格拉底到底是苏格拉底$_E$还是苏格拉底$_M$。

三个问题中有一个我们已经问过他了：苏格拉底是否排除了不自制的可能性？对此，如前所见，他的回答显然是“是”。虽然他在这点上的阐述并没能使我们满意——很可能是因为他自己对此的理解并不透彻——但这无损于他的证词在这点上的可靠性：他证实了苏格拉底的确持有那套换用亚里士多德的术语来表达即是“ἀκρασία不可能”的学说。并且在直接从他那里求证这点的过程中，我们也间接了解到，他完全没有把柏拉图在《理想国》第四卷中阐述的三分灵魂论与苏格拉底联系起来；[82]因为按照那种灵魂观念，不自制完全是可能的。

接下来，让我们就第二章“十个论点”中的头两个来盘问色诺芬。**他的苏格拉底是柏拉图中期对话中那个大胆激进的思辨思想家，还是中期之前的对话中那个对形而上学保持缄默，决心把自己的探究限制在人性关切范围内的道德论者？他的苏格拉底如何看待柏拉图形而上探究的高妙理论产物，亦即可脱离肉体转世的灵魂和“分离的”、超验的形式？**色诺芬在这点上的证词是确凿无疑的。关于苏格拉底抛弃关于整个宇宙的自然的思辨的转向，色诺芬的说法

[82] 色诺芬的苏格拉底著作中完全找不到关于这点的蛛丝马迹。

比柏拉图和亚里士多德来得更明确、更强硬：在《回忆录》中苏格拉底不仅否弃了这类探究，还蔑称之为“愚妄”。[83]色诺芬与柏拉图的证词在这点上仅余的不同在于，在色诺芬笔下，支撑起苏格拉底式虔敬的是一套目的论的神正论（teleological theodicy，*Mem.* 1.4及4.3），而柏拉图早期对话中的苏格拉底式虔敬既不需要，也没有这样一套神正论。在第六章中我将会进一步讨论色诺芬将这种思辨神学倾向归于苏格拉底的做法。目前只要指出一点就足够了：色诺芬的苏格拉底并没有诉诸柏拉图中期对话中那套遍及一切的形而上学来证明这位高瞻远瞩的神（providential deity）的存在。他甚至没有将灵魂死后在冥府中存活这个寻常、老派的信念归于苏格拉底，更遑论灵魂的前世存在。[84]色诺芬的苏格拉底对此世的执着比苏格拉底$_M$有过之而无不及。[85]他更没有断言甚或暗示过苏格拉底持有一套关于不可感的、永恒不变的、不具体的且分离地存在的形式的理论。

103

也就是说，在那些足以独力确立苏格拉底$_E$与苏格拉底$_M$对立的世界观的关键要点中的每一个上，色诺芬的证

〔83〕τοὺς φροντίζοντας τὰ τοιαῦτα μωραίνοντας ἀπεδείκνυε（“他［苏格拉底］还试图证明那些思考这类问题的人是愚妄的”），*Mem.* 1.1.11。

〔84〕对苏格拉底相信灵魂不死的指涉的全然缺失在效力上等同于否认。色诺芬确实把死后存活的信念赋予过他笔下的另一个理想角色居鲁士（*Cyr.* 8.17-27），但连那个信念他也没有赋予过苏格拉底。

〔85〕色诺芬容许苏格拉底持有的灵魂-神学思想包袱也有同样的情况：没有什么能比《回忆录》中以人类为中心的神——它存在的唯一理由似乎就是照料人类，对苏格拉底$_M$心目中的诸神而言——它们的活动就是与存在于天外区域的不具体的形式进行沟通——更陌生的了。

词都确凿无疑地表明，他所说的苏格拉底与柏拉图中期对话中的苏格拉底差异之大，不亚于亚里士多德的苏格拉底或柏拉图早期作品中的苏格拉底与之的差异。但来到无知宣言的问题上，滞涩还是有的。因为正如我在第一章中指出的，[86]这种宣言我们在色诺芬的苏格拉底著作中闻所未闻。这是个我们可以轻易忽视的次要点吗？绝对不是。如果苏格拉底确实像柏拉图的早期对话中所描绘的那样坚持否认有知，那就实在太过引人注目了，不可能逃得过色诺芬的注意。他从不让苏格拉底提及这点，实际上等于暗中否认了柏拉图和之后的亚里士多德认定的事实。在这点上我们应该相信谁的证词——柏拉图和亚里士多德的，还是色诺芬的？

万幸我们还有其他证人。首先是一则来自斯斐图斯的埃斯基涅斯所创作的对话的残篇——他多年间一直是苏格拉底核心圈子的成员之一，[87]色诺芬却似乎从来没有资格进入这个圈子：

T20　苏格拉底派的埃斯基涅斯，残篇11C（Dittmar）[88]

---

〔86〕本书第31—32页。

〔87〕柏拉图在其著作中从未提到色诺芬，但却提到埃斯基涅斯在苏格拉底受审时（*Ap.* 33E）和临终时（*Phd.* 59B）均在场。埃斯基涅斯创作的苏格拉底对话在古代享有很高的信誉。关于这点，墨涅德摩斯（Menedemus，前4世纪晚期—前3世纪早期）提供了间接的见证，他指控埃斯基涅斯的绝大部分对话都是盗版自出自苏格拉底本人之手、由克珊提佩（Xanthippe）保管而得以存世的原件（D. L. 2.60; Athenaeus 611D）。另见Dittmar, 1912: 247ff. and 259ff.关于埃斯基涅斯的其他证词。

〔88〕译文及评论见附注1.4。

"……虽然我没有那种可以教授给他来使他获益的知识，但我认为，借着与他结交，我可以通过我的爱使他变得更好。"

该残篇保存在2世纪修辞家埃琉斯·阿里斯提德斯（Aelius Aristides）——他极为熟悉前4世纪的苏格拉底派文学——的第七篇演说辞中。在另一篇演说辞中他议论道： 104

T21　埃琉斯·阿里斯提德斯，《演说辞》（*Or.*）45.2（W. Dindorff II，p. 25） 公认的是他［苏格拉底］说他什么也不知道。所有和他关系密切的人都这么宣称。

年代介于埃斯基涅斯和阿里斯提德斯之间的其他来源也提供了具有同等效力的进一步证据。以下是西塞罗对阿斯卡隆的安提奥科斯（Antiochus of Ascalon）的转述，后者是柏拉图学园从阿尔刻西劳斯和卡尔涅阿德斯的怀疑论向早前传统回归的过渡时期的领军人物[89]：

T22　西塞罗，《论学园派》（*Acad.*）1.4.16 在那些听过他的人大量、多角度地记录下来的几乎所有交谈中，苏格拉底所遵循的方法是反驳其他人，自己什么都不肯定，而且断言他什么都不知道，除了这件事［他什么

〔89〕 见Glucker, 1978: 16-17 *et passim*。

都不知道］本身。[90]

此外我们看到，追随安提奥科斯，西塞罗在阅读柏拉图对话的时候也做了同亚里士多德在本章前面所做的如出一辙的区分，即在阅读柏拉图的中期对话时他只将其中的形而上学——灵魂学说[91]和理念论[92]——划入柏拉图名下，这时他完全意识到苏格拉底在《申辩》中关于灵魂死后生活的观点——它往好了说是传统守旧的，往坏了说是不可知论的——与前者完全不同：在氏著《图斯库鲁姆论辩集》（*Tusculan Dissertations*［1.97-9］）中，西塞罗巨细无遗地援引了苏格拉底在《申辩》40C—41C处的论述，但从不把灵魂前世存在的理论归于他名下。

---

〔90〕 对照本章脚注〔4〕。除了柏拉图的对话，西塞罗（至少）还了解色诺芬和埃斯基涅斯的对话；他提到了后两者写的对话（*De Oratore* 1.45）。他必定意识到色诺芬在这点上的沉默，但认为这不值一提。

〔91〕 在*Tusc*. 1.17中他提到了下面这个传统，即柏拉图“为了结识毕达哥拉斯派而来过意大利……他不仅同意毕达哥拉斯灵魂永生的说法，还为之提出了道理上的论证”；在1.22-3中他提到了“苏格拉底在《斐德若》中阐述的柏拉图的［灵魂永生］学说”。至于回忆说，他提到了《美诺》中的“苏格拉底”对之的阐述，但并没有把这套理论归于苏格拉底，而是归于柏拉图（正如在他之前的亚里士多德那样：后者在阅读《美诺》时将其73A-B处苏格拉底的学说，即德性在所有人——无论性别，无论法律地位——那里都相同，唯独归给了苏格拉底［*Pol*. 1260a21］。但亚里士多德却从未以任何方式，将同一部对话中极为戏剧性地断言的柏拉图式灵魂轮回和回忆学说同苏格拉底关联起来）。

〔92〕 柏拉图认为“没有任何出现并消亡的东西**存在**，只有那些总是如其所是的东西**存在**：他称之为理念（ἰδέα），我们则称之为**种**（*species*）”，*Tusc*. 1.58。

伊壁鸠鲁的学生科洛忒斯（Colotes）也对苏格拉底和柏拉图做了类似的区分。他也只把那套不可感、不可变的形式理论[93]归于柏拉图，同时将无知宣言归于苏格拉底——虽然他的表述简单粗暴，把苏格拉底变成了一个彻头彻尾的怀疑论者： 105

T23　普鲁塔克，《反科洛忒斯》（*adv. Colot.*）1117D　除了是个夸夸其谈的家伙（ἀλαζών），苏格拉底还能是什么呢——当他说他什么都不知道，但总是在追寻真理？[94]

我们还可以给这条证据补上一条佐证——依据一个出乎我们意料的来源：

---

〔93〕“且柏拉图称，我们将马匹视为**就是**马匹，将人们视为人们（regard horses as *being* horses and men as men），这是愚蠢的。”*ap*. Plutarch, Adv. Colot. 1115A（原文据Einarson & De Lacy, 1967）。他这里是在指涉柏拉图认为只有形式具有完全的实在性的学说；从他所举的“人们”和“马匹”的例子来看，我们可以追随Einarson & De Lacy, 1967: 173推测他这里想到的是*Phd*. 73E, 96D。

〔94〕科洛忒斯显然误认为苏格拉底是在贬斥感官证据：对此他辛辣地反唇相讥（“我们吃的是食物，不是草”，等等，*loc. cit.*）。正如我在上文（第二章第Ⅱ节开头处）指出的，《斐多》中对感觉作为知识来源的可靠性的攻击在苏格拉底$_E$中并无先例：柏拉图的早期对话中（以及色诺芬的作品中）完全没有出现这类批评。意识到个中的差异显然超出了科洛忒斯的能力范围，而且不只是他，在这点上阿尔刻西劳斯也混淆了苏格拉底和柏拉图的立场，Cicero, *De Oratore* 3.67：“阿尔刻西劳斯……在柏拉图的各部作品以及苏格拉底对话中尤其抓住以下这点不放：‘无论是感觉还是心智都领会不到任何确定的东西。’”

T24［=第一章T7］ 色诺芬，《回忆录》4.4.9 “凭宙斯，你是绝对听不到的，直到你说出你认为正义是什么为止。我们受够了你对其他人的嘲笑，你盘问并且反驳每个人，却从来不愿意对任何人给出自己的说法，或者表达自己关于任何事情的意见。”

只有一个自称无知，因而坚决拒绝给出自己的回答，而且习惯性地把问题抛给别人的苏格拉底有可能引来这样的责难。[95]在《回忆录》这唯一一个段落里把这点描绘进他的苏格拉底的肖像中，算是色诺芬为该著通篇所掩盖的真相做的一点贡献——考虑到他之前确实一直疏忽大意，这更令人刮目相看。

因此，如果我们基于文本证据来考察“苏格拉底有没有提出过亚里士多德紧密关联到检验式盘诘上的那种无知宣言？”这个问题，那么倘若我们只咨询并且只是片面地咨询色诺芬，我们得到的回答将是“否”；但倘若我们咨询柏拉图的早期对话、亚里士多德、苏格拉底派的埃斯基涅斯、埃琉斯·阿里斯提德斯、西塞罗、科洛忒斯，甚至色诺芬本人，我们得到的回答将是“是”。在哲学史领域，我们很少 106

［95］ Beckman（1979: 16）提醒我们注意色诺芬在本章T24中呈现的从不陈述自己的观点而是只问问题的苏格拉底形象，与他在《回忆录》全书中通常描绘的苏格拉底作为道德教师和楷模，总是宣称以“向他人教授并宣扬任何他知道的善……尽可能教导他的朋友们一切的善”（*Mem.* 1.6.13-14）为己任的形象之间的矛盾。

能那么好运在一个如此重大而又争议重重的问题上掌握如此决定性的证据。

让我们对结果做个盘点总结。通过咨询我们的两位主要证人亚里士多德和色诺芬，请他们回应我们的假设——即在苏格拉底$_E$显著不同于苏格拉底$_M$的四个要点（论点I—IV）上，前者是在为柏拉图作品中的苏格拉底代言，而后者只为柏拉图本人代言——我们发现，亚里士多德在全部四点上都证实了假设，色诺芬则在四点中的三点上证实了假设，唯独在其中一点上与亚里士多德不一致且与他自己的说法不一致。假设被证实了。

第四章　盘诘法与数学[1]

107　柏拉图在一生中的某个时段掌握了如此之透彻的数学知识，以至于有能力在学园里游刃有余地结交当时最出色的数学家，分享并且弘扬他们对自己著述成果的那种热情。[2]《赫尔库兰尼姆学园哲学指要》（*Academicorum Philosophorum Index Herculanensis*［ed. Mekkler, p. 17］）甚至将柏拉图形容为他的数学家同僚们所从事的研究的“主

---

〔1〕本章中的材料曾在伯克利的数次研讨班（1984-7），以及在剑桥大学国王学院的一次主题为希腊数学的研讨会上讨论过，我在会上报告了一篇题为“柏拉图是何时成为数学家的？”（“When did Plato become a mathematician?”）的论文。目前的文本成为1986年康奈尔大学唐森讲座的一讲，后发表于*AJP* 109（1988）: 362ff.。当中的论证，直接涉及第二章开头罗列的、意在彰显柏拉图早期对话中的苏格拉底和中期对话中阐述柏拉图原创哲学的同名角色之间的显著差异的“十个论点”中的第五、第六和第十点。本章的任务是处理这三个论点，正如第二、第三章处理了第二、第三、第四点，第一章处理了第八点，第六章将处理第九点。第一点也将随着全书的完成而自然展现出来。

〔2〕关于他与同时代领军数学家的关系以及他对这门学问的狂热，欧德摩斯（Eudemus）的《几何学史》（Γεωμετρικὴ Ἱστορία, fr. 133［Wehrli］, *ap*. Proclus, *Commentary on the First Book of Euclid's Elements*［Friedlein］, 64ff., at 66.8-67.20）中有大量的见证。关于柏拉图作为一名数学家，概述见van der Waerden, 1954: 138-42 *et passim*；Heath, 1921: vol. 1, chapter 9关于柏拉图的讨论。关于诸争议之处的详尽讨论尤其见Cherniss, 1951: 393ff.。

脑”（masterminding，ἀρχιτεκτονοῦντος）。我们可以将之斥为奉承吹捧之词，但却不能忽视其进一步的主张——柏拉图给数学家们“设置了疑难”。我曾在别处[3]论证过辛普利丘（Simplicius）那则著名的汇报的可信性[4]：

> **T1 辛普利丘，《〈论天〉笺注》（*in De Caelo*）488.21—4** 柏拉图给那些投身这类研究的人设置了这个疑难：必须悬设哪些统一的、有序的运动，才能拯救行星运动的现象？

我们没什么好理由怀疑柏拉图是第一个提出如下设想的人：诸行星表面上不恒常的运动能够通过所在平面、方向和角速度不同的恒常圆周运动的复合来加以解释。如果柏拉图能在这个极富冲击力且内涵丰富的观念——它“将以柏拉图的至上原理（Platonic axiom）之名统治理论天文学长达二十个世纪之久”[5]——上取得洞见，并且能以一种在欧多克索斯（Eudoxus）以及其他数学天文学家们看来不那么天马行空而是更接近一条可行悬设的形式将之阐述出来，那他必定会得到他们的认可：他在他们心目中将不再是一个搅局者，而是一位与他们共事一门课题，并且对之的理解如此透彻，以至

108

---

〔3〕 Vlastos, 1975: 60 and 110-11.

〔4〕 我已经论证了（*loc. cit.*）这则汇报依据的是索西格涅斯（Sosigenes）的权威，后者的信息很可能来自欧德摩斯。

〔5〕 Dijksterhuis, 1961: 15.

于在某些问题上的洞见甚至比他们还要超前的后学。

但即使所有那些记载都已散佚，我们仍然能够判断，至少在写下《理想国》的中间几卷时他已经深入研究过数学。从他在理想城邦未来统治者的教育方案给数学编排的位置中我们就能直接推断出这点。他们从二十岁到三十岁这整整十年间的高等教育全留给了当时的数学科学——数论、几何学、天体运动学[6]和理论和声学——除了这些学问，其他所有科目，甚至包括哲学在内，都一概被排除在外。[7]我们能从这种安排以及柏拉图为此阐述的理由中得出两个推论：

（1）这时柏拉图自己的数学研究已经足够广泛和深入，足以使他深信这门学问绝不适合外行新手：哲人们要想从中获益，需要投入的时间和专注度绝不亚于今天那些立志成为数学科研工作者的人。

（2）正是在他本人从事这些研究的过程中，并且在很大程度上正是**因为**这些研究，柏拉图才发展出了他中期特有的形而上学观点。

第一个推论无须多做解释。我得出第二个推论的依据是柏拉图自己的证言：数学的威力在于它不仅能提供智性训练，更能给我们对现实的感知带来有如宗教皈依般的质变：

---

〔6〕 关于柏拉图将天文学理解为天体运动学，尤其见Mourelatos, 1981: 1-32。

〔7〕 *R.* VII, 518B-531B; 537B-D. 一则简短的评论见Cornford（1945）穿插在其该段译文中的阐议，以及Annas, 1981: 171-6。

T2 《理想国》521C1—523A “我们接下来是否要考虑应该如何造就具有这种品质的人，如何引导他们上升至光明，如同传说中那些从冥府上升至神界的人一般？……这可不是什么翻转贝壳的事，而是要把灵魂从漆黑如夜晚的白天转向真正的白天。”

109

说完这些之后，柏拉图立马将这种灵魂转向定位在数学研究中：

T3 《理想国》521C10—523A3 “我们难道不该问具有这种能力的是哪门研究吗？……格劳孔，那门将灵魂拽离生成，直抵存在的学问（μάθημα ψυχῆς ὁλκὸν ἀπὸ τοῦ γιγνομένου ἐπὶ τὸ ὄν）是什么？……看来它就属于我们当下正在探究的那门自然引向理智洞见［νόησιν］的学问，因为它以一切方式通向实在（ἑλκτικῷ ὄντι παντάπασιν πρὸς οὐσίαν），虽然尚没有人正确地运用它。”

这个段落紧接在洞穴喻的政治内涵被提出之后，亦即只有那些从常人生性沉沦其中的存在论迷误[8]中被解救出来的少数特权者有资格被委以统治同胞邦民的绝对权力，这种绝对权力在柏拉图笔下只有哲人王才享有。这段话旨在揭示这种灵魂的蜕变如何可能发生——时间性、感官性的生物如何可能

---

〔8〕 对照第二章T14的前后文，以及该章第Ⅱ节在它之后接下来的两个段落。

从感觉的帝国中解放出来，过上另一种生活，在其中，对无时间的真理的爱会使其他一切欲望和野心都相形见绌。要实现这种蜕变看上去不太可能，按照柏拉图对大多数人的看法更是绝无可能，[9]但他却仍然相信那些一丝不苟、心无旁骛并且持之以恒地钻研数学的人能够通过对这门科学十年如一日的浸淫成就这种蜕变。

柏拉图只承认那些重生的灵魂有能力在是非问题上给出权威的判断，这点可以从他的如下信条中推断出：在道德领域，一如在其他领域，对永恒的形式的领会是真知的先决条件。[10]但柏拉图并没有任其停留在推断的层面上。他坚持认为批判地讨论基本的道德概念对民众总体而言是一项风险巨大、理应禁止的活动；而且不只他们，哪怕对尚未完成入门数学训练的未来哲人来说也是如此。只有在从事数学研究满十年之后，他们才被准许开始讨论是非对错的问题：

110

> **T4 《理想国》539A8—B2** “你如果不想对你那些年方三十的人们[11]感到歉疚，在把他们引入这类讨论中时就必须慎之又慎。常常谨记一条，不要让他们在年纪尚轻时就品尝到这种东西。”

---

〔9〕 理想城邦中的铜匠将会比“真正的”哲人“多得多”（*R*. 428D-E），“多数人永远无法从事哲学”（*R*. 494A）。

〔10〕 参见第二章脚注〔90〕。

〔11〕 他们即将开始学习他们的高等教育的最后一阶段课程——辩证法。

如果他们还没准备好就走到了这一步，那他们肯定会被败坏。在尚未成熟的年纪接触这类探究将会动摇他们从幼年起就被灌输的关于是非对错的信念，使他们丧失道德担当：他们会“无法无天”（538E4）。[12]

在西方哲学史上，针对这种把伦理探究限制在一群经过精挑细选和严格培训的精英范围内的观点，我们哪里还能找到比柏拉图早期对话中苏格拉底的观点更尖锐的反题？后者不但允许各色人等接触那些将会滋生质疑的关于善恶的论证，而且主动向他们抛出这类论证。他把在街头、市集上和体育馆里遇见的人都招揽来一起探讨正确的生活方式，并且坚信外出接触这些人是神指派给他的职事：

T5 《申辩》28E “神命令我，要过爱智慧的生活，省察我自己和其他人……”[13]

这种哲学实践的中心主题是，对我们中的每个人而言——无

---

〔12〕这段话中苏格拉底式和柏拉图式道德教育观的重要对比往往为早前的注家所忽略，但Nussbaum, 1980: 43ff.对此做了精彩的强调：“柏拉图（反讽地以他老师本人的口吻）修改了他老师的观点，提出不把质疑过程限制在经过选拔、受过良好训练的少数人范围内将会导致道德堕落。……柏拉图同阿里斯托芬一样相信常人［对道德价值］的质疑是破坏性的，缺乏正面疗效。”（88）

〔13〕他对他服从该命令进行的日常活动的描述重复了他在38A4-5自述的最后一个分句：“每日讨论德性和其他你们听我讨论过的东西，省察我自己和其他人……”

论公民还是外邦人，[14]无论男人还是女人[15]——我们自己灵魂的完善必须优先于其他一切关切：金钱、权力、声望以及所有其他非道德善，与至关重要的善恶之知相比都不值一提——后者是道德卓越，故也是幸福的前提条件。我们不应期望能从苏格拉底[16]或者其他任何在世或已故之人那里直接获得这种知识。一个人必须通过“省察”他自己和其他人的道德信念来寻求这种知识：

111

T6 《申辩》38A “未经省察的生活不值得人过。”

他邀请每个人加入这项合作探究——尤其是年轻人，[17]他们对他的反响颇为热烈。[18]

---

〔14〕“我恰巧遇见的你们中的任何人……我恰巧遇上的每个人，无论年少年长，外邦本邦……”（*Ap.* 29D, 30A）

〔15〕女人并不出现在苏格拉底能接触到的公共场合。但在冥府中那种壁垒被模糊了：“在那里终日同男人**和女人们**讨论将使我无比快乐……”（*Ap.* 41C）

〔16〕苏格拉底经常暗示这点，但从来不明确这么**说**——哪怕是对他的密友，正如我在本书第一章中对他与阿尔喀比亚德的交往的讨论中尝试澄清的那样。道德真理只能由我们每个人自行发现，这个道理苏格拉底也希望我们自行发现。他能做的只有通过他的否认有知和教授知识这个复杂反讽来向我们暗示这点：详见附注1.1。

〔17〕年长的吕西马科斯（Lysimachus）四处求问教育他儿子的建议，但被拉刻斯告知：“我真惊讶你向我们而不是向苏格拉底请教教育年轻人的建议……他总是整日泡在年轻人们各自从事高贵的研究或追求的地方。”（*La.* 180C）

〔18〕吕西马科斯告诉同伴：“那些男孩在家里交谈的时候总是说起苏格拉底并且热情地赞扬他。”（*La.* 180E）年轻的卡尔米德告诉苏格拉底：“我们男孩之间常常在议论你。”（*Ch.* 156A）

我在本书中通称为“盘诘法”[19]的那种苏格拉底“省察自己和他人”的方法涉及亚里士多德后来称为“检验式”的论证形式[20]：某个论点被驳倒，当且仅当其否定是从“回答者本人的信念”中得出的（《驳诡辩》165b3-5）。除了回答必须简短中肯外，苏格拉底对回答者的约束只有一条，即他们只能说他们所相信的：

> **T7 《高尔吉亚》495A** “卡里克勒斯，如果你所说的话非你所信，你就将破坏掉我们此前的论证，你所检验的将不再是真理。”[21]

正如前章指出的，亚里士多德将“检验式”的论证同他称为“辩证式”的论证相对，后者的前提是“享誉的意见”（ἔνδοξα）。[22]检验式论证很容易与后一种论证混淆，因为苏格拉底从来没有说过他由之推导出待反驳论点的否定的那些

〔19〕柏拉图在《理想国》中（534C）用同样的词指的是一种相当不同的方法，切勿混淆这种方法和**苏格拉底式**的盘诘。

〔20〕参见本书第三章T14。

〔21〕“说出你所信”是盘诘论辩所坚持的一条原则，一般被默认，只会在需要提醒对话者注意的特殊情况下被提及。因此《高尔吉亚》中苏格拉底与高尔吉亚和波洛斯进行的整段论证都没有指涉它。《普罗塔戈拉》对它只字未提，直至那位智者透露出他并未意识到有这么一条约束（331C）。在《克力同》中，苏格拉底提出这条原则（49C-D）只是因为当时克力同亟须意识到同意苏格拉底的论点将会带来非常严重的后果：同意苏格拉底就意味着站在苏格拉底的立场上反对世俗。

〔22〕参见本书第三章脚注〔55〕。

前提的知识论状态如何[23]：无论理由是什么，只要他自己对那些前提为真感到满意，他就会接受对话者对它们的同意，112 不会再在那个论证中继续追问或者给出理由支撑它们。[24]他并不进一步诉诸它们作为“享誉的意见”的实质，虽然其实它们中的大多数都属于这类，而且一个旁观者很容易得出他总是诉诸这类意见进行论证的粗浅印象。苏格拉底对那些以声誉崇高的“智慧”之人为首、已经信从了某种成见的多数人提不起热情。在他眼里要紧的只有对话者自己的意见：

> **T8 《高尔吉亚》472B—C*** “如果我不能提供一个人——你自己——作为我所断言的东西的证人，那么我相信我在我们当下辩论的问题上将会一无所获。我相信你也是如此，如果你不提供这一个人——我自己——作为你的断言的证人，放走其他所有的[证人]。”

除了“检验式”和“辩证式”论证之外，亚里士多德区分出的论证形式就只有他所谓的“证明”（ἀπόδειξις）。他将之定义如下：

---

〔23〕对照 Vlastos, 1983a: 38-9 对“标准盘诘”的描述。我将会反复援引该文，它对我的苏格拉底诠释至关重要，虽然在某些点上它仍需修订；我在本书导言中所预告的续作将收录该文的修订版。

〔24〕这并不是说他没有任何理由为之辩护，只是摆明并辩护这些理由是另一个论证的主题。

* 原书误作“427B-C”。

T9　亚里士多德，《论题篇》(*Topics*) 100a27—b21

有一种诉诸真且首要（ἐξ ἀληθῶν καὶ πρώτων）［的前提］的证明。真且首要的就是那些不因其他东西而因它们自身而取信的（τὰ μὴ δι' ἑτέρων ἀλλὰ δι' αὑτῶν ἔχοντα τὴν πίστιν）；因为对于知识的诸第一原理，一个人不应该再追问为什么——每条第一原理应仅凭自身就使人信服（αὐτὴν καθ' ἑαυτὴν εἶναι πιστήν）。

理解亚里士多德这些说法的最佳参照是当时正在成为一门公理化科学的几何学[25]：按希腊数学家对这门学科的理解，公理（axioms）[26]构成了可以支撑学科内部一切命题的理由，同时又不会导致无限回退，因为没有任何其他来自学科内部的命题可以构成它们中任何一条的进一步理由。苏格拉底式盘诘中没有这类确定无疑的探究终止项（termini to inquiry）的位置。在这里，没有一条意见会因为不符合"因其自身而已知"的原则而被排除在外。每一条论点，无论多么不着调，只要是基于说话者的个人信念严肃地提出来的，都适合成为"检验"的主题。还有什么论点能比忒拉叙马科斯的"正义即是强者的利益"或者卡里克勒斯的"行不义比受不义更高贵（κάλλιον）"更偏执和离经叛道？但苏格拉底照样

---

〔25〕对照本章脚注〔63〕和〔64〕出自普罗克勒斯（Proclus）的引文。

〔26〕在这里和下文我将用公理来指一个演绎体系中的那些不可证明项，无论是定义、假定还是"一般观念"（κοιναὶ ἔννοιαι，最后一个是欧几里得的表述；亚里士多德称之为 ἀξιώματα）。

和两人进行辩论，丝毫没有不情愿——事实上还很热情：他
113 无比乐意有机会能够探究那些他认为许多人内心相信或半信，但却因缺乏坦率[27]而不敢公开承认的命题。

这个把盘诘法当作检验式论证的实际运用的描述可以推出四点：

1. 这种方法从形式上看是反驳性的。苏格拉底在盘诘的一开始就拒绝对当下辩论的问题给出自己的回答，他在论辩中扮演的正式角色不是为自己的论点辩护，而是“省察/检验”对话者的论点。[28]

2. 但由于苏格拉底真正的目的不只是四出搜寻并摧毁对话者在知识上的虚妄，更是推进真理的探索——如果他能通过这种方法找到真理的话——这些真理同时又必须是从**他们**身上探问出的，因为他宣称自己无知。他必须从对话者确实接受的真前提中得出真理。这正是“说出你所信”这条规则所谋求的成果。如果对话者抗拒配合这条规则，苏格拉底

---

〔27〕παρρησία. 卡里克勒斯被称赞充分具备，波洛斯则被指责缺乏这种品质（*G.* 487A3, B1, D5）。

〔28〕在盘诘性对话中，当柏拉图希望表现苏格拉底攻击一条苏格拉底式论点的时候，他会把这条论点交给某位对话者，并让他暂时充当其支持者。因此在《拉刻斯》194Eff.中，尼基阿斯被当作那条我们已知是苏格拉底式的勇敢定义的代言人（苏格拉底在《普罗塔戈拉》[360C-D]中论证了该定义并用它给了普罗塔戈拉致命一击）。虽然提到这条定义源自苏格拉底（194D），尼基阿斯却独自背起了整个包袱：他变成了这部对话中该定义唯一的支持者，被要求**反对**苏格拉底并为之辩护。虽然苏格拉底非常严于自省，坦言比起省察他人，他总是更热衷于省察自己（*Ch.* 166C-D），但盘诘式论证的形式步骤禁止了他将任何自己的学说作为自己盘诘地反驳的目标。

从他们身上就将一无所得；他的论证也将会泥足不前。[29]

3. 由于苏格拉底确实期望通过这套方法发现真理，他必定持一条极为大胆且他未曾明言，[30]即便明言了也无法为之辩护的预设，[31]亦即，伴随着所有那些假信念，他的对话者总是在其信念体系的某些地方携带真理；因此如果苏格拉底在他们的信念体系中四处刺探，他就能够期望**蕴含他们每个假信念的否定的真信念**会冒出来。[32]

114

4. 最终可得，盘诘法是一种**无法产生确定性的探寻真理的方法**，因为它的运行基于一条假设：每个在盘诘论证中辩护某条假道德信念的人总能被指出犯了不融贯的错误。苏格拉底能够为这条假设提供的最有力的证据顶多是归纳性的：证明这条假设为真的只有他自己的经验，每次他与某个为他认为的假论点辩护的对话者争论，他总能成功否定那条假论点。当然，这条假设在过去总被证明为真这一

---

〔29〕苏格拉底在两个场合容忍了违反这条规则的做法，虽然只是万不得已（为了应对拒不配合的对话者千方百计的含糊回避）的权宜之计，见*Pr.* 333Cff.（Vlastos, 1983a: 37-8中引为T14：见该文对此段的评论），又见*R.* I, 349Aff.在论证的要害关头重拾了这条规则。

〔30〕虽然他的一些说法暗示这条预设存在：见Vlastos, 1983a所引的T21、T22、T23、T24（b），以及48-52对这些文本的评论。

〔31〕他没办法为之辩护，否则他就将变成一个知识论者和形而上学家，而不再只是柏拉图早期对话中那个纯粹的道德哲学家，只把道德真理作为盘诘的议题（见Vlastos, 1983a所引的T3、T4、T5，以及对这些文本的评论）。苏格拉底曾破例就一个知识论概念进行过辩论，即《卡尔米德》中（167A-169B）的ἐπιστήμη ἐπιστήμης καὶ ἀνεπιστημοσύνης（关于“知识”和“无知”的知识），关于这点，见第二章脚注〔12〕。

〔32〕即Vlastos, 1983a: 52, section（3）的命题A（我所谓的“重大假设”）。

事实绝不能确保它未来也必能被证明为真：哪怕在过去的一千次盘诘中都得到了证实，它也完全有可能在下一次盘诘中被证伪。

只有一个自欺欺人的思想者会觉察不到，只有一个不诚实的思想者会企图掩盖这种盘诘法固有的认知〔33〕确定性（epistemic certainty）的缺失。它是帮助我们理解苏格拉底声称自己无知的宣言的最佳线索。正如我在第一章中已经指出的，〔34〕这个宣言是以“复杂反讽”的形式——在这种尤具苏格拉底特色的修辞手法中，说话者既是又不是他所说的意思——被提出来的。如果确定性是知识的标志（从前是，如今是，未来的许多个世纪内在希腊罗马哲学主脉中仍将是〔35〕），那么柏拉图的早期对话〔36〕和亚里士多德的证词〔37〕中的苏格拉底将宁愿彻底否弃道德知识，虽然只是为了在这个词的另一重意义上重新宣称拥有“知识”——在他之前没有任何哲学家注意到过“知识”的这层含义〔38〕：此意义上

---

〔33〕 见附注4.1关于“认知”确定性和“道德”确定性的对比。

〔34〕 尤其见附注1.1，另参见Vlastos, 1985: 29-31。

〔35〕 因此西塞罗从de omnibus quaeritur, nihil certi dicitur（一切都在被探究中，没有什么据说是确定的；*Acad.* 1.46）推断柏拉图的立场是怀疑论的——与阿尔刻西劳斯和卡尔涅阿德斯这两位新学园派怀疑论者没有实质区别，西塞罗认定柏拉图否弃确定性就等于是在否弃**知识**。

〔36〕 *Ap.* 21B-D *et passim*.

〔37〕 *Soph. El.* 183b8（引为本书第三章T13）。

〔38〕 我说的是“任何哲学家”而不是“任何人”；非哲学家（甚至是放下高姿态，同俗人一道言说和思考的哲学家）会毫不犹豫地说，例如，“我知道我朋友不会骗我”，同时完全明白在这种和其他无数种情况下，认知的确定性根本无从谈起：见附注4.1。

的“知识”并不蕴含确定性，因而可能被用来表达可辩护的真信念——苏格拉底眼中的可辩护意味着可以通过高度可错的盘诘论证方法辩护。在《高尔吉亚》和更早的对话中，[39]对确定性的否弃并没有阻止苏格拉底日复一日地运用那套方法，靠它来证实那些他一生都信奉为真的宏大论点。这套方法的随机性（chanciness）并未令他对那些论点为真的坚信产生丝毫动摇。在针对波洛斯的论证的结尾，他宣称：

115

T10 《高尔吉亚》475E “因此当我说，我、你或者任何其他人都不会更倾向于行不义超过受不义，我说的是真理。”

关于行不义事实上等于丧失幸福这条与之呼应的论点，他告诉波洛斯：

T11 《高尔吉亚》479E8 “我所说的难道不是已经被

---

〔39〕 正如我此前备注的（本书第二章脚注〔3〕），信奉盘诘法作为道德领域中真理的最终裁决（对照本章脚注〔50〕）唯独只是十部对话的共同特征。出于各种理由，这十部对话常被多个领域内的大批学者公认为构成了柏拉图作品中最早的一批对话，我将这批对话称为柏拉图的“盘诘性对话”，与“过渡性对话”相对——在后者中，盘诘法被抛弃了，但与此前对话相融贯的道德学说被保留了下来。我将《高尔吉亚》视为一个主要的分期界标，因为我认为它是最后一部盘诘性对话，并且我认同学界广泛持有的一个观点，即鉴于有力的内部证据，这部对话的创作年代可能是柏拉图第一次远行西西里返回后或者在那前后不久：例如见 Dodds, 1959: 19ff.；Irwin, 1979: 5-8。

证明（ἀποδέδεικται）为真了吗？”[40]

那如何理解这套苏格拉底直到《高尔吉亚》都信奉的方法在《欧谛德谟》、《吕西斯》和《大希庇阿斯》中遭到了抛弃这个事实？[41] 柏拉图从来没有花心思解释或者辩护过他对盘诘法的抛弃，甚至连提都没提过。他只是通过戏剧手段暗示了这点：让苏格拉底同一些不再和他据理力争的对话者搭伴。《吕西斯》中的对话者是些青年，对他抛给他们的论点没有自己的想法，[42] 而且太有教养、对这位年长的朋友太过信从，以至于不会违逆半句他说的话。《大希庇阿斯》中的对话者倒是足够年长，而且博学多能，尤其是作为数学家和天文学家成就斐然，但却唯独对辩证论证不开窍。他对

116

〔40〕这里苏格拉底自己失言了：严格地去理解的话，他的话暗示只要一次盘诘就能成功地驳倒一个假论点，但这肯定是错的；正如我在 Vlastos, 1983a: 49 指出的，在任意一个给定的论证中，苏格拉底能够宣称已经证成的，只有该论点与其他在那个论证过程中获双方同意的前提的合取的不融贯。要使他在这段引文中的主张成立，苏格拉底必须解释清楚，如果波洛斯选择放弃那些［额外取得同意的］前提中的某一个来规避不融贯，苏格拉底总有办法在波洛斯的信念体系中找到其他的前提，使得那条假论点只要仍然被坚持，就总会与它们产生不融贯。

〔41〕我在 Vlastos, 1983a: 57-8 中（关于“盘诘法在《欧谛德谟》、《吕西斯》和《大希庇阿斯》中的消失”的附录）对此做了更充分的论证。在这里或许我应该指出，《美诺》是个杂合的特例：它在 80E 之前完全是盘诘性的，在 80E 之后则完全是非盘诘性的。

〔42〕他们像绵羊一样被他带着走。他提出某个立场他们也跟着同意，他反对某个立场他们也跟着反对。

"什么是那F？"问题的回答东拉西扯，全无哲学深度；[43] 苏格拉底对这些回答也只是点到即止，没有花多少工夫去反驳它们。良久之后终于被引入对话的有趣的回答不是从希庇阿斯那里得出的，而是苏格拉底自己给出的。希庇阿斯在每个回答被提出时都满心欢迎，直到苏格拉底用它们来反对他的一刻才愤而惊觉。在这里，正如在《吕西斯》中，那些看似成理的论点都是苏格拉底提出**并且**被他本人驳倒的。

换言之，在这些对话中，苏格拉底只是半个苏格拉底派：那个探究者还在，但那个盘诘的批评家已经被踢出局了。我们现在看到的苏格拉底，同李维斯（Leavis）向我们转述的维特根斯坦讲座的那些听众在剑桥所目睹的情状如出一辙："这是这位智识天才遗存的自觉的精神（sustained spontaneous effort）在同它自己提出的疑难搏斗。"[44] 这对于维特根斯坦完全不是什么问题——但**他**可没说过他接受了神的命令"要过哲学/爱智慧的生活，省察[我自己]**和其他人**"，[45] 并且宣称自己会忠诚履行那道命令，哪怕是以自己的生命为代价。这正是所有盘诘性对话中苏格拉底所做的，即**通过**省察他人来省察自己，参照他所反驳的那些信念来测试并证实自己的信念。但现在我们看到他抛弃了这种二合一的

---

〔43〕 我们很难想象，对"那个使得一切美的事物美的[东西]是什么？"（288A8-11 *et passim*）这个问题，还有什么回答能比"一个美女"（287E）、"金子"（289E）或者291D-E那个更加天真狭隘的回答（太长无法在此引用）更不靠谱。

〔44〕 Leavis, 1984: 63.

〔45〕 *Ap.* 28E（=本章T5）以及38A4-5（引于本章脚注〔13〕）。

做法，把批判的锋芒掉转向自己的提案，只省察他自己。

《欧谛德谟》同样标志着这种转变。两位来访的智者被描绘成如此肆无忌惮的诡辩手，以至于多方尝试后苏格拉底发现根本不可能通过任何严肃的论证与他们形成交锋。所以他放弃了。在两大段对话中他完全对他们视而不见，把注意力全部放在克里尼阿斯（Cleinias）这位英俊并且对他言听计从的男孩身上。在这里，我们第一次在柏拉图的作品中看到苏格拉底采取劝导式论述（protreptic discourse）〔46〕的形式在某位对话者身上进行他的哲学实践，它的论述风格明显不是盘诘式的，其实质近乎一篇独白。〔47〕一开始苏格拉底就提出了一条无可置疑的真理，一条据他说任何对之的质疑都“荒唐可笑”（καταγέλαστον）且“毫无意义”（ἀνόητον）的命题——这和他在盘诘性对话中的做法大相径庭，在这些对话中每个道德哲学论点都是开放接受挑战的。随后他完全靠

117

〔46〕在《普罗塔戈拉》苏格拉底与年轻的希波克拉底的交谈中（310A-314B）已经出现了劝导式对话。这里没有盘诘——希波克拉底没有对自己一开始鲁莽提出的前提“普罗塔戈拉是唯一一个智慧的人”（310D）做任何辩护，劝他放弃这个前提也无须任何反驳性的论证：几个尖锐的问题就足以瓦解它。因此这个段落是为了给后面的盘诘正剧铺垫而做的开场。我们确实在《高尔吉亚》中找得到出现在盘诘性对话内部的劝导性讲辞，而且能找到很多（511C-513C，517B-519D，523A至结尾），但它们只出现在艰难胜出的盘诘论证已经证成了重大的真理之后，这时对话者才被劝说要衷心接受它们。而在《欧谛德谟》中，劝诫完全取代了反驳性的论证。

〔47〕采取这种形式的篇幅仅限于其整个第一部分（278E-280D）以及第二部分的开头（288D-290A）。这里，正如在《吕西斯》中，对话者对苏格拉底的态度也唯有顺从：中期对话中唯唯诺诺的对话者开始在柏拉图的作品中登场了。

自己一步步发展自己的想法，只在自己碰壁时进行相应的修正。最后对话者终于被允许独立发声，[48]但也仅仅是为了让他能够插上话，说出苏格拉底想说但没法在不突兀地打乱思路的情况下自行说出的东西。因此在这里，正如在《吕西斯》和《大希庇阿斯》中，盘诘法也被废弃了。苏格拉底最富内涵的道德学说——他的道德哲学的核心[49]——在《吕西斯》和《欧谛德谟》中未经任何对手挑战就被提了出来。

我提议，要理解为什么柏拉图如此决绝地背离了他赋予从《申辩》到《高尔吉亚》中的苏格拉底肖像的思想内涵，我们必须假设柏拉图本人的内心发生了深刻的转变。如果我们相信，在任何一部给定的对话中，柏拉图只允许苏格拉底这个人物角色说出他（柏拉图）当时认定为真的东西，[50]那

---

〔48〕见290B-D：部分将引作本章T23，并在彼处予以讨论。

〔49〕在《吕西斯》中苏格拉底阐述了“第一被爱者”（πρῶτον φίλον）的学说：欲望有一个至高对象；除非延及这个“第一”对象，否则我们可能欲求的其他一切事物都是徒劳无意义的（219B-220B）。在《欧谛德谟》中他教授的是（1）一切人都因它自身而欲求的东西只有幸福，以及（2）一切着眼于获得幸福的善都将**成为恶**，除非被道德智慧统领。很难想象还有比这更强的道德主张。在（2）中，我所强调的字眼对苏格拉底的“德性主权”（Sovereignty of Virtue）学说（将在第八章中讨论）的表述比盘诘性对话中的任何相关表达都要激进。但此前苏格拉底的这套学说一直是顶着某个异见者的反对被提出的，在这里它却未遭任何反对。

〔50〕这就是我对柏拉图那里的苏格拉底的整个诠释仰赖的宏大方法论假设（我在第二章脚注〔20〕提到了它的诸多内涵之一），加上以下限定：在《会饮》和《巴门尼德》中，柏拉图创造了新的代言人——前者中的第俄提玛，后者中的巴门尼德——取代了眼下的苏格拉底。

么我们就必须假定，同一个人物角色抛弃了盘诘法作为探寻真理的正确方法，是因为柏拉图自己如今对那套方法丧失了信心。这只可能在《高尔吉亚》之后才发生在他身上，因为在该对话中苏格拉底仍然对盘诘法作为道德真理的最终[51]裁决无比自信。那为什么盘诘法恰恰在柏拉图的这个人生阶段对他失去了魅力？他的智识发展过程中发生了什么，导致了这次影响深远的转变？由于柏拉图没有告诉我们，我们只能猜，只能诉诸假设。我的假设是，如今到了生涯中段的柏拉图已经长期深入钻研过数学这门他在写作《理想国》第七卷时要求所有哲学家都从事的训练；这种训练的确卓有成效地改变了他自己的前景，正如他相信它会改变他们的前景。我们手头没有这条假设的直接证据，但间接证据一点也不缺。《美诺》中就能找到大量的证据：这是第一部允许这些新研究对他的哲学的思想内容和方法的冲击肆意地表露出来的对话。这部对话的文本中处处洋溢着柏拉图的新热情。

118

当苏格拉底宣布[52]一切的学习都是"回忆"，并且被

---

〔51〕苏格拉底可能有各种各样的理由相信，例如，受不义总是比行不义更好，这点自不必言。但当论证出现龃龉时他却从不摆出这些理由中的任何一个。当与他一道讨论问题的人认为他的主张荒唐透顶，并且警告他，他是在拿一条谎言来充当人生的依据时，他总是只诉诸盘诘来证明他立场的真理性，别无其他做法。

〔52〕81A-C. 此处以熟悉的苏格拉底的方式（重演盘诘并表明某定义是死路一条）开展的定义探寻最终陷入了僵局（80D-E：参见本章脚注〔40〕)。他们亟须一个全新的出发点。就在这时一套机械降神（*deux ex machina*）被揭开了面纱（第二章T1、T2）：灵魂转世说以及与之相伴的回忆说（*anamnēsis*）闪亮登场。

问到有没有什么办法能展示这个惊人的命题为真（82A5-6）时，他回答说：

> **T12 《美诺》82A—B** “叫你的一个随从过来，随便哪个都行，我会在他身上向你展示[53]这点。”

接下来出现的，是柏拉图所有作品中篇幅最长的一段几何学推理。美诺将见证那个男孩“发现”（ἀνευρήσει）[54]一个几何学难题的答案：一个正方形的面积是另一个边长为2尺的给定正方形的面积的两倍，求此正方形的边长。接下来的盘问历来被认为是一段标准的苏格拉底式盘诘。[55]是这样吗？既 *119*

---

〔53〕ἐπιδείξωμαι，非“证明”（ἀποδείξω）：参见本章脚注〔11〕。

〔54〕这引出了一个重大要点：“留意看你有没有发现我在向他教授或者陈述（διδάσκοντα καὶ διεξιόντα αὐτῷ）而不是问他自己的意见（τὰς τούτου δόξας ἀνερωτῶντα）。”（84D）怎么会呢，如果答案是苏格拉底的提问一步步带领男孩**得出**的？我在Vlastos, 1965: 143ff.提出了一种回答——太长以至于无法在此完整复述：男孩被要求给出**他自己的**意见来回答苏格拉底的问题，但却不能依据他看出或猜测的苏格拉底认为的正确答案来作答。他一尝试这么做就碰了壁：他犯的两个错误都是因为他不加思考就信任了他所理解的苏格拉底话中的暗示（83B6-7，83D3-5）——男孩必须只说出那些他**基于自己的理由**判断为真并且准备好在苏格拉底面前为之辩护的答案。因此，当盘问进行到苏格拉底补上例图并给出正解的图示这一步时，男孩没有资格说这**就是**正解，除非他接受这个答案是基于苏格拉底一方面口头地，另一方面通过例图给他的提示之外的其他理由：他接受这个答案必须只基于**他自己对那些支撑结论的推理的某种理解**，无论他的理解多么粗浅。（对此更充分的讨论，尤其见Nehamas, 1985: 1ff., at 24-30；Burnyeat, 1987: 1ff., at 8-24。）

〔55〕Irwin, 1977a: 139：“对童奴的省察是苏格拉底式盘诘的一个标准范例。”同样的观点见Nehamas, 1986: 16。几乎所有关于这段的学术评注都表达或者暗示了这点。

是也不是。在纠正男孩错误的意义上，是。当他猜所求的正方形的边长为4尺或3尺时，苏格拉底向他展示了这两个答案必定都是错的，因为每一个都与男孩的主张相矛盾，也就是这个正方形的面积正好是先前给定的正方形的面积——他们已经同意它的面积是 4 平方尺——的两倍：男孩经引导后明白，如果边长是4（或3），正方形的面积将是16（或9），而16（或9）不是4（或3）的两倍。在以这种方式纠正两个回答的过程中，苏格拉底给出的是如假包换的盘诘论证：错误的回答P被消除了，因为P与Q矛盾，而Q是回答者自己接受为真的。但这带男孩走了多远？只不过是坐实了他犯的错误。盘诘能够，但也就只能带来这么点好处。它并没有带给后者他所追求的真理。他可以一直试验不同的整数或者整数的比值，然后被同样的步骤证明它们是错的，直到天荒地老，所有这些试错并不会让他更加接近正确的答案。在只承认整数的希腊数学中，[56]没有一个整数或整数的比值能够正确回答苏格拉底的问题。这道题没有算术解，[57]但确实有几何解。不过这个解

---

〔56〕在欧几里得那里，“数”被定义为“由单元组成的多”（τὸ ἐκ μονάδων συγκείμενον πλῆθος，*Elements* VII, Df. 2）。从Heath, 1926: II 280处援引的诸多定义中不难窥见，从前5世纪的毕达哥拉斯派到2世纪的士麦那的忒翁（Theon of Smyrna）的各个变体均保留了这个要素。

〔57〕苏格拉底也未曾暗示过它有。但他在向男孩解释这道题时用的语言很难不对他有所暗示。“现在，如果这条边边长为2尺，那条边边长相同，整个面积会是多少［平方］尺？”（82C）他接下来纠正男孩的错误用的也是数字。直到男孩被带上了求解的正轨（84D），他才不再为了举出问题的可能解而继续设定所求正方形的边长数值。

是没法通过任何盘诘从男孩那里得出来的。[58]要带领他得出答案，苏格拉底必须放下反驳者的身份——执泥于盘诘论证则会要求他保守这种角色。他确实放下了。他拓展了例图，引入了解题的诀窍——那条辅助线——男孩**这才**“回忆”起面积为给定正方形两倍的正方形的边就是那个给定正方形的对角线。

这里显而易见的新元素是借助了几何学。但让我们注意，这段对话并没有被表现为为了探究几何学而抛弃道德探究。它的全部目的是要表明这位全新的、太过柏拉图的苏格拉底认为什么才是一切探究——因此也包括一切道德探究——必须遵循的步骤：

120

T13 《美诺》81D “因为一切探究和学习都是回忆。”

与回忆理论本身同样新颖，并且同样显著表明了柏拉图当下哲学发展方向的，是这样一个事实：几何学发现如今被视为“回忆”[59]的典范，与此同时几何学知识被视为一切知识包括

---

〔58〕只有想象接受盘问的是一位异常早慧、已经掌握“一切的量都是可公约的”这个正面论点（而非单纯在它们并非不可公约这个真理上无知）的童奴，我们才敢派给苏格拉底这样一个能够通过盘诘性手段完成的任务，即帮助男孩重新发现“2的平方根是无理数”的证明，见Euclid, *Elements* X, Appendix xxvii（Heiberg）。

〔59〕等柏拉图的知识论臻至成熟，例如到他写下《理想国》中间几卷时，他将会对这种过分乐观地看待几何学的观点加以限定，转而坚持认为几何学公理并不像那些不从事哲学的数学家认为的那样是第一原理（ἀρχαί）：它们应该被视为本身仍需证成的悬设，那些视之为终极真理的数学家只不过是在“梦中幻想现实”（533B-C）。《美诺》则甚至从未暗示过有这种限定。

道德知识的典范。

同样的判断对柏拉图稍早之前在《美诺》中引入的一则几何学论述也成立。为了举例说明“什么是那F？”的问题应该如何回答，苏格拉底给出了一个几何学的范例。他选了“形状”作为待定义项，然后提出：

> **T14 《美诺》76A4—7** “是不是有某个东西你会称为‘面’（ἐπίπεδον），另一个东西你会称为‘体’（στερεόν），像在几何学中一样？……由此你就能理解我所谓的‘形状’（σχῆμα）是什么意思。对于每个形状，我会说：某个‘体’的限度（στερεοῦ πέρας）就是形状。”

对照他在《拉刻斯》中采取的思路：当要给对话者提供一个范例来说明“什么是那F？”的问题要求的是何种回答时，苏格拉底用的例子是日常语言中一个没有任何生僻的科学含义的词：ταχυτής——“快”或“敏捷”。[60]而且这个词的典范定义也是由同样日常的例子一砖一瓦搭建起来的：他希望这个词覆盖的例子是“手、脚、嘴巴、声音或思想”的快速动作。最后他给出的也是一个朴实无华、家常日用的定义，

---

〔60〕在科学论说的语境中某人更可能会用τάχος，因此欧多克索斯的天文学论著以περὶ ταχῶν（“论速度”）为题（Simplicius, *in De Caelo* 492.31ff.）。关于柏拉图的宇宙论、天文学和分子理论语境中的多处例子，见Brandwood, 1976: *s.v.* τάχος；ταχυτής只在柏拉图此类语境中出现过一次（*Pltc.* 284E5）。

完全没有借鉴科学理论：

> **T15 《拉刻斯》192B** “在说话、跑步和其他所有事情上短时间内做很多的性质（quality）[61]，就是我所谓的‘快’。”

《美诺》中的情况完全不同。这里待定义的词σχῆμα既出现在日常话语中，也出现在科学话语中——例如它既可以用来指一面盾牌的形状，也可以用来指一个精细的几何学构造。121 苏格拉底完全对前一种用法视而不见，而是提醒对话者，这个关键词在他接下来构造的定义中的用法同它在几何学中的用法如出一辙：οἷον ταῦτα τὰ ἐν ταῖς γεωμετρίαις（76A2）。这个指涉并非多此一举。这些词在日常话语中含混的用法——ἐπίπεδον表示平面、平地，στερεόν表示坚实、坚硬、坚固的事物——会令它们无法服务于他的定义的目的。因此他坚持要在极其专门的意义上使用这些术语来表示抽象的量，去除其一切物理属性，只保留其二维或三维广延所蕴含的那些属性——在日常意义上使用这些词的人们根本不会想到这层含义。

那么T14中的定义来自哪里？几乎可以肯定是来自同时代几何学的某个公理集。从普罗克勒斯作品中保存的欧德

〔61〕 δύναμις的这种译法见Vlastos, 1981: 413。

摩斯的几何学史残篇[62]中我们得知，由基俄斯的希波克拉底（Hippocrates of Chios）[63]在前5世纪晚期踏出第一步的几何学公理化进程，在前4世纪仍在不断取得长足的发展。[64]到前4世纪末，它发展成为欧几里得《几何原本》中留存下来的那套被古典时代奉为圭臬的公理集。我们不妨比较一下欧几里得是如何定义“形状”的。他分了两步，先用限度（πέρας）定义了边界（ὅρος），然后用边界定义了形状：

T16　欧几里得，《几何原本》I，定义13　某物的限度

---

〔62〕对照本章脚注〔2〕（此后一概引为Proclus）。

〔63〕他是“有记载以来第一个汇辑了元素（στοιχεῖα συνέγραψε）的人”，Proclus 66.1-8——这是一次开创性的尝试，虽然我们并不知道其具体内容，除了一个事实，即它指认出了几何学中的“元素”，亦即几何学论证中不由其他命题得出，但其他命题可以**由之**得出的那些命题。参见普罗克勒斯对这个术语的定义（72.3-6）：“被称为‘元素’的是那样一些命题，它们得出关于其他一切［命题］的知识，并且解决其他［命题］的疑难。”

〔64〕Proclus 66.18-67.14：“生活在这时的还有塔索斯的列奥达马斯［Leodamas of Thasos，柏拉图教授了他分析方法的传说反映了他与柏拉图过从甚密：Proclus 211.19-23］，塔伦图姆的阿尔库塔斯（Archytas of Tarentum）和雅典的泰阿泰德，他们扩充了定理的数量并且使之形成了一个更科学的体系。比列奥达马斯更年轻的是涅奥克里德斯（Neoclides）和他的学生列昂（Leon），他们在前人的基础上增添了许多发现，因此列昂能够提出一个在数量和证明效力上都更充足的元素体系（τὰ στοιχεῖα συνθεῖναι）……柏拉图的同伴之一赫拉克勒亚的阿密克拉斯（Amyclas of Heraclea），以及欧多克索斯的学生，同样与柏拉图有关系的墨奈克摩斯（Menaechmus）和他的兄弟狄诺斯特拉托斯（Dinostratus）使得整门几何学更加完善……［学园成员之一］麦格尼西亚的条狄乌斯（Theudius of Magnesia）……提出了一个令人肃然起敬的元素体系，并把许多片面的定理变得更普适。”

就是边界。

T17 欧几里得,《几何原本》I,定义14 一条边界或多条边界包围的就是形状。

为什么采取这种慢条斯理的步骤?这是由欧几里得的论著把立体几何留到最后几卷的架构决定的。因此我们也可以理解为什么欧几里得不愿意在那之前提及“体”的概念:他打算以这个术语的定义来开始第XI卷。但柏拉图在写作《美诺》时援引的思想来源要早得多——来自欧几里得两代之前,当时公理化的几何学正在稳步推进,但远未发展到欧几里得著作里那种程度。在几何学公理发展的这个早期节点,没人会觉得有必要在一开始就回避提及“体”的概念。本章T14中的这个概念就是这么来的,它比T16和T17中欧几里得的更简单直接。柏拉图使用这个例子表明在写作《美诺》之前他已经相当熟悉几何学的这个分支,以至于他觉得援引它作为一个成功的定义范例是自然而然的事情。 122

在同一个语境中,我们发现了柏拉图著作的另一个创新点:他援引了恩培多克勒的流溢(effluences)理论来作为感觉的物理因,这表明他在关注几何学之余也留心物理学的思辨。苏格拉底向美诺提出了一个体现了恩培多克勒派理论的“颜色”定义[65]:

〔65〕 柏拉图对它作为物理学理论本身没有异议。他还把它融入了《蒂迈欧》他自己的理论中(67C)。

T18 《美诺》76D “颜色是与视力协同且可感的出自形状的流溢。”

苏格拉底预料到美诺会喜欢这个定义，于是笑话说这很对后者的胃口——他讥讽地称之为“戏剧性的”（τραγική）。苏格拉底对T14中的几何学定义不赞一词，却轻视T18中的物理学定义。这再一次表明柏拉图将几何学奉为典范科学。

在这部对话盘问完童奴之后的部分，他站在更宏观的层面上再次揭示了这点。在重申完苏格拉底式的老问题“德性可教吗？”之后，他宣布打算“从悬设出发探究”它，并以下面这种方式指出了这个短语的理据并解释了他对其含义的理解：

T19 《美诺》86E4—87B2 “‘从悬设出发探究’（ἐξ ὑποθέσεως σκοπεῖσθαι），我指的是几何学家们通常的探究方式。例如当被问到某个给定的区域能否作为三角形内接于一个给定的圆，他们可能会回答说：‘我还不知道这个区域是否能如此内接，但我认为某个悬设将有助于这个问题。我的意思是，如果那个给定的区域满足如下条件，即当它被［作为一个矩形］套用于（applied to）这个圆内的给定直线时，它短缺一个与该被套用图形相似的形状，那么我认为其中一个结论成立；反之，若我所说的无法满足，另一个结论成立……如此一来，基于某个悬设（ὑποθέμενος），我将

123

告诉你，它能在‘给定区域内接于圆’的问题上得出什么结果，亦即该内接是否可能。”[66]

要充分地评述这个段落需要单独花费一篇比本章更长的论文的篇幅。我仅限于给出我的论证所需的最简明扼要的评论。[67]

1. 这个几何学例子明显是技术性的。要理解其中的数学，读者需要相当精通希腊几何学分支之一的“区域的套用”（application of areas），也就是现代数学史家所谓的“几何代数”。[68]柏拉图本来当然能选一个更简单的例子。他这是在炫示自己的几何学专业知识，并警告读者如果他们没有在这门科学上下过一番苦功的话，要跟上他可不容易；这将会是他们的损失，而不是他的：要理解他传授的精要，他们最好去学习几何学。虽然这里并没有具体阐明当中的数学细节，但它所推崇的方法的逻辑结构是完全清晰的：当你“从悬设出发探究”一个成问题的命题p，你会遇到另一个命题h（那条“悬设”），满足p为真，当且仅当h为真，然后你将把探究的对象从p转向h，并考察h是否为真；这时你的任务是（基本上抛开p）去确定若h为真能得出什么结论，若h为假又能得出什么结论。采纳这套程序作为道德哲学研究的方

〔66〕译文的所有关键处的译法均追随Heath, 1921: 299，其中包含文义争议较大的部分。

〔67〕进一步的评论例如见Heath, 1921: 298ff.；Karasmanis, 1987: 73ff.。

〔68〕见Proclus 420.23ff.；Heath, 1926: I 343-4；van der Waerden, 1954: 118ff.。

法论典范就意味着**摒弃盘诘法**[69]：遵从这套模式就意味着系统地违反“只说（亦即断言）你所信”的规则，该规则禁止就一条未经断言的前提展开辩论，而“从悬设出发探究”则要求这样做。更一般地看：如果某人取法几何学作为道德哲学方法的典范，那他的论证就必定会从检验式的变成证明式的，他的目标就变成了在道德探究中达成几何学证明所能达成的那种确定性。因为如果你运用“从悬设出发探究”的几何学方法，试图通过h的真来确定p的真，那么你的目标将是证明p为真（或为假），因为这是h［为真或为假］的必然结论；h最终可能被知道为真（或假），因为**它（或它的矛盾命题）是体系中诸公理的必然结论。**[70]

2. 对话马上就表明了柏拉图的新苏格拉底想要用这套方法来探究的是什么。接续引文T19：

T20 《美诺》87B2—4 “就这样，让我们来说说德性：

---

〔69〕据我所知，这个主张在此前关于柏拉图悬设方法的讨论中从未有人提出过；Cherniss, 1951: 419含蓄地对此提出了异议。未曾有学者意识到这套方法破坏了“只说你所信”的规则（参见本章T7和脚注〔21〕），后者排斥从未经断言的前提出发进行的论证，而那恰恰是芝诺式和诡辩式论证的特点（参见Vlastos, 1983a: 27ff., at 28-9），并且在哲学讨论中屡见不鲜——反事实前提在这些讨论中经常出现且其使用无可非议。

〔70〕这一点在文本中并未明言，这可以理解：柏拉图的任务并不是要完整地描述ἐξ ὑποθέσεως σκοπεῖσθαι。这对他的数学家读者们来说是不言而喻的：在他们这门科学中，在p和h的逻辑可代换性已经被确立的情况下，对p的真的追问将会被悬搁，直到我们可以决定h是否是一条“值得接受的悬设”（ὑποθέσεως ἀξίας ἀποδέξασθαι, *Phd.* 92D）；而后者只能通过诉诸诸公理来最终决定。

既然我们既不知道它是什么（ὅτι ἐστίν）也不知道它是怎么样的（ὁποῖόν τι），那就让我们从一条悬设出发探究（ὑποθέμενοι αὐτὸ σκοπῶμεν）它是否可教。”

这里的疑难命题是**p**：德性可教。

为探究p而提出的悬设是**h**：德性即知识。

而我们都知道h是一条正宗的苏格拉底学说。[71] 这里苏格拉底先是论证支持h（87D-89C），然后[72] 反对h（96D-98C）。[73] 两段论证都是不完备的，它们都没有追溯至终极的ἀρχαί（本原）——柏拉图的知识论仍未完工，尚有 125

〔71〕 *Pr.* 361B：苏格拉底认为所有个别德性都是智慧，并且“坚称”（或者说“竭力主张”，ὡς σὺ σπεύδεις）这点。另见*La.* 194D：（尼基阿斯说）“我曾经常听你说，我们每个人在他拥有智慧的那些事情上都是好的，在他无知的那些事情上都是坏的。”亚里士多德认为这是苏格拉底道德灵魂学的关键：参见第三章T15、T16以及对这些文本的评论。

〔72〕 Robinson, 1953: 116-17认为假设法的步骤到89C就结束了的观点（Karasmanis, 1987: 85 and 99, n. 24追随了这种观点）完全没有根据。他为这个出人意料的观点给出的唯一理由是“在［斯特方码］89之后‘假设’这个词或者任何方法论论述都未再在对话中出现”（Robinson, *loc. cit.*）。这点属实，但是无关的。柏拉图完全没有必要一直指出他正在使用的方法的名称或者议论其方法论。

〔73〕 须注意的是只有这一小段论证是针对h的：89D-96C这一长段针对的不是h而是p（96D10处的结论“因此德性不可教”显然是p的否定）。因此89D-96C中的推理（不存在德性的教师，**因此**德性不可教——一个站不住脚的论证，从不存在推出不可能）并不是决定性的，无损于h。96D-98C对h的攻击则是一个完全成立的论证，其结论是知识并非正确行动的必要条件（T21），而由此又可以推出，知识对于德性不是必要的——不像苏格拉底曾经认为的那样（他此前的理论不允许有缺乏相关知识的受控的正确行动）。

很强的纲领性；我们不能急于求成。〔74〕但我们从文本中读出的东西已经足以表明，两个论证——其中一个支持，另一个则反对h这条苏格拉底学说——脱颖而出的是后一个；苏格拉底自己对如下结论感到满意，即真信念与知识一样善于统领正确的行动：

> **T21 《美诺》98B—C** “而且这不也正确吗：当真意见统领某个行动的时候，其结果并不比知识的结果更低劣？因此就行动而言，真信念并不比知识更差或更无益。”

这个结论一出，苏格拉底的多米诺骨牌就必定会倒一整片，〔75〕包括他那条最根本的信条：

---

〔74〕我们有理由允许从《美诺》（新的形式理论在其中尚未成形）到《斐多》（形式理论在其中明确出现并且充当了柏拉图形而上学的基础：65Dff.，100Bff.）有实质性的发展；同样，认为从《美诺》到《理想国》各卷间存在发展的理由更充分（参见本章脚注〔59〕）。

〔75〕紧接下来的段落（99B-100A）将与早期苏格拉底观点的分歧推进了一步：在《高尔吉亚》中苏格拉底一度把雅典最出色的领导人同最差的一道予以谴责（518C-519A：参见Vlastos, 1983b: 495ff., at 501）。现在柏拉图承认伯里克利毫无疑问是位“精明过人”（1983b: 495ff. 94B）的政治家（Thuc. 2.60.5），并且认可有这么一些受灵感启发的政治家（正如苏格拉底从前认可有受灵感启发的诗人一样：*Ap.* 22C，*Ion.* 534B），他们凭借神赐的禀赋（θείᾳ μοίρᾳ）成就了丰功伟绩（καλά），未得益于任何技艺或学问。（对此段的一种不同读法——援引《高尔吉亚》中的谴责来架空、否定《美诺》中的赞扬，毫无根据地混同两者不同的视角——见Bluck, 1961: 368ff.；另见Irwin, 1977a: 317, n. 22。Kraut, 1984: 301-4驳斥了这种读法。）

（本章）T6 “未经省察的生活不值得人过。”[76]

因为如果缺乏知识的真意见足以把行动引上正途，那么绝大多数的男女老少都能免去“经省察”的生活的痛苦和风险：他们可以安处在精英统治阶级的监护之下，后者将给他们灌输真信念以规范其行为举止，使之正确，同时不允许他们探究为什么这些信念是真的。如此一来，批判地检验关于善恶、是非问题的权限就可以理所当然地只向精英阶层开放，而且就连他们也得等到完成数学研究，做好了接受启蒙的准备之后（本章T4）。因此在《美诺》中，我们看到柏拉图已经开始走上另一条道路，这条道路将使他背离他在盘诘性对话中与苏格拉底共享的那些信条，走向另一个极端：哲学王学说已然呼之欲出。

但如果我们举出柏拉图的数学研究是为了说明在《高尔吉亚》之中和之前仍然充满活力的盘诘法在《吕西斯》、《大希庇阿斯》和《欧谛德谟》中突然销声匿迹这个事实，那么我们难道不期待那三部对话中或多或少出现一些关于柏拉图的这种新执念的迹象吗？当然期待。而三部对话中有两部都没有让这种期待落空。 126

《大希庇阿斯》中就明确出现了我们所期盼的迹象。但它出现得非常隐秘，以至于其内涵很容易被忽视（事实上在

[76] 参见本书“导言”正文倒数第三段。

学界也一再被忽视）。[77]它是混在几个用以说明一个逻辑要点的例子中悄悄溜进来的。苏格拉底试图让希庇阿斯看到，存在这么一种属性，如果两个事物中的每一者在彼此孤立的情况下具有它，那么当它们合在一起时，每一者可能具有或不具有它；反之，如果两个事物合在一起时具有它，那么分开时也可能具有或不具有它：

> **T22 《大希庇阿斯》303B—C** “[a]如果我强壮，你也强壮，那么我们两个都强壮。如果我正义，你也正义，那么我们两个都正义。而如果我们两个都正义，那我们中的每一个都正义。类似地，这是否也是真的：如果我美，你也美，那么我们两个都美；如果我们两个都美，那我们中的每一个都美？还是说[b]像偶数的例子那样：如果两数合在一起[即相加]为偶数，那么既可能两数中的每一个都是奇数，也可能两数中的每一个都是偶数；又如（量/长度[magnitude]）的例子，它们分开时[每一个]都是无理的，但合在一起时[78]则要么是

[77] 据我所知此前没有人注意到这个事实（我在1985: 26, n. 65中指出了这点），即T22是“柏拉图作品中第一次明确有迹象表明他如今已经赶上了数学的前沿”。

[78] 即几何地加和（added geometrically），因为正如我此前已经解释过的（本章脚注[56]），在希腊数学中，数被定义为离散单元的集合（“多单元”[multitudes of units]），因此不属于“数”的无理数不适用算术的加和。但它们适用几何的加和——因此两条长度无理的线段能够合在一起形成一条连续的、只由一个无维度的点划分开的线段。这点学界一直未能理解：Tarrant, 1928: 83评论道“这里术语的使用[转下页]

有理的，要么是无理的（καὶ αὖ ἀρρήτων ἑκατέρων ὄντων τάχα μὲν ῥητὰ τὰ συναμφότερα εἶναι, τάχα δ' ἄρρητα）。”

此时苏格拉底还在探究“什么是那F？”（这里的F=“美”）的过程中，正在通过举例来区分两类属性并且确定这个F属于两类中的哪一类。在举出“强壮”和“正义”作为［a］类的例子后，他准备继续举例说明［b］类。整数能完美服务于这个目的：从$x+y=10$（一个偶数）这个事实中我们无法分辨 127 x和y到底是奇数还是偶数——两个偶数相加能得出这个和，两个奇数相加也能。这么一个连小朋友都熟知的基础算术的例子足以说明问题。但苏格拉底还不满意，又举了第二个例子。他从哪里找到的这个例子？从当时数学研究最前沿的领域。[79]只有像希庇阿斯这样的数学家才听得懂“有理的”和“无理的”量/长度是在说什么。柏拉图的高冷笔调说明他毫不关心这个术语可能让普通人迷惑不解的事实，也无意屈尊去解释他所指涉的那条（对于已理解无理数的人来说足够简单的）定理，即恰当地选出的一对无理量/长度（例如按“中

［接上页］显然是不精确的，因为两个ἄρρητα（无理量）不可能通过相加变成ῥητά（有理量）”；Woodruff, 1982: 82说“苏格拉底可能是在卖个破绽勾引希庇阿斯”。（没有文本证据可以支持下面这种观点［de Strycker, 1937: 317ff.; 1941: 25ff.］：柏拉图是在指涉两个量的**产物**［*product*］，而不是它们的**和**——正如Knorr, 1975: 296, n. 77指出的，“συναμφότερος这个术语常用来表示‘和’”，并且ἀμφότερα刚刚才被用在一个类似的“两奇数相加和为偶数”的例子中。）

〔79〕 参见附注4.2脚注〔113〕。

末比”[extreme and mean ratio]分割一条线段所得的“黄金分割”的两个部分)[80]相加能得到一个有理的(几何的)和;而不恰当地选出的一对无理量(例如2的平方根和3的平方根)的和则是无理的。正如《美诺》中(本章T19)更加复杂的几何学例子一样,这里柏拉图再一次清楚地表明,他的数学研究已经带他远远超出了他老师的兴趣和能力范围。

在《欧谛德谟》中他做了同样的事情而且更进一步,虽然这次的方式很不一样,是在借年轻的克里尼阿斯之口发言[81]:

> **T23 《欧谛德谟》290B—C** “没有哪一门以狩猎为任务的技艺会超出追逐并捕获其猎物的程度。当[本行的]技艺人抓获了他们追捕的猎物,他们自己并没有能力使用它。正如猎人和渔夫把他们的猎获交给厨师,几何学家、天文学家和计算师(λογιστικοί)——他们也是猎人:因为他们并不从事图形的创造,而是以发现实在[82]为务——也把他们的发现交给辩证家,如果他们还不算蠢的话,因为他们自己只知道如何猎取,不知道如何使用它们。

[80] 正如Heath, 1926: 304援引Euclid, *Elements* II.11 and XIII.6指出的(另参见Heath, 1926: I 137 and III 19)。关于恰当地挑选出的无理数相加所得的有理的或无理的和的额外说明,见Knorr, 1975: 276。

[81] 参见本章脚注[83]。

[82] οὐ γὰρ ποιοῦσι τὰ διαγράμματα ἕκαστοι τούτων, ἀλλὰ τὰ ὄντα ἀνευρίσκουσιν. 我的译文主要遵循Cherniss, 1951: 422。

柏拉图在这里列举出了未来《理想国》第七卷中的四门高等研究学科的三门，并且向我们确认了钻研这些学科的人虽然是在“发现实在”，但却没有能力得知如何最好地利用他们的发现：后者应该留给διαλεκτικοί，也就是那些哲学论证大师来做。[83]如果柏拉图真的是我们熟知的那个冷静、负责任、绝不夸夸其谈的思想家，他不可能会做出这种非同寻常的论断，除非他在写《欧谛德谟》的时候已经觉得自己对数学科学的理解透彻到了有资格评价行内专家的研究成果并且规定应该如何使用它们的水平。 128

因此，《大希庇阿斯》和《欧谛德谟》中都有证据能够支持下面的假说，即柏拉图在写作那些盘诘法在其中已经僵死的对话时已经在数学研究上有了可观的造诣。这些证据虽然耐人寻味地点到即止，但却确凿存在。但《吕西斯》这部盘诘法在其中同样已经失灵的对话完全没有提到数学。[84]这

〔83〕这时的柏拉图必定已经感觉到，把这么一项对于他此前所描绘的苏格拉底全神贯注的纯道德探究而言如此陌生的任务归功于他，难免会给这位主人公个性的戏剧连贯性带来过强的张力。因此他将这个思想表现为灵光一现的侥幸所得，表现为某些“高高在上的神秘力量”传递给一个一无所知的年轻人的讯息（291A）。

〔84〕虽然的确有指涉自然哲学，正呼应了《大希庇阿斯》中（289A-B）对赫拉克利特的引述（DK B82, B83）：苏格拉底如今在“那些论述自然和宇宙的人”（*Ly.* 214B）的著作中找到了智慧。这类情形在盘诘性对话中完全没有发生过。那些对话中最接近影射自然哲学的地方是他驳斥《云》中把他塑造成一个谈论这类东西的自然哲人：他说这类东西他一概不知道，“无论是大是小”。（*Ap.* 19C-D）另一处则是很久以后的最后一部盘诘性对话《高尔吉亚》（507E-508A）所提到的那些σοφοί（智慧之人，似指毕达哥拉斯派？参见多兹对此处的笺释），他们把整个宇宙称为κόσμος，因为“它被共同体、友谊、秩序（κοσμιότητα）和正义维系在一起”。

是否会给我的假说造成困难？如果我们合理地锚定《高尔吉亚》作为柏拉图智识生涯这一新发展阶段的起始点，那就不会。[85]这部对话是个自然的转折点。虽然这部对话对高深数学知识的展示并不比任何其他柏拉图早期作品更多，[86]但的确出现了涉猎几何学的迹象，[87]而且动机也非常充分，因为其实有很好的内部证据[88]可以表明《高尔吉亚》的创作年代在柏拉图第一次叙拉古（Syracuse）之行后不久。[89]西塞129 罗告诉我们，在当地，"他和毕达哥拉斯派打成一片，浸淫其学，很多时候都和塔伦图姆的阿尔库塔斯以及洛克里的蒂迈欧（Timaeus of Locri）待在一起"。[90]后者的生平事迹不

〔85〕参见本章脚注〔39〕。

〔86〕这里对"计算"的描述——"探究那些既相对于自身又相对于彼此［而为奇或为偶］的奇数和偶数的数目有多么多"（451C，一字不差地重复了 *Ch.* 166A 的描述）——并不预设［听众］掌握高等数学知识：见附注4.2。同样，这里对天文学研究内容的描述——"星辰、太阳和月亮的运动以及它们的相对速度"——也并不预设［听众］对这门科学的实际情况有很深入的理解。

〔87〕这里"智术之于立法术，正如化妆术之于体育，修辞术之于正义，亦正如厨艺之于医药"的连续类比被说成是在遵循"几何学家的方式"（εἰπεῖν ὥσπερ οἱ γεωμέτραι，465C）。这是在柏拉图对话的序列中苏格拉底第一次自称是在像几何学家一样说话。第二次是在《美诺》中（本章T14）：为了解释他所提到的 ἐπίπεδον（平面）、στερεόν（立体）是术语，他说自己这些词的用法"同它们在那些几何学家那里的用法一样"（οἷον ταῦτα τὰ ἐν ταῖς γεωμετρίαις）。

〔88〕见本章脚注〔39〕最后援引的多兹和厄尔文的说法。

〔89〕我们手头没有可靠记录表明柏拉图在这之前有任何游历希腊本土以外地区的经历：见附注4.3。

〔90〕*Acad.* 1.10.16. 与阿尔库塔斯建立的联系使得柏拉图能够促成阿尔库塔斯和狄奥尼修斯二世（Dionysius II）的"友谊和宾主关系"（［Plato］, *Ep.* 7, 350A-B：这封书简是其中所描述的事件的一个很好［转下页］

详，[91]但前者可不是。从保存在每一部希腊几何学史书中的第一手证据中[92]我们得知阿尔库塔斯绝对是个一流的数学家。我们还知道他是他的母邦——一个像雅典一样的民主制城邦[93]——的头面政治家，多年连续当选“将军”。[94]对柏拉图来说这是一个新的哲人典范，可能给了他在那位老典范身上从未看到过的东西：苏格拉底对雅典政治向来毫无助益甚至唯恐避之不及，坚信它已经败坏得无可救药。阿尔库塔斯则毅然投身己邦的政治斗争并且取得了惊人的成功。而且苏格拉底也在形而上学面前退缩了，而阿尔库塔斯则是继承了毕达哥拉斯派传统的一位形而上学大师。[95]苏格拉底——

[接上页]的信息来源；如果陶洛门尼乌姆的蒂迈欧[Timaeus of Tauromenium]“在写作他的史书时援引了它”[Morrow, 1962: 37-9]，那说明在柏拉图逝世后的一个世纪内就有读者认为它是可信的了）。

〔91〕除了柏拉图对同名对话主人公的描写外，我们没有掌握任何关于他的信息：“他在财富和出身上都无人能匹，一度担任他的城邦中最高、最有威望的官职，而且在一切哲学上登峰造极。”（*Ti.* 20A）

〔92〕据欧德摩斯的描述，他通过精妙的三维构造给出了“扩大立方体为原体积二倍”难题的解决方案（DK A14: *ap.* Eutocius, preserved in Archimedes, vol. III.84[ed. by Heiberg]）。对其数学观点的同情的阐发可参见 van der Waerden, 1954: 150-1——作者行文中毫不掩饰他对其数学成就的激赏（“这难道不令人艳羡？阿尔库塔斯一定是得了真正的神赐灵感才发现了这个构造”）。

〔93〕虽然是个远为保守的民主制城邦：Aristotle, *Pol.* 1320b9-16。

〔94〕“他七次任将军之职，虽然他的城邦中没有任何其他人任该职超过一次，因为法律禁止如此。”（D.L. 8.79）关于他的政治观点见 DK 47 B3，该处将这里的 τὸ ἶσον ἔξειν 与 *G.* 508A 处的 ἡ ἰσότης ἡ γεωμετρική（几何平等，部分引于本章脚注〔84〕）相比较。

〔95〕Fragments 1, 2, 3 in DK（晚近对 fr. 1 真实性的辩护见 Bowen, 1982: 79ff.; Huffman, 1985: 344ff.）。

色诺芬向我们确认[96]——建议人们不要从事高深的数学研究；阿尔库塔斯却是数学新发现的弄潮儿。[97]如果激发柏拉图数学研究热情[98]的是这段与阿尔库塔斯的私交，那我们很难期待能看到立竿见影的成果。柏拉图给自己笔下那些二十出头的年轻哲人宽限了十年时间，让他们先成为有所成就的数学家。如果柏拉图自己直到不惑之年才开始接触这门科学，那么他要达到这个层次需要间隔一段比［在叙拉古的］短短几个月长得多的时间也在情理之中。《吕西斯》的写作时间自然应该在这段间隔的早期，这时他的数学研究正在稳步上升，但还不足以让他想要把这门新本领公之于众。再多给他一两年的时间，他就会开始表露出［数学方法］的苗头，先是在《大希庇阿斯》和《欧谛德谟》那些浅尝辄止的巧妙回答中，然后是在《美诺》那些引人注目而且特意拉长了篇幅的段落中。

130

事实证明柏拉图对几何学不只是一时的陶醉，而是深沉热烈、终生不渝的爱和执着，这不难理解。我们知道他对美是多么没有抵抗力。还有什么人类想象力的产品能比欧几

---

〔96〕 *Mem.* 4.7.2-3："在几何学上，他说一个人应该钻研它，直到他有能力丈量一块地……他反对一直深究到那些难以理解的证明（μέχρι τῶν δυσσυνέτων διαγραμμάτων）的程度，虽然他自己并非不熟悉这些。"相关的评论见附注4.2。

〔97〕 第欧根尼·拉尔修（8.86）称他是欧多克索斯的老师。

〔98〕 这点，加上他与阿尔库塔斯哲学著作有所接触，是我们基于已有证据有底气做出的全部假设。柏拉图在这期间吸收了阿尔库塔斯的多少哲学和数学思想我们无从得知：见附注4.3的脚注〔123〕，并参见Knorr, 1975: 89。

里得的某几条证明更美？相比之下盘诘法简直是粗制滥造。如果还有什么更吸引他的，那一定是希腊几何学和数论中蕴含的知识论成就。这些学科，连同它们在天文学和和声学中的应用，乃是希腊世界求索科学知识的雄心壮志取得最不可磨灭之成就的领域。在别的领域里——自然哲学、医学——没有什么是确定的共识，一切都充满争议，〔99〕虽然灵光乍现的发明多不胜数，但没有什么一锤定音的不易之论；相反，数学领域已经奠定了牢固的基础（即这门科学的诸“原理”），一切新发现都能够通过援引这些原理得到证明，一切有资格被纳入共同知识体系的研究者都势必会同意它们。在这里柏拉图将会看到，研究者有能力掌握一个演绎体系，其中每一个能够得到理性论证辩护的陈述都能从“对一切人都明见”（《理想国》510C）〔100〕——一切人，除了那些钻牛角尖的怪才〔101〕——的前提中引申出来；这些前提将赋予每一

〔99〕这在色诺芬听来就像是教条主义者间喋喋不休的内讧或者思辨教条间赤裸裸的矛盾冲突：“一些人主张存在是一，另一些人则主张存在是无限的多；一些人认为万物皆流，另一些人则认为无物变动；一些人认为一切事物来自生成，另一些人则认为没有事物生成，也没有事物毁灭。”（*Mem.* 1.1.14）伊索克拉底对自然哲人的这些矛盾说法表达了类似的反感（*Antidosis* 268-9）

〔100〕“……［被数学家们］视为数学演绎自明的出发点的那些假设”，Lloyd, 1979: 114。（我不认同他在1983b: 12ff.采纳的对这段文本不一样的诠释。）

〔101〕普罗塔戈拉否认某个圆的切线与该圆（只）相交于一点，这时他并不是作为一个数学家在宣扬一套有穷的几何学，而只是作为一个搅局者在断章取义、钻牛角尖。主张能化圆为方（即用尺规作与给定的正方形面积相等的圆。——译者注）的不是那些严肃的几何学家（基俄斯的希波克拉底并没有化圆为方［参见Lloyd, 1987a: 103ff.］，［转下页］

131 个通过必然的推理从中得出的结论以同样的可靠性，其所有结论都将构成必然的陈述——它们，用亚里士多德的话说，“不可能是别样的”（《后分析篇》71b15）。

因此下面这样的情形又有什么可惊讶的：柏拉图甫一接触这门方兴未艾的学科所激起的浪潮便立即被征服，被卷离了苏格拉底的港湾，从盘诘性对话中的那个“苏格拉底”（他表达的是师徒两人合而为一的思考）扬帆驶向他生涯中期的那个“苏格拉底”（他从非苏格拉底的［unSocratic］研究计划中得出反苏格拉底的［antiSocratic］结论）——这时，虽然那位青年时代的至爱仍活在他的心念（heart）之中，〔102〕他的心智却早已挣脱了藩篱？〔103〕

［接上页］而是作了与它内接的月形［lunes，即两圆的弧围成的图形，Simplicius, *in Phys*. 60.22ff.］)，而是那些诡辩家或者智者——布吕松（Arist. *Post An*. 75b40）和安提丰（Antiphon，Arist. *Phys*. 185a14-17）——他们惹得亚里士多德反唇相讥称驳斥这类主张根本不是几何学家的责任，“因为这些主张是向多数人提出的，而后者并不知道某个特定的［主题］是否可能［证明］”（*Soph. El*. 172a5-7）。

〔102〕《斐多》之前创作的对话无一比它所记录的情感更深沉热烈。

〔103〕阿克里尔（John Ackrill）、伯恩叶（Myles Burnyeat）、劳埃德（G. E. R. Lloyd）和已故的索尔姆森（Friedrich Solmsen）提出的批评对我格外有帮助，他们的评论促使我修订了本章较早的版本，对此我深表感谢。此外我还要感谢来自内哈马斯（Alexander Nehamas）和史密斯（Nicholas Smith）的有益评论。我本人对仍存的错误负全责。

第五章　苏格拉底会作弊吗？[1]

一再有大名鼎鼎的学者持这样一种观点，即苏格拉底经常毫不客气地把一些他认为错的前提或者他明知不成立的推论硬塞给对话者——当然，这是为了他们的好处着想。多兹[2]：“柏拉图在这个阶段似乎满足于让苏格拉底以智者之道还治智者之身，事实上苏格拉底经常也是这么做的。”[3]弗里德兰德：苏格拉底相信他“只能运用辩证的花招”[4]来教育已经上当受骗的人，并且他“比所有的智者都更懂得 132

[1] 本章我尤其得益于巴恩斯（Jonathan Barnes）。他帮忙阅读了本章的一份早期稿，并且提醒我注意论证中的一个严重错误。现在我已经纠正了这个错误。但他是否，以及在何种程度上会同意最终的结果，我并不清楚。

[2] 1959: 249. 他评论的是*G.* 474C。

[3] 他追随Friedländer（1964: 254），认为474C-475C处苏格拉底论证的谬误（将在本章第Ⅲ节讨论）是故意为之。

[4] 1964: 181. 他呼应了此前一种关于苏格拉底的观点，其最有力的表达能在克尔凯郭尔笔下找到：“一个人可以在真理上欺骗别人，也可以骗别人相信真理（想想老苏格拉底）。的确，当一个人已经被幻象蒙蔽，要让他掌握真理就只能通过欺骗的手段。”（引自Lowrie, 1938: 248，见Vlastos, 1985: n. 71）日奈（Genet）在不参考克尔凯郭尔的情况下提出了同样的看法：“汝须弄假，方能成真。”（Il faut mentir pour être vrai，Nigel Williams, *London Review of Books*, 18 May, 1989中援引了此语。）

欺骗”。[5] 格思里：“柏拉图任由苏格拉底以缺德的、诡辩的方式肆意利用含混性。”[6] 卡恩（Charles Kahn）：苏格拉底利用了“辩证的花招”来赢得《高尔吉亚》474C—475C这段与波洛斯的辩论。[7]

我不是在暗示如今大多数的柏拉图学者都认同这类观点。我确切的印象是实情恰恰与此相反。晚近两位最出色的苏格拉底对话的哲学评注家，评注《普罗塔戈拉》的C. C. W. 泰勒（C. C. W. Taylor）和评注《高尔吉亚》的厄尔文[8]，均完全没有给苏格拉底可能会利用智术/诡辩（sophistry）来达到自己的目的这种观点留下任何余地。[9] 桑塔斯的《苏格拉底》一书中对柏拉图早期对话中各个论证的有记录以来

133

---

〔5〕 1964: 139.

〔6〕 1975: 246. 另参见143ff.。

〔7〕 1983: 93. 另参见本书第一章脚注〔78〕援引的O'Brien（1967）所持的类似观点。

〔8〕 诚然，之前的书Irwin, 1977a: 304-5曾经试图为苏格拉底对“德性的各部分”的指涉（*M.* 78D-79C）开脱，主张“他容许美诺持有这种观点［即德性有多个部分］纯粹是为了反驳后者”（用大白话说就是，他是为了促成反驳而假装相信这种观点）。但这只是他为了坚持一条难以成立并且与柏拉图的文本中最浅显易见的证据相悖（见Vlastos, 1981: 421-2；Ferejohn, 1984: 108-9）的论点而不得已为之——据我所知，他在后来的著作中再未采用过这种论证策略。见本章脚注〔9〕。

〔9〕 在1979年的书中，厄尔文对像*G.* 460A-C这样一些段落看起来像是诡辩的原因给出了一个中肯的诊断：它的论证“不合法”是因为它“有所省略”，而不是因为它在搞诡辩（我们没有理由认为论证中未明示的前提是出于欺骗的意图而被刻意隐藏的）。这点当然是对的。在这个问题上，一个清醒的立场见Crombie, 1962: 26，该书一贯坚持由此立场出发分析苏格拉底的各个论证。

最全面的系统检讨同样不认可这种观点。但“苏格拉底偶尔不过是在扮演智者”的想法在学术文献中却火烧不尽，风吹又生。晚近，麦克泰（Kevin McTighe）令人印象尤其深刻的一篇旁征博引、论证有力的论文〔10〕主张“苏格拉底发现，运用谬误的论证，比只同意他认可的真理或者努力追求逻辑的一致性……效率要高得多”。〔11〕在第一章中我已经表明，我虽然拒斥这个观点，〔12〕但不主张对它置之不理。在那里我已经开始通过暴露关于苏格拉底式反讽的种种误解——经常催生这种观点的正是这些误解——来着手应对它。现在我要继续给出更多反对它的论证。

第Ⅰ节

在本书中我关注的苏格拉底一如既往是，也一直会是柏拉图笔下的苏格拉底〔13〕——而不是色诺芬笔下的，因为在后者那里问题根本就不会出现。这后一个人物形象在谈论哲学时浑然无城府地径直表现出的那种一眼看得穿的坦率老实

---

〔10〕 1984: 193-236.

〔11〕 1984: 226. 这本历来标准严苛的期刊给该文安排的版面（两倍于通常篇幅）是其尤其值得学界批判地关注的明证。迄今据我所知已发表的唯一一篇评论文章，Roslyn Weiss, 1985: 314ff.，称它是一篇“极有价值的”文章。此言非虚，虽然接下来我将指出其中的一些错误（本章脚注〔74〕和〔84〕)：它比20世纪80年代发表的关于此话题的任何著述都更尖锐地凸显了当中的基本疑难。

〔12〕 我在1981年已经对此提出了强硬的反对立场：见本章脚注〔17〕。

〔13〕 即第二章中的苏格拉底$_E$。

把疑难掩盖掉了。如果我们一直以来只能通过色诺芬的偶像英雄来了解那位历史人物，那么恐怕没有一位认为欺诈哄骗乃是苏格拉底的招牌伎俩的学者会相信自己的观点是有道理的。本章也会是在无的放矢。造成疑难的是柏拉图早期对话中的苏格拉底——复杂、阴险、狡猾，丝毫不惮在特定场合拿玩笑来戏弄他的对话者。[14] **他**是否从来不诉诸欺骗呢？我想论证，他**在严肃地进行论证时——**这是最重要的限定，没有之一——从来不会这样做。我们也的确有办法分辨这个限定何时适用。他明白地告诉了我们哪些时候我们可以期待他和他的对话者会非常严肃地对待问题：

134

> **T1 《高尔吉亚》500B—C** “凭友谊神，卡里克勒斯，你别觉得你可以和我儿戏，信口开河，违背你的真实意见，也别反过来觉得我是在胡闹。因为你看得出我们的讨论关乎什么——除了对这件事，一个稍有心智的人还会对待什么更加严肃呢：我们应该如何生活？”

这是苏格拉底式严肃的试金石。在进行盘诘论证，探寻正确的生活方式时，他是抵死诚挚的（dead earnest），不亚于任何人在任何时候对待任何事情。在《申辩》中他将这种探寻表达为对神的命令的服从：

〔14〕 下文将直接讨论这些段落中最详尽的一段，*Pr.* 339Aff.。

T2 《申辩》28E “神命令我，如我设想并相信的那样，[15]要过爱智慧的生活，省察我自己和其他人。”[16]

他对这道命令言听计从，视作自己所有义务中最神圣的一条，它凌驾其他任何义务，哪怕是作为一个忠诚的雅典人服从城邦法令的主权权威的义务。他不卑不亢地指出，一旦城邦命令他停止从事哲学，他将拒不服从：

T3 《申辩》29D “雅典人啊，我爱戴你们。但我会服从神，而不是你们。”

所以，这就是我的主张：**当苏格拉底在探寻正确的生活方式，并且有理由认为在当时的情境下自己是在服从神圣命令而进行探寻时，**[17]他的论证不可能涉嫌故意为之的非真理（wilful untruth）。因为盘诘论证正是他赖以省察他自己和他的对话者的生活信条之真理性的程序：

---

〔15〕第六章将深入探讨这个短语的意涵。它并不影响目前的讨论。

〔16〕*Ap.* 38A重复了这里的最后一个分句，“整日讨论德性和你听闻我讨论的其他所有那些东西，省察我自己和其他人”。

〔17〕我这里是在落实我早前一篇论文中（1981: 223, n. 5）依稀指出的一条线索，我在那里否认“苏格拉底会在任何时候（在明知的情况下严肃地）绝对地断言（assert categorically）一个错误的前提或者认可一个谬误的论证”。但那篇文章里尚未澄清我们如何才能分辨苏格拉底在任一段给定的柏拉图对话中**是不是**在“严肃地”说话。上述引文中着重标出的文字告诉了我们如何去分辨。

T4 《卡尔米德》166C—D “你怎么会认为，我反驳你是出于别的什么理由，除了我会自行去探究所出于的那个理由，亦即惧怕我会不自觉地以为我知道了某些东西，哪怕我并不知道？要我说，我现在正在做的，不外是这个：我检验这个论证主要是为了我自己，虽然无疑也是为了我的朋友们。”〔18〕

135

在探索的过程中对同伴作弊无异于蓄意破坏他本人赖以发现道德真理的这套程序，欺骗他的对话者就等于欺骗他自己。我想论证，在柏拉图所塑造的苏格拉底形象中，这种情况不可能发生。〔19〕但首先我想聚焦下面这个问题：在一部盘诘性对话中，当苏格拉底没有在“从事哲学，省察他自己和其他人”时，可能会发生或者实际上发生了什么。

第Ⅱ节

《普罗塔戈拉》中相当长的一节——338E—348A，几近整部对话七分之一的篇幅——描绘了苏格拉底同那位大智

〔18〕一直以来的观点是，苏格拉底虽然认为他的辩证法是“教育其他人为他们自己着想的最佳方法，但却不认为它是一套能为他自己发现真理的方法”（Gulley, 1968: 67）。但如果他“主要是为了他自己”才遵循这么一套方法，这种观点怎么会成立呢？另参见*G.* 453A1-4; 457E3-458B3; 505E-506C3。

〔19〕我们完全可以设想一个克尔凯郭尔式的、比智者更智者的苏格拉底，但那肯定不是**柏拉图**的苏格拉底。

者的一场争夺西蒙尼德斯（Simonides）一首诗的正确阐释的竞赛。他把这场交锋视为一场你死我活的较量，一场拳击赛（本章T5）。他是被普罗塔戈拉忽悠进这场较量的，本来并不情愿；但一旦开打，他会为了获胜使尽浑身解数。他参加这场竞赛的心态，用那些半吊子文化人经常援引，也是某些美式足球教练以及一位无人悼念的已故美国总统最钟爱的一句话说，“赢不是一切，而就是唯一”（Winning isn’t everything; it is the only thing）。[20]普罗塔戈拉一段赢得满堂喝彩的巧妙的开场白就让我们的苏格拉底有点招架不住：

> **T5 《普罗塔戈拉》339E** “当他说完这些，旁人一阵鼓噪喝彩，我仿佛挨了好拳手重重一击，只觉头晕目眩、眼前一黑。”

情急之下，他靠一招卑鄙招数扳回了一城：他厚着脸皮主张，[21]诗人说“是个好人（to be good）难”时，所谓的“难”（χαλεπόν）其实是“坏”的意思——这显然是在成心

---

〔20〕那些援引这句话的人似乎没有注意到其中的逻辑漏洞：它的后半句与前半句是矛盾的，如果赢“就是唯一”，那它当然是“一切”。（这位总统即因水门事件下台的美国第三十七任总统尼克松［1969—1974年在任］，他1972年的连任竞选委员会总部内张贴有标语“搞政治，赢不是一切，而就是唯一”［Winning in politics isn’t everything, it’s the only thing］。——译者注）

〔21〕只是暂时这么说（341A-B）。几行之后（341D）他就会开始闪烁其词，称他提这个主张只是想试探一下普罗塔戈拉。

曲解诗人的原意，但他依然通过哄骗普罗狄科这位声名卓著的同伴、“正确运用言辞”[22]的大师为他背书赢得了众人的支持。[23]

136 接下来苏格拉底信口胡扯了一段离题话（342A-343C）。这段话的主题是，斯巴达，这座众所周知骨子里穷兵黩武、顽固守旧、怕生排外且反智的城邦，竟比其他任何希腊城邦都更崇尚哲学。[24]卖弄完这段花里胡哨的伪历史，回到解西蒙尼德斯的诗上，他继续着他对诗文的粗暴解释，从中拷问出字里行间的苏格拉底式智慧。例如他声称下面这行诗，“但所有不自愿行事卑劣者 | 我称赞且爱戴”，其中的“自愿”应该与“称赞且爱戴”而不是与“所有不行事卑劣者”关联，[25]因为，毋庸赘言，所有智慧之人都知道无人自愿行恶[26]这个苏格拉底悖论是真的，因此智慧的西蒙尼德斯自然也知道，任何人都不会自愿行卑劣之事，这是理所当然，没什么好“称赞且爱戴”的。

---

〔22〕 341B-C.

〔23〕 ὀρθοέπεια. 参见 *Phdr.* 267C。

〔24〕 可惜的是这段戏言竟被误当作坦诚的供词（*confessio fidei*）并被引以为苏格拉底的拉孔尼亚主义（laconism）的证据（Stone, 1988: 126ff.）。

〔25〕 参见 Adam & Adam, 1905: *ad loc.* 对这一步的评论：“只有通过最违背常理的诡辩，苏格拉底才［将他自己的学说］解读进了西蒙尼德斯的诗里，并整个忽略掉了 ἀνάγκῃ δ’ οὐδὲ θεοὶ μάχονται［即便诸神也不会与必然性斗争］这些词。”

〔26〕 在柏拉图作品中再也找不到比苏格拉底在 *Pr.* 345D-E 处偷偷夹带进自己对西蒙尼德斯诗的戏谑诠释里的这段话更清晰、更一针见血的阐述了。能印证这**确实是**苏格拉底相信的观点的证据，参见 *Ap.* 25E-26A 和 *G.* 509E5-7（引作本章 T19）。

苏格拉底在整段表演的过程中都在对听众玩障眼法，这点毋庸置辩。[27]他玩的是什么把戏？当然是反讽，但这种反讽的用法非常特殊：它是经过着意修饰，隐藏了嘲讽意味的嘲讽。正如我在本书第一章中指出的，反讽究其本性是不带欺骗的——以至于要用反讽的方式欺骗听出了反讽意味的听者是**不可能**的。但如果我们确实想要用它来欺骗，我们只需要隐藏起其反讽的意图就可以了。这难吗？一点也不难。其他言语模态会自行宣明自身。因此英语采用一种独特的基于句式的（syntactical）发问法。但连这种办法也不是傻瓜式的。如果需要，我们完全可以用疑问的语法来实现陈述的效果：我们可以说“是不是你偷偷顺走了我的那本书？”来责备做了这事的人。语法并不给反讽指定任何特殊的句式。要让人径直注意到反讽，我们必须诉诸语言之外的示意行为，例如眨眼睛、做表情、变换语调等。如果我们非要板着脸去说，那反讽的意思就只能从所说的话或者其语境中凭空揣测出来。这些微妙的细节很容易被用来密谋行骗，掩人耳目。苏格拉底在《普罗塔戈拉》的这一节中正是这么干的。到最后他又让我们看到这正是他刚才一直在做的事情，并且告诉我们他为什么选择这么做。 137

这场关于诗的论争是普罗塔戈拉一厢情愿要苏格拉底参与的，他这样子解释他的理由：

---

〔27〕尤其是在希庇阿斯的例子中——他是这群人里最不聪敏的一个：柏拉图让我们明白无疑地看到他上了当（特别注意他在347A6-7处被安排说的话）。

T6 《普罗塔戈拉》338E*（普罗塔戈拉说）"在我看来，一个男子的教育最重要的部分就是在与诗有关的问题上的专长，也就是分辨诗人的说法哪些正确，哪些不正确，并且加以区分，当有人问到时能给出理由的能力。"

宾朋中了解苏格拉底的人会感觉得出他心中对此番宣言的不以为然，因为苏格拉底一向把解诗排在道德教化——他唯一关心的一种教化[28]——中最次要的位置。因此阿尔喀比亚德一听苏格拉底一本正经地说"是个好人"是"坏的"就知道有人在被耍。苏格拉底对西蒙尼德斯的诗句异想天开的解释本身不会向这些人表露半点反讽的信号。[29]他们也没法确切地知道那段斯巴达故事只是个玩笑。直到长篇大论的最后苏格拉底才透露了些许信息，让脑子灵光的听众听得出他一直是在演戏。因为直到那时他才放话说，他觉得整段关于西蒙

---

〔28〕参见他在*G.* 470E处将παιδεία（教养）和δικαιοσύνη（正义）作为准同义词使用（详见本书第八章T21的讨论）：苏格拉底不会说波斯大王是"幸福的"，除非知道他的"教养和正义"如何。也请注意510B处对恶僭主的描述ἄγριος καὶ ἀπαίδευτος（野蛮且没教养）中παιδεία强烈的道德意涵。

〔29〕正如Friedländer（1964: 24-5）评论的："苏格拉底［对这首诗］的诠释和智者的同样独断，甚至，在发言人一贯地'误解'文本这方面，事实上前者比后者有过之而无不及。"希庇阿斯如果稍微怀疑过这段诠释可能是个玩笑，就不可能对它有那么高的评价（提出要亲自作一篇劝喻讲辞来与之相匹，347A6-B2）。

* 原书误作"348E"。

尼德斯到底是什么意思、不是什么意思的辩论纯属胡闹，既浪费时间又毫无品位——只有那些“市井俗人”，他说，才会在酒席上搞这类活动；这些人没教养，没能力谈论风雅为娱，只能雇些受过教育的妓女来提供这些乐子：

> **T7 《普罗塔戈拉》347D** “但凡饮者是些*kaloi kagathoi*［洵美且好之人］，你都看不到有雇来的女子为他们唱跳吹箫。他们颇懂得享受自己一伙儿的聚会，用不着这些无意义的胡闹，只用他们自己的声音，心平气和地交谈，轮流发言和倾听。”

他这是在抗议问答式的论证被偷换成了普罗塔戈拉发起的解诗。他是在任由他的听众推断，他在此期间只不过是煞费心机地开了个玩笑。被忽悠进局的他顺势演了一把傻瓜来戏弄那些正儿八经地解诗的傻瓜。 138

盘诘外附的苏格拉底式戏谑遍布柏拉图早期对话各处，他要么天花乱坠地吹捧对话者，要么装模作样地哀叹他自己的无知愚钝。他恳求游叙弗伦收他为学生（5A，5C），好让他终能搞懂虔敬的本质这个困扰了他一生的问题。当游叙弗伦有事匆忙离去，他又哀叹自己的命不好：

> **T8 《游叙弗伦》15E** “啊呀，朋友，你要让我绝望吗？你使我从你那儿学到什么虔敬、什么不虔敬，好面对莫勒托斯（Meletus）的指控洗刷罪名的厚望破灭。”

他“战战兢兢地”向忒拉叙马科斯央求：

T9 《理想国》336E—337A “忒拉叙马科斯，别对我们太严厉。要知道，如果我们在讨论过程中跑偏了，这种失误也非有意为之……你要相信，朋友啊，我们可是满腔热切，只是这任务超出了我们能力所及。你们这些聪明人怜悯我们比对我们发火更合适。”

他又向另一位智者郑重其事地说：

T10 《小希庇阿斯》372A—B “你瞧，希庇阿斯，我说[30]我总是锲而不舍地追问那些智慧之人，这可是真话。并且我觉得我就这么一点好，除此之外一无是处，总是在各种事情上犯错。在我看来我鄙陋的一大明证便是，每当与你们这些在智慧上赫赫有名、誉满希腊的人打交道，我就显得一无所知。”[31]

这些地方大肆展示的正是他的招牌反讽。[32]它的用意是欺骗

---

〔30〕 369D-E，当他开始说自贬之词时。

〔31〕 译文来自乔伊特，有改动。更多关于《小希庇阿斯》的讨论见附注5.1。

〔32〕 忒拉叙马科斯将之误解成了“假装”（shamming，参见第一章对该章引文T1的评论），而阿尔喀比亚德则更加明辨地称之为“他惯用的那种极为反讽的、非常独特的、惯常的方式（μάλα εἰρωνικῶς καὶ σφόδρα ἑαυτοῦ τε καὶ εἰωθότως）”（参见第一章对该章引文T9的评论，以及该章中对εἰρωνεία、εἰρωνικῶς在两个语境中必须做相当不同的解读这一主张的详尽论证）。

听者吗？史蒂文森（Adlai Stevenson）曾经说过，如果你不吃那一套的话，谄媚于你是无害的。如果说希庇阿斯等人对苏格拉底赞美中的嘲讽视而不见，那也是因为他们早已深陷在自欺之中。若不是觉得自己完全配得上那些溢美之词，他们原本一点也不难看穿这些噱头。苏格拉底并不是成心要给他们造成这种心智惑乱。他只是发现他们早已深陷惑乱之中，于是逢场作戏，给他们施用了盘诘外的镇痛剂（extra-elenctic paregoric），好让他们接受痛苦的盘诘手术。 139

第Ⅲ节

现在让我们回到苏格拉底没有在耍把戏——无论是反讽的还是治疗性的——而是在从事他一生中最严肃的事业，即探寻正确的生活方式的情形。我接下来将回顾他在该过程中用到的两个论证。[33]第一个论证被好几位学者认为耍了花招，[34]在最近的文献中也被讨论得很多。在过去的三十五年内，它被细致地探讨过不下九次。[35]虽然我发觉这些讨

〔33〕要详尽地驳斥我反对的那种观点，将要求对不下二十例苏格拉底论证做类似的逐一分析——也就是说，足以自成一本专著了。在本书篇幅限制内，我至多只能讨论两个主要的例子，如果其中任一例不成立都将对我的论点构成致命的反驳。

〔34〕参见本章脚注〔3〕和〔7〕。

〔35〕Friedländer, 1964: 256-7; Dodds, 1959: 249; Vlastos, 1967: 454-60; Santas, 1979: 233-46; Mackenzie, 1981: 179-81 and 241-4; Kahn, 1983: 84-97.

论中的许多都对我很有帮助，[36]但迄今使我受惠最多的还是厄尔文和桑塔斯。他们分别在未参考对方成果的情况下[37]准确地指出了柏拉图论证的一个致命伤，一处将使整个论证失效的谬误，哪怕论证的其他每个环节都完美无缺。批判性智力的这项成就非同小可，考虑到，据我所知，这是自《高尔吉亚》两千四百多年前被写出来后第一次有人发现这个谬误。[38]我将保留我从前发表过、如今我仍然认为成立的对该段论证的分析，并将之整合到目前的分析中，同时也将自由援引我从后来的学术文献中汲取的关于这个段落的一切东西，并不再一一致谢。[39]

苏格拉底在《高尔吉亚》这个段落中（474B-475C）试图向波洛斯证明的论点直抵他关于好生活的洞见的核心。这条论点就是，行不义之人对自己造成的伤害比对他行不义的对象所造成的伤害更严重。不妨想象一个生活在暴虐的独裁统治之下、被控犯有政治罪的人，他通过诬告自己的朋友保全了自己，他朋友却因此被捕入狱，遭到严刑拷打，出狱时

140

〔36〕如果本书稍微在意学术上的细枝末节，我肯定会觉得有义务过一遍所有这些论证，仔细评估每一个的得失。这将要求一篇篇幅不短于本章的论文。我把这项工作留给某位有志于取得博士学位的研究生去做。

〔37〕厄尔文没有机会参考：桑塔斯在其已发表著述中未曾讨论过这段具体论证。厄尔文早前对这段文本的讨论（1973，他在普林斯顿的博士论文）桑塔斯是知道的（他把它列入了参考文献），至于后者得益于前者多少——如果确有得益的话——我就无从判断了。

〔38〕但见本章脚注〔57〕。

〔39〕另外我还将用上我从与巴恩斯的通信中汲取到的东西：参见本章脚注〔1〕。

已经奄奄一息，命不久矣，与此同时原告却获政权奖赏，得以健康富足地安度晚年。苏格拉底主张的是，做下这桩无耻勾当的人对他自己的幸福的损害甚于对受害者幸福的损害。还有哪个道德哲学家提出过比这更强的主张吗？据我所知没有。

以下就是苏格拉底用来向波洛斯证明（prove）[40]该论点的论证，后者承认（474C5-9）行不义比遭受不义更“丑”（αἴσχιον），[41]却认为前者比后者“更坏”（κάκιον）的主张很荒谬（473E）。推理过程分为两部分，我先给出第一部分的译文。[42]

T11 《高尔吉亚》474D—475B “对于一切美的事物（πάντα τὰ καλά），如身体、颜色、形状、声音、行动——你难道不会着眼于某个东西而称它们‘美’吗？[43]这样一来，[a] 首先，对于美的身体：你称它们

[40] 这个说法相对于他认为自己在做的事情来说是不是太强了？绝对没有。回顾当下这段论证，他对波洛斯说：“我的主张才是真的，难道这不是已经被证明（ἀποδέδεικται）了吗？”（这部分是在指涉他“行不义者总比受不义者更悲惨”这个主张）。

[41] 或“更可耻（shameful）”，“更不光彩（disgraceful）”（伍德海德，厄尔文，泽尔），“更丑陋（laid）”（罗斑），“更卑鄙下流（vilain）”（坎托[Canto]）。

[42] 与我在1967中的译文基本相同。

[43] 这里我们要注意，“着眼于某个东西”这个我们将事物归类为美的标准本意是要涵盖他接下来列举的**全部**五个例子，无论是可感官感知的事物，如前三例，还是只可理智识认的事物，如第四、第五例。

‘美’，难道不是要么根据它们对某个目的的裨益，要么根据某种快乐（κατὰ ἡδονήν τινα），如果它们能使旁观者在看它们时愉悦？就身体之美而言，除了这两者，你还说得出别的什么吗？……［b］而且其他所有东西也是如此？[44] 难道你不称形状和颜色‘美’，根据某种快乐或裨益或根据两者？……［c］关于声音和所有其他涉及音乐的东西，这不也同样（ὡσαύτως）成立吗？……［d］此外，种种法律和习惯岂不亦然：美在它们中也不外乎是基于这个，即裨益或快乐？……［e］还有，学问上的美不也同样？……”

［f（i）］[45]“因此，当两个美的事物一个更美，它必定是或在下列这两者之一上超过或在两者上皆超过另一个：快乐，或裨益，或两者皆是？……并且［f（ii）］当两个丑的事物一个更丑，它这样岂不必定是因为在疼痛上或在恶上超过另一个？”

让我们从波洛斯的视角考察一下这段论证。前提［a］、［b］、［c］不会对他造成任何困难，鉴于按照他的理解——文本的遣词用语也暗示就应该这么去理解——苏格拉底在［a］中明确表达出来的一个限定语也顺延地适用于前提［b］和［c］。在前提［a］中，身体被称为美的，当（且仅当）它们对各自的目的有所裨益，或者当它们让旁观者在观看它

141

〔44〕 καὶ τἆλλα πάντα οὕτω，他提到的所有例子：参见本章脚注〔43〕。

〔45〕 前提［a］、［b］、［c］、［d］、［e］的结论（ἄρα）。

们时获得“某种快乐”。我着重标出了这里的限定语，我们知道苏格拉底认为这个限定非常关键：在《大希庇阿斯》中（298D-299B）他清清楚楚地表明，他不认为某个经验对象的可资取悦是它美的一个充分条件；针对认为它可能是的提议，他提出了一个他认为致命的反例，即他观察到，每个人都会认为性快感（τἀφροδίσια）让人极其快乐，但却“丑陋至极，不堪入目（αἴσχιστον ὁρᾶσθαι）”。

我们没有理由怀疑，同一个限定语也被意会适用于前提［b］中我们从美的形状和颜色中获得的快乐，并且经过必要修正后也适用于前提［c］中来自美的声音和其他音乐元素的快乐。任何人只要细读过文本都应该会明白，这里实际上就是这个意思。“根据某种快乐，如果它们使旁观者在看它们时愉悦”这个短语没有在［b］中被重复或在［c］中经适当变化后再次出现，完全是修辞风格的原因：因为讨论的步调比较紧凑，苏格拉底精简了语句，把赘余表达减到了最少。回顾文本，我们会发现，当他在前提［b］中说“而且其他所有东西也是如此”时，他确实预想省略的短语将会由前提［a］补足，并如前一样具体指明“根据某种快乐”这个限定短语的含义：那“某种”快乐指的显然仍是旁观者从观看某对象中获得的那种快乐。前提［c］中的“同样”也必须意会出相同的内容来补足其含义，除了其中的“看”需要替换成表示“听”的动词——除非从美的声音中，即旋律、节奏等，获得的快乐直接来自聆听它们的过程，而非来自它们可能被付诸的进一步用途（抚慰参加葬礼的悼念者，撩拨情欲，鼓舞军队的士气，诸如此类）——否则这里所揭示的类比关系就不成立。

现在，假设苏格拉底不再往这段归纳里堆更多的前提，而是要从［a］、［b］、［c］中得出结论。若要以同样的方式涵盖“法律和习惯”和“学问”的美以及身体、形状、颜色、声音的美，他需要把上述的［f（i）］和［f（ii）］换成像下面这样的表达式：

142 ［f*（i）］当两个美的事物其一更美，这岂不必定是由于它**对于观照它的人而言**，在快乐或裨益，或者在两者上皆超过另一个？［f*（ii）］当两个丑的事物之一更丑，这岂不必定是由于它**对于观照它的人而言**，在痛苦上超过另一个？[46]

波洛斯本可以安然接受这个表达式——正像认可苏格拉底原本会从中得出［f*（ii）］的那些前提一样，认可这点并不会对他的观点造成任何威胁。苏格拉底自己也没法反对这种表达式，因为它仍然是严格忠实于他的头三个前提的。[47]不过，这种表达式与［b］以及由此而与［c］的差异仍然不容小觑：在［f*］中我们有的是以感官知觉或以心智观照某一对象或事项的人所享受到的快乐/痛苦，而不是

〔46〕 强调的短语用可以接受的希腊文表达应为τοὺς ὁρῶντας ἢ ἀκούοντας <u>ἢ θεωροῦντας</u>。

〔47〕 正如本章脚注〔46〕中所提议的［f*］的表述方式应该已经清楚表明的那样，在［a］中取其首要含义“看”（seeing）的θεωρῶ，也可以表达（并且实际上不仅在柏拉图和亚里士多德那里，也在许多演说家和伊壁鸠鲁那里经常被用来表达：例见LSJ, *s.v.*）“心观”（mental viewing）、“沉思”（contemplating）的延伸义，我在上面的［f*］表达式中也是这么用它的。

[b] 和 [c] 中无限定的快乐/痛苦。

这将决定性地左右这段盘诘接下来的走向，从苏格拉底在推理的第二部分突然抛给波洛斯的第一个问题开始：

> **T12 《高尔吉亚》475C1—3** “那么首先让我们考虑，行不义是否比受不义更痛苦，行不义者和受不义者谁受的痛苦更大？”

当问题以这种方式——“行不义对行不义者比对受不义者更痛苦吗？”——提出来，它的答案就几乎是自明的：如果X对Y行不义且免于惩罚，[48] 那Y受的痛苦自然更大。且如果 [f]（它并没有在“美”或者“丑”的用法的界定条件中限定获得那种快乐/裨益或者痛苦/坏处的人是谁）是双方公认的对“美”和“丑”用法的理解，波洛斯就没有资格反对苏格拉底在T12中的提问方式。[f] 确实会允许某人通过询问两种情况哪种造成的痛苦更大来确定哪种更丑，而无须指明是**对谁而言**，这也让苏格拉底T12中那种提问方式——**对于那些行不义的人或者受不义的人而言**，行不义是否比受不义造成的痛苦更大——变得完全合法。但如果 [f*] 才是他们共同认可的对“美”和“丑”用法的理解，那苏格拉底在T12中问的问题就应该是：“**对那些观察或深思当事双方各自遭际的人而言**，哪种情况造成的痛苦更大？”一个旁观我 143

[48] 这整段讨论都预设了行不义者能够任意妄为，不受阻挠，且能免于惩罚。

上面所举例子中的事件的人想到哪点会感到更痛苦：是想到有人因为爱惜自己的皮毛而不惜戕害一个无辜之人的性命，还是想到那位被出卖的朋友的悲惨遭遇？如果他要问的问题是**这个**，那答案就是不确定的。[49]这样一来，苏格拉底的论证就会走进死胡同。

但如果我们问的是——[f]也允许苏格拉底这样问——“对于直接受影响的人而言，哪种情况意味着更大的痛苦，是恶徒得逞还是受害者遭殃？”那我们当然有权像苏格拉底那样把问题带偏，以确保得到他想要的答案，“当然是后者（对受害者而言）比前者（对恶徒而言——毕竟很难说他遭受了任何痛苦）更痛苦”；然后苏格拉底的论证就能像现有文本那样继续展开了。让我们顺藤摸瓜做进一步考察。

它省去冗词之后是这样子的：

（1）行不义并不比受不义更痛苦（475C2-3：即本章T12中的第二个问题，重新表达为肯定句）。[50]

（2）行不义要么比受不义更痛苦，要么比受不义更

---

〔49〕去深思这两者都很令人痛苦。谁说得清两者哪个更令人痛苦呢？我在1967年的文章中处理这个问题时试图论证一个更强的回答，即普通的旁观者更有可能觉得，歹徒的不义而富且贵比受害者的无妄遭灾更令人不适。我现在明白到，顶着一众反对者（格思里、桑塔斯、卡恩、麦肯齐［Mackenzie］）的压力强求这个回答其实是浪费时间，因为我上面采取的更弱的回答对于当下语境中唯一要紧的事来说——正确地分析苏格拉底的论证——已经足够了。

〔50〕并且是以一种锋芒内敛的保守方式陈述的。在这些前提的基础上，苏格拉底本可以说，行不义得逞不仅不比受不义更痛苦，而且显然比受不义更不痛苦：因为前者往往一点也不痛苦。

坏[51]（475C4-5：即上文的［f］，适当变换了表达）。因此

（3）行不义比受不义更坏（475C8：给定［1］，从［2］中直接可得）。

这里我们看到的是一条无懈可击的推理链条。如果波洛斯同意了（1）和（2），那他别无选择，只能承认（3）。他被驳倒了吗？当一个人对另一个人行不义，这种行径**对行不义者**比**对受不义者**更坏，这当着他的面被"证明"[52]了吗？任何人在给出肯定的回答之前都最好多看一眼（2）：我们前面已经看到了"更痛苦"这个表达中的不确定性，它留下了一个问题没回答，"**对谁而言**更痛苦"？另一个选言项，"更坏"，有更加确定些吗？（2）有回答"对谁而言更坏？"这个问题吗？显然没有。同理，（3）也没有回答"对谁而言行不义比受不义更坏？"的问题，而只要**那个**问题未得到应有的回答，苏格拉底在证明"对行不义者而言更坏"这条宏大论点的目标上就没有取得半分进展。他必须证明的是**行不义者本人**——而不是受不义者、共同体整体或者别的什么人，因为他所行的不义，比受不义者遭受的恶更多。为了确保这个结论，{1，2，3}序列的前提只能依次另行解读成：

144

（1*）行不义**对行不义者而言**并不比受不义**对受不义者而言**更痛苦。

（2*）行不义**对行不义者而言**比受不义**对受不义者而言**

[51] 我避免用"更邪恶"（more evil）来译κακῷ ὑπερβάλλον，因为"邪恶"比希腊语中的κακός（坏）背负了更重的道德意涵（此处语境无此用意）。

[52] *G.* 479E8.

要么更痛苦，要么更坏。因此

（3*）行不义**对行不义者而言**比受不义**对受不义者而言**更坏。

看看加星号的命题，把它们同对应不加星号的命题比较一下，问问你自己：苏格拉底在T11文本中说的话能够保证｛1，2｝替换成｛1*，2*｝，并由此保证（3）替换成（3*）吗？（1）替换成（1*）完全没有问题，因为（1*）是无害的：谁会费心去驳斥它呢？但接下来的替换又如何？T11有给（2*）中的主张，即行不义对行不义者而言比受不义对受不义者而言更痛苦或更坏，提供什么支持吗？一点也没有——一旦我们意识到，[f]，亦即T11的结论，本身就是从它自身的诸前提中无效地推论出的。如果为了挽救这个错误，我们把［f］替换成了［f*］，那么如此这般修订后的T11并不能支持（2*），这点立马就会变得一清二楚：后者显然无法从修订后的诸前提中推出。

那么，这里我们看到的就是一个彻头彻尾不可靠的论证。怎么解释它出现在了柏拉图的文本里？有两种可能。一种是他并没有意识到这个论证是有错的，而把它放进了苏格拉底口中，认为它正确无误且足以提供对波洛斯论点的盘诘性反驳。另一种可能是，恰恰相反，柏拉图明白这个论证是有缺陷的，但还是表示苏格拉底使用了它，因为它看似有理，足以糊弄波洛斯，并且，相信苏格拉底的论点是真的而且是从真前提中可靠地推论得出的，这对波洛斯有好处。考虑一下这两种可能性，问一问哪种可能性最能简单明了地解释这段论证在柏拉图文本中的出现。

第一种可能性关注这样一个事实，即苏格拉底在这段论证中被表现为是在用省略的说法来表达他的用意，是在做那样一些从经缩略后的**实际所说**来看完全有效，但从其**本意**来看却无效的推论。如果我们采纳前引文本T11、T12所呈现的论证以及上述｛1，2，3｝的推论序列，将后者抽离于论证所要证明的内容，并且将其谓词视为一条语句算式中未诠释的常量（uninterpreted constants in a sentential calculus），那么我们将得到一个逻辑上严密的演绎：（3）中的结论将无懈可击地从其前提｛1，2｝中得出。只有当我们用带星的前提来替换不带星的前提，这个论证的不可靠才会暴露出来：不带星前提是带星前提的缩略版本，后者增添了未经文本明言的话保证，但却对推出能最终证成苏格拉底论点的那条结论至关重要的内容。并且用带星前提替换对应的不带星前提的做法似乎非常合情合理，因为苏格拉底极有可能倾向于认为两者的差别纯粹是语言风格上的，不影响其思想实质。

145

我必须强调最后一点，因为学术文献对这段论证的讨论从未关注过它。毕竟苏格拉底嘴上说（3），想表达的确切意思却是（3*）——似乎把前者当作后者的一种缩略表达方式[53]——这类现象并不罕见。这是他在与波洛斯的整个争论

---

〔53〕参见《高尔吉亚》他处类似的缩略用法：467A-B和468D处的ἃ δοκεῖ αὐτῷ（“他所认为的”）其实是ἃ δοκεῖ αὐτῷ <u>βέλτιστα εἶναι</u>（“他所认为**最好的**”）的缩写，468B处的οἰόμενοι βέλτιον εἶναι（“认为它是最好的”）则是οἰόμενοι ἄμεινον εἶναι <u>ἡμῖν</u>（“认为它**对我们自己**是最好的”）的缩略；参见本章脚注〔71〕，以及第八章脚注〔14〕。

中的一贯做法。[54]不妨通读一遍，看看你能否找到一个地方苏格拉底的主张是以（3*）的形式明说出来的。你是找不到的。[55]它总是被表述为（3）这种缩略形式，虽然我们没理由怀疑（3*）才是他的本意：文本语境明白无疑地表明了这点，例如紧接在这段论证之后：

146

T13 《高尔吉亚》475D4—E1 “那么，比起不那么坏且丑的，你会选择更坏且丑的吗？……难道有任何人会这样选吗？……所以我所说的是真理，当我说，你、我或者任何其他人都宁愿受不义，而不愿行不义：因为后者更坏。”

他问“你会选择更坏的吗？”，然后得出结论说“因

---

〔54〕他甚至在争论开始之前就已经在这样做了：早在468B8-9处他就主张“行不义是最大的恶”，而这蕴含行不义是比受不义更大的恶（并且参见473A4-5对这个段落的回顾：“前面我说过，行不义比受不义更坏”）。而在这里，“**对谁而言**是最大的恶？”这个问题的答案是明白无疑的：苏格拉底在宣扬一个悖论性的论点，即如果他自己不得不在行不义和受不义间二选一，他会选择后者（469C1-2），而这明显暗示，“行不义是最大的恶”本应补上“对于行不义者而言”这个限定。因此显然，当473A4-5处用到的这个短语在474B8被重提，作为我们手头论证的反驳目标，这里的“更坏”的本意定是“**对于行不义者而言比对于受不义者而言**更坏”的缩略。

〔55〕只有到后来他重申他认为已经证成的结论是什么时，苏格拉底才以一种明白无疑地表明他认为［f*］才是最终结论的方式复述了它：“那行不义者总是比那受不义者更悲惨”（ἀεὶ τὸν ἀδικοῦντα τοῦ ἀδικουμένου ἀθλιώτερον εἶναι），亦即行不义**对行不义者而言**总是比受不义**对受不义者而言**更坏（479E）。

为它更坏”，这里没有人能怀疑，他的本意明说出来其实是“**如果你是行不义者而不是受不义者**，你会选择对你而言更坏的吗？”[56]柏拉图显然觉得，这个问题的简短表达本身已经足够清楚，再加上所有这些冗词来澄清实在没必要。而且他是散文文体的大师，谁又敢告诉他说他写的希腊文有问题？如果他想把那些多出来的语词作为冗词处理，那他完全有资格这么做。这些省略本来无可指摘，要不是它们在某个毫无防备的当口妨害了他的推理，导致了一个一旦被指出来就显得非常扎眼，但却因为埋藏得太深以至于直到晚近以前的两千五百多年从未被注意到过的错误；它溜出了历代注家的手掌心，[57]包括一些对逻辑问题尤其敏感的名家，例如A. E. 泰勒[58]这位学识渊博、一向紧跟柏拉图文本论证分析中的现代逻辑要素的新进展的柏拉图学者；[59]他对我们手头这段《高尔吉亚》中的论证的转述（pp. 113-14）没有透露

---

〔56〕《高尔吉亚》其他地方也有类似的漫不经心的缩略表达：参见本章脚注〔52〕。

〔57〕我只知道一位可敬的例外，亦即厄尔文在解释此处时（1979: 158）提醒我们注意的那位——Grote（1865: II 107-10）。他问了对的问题（“对谁而言更美？”“对谁而言更大的伤害？”），虽然他并没有着手对此进行分析，而这种分析对于细致地展示这些问题将如何影响推理的效力是必要的。

〔58〕1937（4th edition; first published in 1926, 3rd edition 1929）.

〔59〕Taylor, “Parmenides, Zeno, and Socrates”, in *Philosophical Studies*（London, 1934）, 28ff.重塑了柏拉图的第三人论证（Third Man Argument）的解释面貌，他发现当中使用了“可述谓自身的谓词”（predicates predicable of themselves），后者曾被罗素用来分析各种逻辑悖论（Russell, 1933, at pp. 80 and 100ff., of the second edition）。

出半点怀疑过这段论证不够严密的痕迹。同样的情况在半个世纪后仍然不断发生：在厄尔文和桑塔斯的讨论发表五年之后，R. E. 阿伦（R. E. Allen）对这段论证的解释[60]依然天真地重蹈了覆辙。

这是解释这段朽坏的论证出现在《高尔吉亚》这部华章里的其中一种方式：柏拉图的苏格拉底只是一时失足。像我们其余人一样，他也是人。当他在一个推理过程中使用省略表述作为算子（counters），他也可能会被引入歧途，陷入到推理谬误之中。现在让我们考虑另一种假设。[61]我们将假设苏格拉底被表现为完全意识到了这段论证的无效性，但仍然想用歪理来糊弄波洛斯。[62]卡恩运用无比娴熟的技巧论证了这个观点。但他并不能帮助我们理解这种行为如何能与柏拉图对他老师作为一个哲人的气质和行事的理解相契合。[63]因为柏拉图肯定没有把苏格拉底表现成是在同波洛斯儿戏：

147

〔60〕 1984: 204-5.

〔61〕 学术文献中对它最有力的辩护来自Charles Kahn（1983: 87-92）对本段的讨论。

〔62〕 我在早前对该段论证不那么成功的考察中（1967: 459）考虑过那种可能性，并且明确给出了否定的回答。针对苏格拉底在475E-476A处说的话，我评论道："如果柏拉图不是认为它们有事实确证，将这些话放到苏格拉底嘴里说出来就无异于是在嘲讽他。故柏拉图定是误判了他所描绘的事实。"

〔63〕 卡恩提到柏拉图让我们感受到的那种"在苏格拉底的人格特质面前的敬畏感"。但如果苏格拉底被描绘成靠弄虚作假的手段来支撑其宏大论点的话，这如何说得通呢？

T14 《高尔吉亚》472C—D* “因为我们正在争论的并不是些微不足道的东西，而是那些，像有人说的那样，知之则最高贵，不知之则最鄙陋的东西。因为它们的要旨就在于知道或不知道谁幸福，谁不幸福。”

波洛斯刚刚被告知，[64]当双方争论的是这个最为庄严的议题时，只有一种反驳是有效的——这种反驳将“迫使”（compel）[65]他见证苏格拉底式观点的真理性，这种观点将幸福之人与有德之人等同起来。苏格拉底有可能被描绘成嘴上说着这话，心中却想着要诡计骗波洛斯当“证人”吗？［柏拉图］有可能希望我们认为，诸如“省察”波洛斯（亦即让波洛斯觉察到自己信念中的矛盾）并同时“省察”他自己（亦即给波洛斯最充分的机会发现苏格拉底此前一直忽视的自己思想中的不融贯）之类的成果，是苏格拉底通过愚弄对手获得的吗？在这套程序中弄虚作假无异于往波洛斯的眼睛里撒灰，结果只能是扼杀苏格拉底给予他或者从他那里获得任何此类帮助的希望。

可以肯定的是波洛斯被描绘成一个阴暗的角色，满怀欣羡地觊觎僭主的高位，毫不忌惮为了成功而犯下种种无耻罪行。但苏格拉底会觉得这是个欺骗他的好理由吗？**波洛斯**会

［64］ 472B-C，他在473E-474B处会被重申同样的内容。

［65］ 参见509D-E回指与波洛斯的对话时用的表述ἀναγκασθῆναι ὁμολογεῖν（被迫同意）。早前（472B）苏格拉底曾讽刺波洛斯未能“迫使”他“见证”波洛斯的论点。

* 原书误作“462C-D”。

毫不犹豫地去骗苏格拉底，这自不必言。但苏格拉底会这样做吗？**他**不信奉以伤害报复伤害[66]——但在这段论证中欺骗波洛斯肯定会伤害到他，因为这加重了他道德上的迷惑，骗他误以为那些乱人耳目的推理为一条重大的道德真理夯实了基础。柏拉图怎么可能会把苏格拉底设想成这等自欺欺人之辈，却仍然怀念这位他认识的所有人中，用《斐多》结尾的话说，“最智慧且最正义”的人？如果柏拉图认为苏格拉底在这段论证中对波洛斯作弊，那他对自己老师形象的塑造就会面临危机。[67]自然，更简单的假设是他自己并没有意识到这个谬误。

第Ⅳ节

现在来看看另一段苏格拉底被指控欺骗的论证。它出现在《高尔吉亚》466B—468E5这段篇幅长达斯特方页码两页多的他早前与波洛斯的较量中。[68]苏格拉底显然认为对付这个冒失的愣头青正确的方式是下狠手，[69]于是劈头盖脸

〔66〕 *Cr.* 49C-D; *R.* 335A-E.

〔67〕 参见本章脚注〔17〕。

〔68〕 这段的编排颇为杂乱无章（参见Canto, 1987: 321, n. 34：“相当混乱”［assez chaotique］），与方才讨论过的474C-475C处整齐紧凑的论证形成了鲜明对比。请谨记柏拉图是在模仿一场活生生的对话。我们不可能期望人们在吵得不可开交的时候所有的论证都井井有条。

〔69〕 经常有人注意到，苏格拉底对待高尔吉亚充满尊重的态度与他对待在461B2处跳出来顶替高尔吉亚位置的波洛斯的态度很不一样：苏格拉底反对高尔吉亚的论证中未明言的指控，即谄媚在修辞术中根深蒂固，在波洛斯接过话头之后（463A8-B1）就被直接挑明了。也参见Dodds, 1959: 11 and 221, 249。

给他响了一串炮仗。虽然承认僭主和演说家们（在得势时）（1）能够在他们掌权的城邦中做他们乐意做的——可以随心所欲地密谋流放、剥夺财产，甚至处死他们的敌人，但苏格拉底却否认（2）这些人拥有很大的权力。苏格拉底能够诚实地断言（1）同时又否认（2）吗？他可能会认为一个几乎能凭借自己在权力架构中的地位随便做“他乐意做的事情”（ἃ δοκεῖ αὐτῷ）[70]或者“在他看来最好的事情”（ὅτι ἂν αὐτῷ δόξῃ βέλτιστον εἶναι）[71]的人，实际上竟然毫无权力吗？还是说这是个愚弄波洛斯的把戏？

首先让我们注意，苏格拉底否认（2）的本意并不是要否认某个他和波洛斯都觉得显而易见而且众所周知的事实。[72]若他的本意真是如此，我们肯定会知道，导向这样一个结论的推理过程肯定在某些地方出了岔子。但苏格拉底并不是在说什么有悖于这个他和波洛斯都同意的情理之中的事实的东西。苏格拉底完全明白僭主们拥有杀戮、流放、剥夺财产等的巨大权力（enormous power），但却否认他们掌握

149

〔70〕 467A5和B8。

〔71〕 466E1-2, 9-10；467B3-4：两个表述被换着来用。ἃ δοκεῖ τινι被简单地当作ἃ δοκεῖ τινι βέλτιστον εἶναι的缩写（参见本章脚注〔53〕）。

〔72〕 诚然，他们采取了一种夸张得离谱的关于演说家在当时的民主政体中所掌握的权力的看法（参见Grote, 1865: II, 145; Irwin, 1979: 138-9; Canto, 1987: 322, n. 43）。但这与对该段论证的逻辑结构的分析和对其诚意（*bona fides*）的评估无关；对这种评估唯一重要的是他们同意了那个前提，并且这种同意是自发的：只需要波洛斯把那个看法引入讨论即可，并不需要他被论证说服接受它。因此恕我不能认同McTighe, 1984: 218：苏格拉底一方要了花招的问题不可能出在这点上。

“大权”（great power）。[73]他显然是在一种很强的评价性意义上使用“大”的，它的反义词不是“小”“少”，而是“小气”“可鄙”。下面这段对话清楚表明了“大”的这种用法：

> **T15 《高尔吉亚》466E6—11** 苏格拉底：“你前面说过，掌握大权对掌权者而言是好事。”波洛斯：“我确实说过。”苏格拉底：“你会觉得一个人毫无理智地做任何在他看来最好的事情是好的吗？这就是你所谓的有‘大权’吗？”波洛斯：“我不觉得。”

故“大权”应该理解成一个理性地行事的理性行动者所掌握的权力。在这点上他们也达成了共识。故这也不会成为波洛斯中招的一个点。[74]那花招可能会出在哪里呢？

---

〔73〕 μέγα δύνασθαι, 466E3-4; 468E1-4.

〔74〕 虽然它有可能成为——并且如果苏格拉底的论证如McTighe（1984: 220）声称的那样针对的是“权力**总是**好的”［着重为我所加］这个观点的话，它必定会成为——［波洛斯中招的点］：麦克泰的主张如果属实，就足以构成对苏格拉底诚意的质疑，因为我们知道他相信相反的观点（例如见*Eud.* 281D［在本书第八章中将作为T28加以讨论］：当一种非道德善［non-moral good］的使用缺乏道德智慧的引导，拥有它就是件实实在在的坏事）。但苏格拉底的论证并不需要麦克泰容许他用的那个前提，并且一看文本我们就会发现他并没有用到这个前提：麦克泰对苏格拉底论证的重构中的“总是”（always）得不到T15或者468E1-8处字面文本的保证。在这段话中，苏格拉底从头到尾没有说过任何歪曲自己真实立场的话，这个真实立场就是，同所有非道德善一样，权力只能是有条件地好的（conditionally good），因此并不总是好的：如果在错误的条件下用，它就会是一种恶。

论证过程中唯一可能的花招，是苏格拉底在T15这节对话不久之后接着提出的进一步主张：

> **T16 《高尔吉亚》467B3—9** 苏格拉底："我主张，他们［僭主和演说家］并没有做他们意欲（desire）的事情。来反驳我吧！"波洛斯："你不是同意，他们做在他们看来最好的事情吗？"苏格拉底说："我仍然同意。"波洛斯："那他们岂不是在做他们意欲的事情（ἃ βούλονται）？"苏格拉底："这我不同意。"

正是这点引起了波洛斯最激烈的抗议（他惊呼道，"苏格拉底，你说的简直太惊人，太骇人听闻啦"）。它成了引发双方分歧的核心论点。苏格拉底断定，而波洛斯否认（3）一个做在他看来最好的事情的人可能并不是在做他意欲的事情。[75] 150

为了向波洛斯表明（3）是完全合理的，苏格拉底接下来阐述了他最根本的学说，即我们所有（自愿的）行动都是为了"某个好东西"（some good）或者"善［本身］"（the good）而做的，[76] 并且由此，我们在每一个行动中所意欲的

［75］ McTighe（1984: 194）将这个命题转述为"'做某人意欲的事情'必须与'做在某人看来好的事情'区别开来"。他认为这是对苏格拉底深思熟虑的观点的一种故意歪曲，它被插入这段论证中是为了蒙骗波洛斯。

［76］ 参见本章T17和T18，另参见*Meno* 77E1-78B2。在所有这些段落中，"好"都应该循柏拉图作品中的惯例理解成"**对我们好**""**对行动者好**"：参见本章脚注［53］。

并不（只）[77]是行动本身，而是我们意欲做它所为了的善。由此他得出了结论（3），即如果x是坏的，[78]那么即便它有可能在我们看来是好的[79]（否则我们不会选择去做它），**我们也并不意欲去做x**。这是个故意为之的谬误吗？甚至，它算是一个谬误吗？这里苏格拉底的思路穿越了极为诡秘莫测的地带，即便借助现代分析哲学我们已经对其中的语义陷阱有所了解，要穿越这片地带同时又要避免错误地表达我们自己的想法依然很困难。要是苏格拉底在缺乏任何这类配备的情况下还能奉献一场完美无瑕的表演，那可真是奇迹了。

今天的哲学家们通常把他可能涉嫌骗波洛斯接受的那类谬误归到“心理语境中的量化”（quantifying in

---

〔77〕这是个苏格拉底未曾正式说明的关键限定语。但从468C来看他显然有此意：“所以，屠戮、放逐某人或者剥夺他的财产，我们不会**就那么地**（*just like that*）去意欲。”着重标出的短语是厄尔文对ἁπλῶς οὕτως的贴切翻译（追随Dodds, 1959: 239。罗斑的译法也大致相同：“comme cela tout simplement”［单纯就像这样］）——一个信手拈来，不甚严谨，但从语境看却足够清楚的表述：“就那么地”去意欲x就意味着不参照意欲x事实上所为了的那种善而去意欲x。将苏格拉底的主张转述成“如果x是达成某种目的的手段，那么我们并不真正意欲（really want）x”（Irwin, 1979: 141就是这样转述的；关于这点的更多讨论，见附注8.4）是不严谨的。苏格拉底在468C3-4明确做了相反的断言：“但如果这些东西［即我们为了别的什么而想要的东西］是有益的，那**我们确实意欲它们**。”Irwin（1979: 145）正确地留意到了这个说法并且评论道这是苏格拉底**本应**持的观点，但却令人惊讶地没能认识到这就是苏格拉底**事实上**持的观点。

〔78〕和前面一样，“**对行动者而言**坏”。

〔79〕并因而是，用亚里士多德的术语说（*N.E.* 1113a16ff.），“显得是的”善（the “apparent” good），它在被误导的道德判断中与“真正的善”（τὸ κατ’ ἀλήθειαν ἀγαθόν，a25）相反。

psychological contexts）这个名目之下。这是这类谬误的一个极端例子：他意欲x；x恰巧是y；因此，他意欲y。不妨比较：俄狄浦斯意欲娶伊俄卡斯忒（Iocasta）为妻；伊俄卡斯忒恰巧是他母亲；因此，他意欲娶他母亲为妻。[80]但让我们再看一眼结论。乍看之下那句话假得可怕，但再三思之，一层能使那句话对于某个掌握了诸神不让俄狄浦斯得知的信息的人而言显然为真的意思就会映入我们眼帘。想象王宫里有两个知道俄狄浦斯过往秘密的奴隶A和B。A对B说："我的天！俄狄浦斯想娶他自己的母亲为妻！"如果我们把他的话理解成，俄狄浦斯想要娶那个**恰巧是**他母亲——但他不知道——的女人为妻，那我们就会明白，他所说的完全是真的。然后我们就可以想象B驳斥道："凭宙斯，不！他可不想娶自己的母亲。"这句话我们也可以认为显然是真的，只要我们将其意思理解成"他不想娶那个他**相信是**他母亲的女人为妻"。有没有什么简单的方法可以让我们厘定这个情景中的某种特质，它让我们完全能够理解为什么同一个句子，"俄狄浦斯想娶他的母亲为妻"，能够既真实地被A肯定又真实地被B否定？ *151*

让我们借用由安斯康姆（Elizabeth Anscombe）[81]引

---

〔80〕这个例子我借鉴自McTighe, 1984: 205，它用之来服务于自己的目的，并取得了很好的效果。

〔81〕1958: 65. 这一参考文献来自桑塔斯。他在氏著论"苏格拉底诸悖论"的章节（1979: 187 and 316）——该章是他那篇开拓性的论文（*Philos. Review*, 1964）的修订再版——中借用安斯康姆的概念成功击破了苏格拉底的诸多悖论。

入到心灵哲学中的“在某一描述下意欲”(desiring under a description)[82]这个强有力的概念，同时也让我们借鉴桑塔斯在阐明苏格拉底观点的过程中采用的意欲的“实际”(actual)对象和“意向”(intended)对象的区分。[83]在他举的例子里有这么一个人，我们假设他伸手要拿的是桌子上的盐瓶，实际上拿到的却是胡椒瓶。他拿到了他想要的东西吗？如果这指的是他原本在“盐瓶”这个描述下意欲的那个对象，那显然他没拿到，因为那样一来他拿到的就不是他的意欲所“意向”的对象。如果，与我们的假设相反，这指的是他原本在“胡椒瓶”这个表述下意欲的同一个对象，那显然他拿到了，因为那样一来[他的意欲]“实际”的对象就是它所“意向”的那个。在俄狄浦斯的例子中，他的母亲确实是他想要娶伊俄卡斯忒这个意欲的“实际”对象，但却不是它的“意向”对象：他并不想在那个描述下，而是想在别的某个描述，例如“那个令人心醉的女人”或者“那位如果同意嫁给我将会令我无比快乐的可爱的王后”之下娶伊俄卡斯忒，这些描述中均不包含“我母亲”或者任何内涵等价的短语。虽然A的陈述看似是B的陈述直白的否定，但两者都可以为真，因为A的陈述指向俄狄浦斯意欲的“实际”对

152

[82] 厄尔文在对我们这段话的讨论中出色地利用了“在某一描述下考虑”(considered under a description)这个类似的概念：“苏格拉底的问题‘A是否做了他想做的？’是有误导性的，因为他似乎暗示它的回答必定非是即否，但实际情况却是，它的回答在以一种行动者信以为真的描述下考虑该行动时可能为是，在另一种描述下考虑时则可能为否。”

[83] 1979: 186-9.

象，而B的则指向它的“意向”对象。

我们可以将这套分析用在苏格拉底那句让波洛斯觉得如此反常的话上，然后再来考虑耍花招的嫌疑是否属实，我们知道，苏格拉底认为人类意欲的最终对象是善：

> **T17 《高尔吉亚》468B7—C6** “因此，一切事情，做它们的人之所以做，都是为了善。……因为如你同意的，我们意欲好的东西；既不好又不坏的或者坏的东西，我们不意欲。”

> **T18 《高尔吉亚》499E8—9** “善是一切行动的最终目的（τέλος），其他一切都应该为了它而做。”

因此苏格拉底在（3）中想说的是我们的意欲所“意向”的对象总是某种好的东西，这点是毫无疑义的：无论我们意欲什么，我们都在“好”这个描述下意欲它。而在我们的行动是坏行动这种并不罕见的情况下，他会想说，虽然我们在该行动中所意欲的“实际”对象确实是坏的——即便它当时在我们看来最好——我们所“意向”的对象却是我们当时，也是我们一如既往地在种种行动中，追求的善，不论在那一刻我们错得多么厉害。[84]既然已经让新术语派上了用场，那就

---

〔84〕 McTighe, 1984: 206 *et passim*对苏格拉底学说的诠释被其一条假定败坏了：它假定苏格拉底一切人都意欲善的主张的“意思是他们都意欲显得是的善”——这被认为是柏拉图在作品集每一个相关［转下页］

让我们借助它来给出（3）的一个改进版本：（3*）一个做在他看来最好的事情的人可能并不是在追求他意欲的"意向"对象。这肯定就是苏格拉底想对波洛斯说的。[85]而且如果他用上了类似这样的术语，说清楚了这就是他的本意，波洛斯根本就不会觉得这个论点有任何"骇人"之处。因为虽然他可能对"我们总是欲求善"的苏格拉底式学说持怀疑态度，但如果他因为论证的缘故承认了这点，那么他就没有理由会被以下的推论震惊：如果人们在相信其为好的情况下做了坏的，那么他们并没有在追求他们的意欲所"意向"的对象；故苏格拉底也根本没有理由要用诡辩来博取波洛斯的同意。将（3）重新表述为（3*）——亦即将苏格拉底的本意变得更直白易懂——就意味着消除其要花招的嫌疑。

153

但让我们先别把这当作盖棺论定。如果我们允许苏格拉

［接上页］段落中都阐发的"深思熟虑的观点"（216）。这条假定是错的。苏格拉底在T17、T18中提出的主张恰恰相反，是一切人都意欲"真正的"善，哪怕它在那个时刻悲剧性地有悖于在他们"看来最好"的东西，亦即有悖于"显得是的"善。虽然麦克泰参考的其他任何段落中（*Ly.* 216C-220B，*Eud.* 278E-282A；*Pr.* 358C-D［原书误作258C-D。——译者注］）都未曾对在我们"看来最好"的东西同我们所有人都意欲的（"真正的"）善的殊异性有所阐发，它却与所有这些段落都相融贯。因此，在*Eud.* 281D处，倘若柏拉图实际上说的是，那些当我们没有在"智慧"的引导下使用时事实上对我们坏的非道德善，在这么被使用的时候在我们"看来"也是好的，因此也属于"显得是的"善，虽然与我们"真正的"善相悖——这种说法也是完全符合这个段落的精神的，只要这么说符合他在那里的意图。

〔85〕我们也可以说（3*）是对苏格拉底思想的"本意"的表达，而（3）是"实际"的表达。

底受益于桑塔斯改进后的术语的话，那为何要满足于浅尝辄止呢？（3*）中取得的全部进展不过如此：我们做的只是将新术语应用到（3）的第二个分句——将“做他意欲的事情”替换成“追求他的意欲所‘意向’的对象”，而把第一个分句“做在他看来最好的事情”，原封不动地保留了下来。让我们把工作做得更彻底点。由于在他“看来最好的”事情就是［他意欲的］“实际”对象，让我们将之代入我们改进版的（3）中，将之相应改写为（3**）一个在追求他意欲的“实际”对象的人可能并不是在追求他的“意向”对象。被误导的行动者如今被表现为不仅是在意欲那作为他意欲的“意向”对象的善，**也是在意欲那“在他看来最好**”并且是他意欲的“实际”对象的**恶**。采取这种形式来表达苏格拉底以（3）的形式陈述的东西，本可澄清他的学说，而这不仅对波洛斯有益，对他自己也有。而且洞见的加深本可能会让他在表达上有大幅的修订。若将他的主张重新表述为（3**）而不是（3），他本可让其他人也让他自己清楚地看到，他没有理由否认那些失德的僭主之流确实会意欲些糟糕透顶但在他们看来最好的东西，譬如杀人等——在将那些行动错误描述为“好”的情况下，他们肯定是意欲它们的。那样一来，苏格拉底就不会像在回顾这段话时那样说他和波洛斯都“被迫同意”：

T19 《高尔吉亚》509E5—7 “……没有人会意欲行不义（μηδένα βουλόμενον ἀδικεῖν），相反所有行不义者都是不自愿地做的（ἀλλ’ ἄκοντας τοὺς ἀδικοῦντας πάντας ἀδικεῖν)。"[86]

154 或者，如果他这么说了，他本会加上一句："但这么说并不是否认他们确实意欲行不义，并且他们的所作所为是自愿的。"因为如（3**）表明的，苏格拉底说不义之人确实意欲或者确实不意欲做他们所做的恶事的理由都同样充分，正如那些了解俄狄浦斯的秘密的人既有理由说他不意欲，也有理由说他确实意欲娶他的母亲。如果苏格拉底当时把他的（3）重新表述成了像（3**）这样的形式，那他肯定会发现有很好的理由去除掉它最犯众的特征，这个特征当然不是我们都意欲好东西——我们没有理由反对这点[87]——而是我们**从不意欲**那些在我们错把坏当作好时确实意欲的坏东西。[88]他的

---

[86] 另参见*Meno* 77Cff.这个教益良多的段落：苏格拉底得出了"没有人意欲恶的东西"（78A6）的结论。Santas（1979: 186-7）对这段话的讨论相当出色，颇有见地，但失之未能注意到当中的陷阱：从"每个人都意欲好的东西"这个前提，苏格拉底无权推出"没有人意欲坏的东西"。因为只要这个前提——在按照桑塔斯自己的指引正确地得到厘清后——的意思被理解成"好的东西是每个人意欲的'意向'对象"，那它就没有给否认（甚或给未能注意到）坏的东西是某些人意欲的"实际"对象提供任何依据。

[87] 正如Santas（1979: 189）观察到的，这"似乎是人们在解释人类行为时，至少是在解释各种慎思选择的情形时，最常做出的预设之一"。只关注苏格拉底的这个局部立场的桑塔斯轻易地给他的整体立场开出了干净的健康通知单（clean bill of health）。

[88] 任何怀疑这条学说按其字面含义当真如此拙劣的人应该考虑一下，如果苏格拉底要否认克里昂（Cleon）渴求权力，美狄亚渴盼复仇，那他将把自己置于多么荒谬无理的立场。说他们做那些可怕的事情是"不自愿的"，这给人一种苏格拉底真是在特意否认他们意欲这么做的印象——这种印象桑塔斯完全没有加以纠正。

“一切不义之举皆出于不自愿”[89]这条著名学说将会自动瓦解。[90]

因此，表明苏格拉底没有理由愚弄波洛斯的那套分析，也将表明苏格拉底没有理由坚持波洛斯觉得惊世骇俗至极的那条主张，即我们并不欲求那些在我们“看来最好”的恶，哪怕我们行的确实是恶。在为了波洛斯的好处而澄清自己学说的过程中，苏格拉底自己原本会成为最大的受益者。它原本会促使他不再纠结一切恶行皆是“不自愿的”这条极具误导性的教条——按照字面的意思，它会摧毁道德责任。(苏格拉底的观点如果正确地理解的话是会让美狄亚对谋杀负全责的：谋杀是她意欲的“实际”对象，虽非其“意向”对象。)正是因为真真切切地感受到这一教条**是**如此之有误导性，并且苏格拉底摆脱了它会好过很多，麦克泰才会对它满腹狐疑并受此启发提出了考虑不周的主张，认为苏格拉底只是**假装**持这种观点来糊弄波洛斯。

结 论

在对《高尔吉亚》中的这一段以及上一段论证的讨论 *155*

---

〔89〕 οὐδεὶς ἑκὼν ἁμαρτάνει（本章脚注〔26〕），这经常被当作苏格拉底最基础性的学说之一。

〔90〕 也就是说下面这点将会变得清楚：这条学说的本意并不是要否认人们可能会意欲并且确实意欲某些“实际”对象，它们的成功获取将会在他们不知道的情况下灾难性地导致他们对善的意欲落空。

中，我针对为了胜过一个声名狼藉的对手而有意诉诸非真理的非难替苏格拉底做了辩护。这么做势必会让他通过盘诘方法来“探查自己”[91]和对话者的努力付诸东流。那些衷心相信苏格拉底在这些以及其他论证中利用了不真诚的信念或者明知有谬误的推理的学者，没有一个试着解释过，这种对求索真理［的使命］的不忠诚如何能够与柏拉图对苏格拉底哲学实践的理解相调和。当然，早期对话并没有把苏格拉底描摹成那位遵循柏拉图自己在人生更晚阶段才思考出的追求真理的理想方式来求真的理想哲人。在《泰阿泰德》中柏拉图让我们窥见了一个不一样的、颇有改进的苏格拉底，他已经平息了心中争胜好辩的魔鬼。[92]这个更高贵的人物形象不再猛然抓住对手承认的东西来驳倒他，而是自行承担起帮助对手纠正并且巩固苏格拉底接受挑战要去反驳的立场的责任，以使得对它的突击如果告捷，其战果将会是成功证明目标立场内在的不成立，而不是它当前的捍卫者未能做出最佳的辩护。

---

〔91〕 *Ch.* 166C-D［＝本章T4］。

〔92〕 这种对苏格拉底的责难是借普罗塔戈拉之口说出来的：“一个宣称关心德性的人竟常常在争辩中犯不公正之咎［guilty of unfairness，这是康福德对 ἀδικοῦντα ἐν τοῖς λόγοις διατελεῖν 的精当翻译］。不公正在这里就意味着不能区分争辩（contention）和论辩（discussion）［χωρὶς μὲν ὡς ἀγωνιζόμενος τὰς διατριβὰς ποιῆται, χωρὶς δὲ ὡς διαλεγόμενος］。在争辩中，一个人不必严肃认真，可以肆意坑绊他的对手。在论辩中，他应该严肃认真，并且帮助他的对话者，向他指出那些应归咎于后者自己或他之前的朋党的坑陷或者谬误［并且应该与他所辩护的观点中的种种实质谬误划清界限］。”（*Tht.* 167E-168A）

《高尔吉亚》这里的情况则不然。在通篇对话，尤其是他与波洛斯的交锋中，他好辩者的一面都比无私的求真者的一面更加显著。他处理的是些亟待澄清的问题，但他却没有付出任何努力为他对手的好处着想去澄清它们。[93]当那条相当出人意料的命题，即僭主之类的人在做他们看来最好的事情时实际上并没有在做他们意愿的事情，让波洛斯觉得明显是无稽之谈时，苏格拉底难道就不能立即花点心思解释清楚：如果理解得正确的话，这条乍听之下惊人的主张，在行动者被他自以为最好但实际上并非最好的选择蒙蔽的情形下，其实显然为真？他当然能。但苏格拉底没有表现出半点那样做的兴趣。他在波洛斯的面前挥舞着他的悖论，挑衅后者挑出里面的毛病： *156*

T20 《高尔吉亚》467B2 “我不认为他们在做他们意愿的事情。尽管反驳我吧。”

而当波洛斯困惑地连连抱怨，大呼它“骇人听闻”时，苏格拉底一如既往竖起了铜墙铁壁：

T21 467B11—C2 “别诋毁我，出类拔萃的波洛斯啊……你想提问吗？那就表明我说的是错的。不然的

---

〔93〕我们也许可以同意Klosko（1983: 363-74）的一个观点，即从他的对话者的视角看，苏格拉底的论证其实“极其薄弱”，但却不能同意“苏格拉底难免是意识到这点的”（373）。

话就接受提问吧。”

作为一位真正的艺术家，柏拉图不愿意拿他的英雄来迎合我们，而是希望我们看清苏格拉底的真面目——一个一条路走到底地追寻真理的人，把满腔热情倾注到他所践行的方法之中，从不向他对手的弱点让步半分，哪怕宽宏大量或者同情心可能会要求他这么做。如果我们想看到的是对陷入迷惘的对手的慷慨大度，那柏拉图保证我们会大失所望。但正如前面的分析可能已经暗示的，柏拉图也确保我们能够看到，相对于波洛斯应得的，苏格拉底已经不算亏待他了。苏格拉底不折不扣地对他贯彻执行辩证式论辩的规矩，不断引导他“向自己举证”，但从不故意误导他。如果《高尔吉亚》展现的这样一套方略在柏拉图写作《斐多》的结尾时曾经闪回过他的眼帘，那他肯定没理由把苏格拉底称颂为他毕生认识的所有人中“最正义的”。

第六章　苏格拉底的虔敬[1]

苏格拉底信奉推理论证作为道德领域内各种真理主张的最终裁决，这在柏拉图的苏格拉底对话各处都明显可见。他在克力同面前为自己留在监狱等候处决的决定辩护的那段慎思就援引了这点：　157

> **T1 《克力同》46B*** “我不是现在才第一次如此，而是为人一直如此：我不会被自己的任何东西说服，除了那条经理性思考（λογιζομένῳ）对我显得最好的命题。”

但他也承诺要服从通过超自然渠道传达给他的命令。当在庭上解释为什么城邦对他的生杀大权丝毫威吓不了他，以让他放弃在公开场合践行他的哲学时，他宣称：

---

〔1〕　本章是1988年5月曾在剑桥古典系B组报告，后发表于*Proceedings of the Boston Area Colloquium*（vol. v, 1989）的一篇论文的增订版，部分包含在我于圣安德鲁斯大学所做的一次题为“苏格拉底的虔敬”的吉福德讲座（1981），以及于康奈尔大学做的一次唐森讲座（1986）中。

*　原书误作“45B”。

T2 《申辩》33C “这么做，[2] 正如我认为的，是神通过神谕、托梦以及神圣命份（divine apportionment）曾借以命令任何人做任何事情的其他一切手段命令我的。”

他看不出这两个承诺——一方面，追随论证之所至，另一方面，服从通过超自然渠道传达给他的神圣命令——之间有任何冲突。他默认它们完全相容。[3] 这有道理吗？我想论证这是说得通的。这将是本章的第一个任务。但我更关心一个更大的目标：理解苏格拉底的宗教观念。所以在结尾之前我将回到《游叙弗伦》这部对话开始偏离探索虔敬定义的轨道的地方。[4] 我将沿着那里指示的方向把探索再推进一步。

158

首先让我们直面一个关于苏格拉底的事实，它一直以来令现代读者感到如此之窘迫，以至于有一长串的柏拉图研究著作都曾寻求——最晚近问世的一本《游叙弗伦》研究专著[5] 依然在寻求——通过解释打发掉它：[这个事实就是] 苏格拉底对超自然因素（the supernatural）的接受。我

[2] 即过爱智慧的生活，省察他自己和其他人（*Ap.* 28E，引为第四章T5及第五章T2；参见这些章节中对这段文本的评论）。

[3] 它们必须如此，因为在T2中神“命令”他做的恰恰是去从事T1主张的那种追求献身于理性的活动。

[4] 在14B-C处，游叙弗伦被告知，如果他回答了他在14A9-10被问到的那个问题，苏格拉底就会“学会虔敬 [即学到虔敬是什么]”；“你已经来到了节骨眼上，却又绕开了”。参见Brickhouse & Smith, 1983: 657-66, at 660。

[5] 作者是已故的维尔森伊（Laszlo Versenyi，1982）。对此的有力批评见McPherran, 1985: 292-7。

不打算浪费时间来驳斥这些学者。他们所否认的事实在我们的首要文献来源中——色诺芬和柏拉图的苏格拉底著作——有如此确凿的见证，以至于做手术切除它无异于是在要病人的命。只要想利用上柏拉图和色诺芬关于苏格拉底的证词，我们就必须把下面这点当作一个避无可避的事实、一条既定地给予了我们的历史前提：虽然苏格拉底在诸多方面遥遥领先于他的时代，但在这部分思想上他却完全是时人一个。他不加质疑地认同[6]那个由来已久的观点，即在我们的感官可通达的自然世界之旁还并存着另一个世界，其中充斥着神秘的、像我们一样的人格存在者，但不同于我们，它们有力量去任意侵扰那限制着我们行动的因果秩序，在其中造成程度无法估量[7]的变化，既可能大大造福我们，也可能——如果它们改变主意的话——给我们带来灭顶之灾。我们不能企望理解它们是怎么作用在我们身上的。但事实是它们确实会作用，并且通过托梦和神谕（oracles）与我们沟通是它们宣示凌驾于我们之上的权能的诸多难以捉摸的方式之一。生在这个宗教信念体系里，对宗教深信不疑的苏

〔6〕 柏拉图的苏格拉底对话从未质疑过诸神的存在和权能——哪怕只是作为一种抽象的可能性。《回忆录》中的人物在这个方向上最激进的立场是不相信诸神的权能和他们对人类的关爱（1.4中的阿里斯托德摩斯和4.3中的欧谛德谟）。在色诺芬和柏拉图的苏格拉底眼中，正如在绝大多数希腊人眼中，诸神的存在几乎同自然世界的存在一样，是“给定”的。

〔7〕 但绝非无限度。与希伯来和基督教传统神学中的神形成鲜明对比的是，希腊的诸神并不是全能的。

格拉底不可能会对这点视而不见。[8]而且没有很好的理由的话，他也没法合理地否认它：当一种信念在公众的共识中占据主流，持异见者就需要承担为自己的异见辩护的责任。而且眼下他的难题还会因为宗教共识具有法律约束力这一事实而变得更加棘手。公然藐视它乃是冒城邦之大不韪，面临的可是死刑的责罚。

159 从阿那克西曼德到德谟克利特，已经有一连串杰出的思想家慎之又慎地破解过这个难题。他们将超自然因素悄然从他们的新世界图景中驱逐了出去，却从未指名道姓地批评过它：我们指称它的词的希腊词源并不在这些人的语汇里面，[9]他们也不需要为了抹灭它的所指而专门发明一个词。他们只是在专注于自己的*physiologia*——“自然学”（science of nature）事业的过程中顺带完成了这项工作：通过扩充自然概念使之囊括万有，[10]他们创造了一个新的宇宙概念“cosmos”，一个受制于无所不包的“必然”[11]秩序的领域，

---

〔8〕 同修昔底德一样，后者彻底世俗化的世界观使得他有可能无视［这个信念体系］，除非此类信念会困扰他叙述的主题。

〔9〕 ὑπερφυσικός是一个晚出的新柏拉图主义的合成词。正如我在别处已经指出的（1975: 20），“超自然因素［在伊奥尼亚自然学中］只字未被提及就遭到了废黜”。

〔10〕 这个预设已经内建在他们通常用来指称他们的讨论对象的那个短语——“大全”（the all）或“万物”（all things）——之中。参见Diels-Kranz, 1952（以下简写为DK）词汇索引中的τὸ πᾶν、τὰ πάντα条目，由此引申出了Xenophon, *Mem.* 1.1.11（部分引作本章T6）和1.1.14中的“万物的自然”（ἡ τῶν πάντων φύσις）。

〔11〕 参见DK词汇索引中的ἀνάγκη条目，并参见本章T6色诺芬对“方家们所谓的‘宇宙’”的描述中提到的“必然［原因］”。

没有任何处身在它之外的、性喜干预的（interventionist）实体能够打破其种种律则，因为在它之外什么也没有。[12]这幅新的存在者图谱还给神或诸神留有什么空间吗？留给超自然神的空间没有了。留给自然神——不存在于自然之外而存在于自然之中的神——的空间则还有大把。并不是所有的自然哲人都借此名义保留了诸神，因为他们打造的世界图景首先是要迎合科学的而非宗教的需求；原则上，他们无须指涉神或诸神就能完成这幅图景。但他们并不是反宗教的。他们的脾性可不同于乡野无神论者。在假定一个经天纬地的心智（cosmic intelligence）来解释他们的宇宙的可知秩序时，他们大多数都称之为“神”。克塞诺芬尼、赫拉克利特和阿波罗尼亚的第欧根尼都是如此，除了阿那克萨戈拉以外[13]：没有任何一则他的残篇称呼过那创造世界并主持秩序的心智为“神”。

如此一来，在伊奥尼亚自然学中，一个担负这个名号的存在者的存在就不是必需的。必须遵守的规矩只有一条：神灵若要在现实世界中有一席之地，就必须被自然化，并由此被理性化，被与自然的井然有序而不是像在绝大多数希腊人看来依旧是的那样被与种种失序状况关联起来。开明如

〔12〕关于自然哲学对传统宗教世界观的毁灭性冲击，类似的解释参见“Die Wirkung der Naturphilosophie” in Gigon, 1959: 51-9和“The displacements of mythology” in Lloyd, 1987b: 1-49。

〔13〕在阿那克西曼德这位伊奥尼亚自然哲学的真正创始人那里也还没有，虽然这点有争议：参见Vlastos, 1952: 97ff., at 113；对照Jaeger, 1947: 29ff. and 203ff.。

160 希罗多德也只是满足于尽量减少超自然干预在历史中的出现，却并不在原则上摒弃之。他在讲述波斯军队在波提岱亚（Potidaea）被异常高涨的潮水吞没的故事时采信了当地人的看法，认为这是波塞冬惩罚玷污他神坛的入侵者的结果。[14]要是忘了那撮全盘接受自然哲人观点的知识分子的规模有多小，那我们应该回想一下前413年8月27日在叙拉古平原上发生的事情。正当雅典军队迫不得已要立马撤离，主帅尼基阿斯也已经决定要撤离的关头，发生了月食。对此修昔底德写道：

> **T3 修昔底德，7.50.4** 一众雅典人大受震动，并禀告将军们要求留在原地。……而过于迷信预言占卜之类东西的尼基阿斯甚至拒绝讨论撤离的问题，直至占卜师们谕示的二十七天过去。

他们留了下来，结果是尼基阿斯的部队全军覆没。

从柏拉图的《拉刻斯》中我们得知，尼基阿斯熟知苏格拉底[15]并且受过后者道德教义的影响：在那部对话里，尼基阿斯被描绘成苏格拉底式勇敢定义的推崇者。如果师从的

---

〔14〕 8.129.3："无论如何，在我看来，他们［即波提岱亚人］说这就是原因，这话说得不错。"其他例子见Lloyd, 1979: 30, nn. 102-3。

〔15〕 尤其注意*La.* 187D-188C：他显然早就切身体会过苏格拉底的盘诘法"省察"对话者的信念和生活的威力。参见Vlastos, 1983a: 37。另参见*La.* 200C-D（引作附注1.1中的T11）。

是阿那克萨戈拉，那他不可能会做出在叙拉古时那种举动。那种影响势必会把他脑子里关于月食的超自然主义观念扫除得一干二净。[16]同苏格拉底的关系则不妨碍这种观点的保留。[17]个中原因我们也不难看出。苏格拉底不可能教他的同伴们走上新兴的“自然科学”从那一大片迷信思想的泥淖中开辟出的那条道路，因为连他本人都未曾发现那条路。[18]他站在远离自然哲人们的探究的高处。[19]他把全部精力倾注在伦理探讨上，[20]对自然哲学的兴趣并不比对形而上学、知识

161

〔16〕正如它对伯里克利的影响那样：由于与阿那克萨戈拉的关系，普鲁塔克说（*Life of Pericles* 6），他“得以超然于迷信给那些对上界之事的肇因一无所知的人们带来的瘆人的惊诧”。

〔17〕但不是说苏格拉底会赞同尼基阿斯听从占卜师的建议而罔顾军事上的慎重考量这个决定。在《拉刻斯》中，苏格拉底提醒他的对话者，法律要求占卜师听命于将军，而不是将军听命于占卜师。修昔底德（7.48.4：参见Connor, 1984: 237）使我们得以认清那种让尼基阿斯在生死关头容易受到迷信蛊惑的道德弱点何在。

〔18〕因此，认为苏格拉底是“希腊启蒙的典型代表”（Joël, 1921: 759）的观点大错特错。如我们从伯里克利和欧里庇得斯的例子中所知，启蒙分子们会找像阿那克萨戈拉这样的自然哲人来作为他们的领袖。认为苏格拉底是“雅典知识分子的智识领袖”（Maier, 1913: 463）也不对。柏拉图肯定没有把他描绘成这样——在《普罗塔戈拉》中，那位大智者恭维的是苏格拉底的大好前途，而不是他目前的成就：“要是你成为在智慧上闻名遐迩之人，我一点也不会惊讶。”（361E）

〔19〕但这并不是说他对这类探究嗤之以鼻，如色诺芬会让我们相信的那样（本章T6）。在柏拉图的《申辩》中，苏格拉底明确驳斥了那种心态。这是在面对色诺芬和柏拉图的证词的矛盾时我们有很好的理由侧重后者证词的几个案例之一（参见de Strycker, 1950: 199ff. *passim*）：他没有色诺芬那么倾向于迎合辩护的目的来表现苏格拉底的形象（参见本章脚注〔23〕）。

〔20〕参见第二章中的论点IA。

论、存在论或者任何其他道德哲学领域之外的研究分支的兴趣更多。

当然，有传言说他曾私下钻研过自然学问，[21]而且阿里斯托芬还根据这种谣传创作出了不朽的喜剧。但我们最可靠的文献来源确凿无疑地表明这是无稽之谈。亚里士多德对此是如此确信，以至于只用一个插入从句就打发掉了这个问题：

T4[22] **亚里士多德，《形而上学》987b1—2** 然而苏格拉底专注于伦理问题，完全不关心自然的整体（τῆς ὅλης φύσεως）。

在柏拉图的《申辩》中，苏格拉底痛斥阿里斯托芬所漫绘的那个坐在悬空的篮子里观天的形象实属诽谤。

T5 柏拉图，《申辩》19C “对这类事情，无论大小，我一无所知。不是说我要出言贬损这门学问，如果真有人精通它的话……但事实是，雅典人啊，我从未牵涉其中。”

---

〔21〕在阿里斯托芬的喜剧中，他躲在守卫森严的大门背后教学。在受审时（*Ap.* 19B-D）苏格拉底呼吁，如果陪审团成员中（当中肯定包含许多同他年纪相仿甚至比他年长的男性）有任何人听见他讨论过这类事情，尽管大声说出来。他很自信没人听见过。Burnet（1914）在对19D4的注释中援引了出自安多基德斯（Andocides）和德摩斯提尼的类似文段，它们表明这类呼吁并不违反雅典司法程序。

〔22〕第三章T9。

辩护心切[23]的色诺芬则千方百计要洗清苏格拉底是个隐秘的自然哲人的嫌疑，把他表现得对自然探究充满鄙薄和敌意：

> **T6 《回忆录》1.1.11** 他也没有像其他多数人一样大谈宇宙的自然，探究方家们所谓的“宇宙”以及是什么必然原因导致了诸天体的生成。他总是展示那些这么做的人有多么愚妄。[24]

因此，从色诺芬那里，不亚于从柏拉图和亚里士多德那里，我们能找出很好的理由对《回忆录》[25]中所表现的苏格拉底形象的可信度有所保留：这个苏格拉底是个对阿波罗尼亚的第欧根尼式的目的论宇宙论有所涉猎的人，试图为从人的机体结构到太阳的节令运动等各种自然现象顺适人意的（man-serving）秩序所倚仗的神圣旨意提供一套自然神学的（physico-theological）论证。[26]为神的存在提供宇宙论论证 162

---

〔23〕关于《回忆录》强烈的，甚至决定全书谋篇布局的辩护动机，见Erbse, 1961: 17ff.。

〔24〕*Mem*. 1.1.1. 在讲述苏格拉底对待天文学的态度时（*Mem*. 4.7.4-7），色诺芬让苏格拉底站在了蒙昧主义者（obcurantists）一边，警告同伴们，称“那些思索这类事情的人都有疯掉的危险，像阿那克萨戈拉一样”。

〔25〕1.4.1ff.（与阿里斯托德摩斯的对话），4.3.3ff.（与欧谛德谟的对话）。

〔26〕如Jaeger（1974: 167 and notes）已经指出的，色诺芬归于苏格拉底名下的那些支持自然神学的论证“无疑不是色诺芬自己的”。其追随Theiler（1928: 18ff.）认为它们的来源是阿波罗尼亚的第欧根尼。在（反对Vlastos, 1952: n. 84）接受这种看法时我们应该留意忒勒尔［转下页］

是宇宙论者们的事，但既然苏格拉底不涉猎宇宙论，那他何必要提出这样一套论证呢？

当然，苏格拉底很难完全屏蔽他的批判智性所蕴含的惊人能量对他宗教信仰的冲击。但为了在他关于诸神的观念中打开批判的视野，他并不需要抛弃道德探究，转投物理学和形而上学。他可以要求他的诸神服从伦理的，而非形而上学的标准。伊奥尼亚人通过把神变得自然来使之理性化。苏格拉底则从他们所拒斥的超自然主义框架内部迈出了平行的一步：他通过把诸神变得道德来使之理性化。**他的诸神能够既是超自然的又是理性的，只要它们是理性地道德的**。我认为这就是他的构想。给定他如此执着地专注于伦理问题，他是不可能提出一套**自然神学**的。但他能够，也确实，提出了一套**道德神学**：它仅仅对神的概念进行必要的探究，为的是使之契合他的伦理观点，从他关于属人之善的全新洞见中引申出能够约束诸神自身的规范。

以下是《理想国》第二卷中的“神学纲要”（τύποι θεολογίας，如柏拉图所称）的第一条：

［接上页］（Theiler）的告诫：不要把色诺芬自己天真的人类中心论的神正论解读到该来源中——第欧根尼的残篇里（DK B3）没有迹象表明“尺度”被施加于天体运动是着眼于人类的福祉。出于虔敬之心而针对性地提出自然神正论的色诺芬挪用第欧根尼的说法来服务于自己的教诲目的的可能性太大了。自然秩序不容例外（unexceptionableness of the order of nature）这个被各种宇宙论奉为圭臬的信条对色诺芬的思想来说是完全陌生的。他既很可能从自然秩序因神意而被打破的状况中，也很可能从它有利于人类的如常运转中，看出诸神关爱世人的证据：他相信（*Mem.* 1.4.15）诸神会传递“征兆”（τέρατα），使人们能够通过占卜活动预知未来之事。

T7 《理想国》第二卷，379B “神难道不是确实为好的，且必须被说成是这样吗？”……

“而且肯定没有什么好东西是有害的？……而无害的东西不会造成伤害？……而不会造成伤害的东西不会作恶？……而不会作恶的东西不可能是任何恶的原因？……善难道不是有益的吗？……因此也就是过得好（well-being）的原因？”……

163

“因此神不可能是一切事物的原因，而只可能是好的东西的原因；他不是坏的东西的原因？”[27]……

我着重标出了这段推理最后也是最关键的一步[28]：神不可能是人类生活中所有东西的原因，而只能是其中好的东西

〔27〕这句话出自《理想国》第二卷中的一个段落，柏拉图在其中规定了其神学诸条款——诗人们在任何时候援引诸神都必须遵从这些条款——的第一条。这个出自一部柏拉图中期对话的段落展现的纯粹是苏格拉底的思想遗产，当中没有用到一条对早期对话的思想陌生的前提。直到这第一条τύπος θεολογίας被树立起来之后，柏拉图才让苏格拉底超越了它（380Dff.），引入了那条崭新的、分明属于柏拉图的形而上学前提，即诸神不可能变动，因为这将导致“出离他们自身的形式”（380D；参见*Ti.* 50B，*Cra.* 439E），并由此前提得出结论：诸神不可能撒谎，因为撒谎会使他们牵涉到变动。

〔28〕379C2-7重申了一次以强调这点：“因此，由于神是善的，他就不是人世发生的一切事情的原因，**如众人所说**，而只是其中少数事情的原因：他并不是多数事情的原因。”我着重标出了柏拉图通过将苏格拉底的神学置于通常信念的对立面来凸显其重大创新之处的那个短语，正如他突出苏格拉底式道德准则的重大创新之处——对同态报复律（*lex talionis*）的拒斥——的方式是将之呈现为一条力排众议的主张：对那些对我们作过恶的人作恶并不是正义的，“**如众人相信的那样**”（*Cri.* 49D）。

的原因。只有最大胆的形而上学家才会去尝试设想一个超自然存在如何可能在自然秩序中造成任何变化，无论好坏。苏格拉底不是什么形而上学家，他坚守着自己作为道德论者的底线，在把这种因果关系事实视为理所当然之余，仅仅满足于给它附加上道德约束，并推论：由于神是善的，他只能产生善，绝不能产生恶。[29]

但为什么这种至大无外的善泽应当归功于神？是因为苏格拉底[30]与传统希腊观念[31]共同赋予诸神的那种至高无上的智慧吗？不，不只那个原因。赋予某人所设想的诸神以能力无限的智性，本身并不意味着同时赋予他们在道德上毫无瑕疵的意志。它也可能只会让人推论出，神超越了善恶之

164

〔29〕 色诺芬只字未提苏格拉底神学的这个根本特征——它将抹杀希腊宗教整个驱邪消灾的一面。这也可以理解，因为它在色诺芬归诸苏格拉底的虔敬观中并没有一席之地：那套虔敬观最背离流俗观念的地方也不过是教导“诸神愿意接受来自财力中等者的适中的献祭，不亚于愿意接受来自财力雄厚者的殷勤丰厚的献祭”和“献祭的人越虔敬，神就越享受供礼”（*Mem.* 1.3.3），但它依然遵循礼尚往来（*do ut des*）的献祭逻辑（参见 *Mem.* 4.3.17，引于本书附注6.4中）和诸神“同时有**行善和行恶**的权能”的传统信念。

〔30〕 *Ap.* 23A-B. 当领悟了凯瑞丰在德尔斐领受的神谕的真意，苏格拉底就明白到，与神圣智慧相比，人类的智慧“价值很小甚至毫无价值”。在《小希庇阿斯》中（289B），苏格拉底赞同了赫拉克利特的说法，“智慧之人之于神，犹如猿猴之于人”；参见Kahn（1979: 183-5, no. 68）对该残篇的解释。

〔31〕 连次一等的神灵，如缪斯，也被赋予远超于人类的认识能力（*Iliad* 2.485-6：“你们是女神，你们在场，你们知悉一切。”而人们所知的只是κλέος，“道听途说”）；神圣存在独占了那种人类被禁止拥有的完全“明晰”的洞见（σαφήνεια，Alcmaeon, DK 24 B1）。

分——如赫拉克利特认为的那样，[32]并且赋予神道德属性就是在贬降其品格——如亚里士多德认为的那样。[33]为什么苏格拉底会得出相反的结论呢？我认为这是因为对他来说，智慧的最高形式不是理论性的，而是实践性的。[34]而且“智慧蕴含德性”对诸神的约束力不亚于对人，这一预设对于他在神学领域内的理性主义规划至关重要。[35]他不可能忍受一

[32] DK 22 B102：“对于神，一切事物皆是美、好且正义的，人们则认为一些事物不正义，另一些正义。”在所有前苏格拉底派中，或许克塞诺芬尼算是有“使诸神道德化”之功（参见 Vlastos, 1952: 97ff., at 116）。当然，没有人比他更强烈地抗议过传统信念赋予诸神的不死性（DK 21 B11 and B12）。但这完全取决于他对人神同形论（anthropomorphism）的抗议（DK B23 以及它在革利免原出处中的下文，DK B14 and B15），而不是取决于他赋予神以专具道德性的意志，如苏格拉底在 T7 中的前提那样（ἀγαθὸς ὅ γε θεὸς τῷ ὄντι τε καὶ λεκτέον οὕτω [神确实是好的，且必须被说成这样], 379B1）。因此我必须对下面这种观点表示异议：它认为 *Rep.* 379A-383C 处阐发的神学纲要“是从克塞诺芬尼那里接收过来的”（Flashar, 1958: 109, n. 2）。这对纲要第一条肯定不成立，对第二条是否成立也成疑：克塞诺芬尼对神的运动的拒斥（B26）同柏拉图对神“出离他自身的形式”（τῆς ἑαυτοῦ ἰδέας ἐκβαίνειν）的拒斥间有显著的差异：克塞诺芬尼的建构基于一条宇宙论前提，柏拉图的则基于一条形而上学前提。

[33] *Nic. Eth.* 1178b8：由于认为“至福”（τελεία εὐδαιμονία）只能由纯粹的静观活动组成，他推断，如果把适用道德谓词的行动归诸诸神，我们会使他们变得“荒唐可笑”。

[34] 他在诸德性全“是”智慧这条学说中（*Pr.* 361B；参见 Aristotle, *Nic. Eth.* 1145b23, *Eud. Eth.* 1215b1；*Magna Mor.* 1182b15）所设想的显然是**道德**智慧。因此只要神的智慧是完满的（本章脚注〔31〕），他的德性也必定是完满的。

[35] 这能从“形式在每处皆相同”（ταὐτὸ πανταχοῦ εἶδος ἐστιν，*Meno* 72D）这条原则不加约束的一般性中得出。另参见本章脚注〔36〕。

套有双重标准的——一重对人，一重对神——道德准则[36]：这势必会延续旧有的非理性主义。如果苏格拉底要像伊奥尼亚自然哲人们曾经把自然宇宙理性化——通过把它造成一个cosmos——那样坚定不移地把道德宇宙理性化，那么他就势必要在道德领域内匹配他们未曾明言的至上原理，即地上事件的种种可辨识的规律性对任何地方的任何事件都成立：如果我们炉子里的火会发光发热，那么最遥远的星辰上的火必定也一样；火越旺，发出的光和热也越强。

当然，苏格拉底从未陈述过这条至上原理的道德版本。那我们知道他会拥护它吗？他会愿意说，那些能够在雅典的街头巷尾借由盘诘论证发现的原则将是普遍有效的，对甚至包括神在内的所有道德主体都成立吗？《游叙弗伦》中有证据表明他会。他在那里问道：

165

> **T8 《游叙弗伦》10A** “虔敬是因它是虔敬而为诸神所爱吗？还是说因为诸神爱它，所以它是虔敬？”

他在逼迫游叙弗伦同意，虔敬的本质——它的可理性地发现的自然本性——并不取决于诸神恰巧喜爱它的事实。[37]故他预设，虔敬之所**是**并不取决于他们或者其他任何人对它的

[36] 他对定义的探索基于下面这条预设：若任一道德特性F得到正确定义，那么该定义将适用于每一个可被定性为F的行动（参见*Eu.* 5D：“虔敬难道不是在每个行动之中都与自身相同吗？”）。

[37] 参见Crombie, 1962: 209-10；Taylor, 1929: 151-2；Cohen, 1971: 158-76。

感受，正如火的自然本性不取决于谁，无论神还是人，恰巧认为火是什么。虔敬有其自身的本质，其他每种德性同理也有，它对诸神和对我们具有同等的规范性：它同等严格地决定了德性在他们的具体情况中和在我们的具体情况中是什么。因此苏格拉底会推理出，如果关于善恶的知识必然体现为一个人的道德善，那它在一位神身上也必然体现为同样的东西。又因为他主张一个人的善绝不可能对任何人产生恶果，[38]故他必定认为一位神的善更不可能如此：因为神只能是善的，绝不可能是恶的，故神只能产生善果，不可能对谁，无论人还是神，产生恶果。

在继承希伯来和基督教传统的人看来，这很难说是个唐突的结论。但在那些成长在希腊的诸神信仰中的人看来，这就相当惊世骇俗了。它会抹去一整类的神圣活动，即像对待罪人那样折磨和摧残无辜之人，全然不在乎这会造成的道德溃乱，例如希腊传统观念中的赫拉没完没了地迫害赫拉克勒斯，在他婴儿时就派去毒蛇，要在他尚在襁褓中时就取他的性命，此后一直毒计不断，直到他临终之日仍要派狂乱之神吕萨（Lyssa）去搅乱他的心智，让他在一阵失心疯中杀死自己的妻子儿女——所有这些都只是由于赫拉克勒斯是她丈夫在屡次出轨的其中一次事后生下的子嗣：她处心积虑给宙斯

〔38〕 *R.* 335d：“伤害任何人，无论是朋友与否，是正义之人的事（ἔργον）还是他的反面——不义之人的事？”这是他在《克力同》中拒斥同态报复律的一条关键前提：以伤害报复伤害是不义的，因为“伤害一个人无异于对他不义”（*Cr.* 49C）。

的私生子谋划的灾祸，是她让这孩子替他父亲对她的多番冒犯买单的其中一种方式。[39]很难再找到一个人类女性行事比神话中的这位女神更恶毒了。[40]如果被要求遵从苏格拉底式德性的严格规范——它要求每个道德行动者，无论是人还是神，无论他人如何挑衅，都只做会对他人产生善、绝不产生恶的行动——那她和其他奥林匹斯神还会剩下些什么呢？如果被要求符合这些苛刻的标准，城邦的诸神势必会变得面目全非。他们的伦理转型将等同于摧毁旧神，创造新神——这恰恰是苏格拉底自认为在法庭上面临的指控的全部实质：

166

> **T9 《游叙弗伦》2B** “他们说我是个造神者。莫勒托斯针对我提出了这条指控，说我不信旧神[41]并且创造

〔39〕我这个例子来自Lefkowitz, 1989a。其有力地论证了，欧里庇得斯的剧作之所以会去描绘神圣存在的此类行为，不是因为诗人在“试图让观众质疑诸神的传统本性，而是因为剧中角色所表达的愈发深重的恐惧和仇恨乃是欧里庇得斯为人称道的现实主义的其中一个方面”。

〔40〕还有一个来自欧里庇得斯的例子：由于希波吕托斯（Hippolytus）触怒了阿芙罗狄忒，后者不但摧残了他，还摧残了两个第三方，斐德拉（Phaedra）和忒修斯（Theseus），他们并没有什么过错，也未曾冒犯过她。勒夫科维茨（Lefkowitz）教授在对我论文的评论中观察到，女神这么做其实是“在按成规出牌”，因为“在有多位神的情况下，每位神都应该受到尊敬”。但**这条**规矩太过于宽泛了。能恰当说明这个例子的规矩只可能是，被凡人冒犯的神或女神可以在这个人之外连带摧残其他未曾亲手做出冒犯举动的无辜之人。还能有比这更为希腊人的——不亚于我们自己的——正派操守所不齿的规矩吗？

〔41〕亦即公众仪式崇拜的诸神，诸城邦神（the gods of the state）：按照正式诉状，他不信这些神存在（*Ap.* 24B；Xenophon, *Mem.* 1.1.1）。在柏拉图的《申辩》中，苏格拉底一次也未曾辩称自己在这项指控上［转下页］

新神。”〔42〕

苏格拉底的诸神虽然完全是超自然的，但在他虔诚的同时代人们乍看之下却仍可能被认为是理性主义的编造，是些伪神，既不同于仪式崇拜中的古代神祇，也不同于阿里斯托芬漫绘的无神论思想所崇拜的自然神。

苏格拉底不太可能如此彻底地背离那套祖传的信仰，除非他毫不妥协地遵从理性的权威，无论是在诸神还是在其他 167 任何问题上都绝不容许异源知识渗入。他怎么可能做到这点，同时又如我们在本章T2中看到的那样，相信诸神的讯息时常通过各种超理性的渠道传达给我们——特别是通过托梦和私

［接上页］是无辜的：他信神，这点他说得很清楚；但他从未像他在色诺芬笔下驳斥指控时那样（*Mem.* 1.1.2, *Ap.* 11 and 24）说过他信城邦神。在这点上，正如在其他地方（参见本章脚注〔19〕），当色诺芬的证词和柏拉图矛盾，我们更明智的选择是相信柏拉图而不是色诺芬，后者的苏格拉底作为遵循习俗的虔敬的模范（在对诸城邦神的崇拜侍奉中“最为众人表率”，*Mem.* 1.2.64），根本从一开始就不可能被控不虔敬；哪怕当真被告，他也应该完全不难说服陪审团（他们必定格外偏信守旧的观点，正像出征叙拉古的大多数军人偏信关于月食的守旧观点一样：参见本章T3），考虑到他献祭得这么殷勤，他平生必定是虔敬的，比起他们来也不遑多让。

〔42〕并参见他接下来的议论（*Eu.* 6A）：“这不正是我被控告的原因吗——因为当这类事情［关于他们之间野蛮斗争的传说］被议论到诸神头上，我觉得难以接受这些说法？”苏格拉底必定知道他不是唯一一个反对这类传说的人（例如欧里庇得斯就借赫拉的受害者赫拉克勒斯之口说出了这种反对，*Her. Fur.* 1340-6）。在苏格拉底看来，他会遭到的指控是，由于在自己的教义中鼓吹这类反对意见，他破坏了旧派信仰的基础（“雅典人并不介意他们认为的聪明人，只要他不教授他的智慧；但如果认为他在把别人变得像他一样，他们就会发火。”*Eu.* 3C7-D1）。

人的“神圣征象”（divine sign, *daimonion*）[43]传达给他？这是否表示我们要相信，苏格拉底信赖泾渭分明的两条获取关于诸神的知识的渠道，一条理性的、一条非理性的，其结果是两套截然不同的已证成信念的体系，其中一套是通过盘诘论证达成的，另一套则是由神通过神谕、梦兆之类的手段启示出来的？[44]如果我们是这么认为的，那么，正如我方才评论的，由于他认同“诸神的智慧远远高于人类”这个希腊的常见观点，[45]我们就势必要得出结论，他会把他的*daimonion*的私信（intimations）视为一个独立且优越于理性的道德知识来源，它可以提供那种在他的盘诘探寻成果中显然缺失的确定性。[46]我想论证，无论乍看上去多么有道理，这种观点都无法得到文本证据的支持，并且事实上是与那些证据矛盾的。

首先让我们看看苏格拉底是如何看待他解释为神的告诫的那些梦兆的。不妨考虑《斐多》中（60E-61B）的那则

---

〔43〕关于苏格拉底的*daimonion*，见附注6.1。

〔44〕他并没有具体指明他在本章T2的καὶ παντὶ τρόπῳ ᾧπέρ τίς ποτε καὶ ἄλλη θεῖα μοῖρα ἀνθρώπῳ καὶ ὁτιοῦν προσέταξε πράττειν（以及神圣命份曾借以命令任何人做任何事情的其他一切手段命令我的）这个短语所指的其他手段。但我们要注意，他从未将此等意义赋予任何超常的**自然**事件，希腊人把这些事件——闪电、雷霆、地震、洪水、瘟疫、饥荒、日月食之类的不常见现象——视为“征兆”（τέρατα：参见Xenophon, *Mem.* 1.4.15，引于本章脚注〔26〕），它们在传统宗教的世界观中突出地扮演着来自诸神的“征象”的角色（例见Vlastos, 1975: 11-13）；正如我前面评论的，在柏拉图的早期对话中苏格拉底从未称任何这类现象为神圣“征象”。

〔45〕参见本章脚注〔30〕。

〔46〕在第四章中（之前也在1985: 1ff., at 17-18 *et passim*）我强调了确定性在苏格拉底期望通过盘诘性探寻发现的成果中的阙如。

说法[47]：他说他经常做一个梦，这个梦“敦促”甚至“命令”他“制作音乐”，[48]而之前他一度**假定**（ὑπέλαβον）这就意味着他应该搞哲学，“因为哲学是最高的音乐”（61A），但如今身陷囹圄的他意识到，这个梦吩咐他做的其实是“制作通俗意义上的音乐”（61A），亦即作诗。所以现在在他“**看来**”（ἔδοξε）“更稳妥的做法是不要在服从那个梦去作诗并履行神圣职分之前（πρὶν ἀφοσιώσασθαι）离开［人世］”。他用的词——第一处中的“我假定”，第二处中的“在我看来”——并不是那些他会选择用来表达知识主张的词。[49]从他所讲的内容和他讲述时使用的语言，我们可以推断，他认为梦兆传递给他的是来自神的征象，它可以做不同的解释，而如何选择完全取决于他自己的良好判断。[50]

168

［47］ 这个段落被嵌入到那段引入整部对话哲学论证的苏格拉底自传之中：参见第一章脚注［44］。

［48］ 梦的“敦促”和“命令”（61A2，τὸ ἐνύπνιον ἐπικελεύειν；61A6，προστάττοι τὸ ἐνύπνιον）当然是缩略表达：是神在通过梦兆“敦促”和“命令”（参见*Ap.* 33C5-6）。不过意味深长的是，在柏拉图那里（在色诺芬那里较少如此）苏格拉底尽可能地避免这样一些说法，它们会暗示神对他直接说话，而非仅仅给他征象，留他自行解释。

［49］ 苏格拉底在*Phdr.* 242B-C处用了相似的语言来谈论他的“神圣征象”的一次出现：“当我将要过河的时候……那个惯常的神圣征象来到了我这里……然后我觉得我听见一个声音（φωνὴν ἔδοξα ἀκοῦσαι），禁止我离开那个地方，直到我向神涤了罪。毕竟，我是个先知（μάντις）——虽不十分出色，但像不太识字的读者那样，已经够自己用了。”

［50］ 同样的道理对于《克力同》中更简要地复述的那个例子也成立：像《斐多》中的第一个梦兆那样，这里也用了寓意手法（allegory）：苏格拉底从《伊利亚特》预告阿基琉斯之死的那行诗中（9.363）读出了关于他自己之死的预言；在这里他同样只谈论“信念”或“看法”（ἐδόκει，44A10；ὥς γέ μοι δοκεῖ，44B4）。

他同样是如此看待神谕的，这点我们可以从他对预言占卜的观点中看出来。虽然他从未直接阐发，但我们可以从他兴致勃勃地在《伊翁》中提出，[51]在《申辩》中也有所提及[52]的诗性灵感理论（theory of poetic inspiration）中重构之。在史诗中，诗人自信地宣称他在自己的诗句中灌注了由他的神圣导师传授给他——“吹入他心中”（breathed into him）[53]——的知识。[54]苏格拉底用他典型的策略回应了这个主张。他的回应实质上是：“是，受启发的诗人灌注到诗作中的是种令人惊奇的、神赐的东西；但那不是**知识**——它缺乏心智思考，因而不可能是知识。”苏格拉底接受诗人自居为神圣促因的直接受益者的主张，甚至容许这种观点最强的形式，承认诗人在受启发的一刻处在ἔνθος——“神灵附体”的状态[55]：这时的他正“被神附身”（κατεχόμενος）。[56]但苏格拉底允许受启发的诗人声称掌握超人的灵感来源的方

---

〔51〕见本书关于《伊翁》的附注6.2。

〔52〕本章T10。

〔53〕Hesiod, *Th.* 31ff.

〔54〕参考文献见Dodds, 1951: 80-2 and notes。

〔55〕这个希腊词可以呆板地译成inspired（来了灵感的/受启发的），这就失去了其字面的力道（对此例见Burkert, 1985: 109-11：其认为*entheos*的意思是within is a god［里面有位神］)。类似地经翻译后被弱化的还有ἐνθουσιάζω，“被神启发或附身，陷入迷狂”（to be inspired or possessed by a god, to be in ecstasy，LSJ, *s.v.*）；ἐνθουσιασμός转写成英语enthusiasm，意思就变成了“炽烈的热情”（ardent zeal, *O.E.D.*）——“狂乱”（frenzy）可能更能体现其力道。

〔56〕诗人们被描述成“被神附身”（κατεχόμενοι：533E7，534A3-4 and E5）、“被［神］附身”（κατεχόμενοι：534A4 and 5），据说他们βακχεύουσι（“像陷入狂乱［frenzy-stricken］的人般说话和行事”，LSJ *s.v.* βακχεύω）。

式，本身就推翻了它构成知识的主张[57]：

> **T10 《申辩》22B—C** “我很快觉察到，诗人们创作他们的诗，并不是凭借知识，而是凭借某种与生俱来的才能，[58]并且是在一种受启发的状态下，[59]正像那些说出许多可敬的东西但却不知道自己在说什么的占卜师和预言家一样。”[60]

169

在苏格拉底看来，神进入诗人产生的效果就是逐出诗人的心智：当神在他之中时，诗人“失了心”——ἔκφρων，[61]或者说“理智不再在他之中出现”；[62]如此一来他可能会发现，他嘴里

---

〔57〕尤其是那种据说使荷马成为“希腊的教育者”的知识，它被广泛认为值得“作为规约我们整个生活的指南去学而时习之”（*R.* 606E，康福德的译文；参见 Verdenius, 1943: 233ff., at 248）。

〔58〕φύσιν τινι，“凭某种本有的禀性（native disposition）”（阿伦），“某种生来的才能（inborn talent）”（格鲁伯）。参见 Burnet, 1924 对 *Ap.* 22C1 的注释：“这个词用在这里的意思与习惯养成和教诲是相对的。它就是那种品达（*Ol.* 2.24）拿来与那些教出来的诗人徒劳无功的努力对举的 φυά（自成之才），而且实际上就是恰切意义上的‘天才’。”

〔59〕ἐνθουσιάζοντες，参见附注 6.1。

〔60〕ἴσασιν δὲ οὐδὲν ὧν λέγουσι：“对他们所说的东西一无所知”（阿伦），说话时“不理解他们所说的”（格鲁伯）。同一个短语在《美诺》中（99C）被用在政治家身上，他们被比作发布神谕者和先知，这些人在《申辩》中与诗人被归入同一类。

〔61〕“失了心，走了神”（LSJ, *s.v.* ἔκφρων，主要用法），而不是 ἄφρων，“没脑子”。

〔62〕ὁ νοῦς μηκέτι ἐν αὐτῷ ἐνῇ ... οἷς νοῦς μὴ πάρεστιν（*Ion* 534C-D）.

说着许多可敬（πολλὰ καὶ καλά）[63] 且真实[64] 的东西，却不知道自己在说什么。因此，认为诗人是神圣启示的接受者，亦即由神向他"揭示的**知识**"[65] 的受益者的观点有悖于苏格拉底对他的描述：他"说着话却不知道自己在说什么"——一个"对自己所说的东西无知"的人是不可能被赐予知识的。[66]

苏格拉底也会把这套关于受启发的诗歌的灵媒理论（mediumistic theory）套用在预言占卜上，这点可以从一个事实直接推出，即他认为预言占卜正是这套理论优先适用的领域：正是因为**像**占卜师，[67] 受启发的诗人才是"失了心"且

---

〔63〕 本章T10。在《伊翁》中也是如此：在被神附身的状态下，诗人会说出些"可敬的"（καλά：533E7，534E4）的句子——这并不出人意料，既然是"神本身在通过他们向我们说话"（ὁ θεὸς αὐτός ἐστιν ὁ λέγων, διὰ τούτων δὲ φθέγγεται πρὸς ἡμᾶς，534D3-4）。令人放心的是，我们得知苏格拉底并不觉得他从舞台上听到的或者从荷马那里读到的——他对后者的言辞信手拈来，引用自如（见Brandwood, 1976在Ὅμηρος及其变体条目下列举的大量例子）——伟大诗作无聊或者愚蠢。他对认为一个人可以通过阅读、聆听和记诵诗人的作品来学会如何生活的希腊流俗观点的坚定拒斥（参见本章脚注〔57〕）并没有阻止他承认，那些"借助神力"（θείᾳ δυνάμει，534C）说话并且被神利用、做其代言人的诗人（534D3-4）还是很有智慧的。

〔64〕 *Ion* 534B：καὶ ἀληθῆ λέγουσι（且他们说的是真的）。

〔65〕 *O.E.D.*, *s.v.* "revelation". 对此的进一步讨论见附注6.1论*daimonion*。

〔66〕 他可能有真信念，同时却缺乏理解，那种理解将使他能够看到它们为什么为真并且从它们得出正确的推论。诗人们被否认拥有的那种知识被留给了那位通过他们或者在他们之中说话的神，*Ion* 534D："说出那些无价珍言的不是他们［受启发的诗人］这些缺乏理解力的人（οἷς νοῦς μὴ ἐνῇ），是神自己在说话（ὁ θεὸς αὐτός ἐστιν ὁ λέγων）。"

〔67〕 *Ap.* 22B-C："他们创作他们的诗句不是凭借技巧，而是凭借某种自然禀赋和神圣灵感，**像那些占卜师和发布神谕者一样**。"（ὥσπερ οἱ θεομάντεις καὶ οἱ χρησμῳδοί）在《伊翁》中（534C），神通过［转下页］

“对自己所说的一无所知”的。因此苏格拉底也不可能认为占卜师会在他那种心智状态下接受知识：一种没有νοῦς，没有理解力，人在其中“不知道自己在说什么”的心智状态怎么可能构成**知识**呢？对苏格拉底而言，占卜师、先知、发布神谕者和诗人都是同一条船上的人。所有这些人在他看来都是一无所知之人，甚或更糟：由于意识不到自己可怜的知识状态，他们自居为贮存那些发散自某个神圣的、全智的源头的智慧的智囊。他们说的话可能是真实的；但即便当其为真，他们也没有条件认识当中是什么使得其为真。如果他们的听众有条件认识这点，那**他**就将掌握他们无法触及的知识；这种知识将来自把**他的理性**运用到这些人无理性地说出来的话上。 170

虽然苏格拉底并没有明确把这套理论套用到预示性的梦兆或者他自己的“神圣征象”上，但前者与后者的关联是无可回避的，因为他称他的*daimonion*的功能为他“习以为常的预言占卜”，称他自己为“先知”（seer），[68]却从不直接或通过暗示否认，预言占卜中的真的东西也一般地适用于“神意安排”垂爱他的各种简单直接的方式。因此，他最多只能声称，他在任何给定时候从*daimonion*那里获得的，正

[接上页]“从他们那里夺走理解力”（ἐξαιρούμενος τούτων τὸν νοῦν）来把诗人和发布神谕者以及“占卜师中属神的那些”变成仆人供他使唤。我们要注意，两段话提到的都是“发布神谕者”（oracle-givers），而不是“倒腾神谕者”（oraclemongers，χρησμολόγοι），阿里斯托芬对后者大加讥讽，苏格拉底也完全忽视之，认为他们不值一哂。

〔68〕 *Ap.* 40A，*Phdr.* 242C（参见本章脚注〔49〕）。

是他把*daimonion*本身称作的东西——一个“神圣征象”，[69]它允许并且实际上要求**有无限的空间来运用他的批判理性**把无论何种真相从那些告诫中提炼出来。[70]如此一来，在不求助任何伊奥尼亚自然哲学[71]的情况下，苏格拉底就解除了超自然神——他们通过超自然的征象与人类进行沟通——信仰中的非理性因素的潜在威力。他的理论既保留了先知经验有着神圣肇因这个可敬的观点，**同时又**消除了这个观点对理性在决定真实与虚假的问题上的排他性权威

171

〔69〕参见附注6.1。

〔70〕正是沿着这个方向，柏拉图发展出了*Ti.* 71E中他自己的预言占卜理论：［它是］神赐予的对人类的低下、微薄智识的小小抚慰（ἀφροσύνη θεὸς ἀνθρωπίνῃ δέδωκεν），使我们能够在某种非正常状态下（睡梦、疾病或狂热）享有先知能力。由此获得的内容，我们可能会在恢复到正常状态之后去尝试加以理解：“去领会（συννοῆσαι）梦中或醒着时的预言和神灵附身的话语是出于理性自然（τῆς ἔμφρονος φύσεως）。”参见Zeyl（in J. M. Cooper, *Plato: Complete Works*, Hackett, 1997, p. 1272）此处的译文：“得要一个开窍的人来回想并思量那些在这种先知或附身状态下说出的话。”（[I] t takes a man who has his wits about him to recall and ponder the pronouncements produced by this state of divination or possession.）

〔71〕如德谟克利特在提出其自然主义的预言占卜理论时所做的那样（DK 68 A136-8），这套理论是对他自然主义的诗性灵感理论的补充，后者认为好的诗是由作者“凭借狂热和神样的精神”（DK 63 B18，参见B21）创作出的。神灌注到诗人心智中的灵感，像德谟克利特自然哲学中的所有其他事物一样，都是用微粒论的术语加以解释的（Plutarch, *Moralia* 734F-735C：在DK中被引作德谟克利特的残篇A77、A79和B166应与之对勘）。对德谟克利特理论的详尽阐述见Delatte（1934: 28ff.），但其认定（56ff.）《伊翁》中的灵感理论借鉴自德谟克利特——这是毫无根据的臆测：**倘若**我们已知苏格拉底对自然哲人们的思辨持接受态度的话，这种观点本来是相当有道理的；但，正如我们［实际上］所知，他坚称自己与他们毫无瓜葛（*Ap.* 19C）。

的威胁。[72]

由此，我在本文开头面对的悖论就自动消解了：苏格拉底无条件地随时准备追随批判理性指引的任何方向，同他同样无条件地承诺服从他的超自然神通过超自然的征象向他发布的命令，两者间不可能存在冲突。这两个承诺不可能互相冲突，因为只有通过运用他自己的批判理性，苏格拉底才能够确定这些征象中任何一个的真实含义。让我将这个结果套回到《申辩》中苏格拉底将其哲学使命维系于其上的那些来自神的征象。[73]

一些学者曾经对下面这点表示过困惑或者——更糟糕的是——不予置信：苏格拉底竟然从皮提亚（Pythia）对“有人比苏格拉底更智慧吗？”这个问题的否定回答中，得

---

〔72〕在现有学术文献对苏格拉底的预言占卜观的任何解释中都很难找到对这点的明确承认。Beckman（1979: 84-5）的解释最近乎做到了这点，因为他正确地将“严格地拒绝赋予任何此类‘启示’以知识的地位”归功于苏格拉底。但他点到即止，没能划清苏格拉底与传统观点的界限，而是评论道，苏格拉底仍旧保留了“一种关于神圣灵感的正统观点”（*loc. cit.*）。怎么会呢，既然“神圣灵感产出知识”这条预设关乎正统观点的实质？

〔73〕我将唯独采信柏拉图版本的神谕故事。色诺芬的《回忆录》中完全没有提及凯瑞丰从德尔斐带回的那则神谕（这是与色诺芬的《申辩》[*Apology of Socrates*]的一处离奇的出入，神谕故事构成了后者中苏格拉底辩护词的核心内容），并且完全掩盖了整个“神的命令”的主题——鉴于前著的辩护意图，这种情况可以理解：自称接受了神圣使命将会与那个意图背道而驰，这势必会被看成出于私心的妄自尊大。而在柏拉图的《申辩》中，苏格拉底恰恰害怕遭到审判他的多数人如此看待：“如果我说这[放弃使命以谋求获得赦免]就意味着不服从神，并且这正是我没法保持沉默的原因，你们一定不会相信我，会觉得我是在装模作样。”（37E）更多关于柏拉图和色诺芬版本神谕故事的差异的评论，见附注6.3。

出要在雅典的街头从事哲学这条命令。[74]那岂不是等于从礼帽里变出兔子来？差不多是这样。况且这有何难呢——假如允许你一开始就先自行把兔子放进礼帽里？苏格拉底毫不讳言神的命令传达给他的这个过程有多么主观[75]：

172

T11 《申辩》28E “神命令我，如我设想并相信的那样，要过爱智慧的生活，省察我自己和其他人。”

这里再一次出现了与他在《斐多》中说明那个梦时相同的语言，在那里他“认定”（《斐多》60E）“制作音乐”就意味着“从事哲学”。因此，即便德尔斐神谕就是苏格拉底从神那里收到的仅有的征象，他仍然能够从皮提亚的否定回答中探听出那条让每个人从事哲学交谈的命令——只要他“设想并认定”这就是那个谜一般的宣言[76]背后隐藏的意思，即活着的人中没有比他本人更智慧的，虽然他痛苦地“意识到自己在

---

〔74〕 Hackforth（1933: 88ff.）在这上面花了很多精力，正如他援引的其他注家一样。他主张：“要理解柏拉图文本的叙事，我们就必须从那则故事中剔除神谕的命令式元素。”（93）Brickhouse & Smith, 1983: 657ff.令人信服地反驳了这个主张（参见本章脚注〔4〕）。

〔75〕 T11中的用词（τοῦ θεοῦ τάττοντος［神指派/命令我］）以及与指派士兵到其“岗位”上的命令的类比（*loc. cit.*），加上本章T2对这个观念的重申（προστέτακται），都坐实了这点。我不能理解为什么Brickhouse & Smith（*loc. cit.*）要追随Guthrie（1983: 663, n. 14）主张“苏格拉底将神谕视为一条‘讯息’，而不是一道‘命令’”。

〔76〕 他初听之下觉得这话十分令人困惑不解（21B）：“我想了又想：神这是什么意思？他想暗示什么？……我困惑了好久。……”（参见伯奈特对21B3的注释）

大事小事上都不智慧”（21B），他就能做到这点。但事实上那条神谕绝不是苏格拉底收到的仅有的征象。它只是诸多征象中的第一个。让我再援引一次本章T2：

> **T2 《申辩》33C** “这么做……是神通过神谕、托梦以及神圣命份曾借以命令任何人做任何事情的其他一切手段命令我的。”

所以说肯定还有过更多的卜兆（其中一些无疑来自他自己的 *daimonion*）和不止一个的兆梦。假设其中一个完全讲清楚了神想要他做的事情，一字不差地用他自己描述自己活动的话来命令他去做：

> **T12 《申辩》30A—B** “我做的不过是到处转悠，说服你们这些年轻人或老年人，不要首先把你们最大的关切放在你们的身体或者金钱上，而是放在灵魂上，把它变得尽可能好。”

假设梦当时就命令了他那么去做。这能让他确定这条命令就来自神吗？他怎么知道这个梦不属于传统认为诸神在意欲欺骗人类时会送给他们的那些幻梦？[77] 他又如何分辨得出它不是来自他自己的臆想？只有一种办法能让他止住那种怀疑。

〔77〕 例如 *Iliad* 2.6ff.。

他得去问自己：我有**理由**相信这是神想要我完成的工作吗？他是那种神吗？他的品性如何？

173 在初听到凯瑞丰（Chaerephon）从德尔斐带回的汇报后，苏格拉底归于神的品性中有一项是文本完全明说出来的：

> **T13 《申辩》21B** “他肯定没在撒谎。对他而言那是不正当的（θέμις）。”

为什么是这样呢？城邦所信的诸神可没有这类特征。他们从荷马时起就一直在撒谎。[78]因为，如我们早前看到的，不同于他们的诸神，苏格拉底的神是始终如一地善的，不可能在任何时候以任何方式对任何人造成任何恶果。由于骗一个人就是在对他行恶，苏格拉底的神不可能撒谎。而且由于他的善蕴含于他自身的智慧，[79]而后者是没有界限的，故他的善必定也是没有界限的。又由于他的善良意志施于苏格拉底的同胞邦民不亚于施于苏格拉底本人，[80]故他必定也希望他们应该把完善他们的灵魂置于一切其他关切之上。

神如何能够向他们传达这个希望？他如何能够让每个

---

〔78〕 例见Deichgräber, 1952。传统的诸神竟对互相欺骗不以为意，这是伊奥尼亚理性主义者们针对流俗信仰中的神祇最先提出的批评之一（Xenophanes B11）。这样的神骗起人类来会有任何顾虑吗？“雅典娜欺骗了我。”赫克托尔（Hector）在同阿基琉斯的决斗过程中——也即将成为他的最后一场决斗——思忖道（*Il.* 22.299）。

〔79〕 参见本书第164页。

〔80〕 苏格拉底认定他被任命做雅典的牛虻是因为神关爱雅典人（30E-31A）。

雅典人都明白“他们应该首先把最大的关切放在灵魂上，把它变得尽可能好？”他可以向他们发布征象，发布大量的梦和神谕，来实现那个效果。但除非在解释那些征象时诉诸正确的信念，否则他们没法正确地解读它们。并且他们不可能碰上正确的信念，除非他们事先已经从事过道德真理的探索。[81]这样一来神就会寸步难行。虽然在其他无数方面上他有无比强大的权能，在这个问题上他却没法脱离辅助仅靠自己的手段实现他的意愿。[82]因此，神必须依靠某个持有对的信念并且能够正确解读征象的人来协助，替神为雅典人民做那些神出于对他们的无限善良的意志原本会亲自出面做——要是他能够的话——的事情。在这种情况下，苏格拉底会将他的街头哲学活动视为替神做的工作，并且会因此认为自己有合理的根据“相信并认定”，当神宣称没人比苏格拉底更智慧时，不是为了让苏格拉底拿这话来自矜，[83]而是为了让

174

〔81〕苏格拉底已经从事过了，不然的话他不可能正确解读出神发送给他的那些征象。那些认为苏格拉底的道德探问自他收到德尔斐神谕起才开始的学者（Ross, 1933, in Patzer, 1987: 227；Ferguson, 1964: 70-3）似乎没意识到这个要点。

〔82〕C. C. W. Taylor, 1982: 109ff., at 113同样（并且完全独立地）利用了这个想法：“但有一种好的产物是［神］没法在缺少人类辅助的情况下产出的，那就是好的人类灵魂。”Brickhouse & Smith（1983: 665）正确地强调了苏格拉底“视虔敬之人为某种匠人”，后者的目标是生产出一件“完美无瑕”的*ergon*（产品）来侍奉神（参见本章脚注〔4〕）。

〔83〕像他在色诺芬的《申辩》中（15-17）的做法那样。在那里，他一提神谕（其宣称的内容被夸大成了“没人比苏格拉底更自由、更正义或者更智慧”），紧接着就来了一大通自吹自擂。

他能猜到他身上肩负着利用自己微末的智慧[84]来侍奉神这个当仁不让的使命——这就是神在命令他做的事情，这难道不是可以理解的吗？

现在我们可以转到我在本章开头说过会在接近尾声处回到的《游叙弗伦》里的那个要点上了。游叙弗伦已经把对“什么是虔敬？”的探究推进到了把虔敬称为对诸神的“侍奉”的地步。[85]但一俟被问到是哪种侍奉，他就只能翻出那个老套的回答：

> **T14 《游叙弗伦》14B** “通过祷告和献祭来说些和做些取悦诸神的事情——这就是虔敬。”[86]

苏格拉底对“礼尚往来”——拿祭礼来交换所祈求的利益——这种老掉牙的宗教崇拜概念嗤之以鼻并狠狠地予以驳斥。他说，这么一来虔敬就会是“诸神和人们之间的一种交易技艺”（ἐμπορική τις τέχνη，14E6）；这种交易是不合理的，因为太过一边倒：诸神根本不需要我们的礼物，我们的生活却离不开他们的赠礼——“我们的生活中没有什么好东西不是

---

[84] 他称之为“属人的智慧”，并且承认，至少这么点智慧他是**能够**自称拥有的（20D-E）——这是在他宣称他“意识到自己在任何大事小事上都不智慧”的同一个语境中。

[85] 13D: ὑπηρετική τις ... θεοῖς（13D7）.

[86] 这同色诺芬在《回忆录》中托苏格拉底之口说出的“虔敬”定义基本是相同的：“虔敬之人被正确定义为‘知道关于诸神的νόμιμα（合法之事）的人’。”（4.6.4［原书误作4.6.14。——译者注］）这些νόμιμα即是法律规定的献祭活动（1.3.1）。

来自他们”（15A）——所以我们是占尽便宜的一方；如果虔敬就是神圣买卖，那么我们赚大了，诸神却上了大当。所以T14中的定义思路肯定错了。为了预防踏出那令人误入歧途的一步，苏格拉底已经提前问道：

> **T15 《游叙弗伦》13E10—11** “是通过完成什么工作（ἔργον），我们对诸神的侍奉才有助于他们呢？……凭宙斯之名，告诉我，诸神把我们当仆人使唤完成的那件光彩的〔87〕工作是什么？”

这是探究的关键点。苏格拉底稍后评论道，如果回答对了那个问题，这段探究的目标早就已经实现了，苏格拉底早就已经学到了什么是虔敬。〔88〕但游叙弗伦又怎么可能从那个问题中获益呢？他错失了提供给他的线索，因为诸神有工作要做，〔89〕而人类能够在这些工作上提供协助的观念对于希腊宗教是陌生的。〔90〕

175

---

〔87〕 πάγκαλον，“全然美的”“奇美绝伦的”。

〔88〕 参见本章脚注〔4〕。

〔89〕 赋予诸神一个*ergon*一度被认为最终否决了将T15中提出的问题当作发现什么是虔敬的真正线索的思路：伯奈特、阿伦、维尔森伊都主张苏格拉底不可能把他的探索维系在一个如此迥异于通常的希腊诸神观念的思想之上。对此主张的反驳，见Brickhouse & Smith, 1983: 660-2（参见本章脚注〔4〕）以及McPherran, 1985: 292-4（参见本章脚注〔5〕）。

〔90〕 希腊神话中最近似的东西就是赫拉克勒斯的“苦差”。命悬一线苦苦挣扎的苏格拉底在辩护的某个节点上影射了它们：他谈论自己使命的艰难时（22A）说“仿佛我辛辛苦苦干的都是些苦差”［转下页］

但不妨设想游叙弗伦有机会预览苏格拉底将要在庭上发表的那篇演说，看一眼其中复述神谕故事和苏格拉底回应的段落。期望连游叙弗伦这样心智愚钝的人也能从中发现理解问题的线索，这难道很过分吗？因为如此一来他势必会意识到，苏格拉底认为自己召唤众人完善他们的灵魂是在做神命令他做的工作，是对神的侍奉（λατρεία，ὑπηρεσία）。[91]而且游叙弗伦很难不注意到，苏格拉底确实认为这是件“光彩的工作”，如果他亲耳听到苏格拉底向陪审员们保证：

> **T16 《申辩》30A** “我相信没有什么更大的好事在城邦中的你们的头上发生过，除了我对神的这种侍奉。”

这一片片拼图摆在他面前，游叙弗伦理应已经能够看出虔敬在苏格拉底自己的生活中意味着什么：意味着协助神，替神做神想要做并且如果能够的话原本会亲自做的工作。[92]要进一步由此得出一个虔敬定义，游叙弗伦就得进行一般性的概括，构造出一个不仅适用于苏格拉底的情形，也适用于虔敬

［接上页］（ὥσπερ πόνους τινὰς πονοῦντος）。他选择性地忽略了一个事实，即赫拉克勒斯的苦差原本是心怀恶意的赫拉强加给他的折磨，苏格拉底的劳碌却是他一生所能获得的最大的幸福之源（38A）。勒夫科维茨教授在其评论中提醒我们注意伊翁替阿波罗干的“苦差”（πόνον，Eur. *Ion* 128），但这个例子并不能说明什么：伊翁毕竟是一位宗教从业者，一位庙祝。

〔91〕 23B-C：τὴν τοῦ θεοῦ λατρείαν（对神的侍奉）。和（T16中的）30A6-7：τὴν ἐμὴν τῷ θεῷ ὑπηρεσίαν（我对神的侍奉）。前者具有尤其强烈的宗教感召力：参见 *Phdr.* 244E，“祈祷和对诸神的侍奉”（θεῶν εὐχάς τε καὶ λατρείας）。

〔92〕 参见本章脚注〔82〕。

行为的一切可能情形的公式。这个要求很苛刻，苏格拉底不见得就有能力满足它。但这个技术性的缺憾不会抹杀——甚至很难动摇——他对于虔敬本质的核心洞见，我认为我们可以凭柏拉图在《申辩》和《游叙弗伦》中借他之口说的话将这种洞见归功于苏格拉底。**虔敬就是去完成神惠利人类的工作**，也就是去完成苏格拉底心目中的神会希望有人出于侍奉之心替他完成的那类工作。无论苏格拉底能否设计出一个表达式，用一个经得起盘诘检验的无懈可击的定义来概括这个洞见，至少下面这点应该已经很清楚了：一种新的虔敬概念被发现了，它在宗教领域的革命性堪比他非报复性的正义观在道德领域的革命性。 176

只需反思一点，我们就能看出这种虔敬概念有多么激进，多么颠覆传统希腊的信念和实践：过去被当作宗教沿袭下来的东西之中充斥着巫术。我所理解的“巫术”（magic）[93]就是以下这个信念以及一切基于它的实践：**通过仪式性的举动，人可以笼络各种超自然力量来实现他自己的愿望**。在黑巫术中，某人驱使超自然力量对他的敌人作祟。在白巫术中，某人试图通过祈祷和献祭来劝诱它们为他自己和他关心

〔93〕 据《牛津英语词典》，“巫术”的首要释义是“假装通过对自然或鬼神的玄秘（occult）操纵来影响事件进程的伎俩”；那部词典对occult一词的释义中有“神秘的，超出平常知识范围的，涉及超自然事物的”一条。若取“玄秘”的这层含义，那么祈求性祷告（petitionary prayer）——其效力完全取决于是否遵照现成的仪式规矩在祭坛上焚烧祭品——完全有可能被认作巫术（若其性质纯良，意在增进祈求者和他的亲朋的福祉，那就是白巫术；若其性质恶毒，意在中伤他的敌人，那就是黑巫术）。

的人——他的家庭、朋友、邦国等——谋求好处：若不是看在那些仪式表现的分上，诸神原本是要扣留这些好处的。苏格拉底周遭的宗教实践中处处渗透着那种巫术。[94]苏格拉底所理解的宗教则辟除了巫术——无论黑白，一点不剩。在践行苏格拉底式虔敬的过程中，人不会向神祈祷“我的意志由你而得行”，而是会祈祷“你的意志由我而得行”。在这种新式的虔敬中，人不是自私自利的乞丐，乞怜于以自我为中心、贪图荣誉的诸神，想着用祭礼哄他们做好事——没有礼物，他们自己的求善意志根本不会激发他们去做这种好事。人向之诉说的是些本性就行善不辍的神：除了人们若意愿一致向善的话会为自己去求的东西，神对人们别无所求。

如果苏格拉底的虔敬概念的确会对希腊宗教造成类似的影响，那么我们还可以问它会对苏格拉底本人造成什么影响。替神完成神的工作，惠利同胞邦民，这会对苏格拉底自己的生活和品性造成什么无可替代的影响？以下是我简短的回答：它让他得以摆脱苏格拉底式幸福主义——一如所有形式的幸福主义——之中根深蒂固的自我中心倾向。按照那套理论，我们每个人的善都毫无疑问是我们的一己之善：作为我们每个意向行动的最终理由的幸福，是我们的一己之幸福。[95]那样一来，我们应该在何种程度上关心他人的善就

177

---

〔94〕希腊人心目中绝大多数伴随献祭的祈求性祷告都算是白巫术：献给诸神的祭礼就是设计来引他们报答崇拜者以关照的。见附注6.4。

〔95〕如我在第八章脚注〔14〕中指出的，这个假定是如此之深地根植于苏格拉底式幸福主义之中，以至于他根本不觉得需要明言；但只要［转下页］

将取决于血缘或运数的偶然纽带，这些纽带把他们的同我们的善如此紧密地维系在一起，以至于我们会视他们的善如己善，视他们的幸福如自己幸福的一部分。苏格拉底式的虔敬把我们的与他人的善之间的联系变得不再偶然，而这是通过献身于一位慈善无私的神实现的——他既已尽善尽美，就不再需要我们奉献什么来增益他自己的福祉，而只是要求我们中的每个人为其他人做他换在我们的位置上会去做的事情。针对幸福主义动机之中的精神毒素，高级宗教（high religion）在此提供了一剂解药。要不是苏格拉底从凯瑞丰自德尔斐带回来的汇报中最先得知的那道神圣命令，我们没有理由相信他有任何机缘会成为一位街头哲学家。如果苏格拉底要的是一道从事盘诘论证的伙伴，那他为什么不留下那些曾伴随他找寻并发现了他的幸福主义理论的伙伴——那些志趣相投且已有所成就的同求道德真理的人？他为什么要走上街头，硬凑到那些毫无哲学品位和天赋的人跟前，努力说服他们接受他们根本不觉得自己需要的治疗？要一个医生到外面去找那些自以为健康得不得了的人，试图凭一己之力劝他们相信自己已经病入膏肓，这是件吃力不讨好的差事。要不是受虔敬驱使，苏格拉底可能会付出一生来做这件差事吗？

［接上页］细读文本，我们很容易就能察觉它的存在。因此在解释我们在一切行动中都追求善这条一般原理时，苏格拉底直接从“因为我们认为它更好”（*G.* 468B，οἰόμενοι βέλτιον εἶναι）跳到了“因为我们认为它**对我们**更好”（οἰόμενοι βέλτιον εἶναι ἡμῖν），似乎完全没有注意到第二个短语表达的内容与第一个有实质性的差异。

最后，我不妨举出一段同苏格拉底本人的世界相隔甚远的话，这段话展示了他的虔敬如果换用一套截然不同的宗教信条和实践语言来表达会是什么样子：

T17 《圆满生命之书》(*The Book of the Perfect Life*)〔96〕

当众人受了真光启迪，便即摒绝一切欲望和选择，信从并献身于那永恒之善，如此一来每个开悟之人都会说："我欣愿依从永恒之善，有如手足之于一人。"

178 这套语言属于神秘主义宗教，但苏格拉底不是神秘主义者。而且这位公开宣称的幸福主义者也无从谈论"摒绝一切欲望和选择"。但至少在一点上，他同那位中世纪神秘主义者是相通的：他也会恨不得依从一个无限智慧和仁慈的存在，有如一双巧手，或者更恰当地说，有如一条能言善辩的巧舌依从于一个人。〔97〕

---

〔96〕 作者是14世纪一位不知名的日耳曼神秘主义者。

〔97〕 在修订本文准备付梓的过程中我曾受益于勒夫科维茨教授对本文的评论（1989b），并且参照她评论中我认为公允的部分对原文做了一些修订。但我很困惑为什么她会觉得她的文本（以及我在本章脚注〔39〕中提到的她的文章［1989a］）视角下的诸神值得**尊敬**（σέβας："虔敬"的希腊文是εὐσέβεια）。试想希波吕托斯。他对阿芙罗狄忒掌管的"黑夜的杰作"（the works of the night，在他的情形里就是偷情和通奸，因为他未婚）的严防禁拒固然显得怪僻，却没什么道德上的过错：贞洁哪怕过头也不是罪过。他会**尊敬**那位毁掉他的神吗——她"有权有势，骄傲，气量狭小，而且相当没有恻隐或怜悯之心"（Barrett, 1964: 155）？对她权力的畏惧想必已经给了他足够的理由不去触怒她了。但这种对缺乏道德品质的权力的让步能算是εὐσέβεια，它所激发的情感能算是σέβας吗？

第七章 苏格拉底对报复的拒斥[1]

你里头的光若黑暗了，那黑暗是何等大呢。

——《马太福音》6.23

179

《关于费尔巴哈的提纲》（*Theses on Feuerbach*）最后也是最著名的一条，是马克思的一个观察："哲学家们只是用不同的方式解释世界，而问题在于改变世界。"把"世界"换成"道德"，这个观察对几乎所有的西方一流哲学家也成立。连像亚里士多德、休谟和康德这样极富创新性的道德论者也视他们生于兹长于兹的道德观为理所当然。他们给自己设定的任务只是解释它的原理，而从没想过要批判地审视它的内容，不准备去质疑它所拥护的那些不符合他们理性标准的规范。但还是有马克思没注意到的例外，其中最伟大的就是苏格拉底。虽然完全立足于当时当地的道德观，他却仍然找到了谴责它最尊崇、最成体统的正义准则之一为不义的理由。

我所理解的一个社会的道德观就是这个社会内部公认

〔1〕 本文的前身是我1981年在圣安德鲁斯大学的吉福德讲座第一讲的内容，发表于*Archaiognosia*（1［1980］: 301-24）。经大幅改动以回应批评后，我将它作为1986年康奈尔大学唐森讲座的一讲做了报告。

的是非对错的规范、行为举止的规则或者品格的卓越，它的功能是增进人的福祉。正义感的核心就在于这样一种关切，即那些规范应当不偏不倚地适用。因而，在一个特定的社会中，如果我们发现那些规范惯常以歧视性的方式被遵守——照顾某些人的利益时从严适用，照顾其他人的利益时则从宽适用甚至完全不适用——我们就知道，在这方面这个社会的道德观是有缺陷的。基于这种考虑来审视古希腊的道德观，两个存在这种缺陷的巨大领域就会映入眼帘。（1）在针对私敌（personal enemies）的行为上，道德规范的施用存在公然歧视。（2）在公民针对社会低等人群（social inferiors）——女人、外邦人、奴隶——的行为上，歧视同样严重，虽然理由和方式不同。着眼于这点来看苏格拉底的实践性道德教诲，我们就能很好地看到它最惊人的新要素：它彻底拒斥第一种歧视。我们也会看到其创新力的限度：它对第二种歧视不置一词。它在第一点上是革命性的，在第二点上却抱残守缺。

180

要公允地评价苏格拉底对希腊正义观念的贡献，我们就必须不偏不倚地看待它，认可其成就的同时不掩饰其失败。相应地，虽然本书只讨论前一方面，但决不会掩盖后一方面来营造一种高大全的假象。没有证据表明苏格拉底的道德洞见能够摆脱雅典公民良知中的那个盲点——它让德摩斯提尼能在面向一个抽签选出的法庭发言时把同情心说成本邦最突出的气质，[2] 同时让他的同时代人吕库尔戈斯

〔2〕 *Against Timocrates*, 170.

（Lycurgus）能在同一个法庭面前宣称，奴隶的呈堂证供必须经由刑讯逼供取得这条硬性规定是“最正义且最民主的”（δικαιότατον καὶ δημοτικώτατον）。[3] 让公民受此待遇在雅典司法体系中是不可思议的。[4] 我们手头的文献来源中没有半点迹象表明这种和其他得到主流道德准则认可的公然歧视奴隶的做法引来过苏格拉底的任何抗议。他对具体准则的批评并未触及体制性的道德。它单独针对的那类行为完全处在体制框架所维持的惯常期许的范围之内。

第 I 节

希腊的道德之思不但容忍，而且美化损害敌人这种获得公共法律全面准许的做法。这种观点随处可见。[5] 有志于树立“在所有人中的好名声”（残篇 1，Diehl）的梭伦祈求自己能够“对朋友甜蜜，对敌人毒辣”。鄙视一介弱女子的身份，决心自强不让须眉的美狄亚发誓要“对敌人凶狠，对朋友和善，因为这类人活得最光荣”。[6] 在柏拉图的《美诺》

---

〔3〕 *Against Leocrates*, 29. 一些学者曾主张这条要求很少实际应用。他们的主张更像是一厢情愿的人道主义情感投射，而不是基于证据的冷静结论：见 Marie-Paule Carrière-Hergavault, 1973: 45-79；另见 MacDowell, 1978: 245-7。

〔4〕 它被法律所禁止：MacDowell, 1978: 247 and n. 563。

〔5〕 关于这个遍布于希腊道德观的特征的丰富记载以及对学术文献中相关评论的详尽征引，尤其见 Blundell, 1989: ch. 2。

〔6〕 Euripides, *Med.* 807-10：“谁也别认为我是个卑微的弱女子｜闲散无为，而是另一种，｜对敌人凶狠，对朋友和善，｜因为他们这样的人一生最光荣。”

中，苏格拉底的对话者把这种观点植入到那个旨在把握男子德性之本质的表达式中：

181 **T1 柏拉图，《美诺》71E** “苏格拉底，要是你想知道男子的德性是什么，它就是这个：能够履行城邦事务，对朋友做好事，对敌人做坏事，同时当心自己不要受到伤害。”

伊索克拉底老生常谈地向德摩尼科斯（Demonicus）建言道：

T2 伊索克拉底，《致德摩尼科斯》（*To Dem.*）26 应当以在为害上输给敌人为耻，正如在为善上输给朋友。

在这种习俗的熏陶下长大，一个人还会接受什么对损害敌人的约束呢？反正那些推崇它的权威没有设下任何约束。不妨考虑品达这位习俗智慧的金牌代言人的话：

T3 品达，《皮提亚颂歌第二》（*2 Pyth.*）83—5 “我要爱那爱我的人，｜但作为敌人的敌人我要偷偷袭击，有如豺狼，｜千方百变，行道迂折。”[7]

---

〔7〕 已故的索尔姆森提醒我，Schadewaldt（diss. Halle, 1928: 326, n. 1）曾经提出反对意见，认为品达不可能容许自己的人品沾染上“迂折的”（crooked，引申为“奸诈的”“不正派的”。——译者注）行动，并且据此校正了文本（πατέων 校作 πατέοντ’），但传世善本在古文字学上是无懈可击的，［作者］也没有给出任何理由假定品达会忌惮**对一个敌人**“行道迂折”。

这个形象——如同豺狼般偷偷逼近，迂回袭击——传递的思想是，那种在通常情况下卑鄙下流的手段在这种情况下使用却是合适的。你不但不会以欺骗你的敌人、收买他的奴隶、勾引他的妻子、毁谤他的名声为耻，还可能会以此为荣。这样说来，做有损于敌人的不正派的举动是不是就可以无所顾忌？只要你遵守公共法律，那么传统道德不会设置除了同态报复（*lex talionis*）律这条古老的报复信条以外的任何限制。[8]

这种观念通过偿还债务的比喻把捉住了希腊人的道德想象：通常被用来表达这个意思的是表示“支付”（paying；τίνειν，ἀποτίνειν，ἀνατίνειν）或“付还”（paying back，ἀντιτίνειν）的动词。当中表达的观念是，如果你对某人行了一次不义或造成了一次损害，你就欠了一笔债，必须通过你亲自受一次同样的恶——一次能“同样地”（*tale*，故有 *talio* 之说[9]）偿还你对他的所作所为的不义或伤害——来清偿它。乍看起来，金钱债务的这种衍生意涵不适合推广。如果你偷了邻居家一只羊，他把它偷了回去，把他的做法形容成在逼你还你之前从他那里借的私债可以说颇为贴切。但如果是你杀了他一只羊，他愤而杀你一只羊来报复呢？认为他通过这么做获得了**偿还**（*repayment*）在道理上怎么可能说得通？

---

〔8〕 在欧里庇得斯的《伊翁》中（1046-7），老奴说他来是要执行克列乌莎（Creusa）吩咐的差事（给那年轻人下毒），“若某人想要对敌人作恶，没什么规矩（νόμος）可以拦得住他”。这里的 νόμος 指的不是成文法律而是道德准则（否则感情上就说不通了）。

〔9〕 布伦黛尔（Blundell，参见本章脚注〔5〕）注意到这就是拉丁语中表示“同类偿还”（repayment in kind）的法律术语。

182 他杀你一只羊，把尸骸丢在山上让豺狼叼走，能让他拿回自己那只羊吗？但并不是说他从报复之举中一无所获：他可能会获得一些他看得比一只羊重得多的东西。[10]复仇的激情欲望——即单纯因为他或她先伤害了自己而去伤害某人——是不顾功利算计或者其他任何理性考量的。一个人从毫不在意补偿的纯粹复仇行动中获得的满足反而可能大得多。这正是同态报复律存在的理由：它的目标是禁止在报复中施加任何比既受之伤害更大的伤害，从而遏制激情的过度。

> **T4 《出埃及记》(Exodus)21：24—5** ……以眼还眼，以牙还牙，以手还手，以脚还脚，以烙还烙，以伤还伤，以打还打。

如果某人弄瞎了你一只眼，你可能会恨不得把他两只眼——或者更多，要是他多长几只眼的话——都弄瞎掉。[11]而这条规则说：只能一只。

这种通过各种等价关系限制实现的对报复的约束使得同态报复的观念如此之深入希腊人的道德意识，以至于他们中的第一批哲人在开始将自然寰宇设想为一个有序世界或者

---

〔10〕在这点上多亏厄尔文对本章早先版本的批评。

〔11〕Blundell(1989:30)援引了Hesiod, *Op*. 709-11（“如果他开了头，说了或做了令人不快之事，务必双倍奉还他”），连同此观点的其他表述。正如她指出的，赫西俄德虽然倾向于“双倍奉还”，却并没有说这会是正义的：参见本章T7。

说“宇宙”（cosmos）[12]时也把他们的正义观念投射于其上，将自然界的宏观周期现象描绘成报应循环的运作。在阿那克西曼德的著名残篇中（T5），热和干在夏天侵犯了冷和湿，回过头来到冬天也必定会遭受类似的命运，以“偿付”它们的“不义”——那时，冷和湿将会反过来侵犯先前的侵犯者，在完成一次报应循环的同时开启又一次的循环，如此往复，无穷无尽：

T5 阿那克西曼德，残篇1（Diels-Kranz） “因为它们按照时间的安排来给予彼此公道和偿还（δίκην καὶ τίσιν）。”

同样，有记载以来的第一个“正义”定义将之等同于τὸ ἀντιπεπονθός。“reciprocity”（交互/有来有往）这个不免蹩脚的翻译已经失掉了它“遭受报应”（to suffer in return）的字面表达力：

T6 亚里士多德，《尼各马可伦理学》1132b21—7 有人认为有来有往（τὸ ἀντιπεπονθός）就是正义。毕达哥拉斯派就是这么认为的。因为他们把“正义”定义为“有来有往”。

〔12〕 参见Vlastos, 1975: chapter 1（“The Greeks discover the cosmos”）。

183 亚里士多德将这个古风表达式归到了毕达哥拉斯派哲人的头上，但并不接受它是“正义”的一个充分定义。但他同情它的情感态度，并援引赫西俄德作为支持：

T7 赫西俄德，残篇174（Rzach） 因为如果一个人遭受了他所做的，直接的正义就会实现（εἴ κε πάθοι τά τ' ἔρεξε, δίκη κ' ἰθεῖα γένοιτο）。

我从能够证明这种观念广为流传的许多证词[13]中挑出了来自《奥瑞斯忒亚》（*Oresteia*）的一则：

T8 埃斯库罗斯，《奠酒人》（*Choephoroi*）309—14 “‘仇敌的言语就用仇敌的言语 | 来了结（τελείσθω）。’正义［女神］高呼道 | 当她正追讨债务（τοὐφειλόμενον πράσσουσα）。‘致命的攻击就用致命的 | 攻击来偿还（τινέτω）。让那做的人承受（δράσαντι παθεῖν）。’ | 那三倍可敬的传说如是宣称。”

埃斯库罗斯重申了他的同胞所遵奉的传统：为了满足正义，必须让行不义者反受他或她对另一个人所行之恶。但随着行动的推进，这条准则显然越来越让诗人感到深深的困扰。在奥瑞斯特斯（Orestes）把生母拽下台要杀掉她时，诗人让他说道：

［13］ 更多能证明这点的亚里士多德证词，见本章T13、T14。

T9　埃斯库罗斯，《奠酒人》930　“既然你杀了不该杀的人，现在就承受你不该承受的吧（κανοῦσ' ὅν οὐ χρῆν καὶ τὸ μὴ χρεὼν πάθε）。”[14]

为什么会说出这话？如果同态报复究其实质是正义的，为什么奥瑞斯特斯说的不是“既然你杀了不该杀的人，现在就承受你**该**承受的吧”？奥瑞斯特斯有不得已之处。阿波罗告诫他必须让克吕泰墨涅斯特拉（Clytemnestra）用自己的血来偿还她溅洒的亲人的血，但他依然摆脱不了弑母的恐惧。

在欧里庇得斯的《厄勒克特拉》（*Electra*）中我们看到他处在同样身不由己的境地。他向厄勒克特拉（Electra）抗议：“我怎么能去杀她，那个生我养我的人？”后者则回斥说：“就像她杀掉你我的父亲那样。”他照做了，但心里毫无底气，不断抱怨阿波罗的“愚蠢不经”（ἀμαθία），后者“预言我要杀掉一位我不该杀的母亲”。[15]

如果要找能进一步表明那些援引这条正义偿还规则的人的良心中并不完全信服这条规则的证据，不妨考虑欧里庇得斯笔下的美狄亚。虽然她的目标是要向伊阿宋（Jason）　*184*

---

〔14〕G. Thomson, 1938译作“对于你所行的不义，当有不义行在你身上”（Wrong shall be done to you for the wrong you did）。

〔15〕Euripides, *Electra* 969-73：奥瑞斯特斯：“我怎么能去杀她，那个生我养我的人？”厄勒克特拉：“就像她杀掉你我的父亲那样。”奥瑞斯特斯：“噢，福波斯（Phoebus），你做了个多么愚蠢不经的预言。”厄勒克特拉：“在阿波罗犯错的事情上，谁人又有智慧？”奥瑞斯特斯：“他预言我要杀掉一位我不该杀的母亲。”

追讨“正义的偿还，凭神的帮助”[16]，但她反思之下仍然认为自己“斗胆做了件不虔敬透顶的事情”[17]。现代读者肯定会诧异她是如何说服自己相信，她为了报复伊阿宋而做下的那些骇人罪行是对后者不忠的“公道偿还”[18]的。多么牵强的想象才会认为杀死他的两个孩子和新婚妻子算是与他对她所行的不义“同样”的不义？但无论是歌队还是任何当事人——美狄亚本人、伊阿宋或者克瑞翁（Creon）——都完全没有注意到她的所为同所受之间这种荒唐的失衡。如果有谁就这种不匹配提出异议，她会毫不怀疑地回答，伊阿宋已经给她造成的痛苦同她不得已将要给他造成的痛苦是一样大的。欧里庇得斯让我们看到，当报复被接受为原则上正义的做法，那么各种正义的等价关系限制在实践中就会沦为过于灵活的一纸空谈。

当从悲剧家笔下的神话转向修昔底德笔下的悲剧性历史，我们将看到更多同样的情况。那些前431年在剧场里观看《美狄亚》的观众四年后将重聚在普尼克斯山（Pnyx）上，辩论雅典公民大会有史以来最臭名昭著的一条提案[19]：

---

〔16〕 803: ὅς ἡμῖν σὺν θεῷ τίσει δίκην.

〔17〕 796: τλᾶσ' ἔργον ἀνοσιώτατον.

〔18〕 261: δίκην τῶνδ' ἀντιτίσασθαι κακῶν.

〔19〕 前447/前446年希斯提埃亚（Histiaea）被夷灭的过程也极其残暴，回过头来看甚至可以同米洛斯（Milos）、司吉昂（Scione）和托隆（Torone）相提并论（Xen, *Hell.* 2.2.3）。但目前据我们所知，这次行动并未经过公民大会的正式辩论，而是由军事指挥官在战场上当即决定的；而且该城邦是以驱逐人民、由雅典殖民兵（cleruchs）瓜分土地，而非全面屠杀和奴役的方式被夷灭的。

此前叛变，如今已被镇压的密提林（Mitylene）应当被夷灭，所有成年男性不经审判即处决，所有妇孺卖为奴隶。克里昂在提案演说中认为它具有正义性，[20] 并且正如我们所料，它所具有的是同态报复意义上的正义性：

> **T10　修昔底德，3.40.7**　“尽可能贴近地[21] 回想他们让你们受苦时你们作何感受——你们想必是不惜一切代价也要霸凌他们，现在奉还（ἀνταπόδοτε）他们吧。”[22]

狄奥多图斯（Diodotus）这位正派的代言人从未诉诸此等卑劣的正义。他任由克里昂拿它大做文章，自己则转而诉诸冷静的权宜。狄奥多图斯承认雅典人确实遭受了不义，但并没有在计较什么算是、什么不算是等价偿还上多费口舌。[23]

185

---

〔20〕他的演说很早就强调了密提林人违背了正义（3.38.1，3.39.1 and 6），其高潮是他宣称所提议的行动符合正义和利益的共同要求（3.40.4-7）。

〔21〕他早前（3.38.1）论证称报复行动应该尽可能从速，因为“紧跟遭遇之后的应对能够造成最接近侵犯之举的报复”。

〔22〕复仇历来是种族灭绝行动和政策的标准辩护理由。中世纪欧洲以及现代波兰和乌克兰的宗教迫害都是公然借报复“弑基督者”的名义实施的。为报复一起由亚美尼亚恐怖分子在伊斯坦布尔针对土耳其银行的纵火袭击，安纳托利亚的亚美尼亚人大屠杀不断发生。大众对纽伦堡反犹法案——它为日后的集中营制度铺平了道路——的支持有一部分即来自认为犹太银行家早有预谋要“让德国屈膝臣服”的信念。

〔23〕“如果我们有理智，就不应该把争端纠结在他们的不正义上（οὐ γὰρ περὶ τῆς ἐκείνων ἀδικίας ἡμῖν ὁ ἀγών），而是应该关注我们明智的出路是什么（περὶ τῆς ἡμετέρας εὐβουλίας）……我们不是在处理一起同他们有关的官司，需要关心他们情况的正义性；我们是在拿他们做考虑，好决定我们怎么处置他们才最符合我们的利益。”（3.44.2-4）

相反，他敦促他们三思，因为这样一个将会给密提林民众和策动叛乱的寡头主脑带来同样的灭顶之灾的行动，给他们带来的损失其实多于收益。他论证称这种不分青红皂白的恐怖屠戮将会让雅典失去在战争中最有力的资本——各属邦中民主派的同情。他的确在演说接近尾声处提到了正义，警告雅典人，称如果他们要灭掉那些一旦拿到武器就一定会揭竿而起，迫使城邦投降的民众，"那他们就对恩人行了不义"（3.47.3）。**但这不是同态报复式正义**——对于那种正义，他暗示，雅典人与其做其执行人，还不如做其承受人：

> **T11　修昔底德，3.47.5**　"我认为更利于保全我们帝国的做法是由我们来遭受不义（ἀδικηθῆναι），而不是去残杀那些我们不该残杀的人，无论［这样做］多么正义。"[24]

一次亟须冷静的道德咨议的危机如同电光般赫然暴露了同态报复式正义中的缺陷。正义感——这本应是正派的雅典人引以抵御盲目的、不经理性思考的仇恨诱因的资源——在这种

---

〔24〕未能注意到在3.47.3处狄奥多图斯暂时转换到了一种与同态报复无关的正义概念上，直到3.47.4-5才回归，可能会导致读者误解修昔底德想借他表达的立场：它可能会让人要么忽略他的前一段评论，由此认为狄奥多图斯的整个观点都立足在帝国的权宜考量（expediency）之上（Andrews［1962: 72］就是这样认为他"完全在用权宜的话语表述他的观点"），要么将T11中雅典人应该任由自己"遭受不义"的说法当作一句"空话"打发掉（如MacLeod, 1978: 77，他没能看到，按照同态报复式正义的标准，如果雅典人为了追求自身利益而放弃了报复，那他们**就会是**在任由自己遭受不义）。

情况下恰恰强化了那种他们试图克制的力量。同态报复式正义没有给狄奥多图斯提供所需的支持，反倒成了克里昂手中的棍棒。[25]

那究竟同态报复是怎么在道德准则中赢得并占据统领地位如此之久的？因为它一直被混同于补偿（restitution）、自卫（self-defense）和惩罚（punishment）这三个密切相关却截然不同的概念中的一个或多个。三种混淆中最广为流传也貌似最有理的是它与补偿的混淆。如果报复从原理上说就**是**补偿，那它就**会是**正义的典范：还能有什么比偿还债务更正义呢？至于自卫，乍看之下它似乎同报复八竿子打不着，但其实不是，只要我们注意到，ἀμύνειν，ἀνταμύνειν——“抵御，使……远离自身”“自卫”——**也**被用来表达“报复”的意思，[26]并且反映出，如果报复就 186

〔25〕在关于米洛斯对话（Melian Dialogue）的论文中，Jacqueline de Romilly（1963: part III, ch. 2）将雅典的暴行（这些暴行同他们后来在战争中对司吉昂和托隆所实施的如出一辙）同忒拉叙马科斯式的不道德主义（immoralism，*R.* I, 338Cff.）和卡里克勒斯式的反道德主义（antimoralism，*G.* 483Aff.）联系起来。她也许已经想到了，雅典人并不需要诉诸那么极端的观点来为屠灭弱小敌邦之举辩护：无论在哪里，只要他们认为自己是在以不义报复不义（正如对密提林、司吉昂和托隆），那条极受尊重的同态报复律都能给强硬派提供一块遮羞布。

〔26〕因此为报复斯巴达人对他们的所作所为而处决了斯巴达使节的雅典人被说成是δικαιοῦτες τοῖς αὐτοῖς ἀμύνεσθαι（正义地保卫了自己的人，Thuc. 2.67.4；并参见T17）。克瑞翁用这个动词（Soph. *Ant.* 643）来表达一个男人希望子孙对他的敌人作恶以替他报复（τὸν ἐχθρὸν ἀνταμύνωνται κακοῖς）。苏格拉底本人在表达自己对以恶报恶的拒斥时用了这个词：οὔτε κακῶς πάσχοντα ἀμύνεσθαι ἀντιδρῶντα κακῶς（不要反行其恶来报复所受之恶，*Cr.* 49D8-9）。

是对不义的侵害预料之中的回应，那么无能报复就会被认为是软弱、招进一步侵害的表现。照此很容易类推出，先下手为强作为一种正当自卫也是可以接受的：那些自认为可能成为攻击目标的人会觉得，在预期的侵害发生之前就实施制裁是有正当理由的。

至于惩罚，它［与报复］在语言学上的纽带甚至更强。整个古风（archaic）时期它都带有实实在在的僭政意味。直至前5世纪最后三十余年之前，τιμωρία——它原本和历来首要的含义是“报仇”（vengeance）——就是表达“惩罚”的**标准**用词。专门表达后者的词，κολάζειν（惩戒，规训——它们并无表达“报仇”的衍生用法），直至我们接触到修昔底德和安提丰的散文时才逐渐流行。在此之前，例如在希罗多德那里，[27]由于语言本身使然，人们会不禁使用“报仇”（τιμωρία）这个表述，哪怕他确切想表达的是“惩罚”。[28]区别何在？正确理解的惩罚就是处罚（ποινή，penalty），亦即规范授权下的规范实施。就此而言，它在三个紧密相关的方面不同于复仇。[29]

---

〔27〕在他的散文中，νουθετεῖν这个在古典时期可能被用来表示“惩罚”的词从来没有这么被使用过，而是只用在“告诫”（admonishing）的字面意义上。

〔28〕连拒斥复仇的苏格拉底也偶尔会被柏拉图允许用τιμωρεῖν来表达“惩罚”的意思（例见*G.* 472D-E, 525B-E），虽然κολάζειν、νουθειτεῖν是他更偏好的表达。

〔29〕关于复仇和应得的惩罚（补偿）之间的区别更全面的分析，尤其见Nozick, 1981: 366-8。他很好地澄清了“复仇”的日常用法中遗留的最晦暗不清之处；参见我将在下文援引的*O.E.D.*中该词的定义。

187

1. 虽然对行不义者施加伤害这点是惩罚和复仇共有的，但对他行不义却不是：惩罚行不义者不是对他行不义。惩罚没有给复仇中正常的以不义报不义留任何余地：那些实施处罚的人并不是获授权行不义者，而是规范的执行工具，是正义的代理人。

2. 不像在复仇中那样，缓解受害者的愤恨感并不是惩罚的主导动机，后者的首要目标不是对作恶者作恶，而是要贯彻共同体的关切，即其规范应当被遵守，违反规范者应当通过依法接受处罚来被追究责任。

3. 复仇中的核心情感，即对行不义者的仇恨，不需要在惩罚中体现；那些对他实施惩罚的人不应该受恶意，而应该受一种忠于他所违背的那些规范的使命感和对不义恶行的受害者的同胞之情驱使。这种动机和对行不义者本人的同胞之情是完全不矛盾的：既然他已经因为违反共同规范而使自己疏离了他的同胞，那么让他通过承受共同体给有违规范的人规定的痛苦来重新融入共同体，既是为了他好，也是为了其他人好。

从复仇中区分出惩罚必须被视为在人性从野蛮的部落主义中逐渐崭露这个漫长、曲折而又不确定的过程中，人类最具有里程碑意义的概念发现之一。一向不偏不倚的柏拉图没有将这个发现归功于他个人的英雄，而是归功于普罗塔戈拉，苏格拉底的头号对手。我们能够从柏拉图在《普罗塔戈拉》里归于这位智者的、他与苏格拉底论辩的长篇演说中看到它。[30]为支持其德性可教的论点，普罗塔戈拉在那篇演说中提出了一套包罗万有的文化起源理论，它视包括道德在内的一切文化建制为人类借以赢得与野兽的生存斗争的发明。他构想出了一套后果主义的论证来支持“政治技艺”的普遍分配，即所有人都必定已经有了对道德规范的感受力（“分有羞耻与正义”）的禀赋，[31]否则人类早就已经输掉那场斗争了：人类根本存活不下来。有鉴于此，他将惩罚解释成一种旨在增强对不义之举的威慑力的设计：

188

T12　柏拉图,《普罗塔戈拉》324A—B　“没有人会在惩罚（κολάζει）[32]行不义者时想着他们做了什么，并且因为这个——即他们行了不义——的缘故 [而去惩罚他们]，除非他是在不经思考地实施复仇（τιμωρεῖται），像头野兽一般。一个理性地实施惩罚[33]的人不会为了已经犯下的不义而去做——因为已经做下的行径无法撤销——而是会为了未来，为了没有人再重蹈不

〔30〕要不是出现在了这个文本中，我们现在根本就不会知道普罗塔戈拉是发现者：我们手头其他关于他的思想的、数量极其稀缺的文献来源中对此没有任何记载。一次威力如此巨大的创新只可能来自一位敢于开拓的、原创性的思想家。当连（没有任何动机偏爱这位智者的）柏拉图也将之归功于他，我们就有很好的理由追随大多数学者的做法（部分参考文献见 Guthrie, 1969: 64, n. 1）认可这种归功。

〔31〕*Pr.* 322D: αἰδοῦς καὶ δίκης μετέχειν.

〔32〕柏拉图让普罗塔戈拉在整段话中以截然有别于复仇的方式使用这个词来表达“惩罚”，而把 τιμωρεῖ 留给前者。

〔33〕ὁ μετὰ λόγου ἐπιχειρῶν κολάζειν.

义的覆辙，无论是他本人还是其他眼见他受到惩罚（κολασθέντα）的人……惩罚是为了阻吓（deterrence，ἀποτροπῆς ἕνεκα）。”

假定[34]这是对普罗塔戈拉观点中肯的，哪怕严重精简了的阐述，我们必须承认，它赖以分析惩罚的原理的那套理论偏颇得无可救药。它只诉诸威慑来为其实践的正当性辩护。这显然是错的。因为一项处罚的目的虽然确实带有很强的前瞻性——为了阻止侵犯的再次发生——但如果它是正义的，那它就必须也具有同样强的回顾性：它必须给侵犯者施加他在当前规范下因为**他的所作所为**而应受的伤害。我们能够正义地惩罚一个违反了特定规则的人，仅当我们有理由相信在这件事上**他**是有罪的——是他，而不是别人，犯下了那桩侵犯之事。将惩罚嫁祸到一个同样能满足其警示目的的顶罪人头上将会不义之至，即便在诬告被隐瞒得很好的情况下它的阻吓效果同样巨大。所以，我们不同意普罗塔戈拉，我们确实会，也应该，“因为他的所作所为的缘故”而去惩罚行不义者：我们的理论必须承认这种实践——我们是为了它的阻吓效果才接受的它——的补偿性本质。因此，普罗塔戈拉关于惩罚的社会功能的理论是不可接受的。它颇为正确地援引阻吓作用作为这种体制存在的理由，但却没能看到，这种制度本身不可避免的是补偿性的。

---

〔34〕 我们没有确切的理由支持相反的想法。

但即便如此，即便运用的是一套有缺陷的理论，普罗塔戈拉仍然出色地成功从复仇中区分出了惩罚：他把处罚的理性实施——它被设计用来强化对以共同利益为目标的伦常规矩的服从——同古风式复仇激情的放纵完美地区分开来。189 他理清了在过往几千年里一直是一团乱麻，在往后几千年的流行观念中仍将纠缠不清的东西。詹姆斯·菲兹詹姆斯·史蒂芬（James FitzJames Stephen），一位领军的维多利亚法学家，在1883年仍然宣称刑事司法就是法律授权的复仇：他声称“刑法代表复仇的激情，这和婚姻代表性本能的关系差不多”。[35] 这道出了大多数人当时相信，时至今日仍然相信的东西。惩罚就是制度化了的复仇的观点至今仍十分流行，甚至为某些哲学家所宣扬，[36] 也不乏来自辞书的支持：《牛津英语词典》对revenge（复仇）的一个释义是“施加惩罚或者执行赔偿”（inflict punishment or exact retribution）。

但在充分肯定普罗塔戈拉领先同代人两千五百年的成

---

〔35〕 引文（我得益于Allen, 1980a: 137）出自Stephen, *History of the Criminal Law*（1883: 83），在那里他论证称“刑事罪犯应当遭到仇恨，惩罚的设计应该让那种仇恨得到表达……以满足一种健康的自然情感，这是非常可欲的”。他从未想到过，虽然惩罚的确有“表达”的功能（见Feinberg, 1970: 95ff.），但在一个人道的社会中，它所表达的情感应当是对正义的伸张和对共同体福祉的关切，刑事立法的设计目的就是要关心保护共同体的**所有**成员。（违法者本人也不例外，见Vlastos, 1962: 55：“针对他违反道德法律之举而施加给他的痛苦，并没有将他逐出法外……并没有屏绝其他人保留的善意——那是他作为人与生俱来的权利。”）

〔36〕 例见Oldenquist（1985: 464-79），他称刑罚正义为“洗白了的复仇（sanitized revenge）”。照这么说，婚姻就会是洗白了的通奸。

就之后，我们还是得注意到，他并没有亲手给予复仇观念应得却迟迟未有的处置。清楚地将之与惩罚区分是一回事，认识到一经如此区分，复仇就在道德上是可憎的是另一回事。第一步根本不保证第二步，如我们在亚里士多德那里可见。他做出区分的方式并未触及复仇的道德可接受性。[37]他仍然把损敌当作在道德上与助友对等的行为：

T13　亚里士多德，《论题篇》113a2—3　对朋友行好和对敌人作恶并不是对反（contraries）：因为两者都值得选择且属于同一种秉性（αἱρετὰ καὶ τοῦ αὐτοῦ ἤθους）。

他依然抬举报复，认为它“正义且高尚”：

T14　亚里士多德，《修辞学》1367a19—20　一个人对他的敌人复仇，不同他们和解，是高尚的（καλόν）：因为报复（τὸ ἀνταποδιδόναι）是正义的（δίκαιον），而正义的东西是高尚的，并且不服输就是勇敢。

更糟糕的是，亚里士多德将复仇欲望视为人性之常，像愤怒的情感一样在灵魂中根深蒂固，不可磨灭。他将“愤怒”定 *190*

〔37〕Arist. *Rhet*. 1369b12-14：“复仇和惩罚（τιμωρία καὶ κόλασις）不同：因为惩罚是为了受惩罚者之故，而复仇是为了实施惩罚者之故，为了满足［他的感受］（ἵνα ἀποπληρωθῃ）。”（在这点上我得益于普罗科佩［John Procopé］的书面和口头评论。）

义为“施加报复性痛苦的欲望”，[38] 由此将愤怒情感同报复冲动等同起来，却离奇地忽视了所设想的这种等同将会带来的荒谬后果：说一个人对自己发怒（这种现象足够常见）是想要报复自己，说他对自己的孩子发怒（也很常见）是想要报复孩子，这有什么道理可言呢？

诚然，T13和T14并不出自亚里士多德的伦理学著作，也并不表达他本人原创的道德洞见。但它们确实表明，他极富创造性的道德思考并未超越遵奉同态报复式正义的传统观念。虽然身为伟大的道德论者，亚里士多德却始终未能想明白一点：**如果某人对我做了一件肮脏事，这并不会给我对他做同样的肮脏事，或者任何肮脏事，提供半点道德正当性辩护**。据我们所知，第一个充分全面地把握了这条简单明了而且至为根本的道德真理的希腊人是苏格拉底。

第Ⅱ节

历史上的革新从不会凭空发生。我们也许会期望此前或他所在时代的希腊文学中总有某些地方已经预示或至少接近了苏格拉底对同态报复的拒斥。让我举出一些我所能找到

---

〔38〕 *De Anima* 403a29ff.：他在解释对一个灵魂学现象的自然理解和辩证理解的区别时说，在愤怒（ὀργή）的例子上，“διαλεκτικός（辩证家）会说它是制造报复性痛苦的欲望（ὄρεξις ἀντιλυπήσεως）或者之类的，而φυσικός（自然学家）会说它是血液的沸腾和心脏中的热元素”。他在《修辞学》中（1378a31ff.）给愤怒下了更全面的定义，其核心是“吃痛后公然报仇的欲望”（ὄρεξις μετὰ λύπης τιμωρίας φαινομένης）。

的最接近的例子给你们看，你们可以自行判断苏格拉底的原创性是否相形见绌。

在《奥瑞斯忒亚》中，埃斯库罗斯直面家族内部血仇的徒劳和恐怖，并让他的三联剧（trilogy）在歌颂私仇报复被城邦法律的威严所镇压中臻至高潮。但他从未公开摒弃"自作自受"的原则，它在《阿伽门农》中（1564）被歌队称作"注定的"（θέσμιον），在《奠酒人》中（本章T8）则被称作"三倍可敬的传说"。在《七将攻忒拜》（*Seven Against Thebes*）中，安提戈涅援引它（1049-50）来为她的兄长报复袭击忒拜的正当性辩护，并且毫不质疑这条原则的有效性：她只是驳斥它适用于当下的情形。

191 希罗多德也没能发埃斯库罗斯之所未发。他笔下的泡萨尼阿斯（Pausanias，9.78-9）愤然回绝了请他为列奥尼达斯（Leonidas）报仇、对玛尔多纽斯（Mardonius）的尸体做他曾联同薛西斯（Xerxes）对那位斯巴达英雄的尸体做过的事情的提议。但他回绝这个提议的理由是什么？（a）亵渎死者的做法"适合野蛮人而不是希腊人"，以及（b）波斯人遭受的重大伤亡已经算是替列奥尼达斯报了仇。（a）不否认，（b）则假定了复仇是得体的。希罗多德笔下的薛西斯（7.136）拒绝因为斯巴达对他派出的使者的所作所为而报复斯帕提阿斯（Sperthias）和布里斯（Bulis），并解释说"他不会去做他谴责的斯巴达人做过的那些行径"。这个值得称道的声明[39] **可以被**

---

[39] 希腊人的道德思考中不乏对"如果别人做x会让你感到愤慨，那么你自己做x就是不光彩的"这条原则（伦理学中"可普遍化原则"[转下页]

用来得出下文中苏格拉底的原则II和IV。但它没有。没有任何地方暗示了以下的洞见：一个人不应该做他谴责其他人做的事情，**因此**，一个人不应该以不义报不义或以恶报恶。

第三个备选项来自修昔底德笔下的斯巴达使者于前425年在雅典发表的演说。他们在斯法克忒里亚（Sphacteria）的部队如今被切断了联系，陷入了绝境。停战协定解了燃眉之急。谈判正在展开。斯巴达方的发言人恳求道：

> **T15　修昔底德，4.19.2—3**　“我们认为最能稳妥地消除巨大敌意的方式，不是一心报复（ἀνταμυνόμενος）〔40〕的战争获胜方强迫另一方接受不平等的条款，而是即便有机会这么做，获胜方出于体面起见（πρὸς τὸ ἐπιεικές）仍要在德性上更胜一筹（ἀρετῇ αὐτὸν νικήσας），提出出人意料地温和的条件。因为如果另一方如今面对的不是对暴行的报复（ἀνταμύνασθαι ὡς βιασθείς），而是以德相报（ἀνταποδοῦναι ἀρετήν），那么羞耻心会让他更愿意遵守协定。”

［接上页］的一种特殊形式）的承认。它在《伊利亚特》（6.329-30 and 23.492-4）和《奥德赛》中（6.285-6）已初现端倪。

〔40〕这里以及这个词在这段文本中的下一次出现，是传统观点混淆了报复与自卫概念的一个很好的例子，这种混淆使得ἀνταμύνομαι成了“报复”的一个常见表达（参见本章脚注〔26〕）。出现的这两处显然表达的都只有报复的意思：获胜方面对战败的敌人已经不再需要自卫了，唯一的问题是他应不应该报复他所遭受的真实的或者假想的不义。

斯巴达人吁求的是，这次不要再按同态报复的方式做了，或者更好的做法是反其道而行之：把慷慨大度而不是伤害留给我们以候报偿吧。我们可以接受这些条件下的战败。你们的节制会激发出我们最好而非最坏的一面，你们也会获得对持久和平的进一步保证。

这段话清楚意识到了一种更好的解决这场旷日持久的纷争的办法。在道德上更好，这是肯定的——甚至也许从实践慎思的角度看也更好，因为胜利方从协议将被遵守的进一步保障中的得益可能比他讨得到的任何眼前利益都要更大。但这里有没有哪怕一处迹象暗示斯巴达人，以及将该段中这条漂亮的观点归功于他们的发言人的修昔底德本人，意识到了同态报复本身就是不正义的？我看不到有。说如果你没有最大限度地利用眼下的优势来博取最大的利益，那你的节制就是可敬的并且将会给你带来回报，这并不等于说，如果你当初选了另一种做法，你的所作所为就会是不正义的。[41]

192

我最后一个候选例子是索福克勒斯《埃阿斯》(*Ajax*)中的奥德修斯这个角色。这部悲剧疯癫的主人公对奥德修斯怀有致命的恨意，谋划好了要把后者慢慢折磨至死。他把计划向雅典娜和隐身在一旁的奥德修斯和盘托出，并且不顾她要他收手的恳求，誓要将之付诸实施。得知此情，奥德修斯并没有对他的敌人的现状幸灾乐祸。当阿伽门农下令禁止埋

〔41〕正如MacDowell（1963: 127ff.）观察到的，斯巴达使者们向雅典人推荐的德性并不是正义（“没有什么法律或者规则规定战败的外邦必须得到仁慈的对待”）而是慷慨（“给予某人的对手超出后者合理期望的东西”）。

葬埃阿斯，奥德修斯恳求他收回成命：

T16　索福克勒斯，《埃阿斯》1332ff. “听劝吧，看在诸神的分上，不要胆敢｜无情地遗弃这个男人，使之无坟墓葬身。｜莫让强力战胜了你｜让你如此恨他入骨，以至于践踏了正义。｜他也是我最势不两立的敌人……｜但即便他之于我彻头彻尾就是如此，｜我也不会如此反过来折辱他（οὐκ ἀντατιμήσαιμ' ἄν），以至于否认｜他是出征特洛伊的我们中最杰出的，｜除了阿基琉斯以外……｜伤害一个好人是不正义的｜在他死后，哪怕你恨他。”

从我们自己基督教化的道德观的立场看，奥德修斯对他敌人的落魄处境的反应再怎么可敬也算不上超凡脱俗。放在他的当时当世，这种反应则远远超出了人们对一个正派之人的任何期望，以至于连雅典娜也对此大感意外。她此前曾向奥德修斯提出要让神志失常的埃阿斯在他面前游行，觉得她最宠幸的人看到自己往日不可一世的敌人现在落得如此田地会很开心。她问奥德修斯：

T17　索福克勒斯，《埃阿斯》79 “什么时候笑能比笑我们的敌人更甜蜜？”[42]

---

〔42〕参见Stanford（*loc. cit.*）：“雅典娜在这里表达了……正常的英雄式态度，即最令人快乐的事情莫过于能够对敌人幸灾乐祸。”

当他回绝提议时，我们会不由得感动并同意莱斯基（Albin Lesky）的看法：这一刻“那人比那位女神更伟大”。[43]

那我们能不能说，我们在这里看到的是一个已经明白到报复本身不正义的人？不能。我们看到的是一个道德水准超群的人，意识到了这条原则的这个个别运用——（违反神法地）禁止埋葬这个（仅次于最杰出的阿开亚人［Archaeans］阿基琉斯的）人——是不正义的。[44]但我们并没有看到一个不忍在任何情况下对任何人运用这条原则的人。在这部剧的其他地方，他笔下的奥德修斯把报复正义当作一种寻常的道德来接受。他在另一个语境中议论道：

193

T18　索福克勒斯，《埃阿斯》1322—3　“我会原谅以恶语回敬辱骂的人。”

奥德修斯和他为之代言的那位诗人都没能看到，同态报复本身是错的，是对不义而不是对正义的一种觉知。

如果我们回到更早的一幕，回到接近本剧开头的地方——当时阿伽门农的敕令还没有搅浑这潭水——并且问问

［43］1967: 100.

［44］奥德修斯抗议阿伽门农命令的理据很清楚地表明了，他的反对完全无关复仇在道德上的不合适。任由埃阿斯的尸体不被埋葬会“践踏正义”，因为（a）这会违反在任何情况下不得禁止埋葬任何人的神圣禁令，会违背“神法”，1343——索福克勒斯称之为“诸神不成文的、不容动摇的法律”（*Antigone* 454-5），它迫使安提戈涅不惜付出惊人的代价来服从它——此外也因为（b）埃阿斯生前名副其实地享有的崇高威望让他有资格在死后受到尊重（1340-1; 1345）。

我们自己索福克勒斯是怎么解释奥德修斯对他失心疯的敌人的现状全无芥蒂的反应的，我相信我们能分辨出，诗人想我们看到的是，它并不植根于正义感，而是植根于同情心。他唤起的是我们所有人当被一种共同的软弱感、一种在桀骜不驯的命运面前共同的无力抵抗感所触动时，都会对一个同胞生灵抱有的那种感受：

T19　索福克勒斯，《埃阿斯》119—26　雅典娜："这男子绝顶善断、在相机而行上无人能匹。你可见过谁人更优秀？"[45]奥德修斯："一个也没见过。这也是为何，虽他身为敌人，我却怜悯他的不幸，[46]如今受制于可怕的命运。我眼见他的悲惨并不比我更重，我眼见我们所有人的真实处境。我们活着却不过是梦幻泡影。"

这正是《皮提亚颂歌第八》所表达的心态：

T20　品达，《皮提亚颂歌》8.1—2　一日之生（Day-creatures）。是亦为何，不是亦为何（What is it to be or not to be）？人乃梦中幻影。

---

〔45〕我这里追随的是E. F. Watling, *Sophocles*, *Electra and Other Plays*（Baltimore, 1953）对这几行诗的译法。

〔46〕ἐποικτίρω ... δύστηνον ἔμπας. 在剧中他后来批评了阿伽门农缺乏同情心，参见ἀναλγήτως βαλεῖν（无情地遗弃），1333；σκληρὰν ... ψυχήν（铁石心肠），1361。

这也是希罗多德笔下的梭伦在说“人整个是偶然”（Man is all accident）[47]时的心态。这种古老的心态可以上溯至《奥德赛》。我们从第十八卷中奥德修斯关于“大地抚育的生灵中没有比人更孱弱的”这个主题的幽思中（vv. 130-7）可以听出它来。这种情思的道德内涵我们将会在第二十二卷的求婚者被屠杀之后看到。当欧律克勒娅（Eurycleia）看见血溅宴会厅堂的场景，为大仇得报而欣喜欢呼时，奥德修斯严厉斥责了她： *194*

T21 《奥德赛》22.411—12 “老妪，把得意节制在你心里。住嘴莫叫喊。在尸首之上炫耀可不虔敬。”[48]

索福克勒斯比品达或者荷马更成功地从对人类脆弱性的意识中提炼出了道德疗方。他揭示了它如何能够清除人心中的恶意和仇恨的毒素。虽然他做到了这点，但我们仍然想知道：他是否已经看到，同态报复是个骗局，其正义性是个假象？对此我们必须回答：他甚至未曾直面过这个问题。所以我们回到苏格拉底，他直面了问题，并且理性思考出了一个答案。

---

〔47〕 πᾶν ἐστι ἄνθρωπος συμφορή (1.32.4).

〔48〕 Stanford（1963: 67）评论称奥德修斯是希腊文学中第一个宣称在倒下的敌人头上炫耀不虔敬的角色。

第Ⅲ节

《克力同》中苏格拉底为自己留在狱中等候处决的决定的正当性辩护的慎思开头的那一小段话（48B-C）[49]展现了引领他得出那个答案的推理过程。他称这一段为慎思的ἀρχή——“出发点”，或者，如果对比喻做不同解读的话，我们可以说，它的“基础”。这段话包含了连珠炮般一一列出的五条原则：

T22 《克力同》48B4—C9

I.“我们绝不应行不义（οὐδαμῶς δεῖ ἀδικεῖν）。”

II.“因此，我们绝不应报复不义（οὐδαμῶς δεῖ ἀνταδικεῖν）。”

III.“我们绝不应［对任何人］作恶（κακουργεῖν）。”[50]

IV.“因此，我们绝不应［对任何人］以恶报恶（ἀντικακουργεῖν）。”

V.“对一个人作恶无异于对他行不义（τὸ γὰρ κακῶς ποιεῖν τοὺς ἀνθρώπους τοῦ ἀδικεῖν οὐδὲν διαφέρει）。”

这五条原则中最难让柏拉图的读者接受的是II和IV。

---

〔49〕对这个段落更全面的处理必须等到第八章第Ⅲ节至末尾。这里我先初步考察其语言和推理过程。

〔50〕如果问我在这里和IV的方括号里补充扩张其外延的正当理由，请注意苏格拉底在T23中指涉IV时是怎么重新表述它的。

希腊人在这里会看到，一位希腊同胞从他们的道德观中切除了部分活生生的组织。苏格拉底充分意识到了这点。因为在列举完全部五条原则后他恰恰把焦点重新对准了这两条：

> **T23 《克力同》49C10—D5**[51] "因此，我们绝不应报复不义［原则II］或者对任何一个人（οὐδένα ἀνθρώπων）作恶，无论我们在他手上遭受了什么［原则IV］。而且要小心啊，克力同，不要在同意这点时违背你的真实看法（παρά δόξαν）。因为相信或者会相信这个的人太少了。而且那些相信的人和不相信的人不可能进行共商（οὐκ ἔστι κοινὴ βουλή）。眼见彼此的考虑，他们必然会互相鄙夷。"[52]

195

苏格拉底从未就他在柏拉图对话中声张过的其他任何观点做过这种断言：同那些在这两条明令禁止报复的原则上不同意他的人，他没法就任何事情进行"共商"。他是在说这个分歧会导致沟通完全破裂吗？不是。苏格拉底并不是在说他不

---

〔51〕将在第八章中再次引用（作为那里的T13）。

〔52〕色诺芬远远没有在这个根本要点上让苏格拉底持同样的立场，而是让他站到了对立面上，一而再再而三地推崇传统的助友损敌伦理：好人"苦苦谋求好朋友并且让敌人不好过"（*Mem.* 2.1.19）；"处心积虑对敌人作恶，对朋友行善，被认为配得上最高的赞誉"（*ibid.* 2.3.14）；"你已经明白到，一个男子的德性不外是在施与福祉上胜过朋友，在施加伤害上胜过敌人。"（*Mem.* 2.6.35，参见本章T1）。关于为什么在这点上柏拉图的证词比色诺芬的更可取，见附注7.1。

能同任何拒斥原则II和IV的人**论辩**（*argue*）。他显然能，也不厌其烦地这么做，同波洛斯、卡里克勒斯、忒拉叙马科斯，谁知道还同其他多少人。但他**实际上**所说的后果也很严重：如果在这两条原则上没法达成共识，那么就不可能有共同的**慎思**（*deliberation*）——一旦面临行动的抉择，这种分歧造成的鸿沟将无法弥合。我在本书中没法深究他的评论将会带来的政治后果。[53]眼下我必须聚焦于在公共法律划定的限度内充当个人行动规范的原则II和IV。[54]

虽然这些原则标画了苏格拉底同现成道德观的决裂，但它们本身并不能解释这种决裂。每条原则都是从集合中的另一条或多条原则推出的。原则II是直接且单独地从原则I推出的。

I. 我们绝不应行不义。因此：

II. 我们绝不应以不义报复不义。

苏格拉底通过简单演绎，从我们在任何情况下都应该克制，不去（“绝不”去）行不义这个命题推论出，我们应该在**我们**本身就是不义的受害者这种特殊情况下克制，不去行不义。

196 为了得出IV，他再一次利用了I，这次是与V合取：

V. 对一个人作任何恶都等同于对那个人行不义。

---

〔53〕 如果苏格拉底没法与在原则II和IV上不同意他的人们参与到一个共同的慎思过程中，那他就将自己排除在了雅典参与式民主的决策过程之外：主持那些过程的“多数人”也确实会不同意他对同态报复的拒斥，正如他自己在T23中强调的那样。

〔54〕 参见本章第三段的论述。

并且，由于有：

I. 我们绝不应行不义。它与V合取可得：

III. 我们绝不应对一个人作任何恶。因此：

IV. 我们绝不应以恶报复恶。

和之前一样，他从我们在任何情况下对任何人都应该克制，不去（“绝不”去）作恶这个命题推论出，我们不应该在遭受了恶行的情况下去作恶。

原则I在这个推理过程中统揽全局的重要性应该显而易见：它是得出原则II的唯一前提，然后又再次被用来与原则V这条进一步的前提合取得出原则IV。那苏格拉底会如何为后者辩护？他会给出什么理由让我们相信，对任何人作任何恶[55]无异于对那个人行不义？柏拉图的苏格拉底对话中的任何地方都找不到对这个问题令人满意的回答。苏格拉底最接近于处理这个问题的地方是《理想国》第一卷中的一个段落，他在那里驳斥了正义就是对朋友行善**和**对敌人作恶的传统观念（335A8-10）。为了反驳这个合取的第二项，苏格拉底举出了他认为能够对一个人作的最坏的恶——减损那个人的正义——为例，并且论证这是**不可能**的：一个人之中的正义不可能在另一个人之中产生不义——正如一个物体中的热不可

---

〔55〕亦即任何**可以道德地避免的**恶——任何不单纯偶然依附于一个非恶的意图实施的恶，例如在自卫（伤害被施加于侵害者单纯是为了防止他造成不义的伤害）或者惩罚（苏格拉底将处罚之恶的施加视为对不义者的道德治疗［*G.* 480A-D, 525B］和/或补偿和阻吓［*G.* 525A-527A］）的情形中。

能在另一个中产生冷，一个物体中的干不可能在另一个中产生湿（335B-D）。这种类比的效力是成问题的。[56]而且即便假定在这个案例上的推理是有效的，承认报复性的恶行会减损敌人的正义，它如何能够推而广之仍然没有得到澄清：如果正义之人不可能减损另一个人的正义，这如何能够推出，他也不可能伤害另一个人，既然一个人可以有不计其数的方式对敌人作恶**同时不**减损敌人的正义？这段话清楚表明的唯一一点——我们也只能满足于此——是苏格拉底的直觉：真

197 正的道德善不能对他人造成有意的伤害，因为它是内在地有益的，它的发用是辐射性的，会自发将善传递给那些接触它的人，总是产生裨益而不是伤害，因此我们无法设想一个正义之人会去伤害任何人，无论是敌是友。这种一贯不变地有益的善的观念是在如此之深的层面上引导着苏格拉底的思考，以至于他甚至将之套用在神上；它引领他构想出了一个新的，作为一个只能造成善、绝不造成恶的存在的神的概念。[57]就让我们照样把它接受过来，作为一个论证基础支持在柏拉图所呈现的苏格拉底的思想中尚不明确的强有力的直觉。[58]

---

〔56〕参见Annas, 1981: 31-4对这个论证的讨论。

〔57〕参见第六章（对那里的引文T7的讨论）。

〔58〕柏拉图对苏格拉底思想的再创造可能在这点上比较薄弱，这有可能是因为他并不完全同情苏格拉底教义的这个个别面向。《理想国》中间各卷所阐发的伦理学缺乏原则III——“我们绝不应对**任何人**作恶”——那种不加限定的普遍性。在*R.* V, 470A中，当格劳孔宣称应该禁止“我们的邦民”做出那些现实中希腊同胞相互攻伐时犯下的种种暴行（毁坏土地、亵渎尸体、奴役囚犯），却鼓励他们“对野蛮人做那些如今希腊人对彼此做的事情”时，苏格拉底并无异议。

因此，为苏格拉底拒斥报复的正当性辩护的重担必须完全落在原则I上。单从这一条，不借助任何进一步的考量，苏格拉底就得出了禁止以不义报复不义的原则II，以及随之而来的对传统道德观中那种恶意的外科手术式切除，后者往往体现在像雅典从前几乎要对密提林实施，后来随着战争的推进又确实对司吉昂、托隆和米洛斯实施了的种族屠杀那样的行动上。[59]柏拉图对原则I的重要性的认识体现在他在紧挨本章T22之前的那段《克力同》文本里朝它推进的过程中。[60]他把整个段落都用来引入它，反复重申了不下三次，[61]提醒克力同他们以往经常同意它，现在可不能仅仅因为坚持它就会死而在这个问题上反悔。

那么我们应该如何解读苏格拉底在那段话中对原则I的三次陈述里所使用的模态语言？

T24 《克力同》49A4—B6 “我们是否说，无论如何我 198

〔59〕一个欲为雅典申辩者，如伊索克拉底，会低估这类行动的严重性，通过将之解释为对那些曾向雅典发动战争的城邦的“严厉教训”来打发掉它们，并且声称斯巴达人的行径比这恶劣得多（*Paneg*. 100，为雅典对米洛斯和司吉昂的行动辩护；以及*Panath*. 70，为雅典对未具名的“诸小岛”的所作所为开脱）。如果不是预设了这类行动的支持者们往往会诉诸的——正如我们听克里昂在密提林辩论中所说（本章T10）——同态报复律的正义性，他的申辩就会是空洞乏力的。

〔60〕*Cr.* 49A4-B6. 我将在第八章中回过来讨论这个段落。现在我打算先完成我对另一个段落的讨论，它从第八章引作T15的那段文本开始，在该章引作T13的那段文本中臻至高潮。

〔61〕A4-5; A5-7; 49B4-7.

们都不应该有意行不义（ἑκόντας ἀδικητέον）？还是说我们可以以某些方式行不义，以其他方式则不行（τινὶ μὲν ἀδικητέον τρόπῳ δ' οὔ）？还是说行不义绝不是好的或高贵的（οὔτε ἀγαθὸν οὔτε καλόν），正如我们过去经常同意的那样？”

作为一段道德慎思的开场白，我们很自然会将其中的模态算子读作表示道德义务的“应该”（should）或“应当”（ought），和表示道德可接受性的“可以”（may）。我们必须抵制这种读法：它太狭隘了，只能揭示出苏格拉底的一部分意思。因为他并不是在说，如果一个行动犯了不义，那么它就是在道德上被禁止的，无论具体情境如何。那本身会是个很强的说法。但苏格拉底的意思必定比那强得多。因为他接下来重新表述了他一开始的问题，问道：“还是说行不义绝不是好的或高贵的——οὔτε ἀγαθὸν οὔτε καλόν？”[62] ἀγαθόν 和 καλόν 这两个形容词中，通常被用来如其所是地表达道德上正确的东西的是后者。前者的用法要广得多，堪比英语中的good，其范围覆盖整个价值光谱：不只是各种道德价值，还包括享乐的、经济的、政治的、心理的、生理的等各种各样的价值。

〔62〕 他在前面一段评论中（48B4-9）已经给了足够的暗示，在那里，正如我将在第八章指出的，εὖ ζῆν（活得好）和 καλῶς καὶ δικαίως ζῆν（活得高贵且正义）的并置已经预示了T24中 ἀγαθόν（好的）和 καλόν（高贵的）的并置。

现在，再明显不过的是，存在这样一些情景，在其中我们可以借由对某人行不义以在各种非道德善上大获丰收：赢得一大笔钱，实现一个期盼已久的梦想，满足挚爱的朋友最珍视的愿望。在眼下的例子中，它会决定生死。[63]当苏格拉底说行不义绝不是**好**的，并且把这当作他与大众接受的道德观决裂的根本理由，他必定是在最包容的意义上使用这个词的。他必定是在说："如果你的一个行动将会对另一个人不义，那么它对你这个行动者而言就是坏的，坏到如此地步，以至于没有任何它所带来的其他善能够弥补它对你造成的恶。如果你看中的其他一切——快乐、舒适、安全、你身边人的好看法、你在意的人对你的感情、你的自我保存——要求你做出一个不义的行动，它是不义的这个单纯的事实也会给你一个最终的、无可取代的理由去克制。就算对他人行不义能让你赢得全世界，你也必须克制。如果你只能靠对别人行不义来保住性命，那活着本身也不会好。

199

对照梭罗的话："如果我从溺水者手里抢了一块木板，那就算我自己淹死，我也必须还给他。"这句话里的模态必定也是一样的。如果我们把梭罗所谓的"必须还"理解成不过是"我在道德上被要求归还"，那就等于把他的格言敉平成了一句陈词滥调。因为那样一来从前件到后件的推论就会

〔63〕苏格拉底满足于下面的观点：如果他利用这个机会逃亡以苟全性命，他的行动将会颠覆城邦的法律——后者强令一个人应该服从法庭的判决（哪怕他的一己之见认为它们是错的，*Cr.* 50B8）——也会公然败坏禁止以恶报恶的原则（*Cr.* 54C2-4）。

浅显得乏善可陈。谁会否认我在道德上有义务撤回一个将要害死另一个人的不道德行动？但梭罗并不是在要求我们赞同一句道德的老生常谈。他希望我们掷地有声地做出一个任何人可能被要求做的最困难的选择。苏格拉底也在要求我们做同样的事情——不单要承认原则I对我们提出的要求的有效性，更要承认它高于其他一切要求的主权（sovereignty）。梭罗怎么为他格言中那个艰难的“必须”的正当性辩护不是我们要处理的问题：他的超验主义（transcendentalism）同苏格拉底的幸福主义相去甚远，后者才是我们眼下的重中之重；原则I是苏格拉底承诺德性主权以及与之相伴的幸福主义建构的直接结果。这将我们带到了他的伦理理论最深的层面上。要理解它，我们就必须考察他对德性与幸福的关系的构想——这将是第八章的主题。

第八章　苏格拉底道德理论中的幸福与德性〔1〕

第Ⅰ节　*Aretē*，*Eudaimonia*：它们的翻译

本章标题中的几个关键词会给翻译造成困难。*aretē*译为“德性”（virtue），这点无须多言，因为无论这个词的一般用法是什么，苏格拉底用它来指的就是我们所理解的道德德性（moral virtue），这点在本书中肯定已经很明显了。读者若仍存疑，以下事实应该可以打消疑问：每当他审查这个一般概念——例如当他在《普罗塔戈拉》和《美诺》〔2〕中讨论*aretē*是否可教——他都不加论证地预设它的唯一〔3〕构成 200

〔1〕 本章最初向剑桥语文学会（Cambridge Philological Society）报告，发表于*Proceedings* (210 [n.s. 30], 1984), 181-213；重印于*Topoi*, 4 (1985), 3-22。现经大量修订。

〔2〕 *Pr.* 319Aff.; *M.* 70Aff., 79Cff.

〔3〕 他认为这个清单已经完整，这点可以从一个事实合理地推出：他每每列举德性的“部分”（参见本章脚注〔4〕和〔5〕）或者说明一个“至善之人”（ἀγαθὸν ἄνδρα εἶναι τελέως，*G.* 507C）的必备品质时都只提到这些。当考虑到非道德的或德性成疑的品质时（如*M.* 88A-B；καὶ εὐμαθίαν καὶ μεγαλοπρέπειαν καὶ πάντα τὰ τοιαῦτα［善学、慷慨和所有诸如此类的］），这些品质从不被称为ἀρεταί，而是连同道德德性一道被置于一个［转下页］

成分或“部分”（μόρια，[4]μέρη[5]）包含五种品质：*andreia*（“男子气概”“勇敢”）、*sōphrosynē*（“节制”“中道”）、*dikaiosynē*（“正义”“正当”）、*hosiotēs*（“虔敬”“神圣”）、*sophia*（“智慧”）[6]——它们就是古希腊人表达道德褒扬的标准词语。

201　*Eudaimonia*译为“幸福”（happiness）更有争议。领军的亚里士多德学者罗斯（Ross）[7]和阿克里尔[8]曾主张“过得好”（well-being）这个译法更好。但两人在各自的《尼各

［接上页］更一般的类目之下：τὰ τῆς ψυχῆς ἐπιχειρήματα καὶ καρτερήματα（灵魂所着手和经受的），*loc. cit.*。

〔4〕 *Pr.* 329Cff., 349Cff., 359Aff.; *La.* 199E; *M.* 79A-D.

〔5〕 *La.* 190C; *M.* 89A. 关于苏格拉底的这条教义——不幸遭到晚近一些作家的误解——见 “Socrates on the Parts of Virtue”, in Vlastos, 1981: 418-23。

〔6〕 这种对*aretē*较为狭隘的道德化建构是苏格拉底的特点。亚里士多德的用法允许慷慨（μεγαλοπρέπεια）和大气（μεγαλοψυχία）算作ἠθικαὶ ἀρεταί（伦理德性），这更接近流行用法——后者甚至更加宽松，会将例如δεινότης（聪明）也算作ἀρετή（无疑见于修昔底德［8.68.1］对安提丰的称赞中：他称后者“在ἀρετή上不逊于任何人”），而对亚里士多德而言δεινότης显然是一种非道德的品质（*E.N.* 1144b1-4）。然而，苏格拉底的ἀρετή用法虽然新颖（为了引入他崭新的道德卓越观念不得不如此），却并不生僻。它与流行用法的联系依然紧密——后者五花八门，甚至偶尔会允许出现一些例子，惊人地预示着苏格拉底的用法，如Theognis 147：“正直包含了全部的ἀρετή。”（然而关于这个说法，参Dover, 1983: 35-48, at 48）此外［流行用法中］经常出现更苏格拉底式的、与仅考虑快乐或利益的做法形成鲜明对比的ἀρετή用例，如修昔底德笔下（5.105.4）雅典人对斯巴达人做派的描述：在本地“他们多数时候能持守ἀρετή”，到了外地“他们则将快乐等同于高尚，将便利等同于正义”。

〔7〕 Ross, 1923: 190. 更早的Sidgwick, 1907: 92亦然。

〔8〕 Ackrill, 1980: 14。

马可伦理学》译本里却保留了“幸福”的译法。[9]他们会这样做也应该这样做的原因不难明白：“过得好”没有形容词或副词形式。这在食古不化的译者和生搬硬套教条的哲学家眼中可能是小问题，但对尽力想把握其微妙含义、找到逐字逐句对应希腊原文的英文表达，且不仅忠实于词义也忠实于句式结构的人来说就不一样了。而且，“过得好”还有更严重的缺陷：这个短语又死板又书卷气，缺乏自然语言中活生生的语词适应各色各样语境的那种从容得体。*Eudaimonia*能完美融入市井希腊语乃至阿里斯托芬的闹剧，同时也能完美融入悲剧中最高雅的段落。甚至连迷狂（ecstasy）也未超出其表达范围，正如《酒神的伴侣》（*Bacchae*）中的崇拜颂歌所示：

> **T1　欧里庇得斯，《酒神的伴侣》72—3**　那样的人有福佑（*makar*），有知晓诸神仪式的福气（*eudaimōn*），过着神圣的生活……

又如《斐德若》中关于显灵（epiphany）的段落：

> **T2　柏拉图，《斐德若》250B—C**　“四射的美明白可见，当时伴随着幸福的（*eudaimoni*）歌队，我们

〔9〕 Ross & Smith, 1910: 52中罗斯的译法；Ackrill, 1973——他采纳了罗斯的译法。

目睹了有福佑的（*makarian*）视见和观瞻并且庆祝了那我们可以竭尽崇敬地称为一切之中至有福佑的（*makariotatēn*）仪式。”[10]

*Eudaimōn*能够轻松奏出最激越的音符，跟上*makar*、*makarios*的节奏，匹配后者的调性，与之共鸣，唤起如此之神奇的福乐——连诸神自己也不复能奢求更多，[11]我们也不能再向他们索求比这更大的恩赐：

202

T3　亚里士多德，《尼各马可伦理学》1097b11—13

如果有诸神赐予人的任何赠礼，那么就很有理由认为*eudaimonia*是神所赐。在所有属人的事物中这是最适于神赐的，因为它最好。

那么到底反对用happiness来译*eudaimonia*的理由是什么呢？这个英文词的含义里有什么被认为是不符合原希腊词的？不妨考虑我们的词典是怎么解释happiness的：

T4　《牛津英语词典》（三个条目中唯一相关的第二条）

---

〔10〕在这类语境中用“过得好”翻译εὐδαιμονία的不足之处不言而喻。用“人的繁荣”（human flourishing，Cooper, 1975: 89, n. 1捍卫了这种译法，但遭到Kraut, 1979: 167-70的反对）这个译法也是如此。对传统译法的一个有力辩护，另见Dybikowski, 1981: 185-200。

〔11〕*E.N.* 1178b9-10 and 20-3.

心灵因成功或者获得被认为好的事物而愉快满足的状态。[《韦氏词典》(*Webster's*):过得好、愉快满足的状态。]

这个概念的两个特征在两者中都得到了承认:一个主观的(愉快满足)和一个客观的(获得好东西,过得好)。但在《牛津英语词典》中幸福被等同于前者,只是偶尔与后者有关(它**是**愉悦的心灵状态,它**来自**被认为好的事物的获得),而在《韦氏词典》中这两个因素是联结在一起的。现在不妨考虑一下反对将*eudaimonia*译作幸福的标准理由是什么:"'幸福'只是一种感觉的状态,它与'快乐'的区别只在于它暗示了持久、深沉和安详,但亚里士多德坚持认为*eudaimonia*是一种活动。"[12]确实如此,但这说明了什么?只说明*eudaimonia*可以被用来指一个人发现幸福的活动,不说明它一定要这样用。这点从一个事实就可清楚看出:古希腊的快乐主义者们并不觉得将他们所认为的属人之善称为*eudaimonia*有何不妥:

T5 伊壁鸠鲁,出自第欧根尼·拉尔修,10.122 我们必须研究那些能产生*eudaimonia*的事物,因为如果有了它,我们就拥有了一切;如果没有,我们要千方百计去获得它。

---

〔12〕 Ross, 1923: 190.

但这个目的对亚里士多德来说是一种活动，对伊壁鸠鲁来说则是快乐和没有痛苦。因此如果快乐主义是错的，用*eudaimonia*来表达你所谓的“幸福”并不能让你避免这个错误；如果你的理论要求你这么做，你完全可以用εὐδαιμονία来大致表达《牛津英语词典》认为happiness所表达的意思。即便亚里士多德对*eudaimonia*的解释比伊壁鸠鲁的更加接近古希腊的通常用法——事实确实如此[13]——日常用法中

203 *eudaimonia*与happiness含义的区别仍然不会比各大英语词典对happiness的不同定义间的区别更大。这个理由足以让我们坚持传统的译法，只要我们同时谨记，比起happiness这个英文词，*eudaimonia*在前理论的用法中更强调“幸福”之中的客观因素。

第Ⅱ节　幸福主义中的三种立场

现在我可以介绍我将称为“幸福主义公理”的那条原则了——它一经苏格拉底提出就成为古典时代几乎所有后世道德论者的出发点。这条原则就是，全人类都欲求幸福作为他们一切理性行动的终极目的（*telos*）。[14]理解其含义的最

---

〔13〕正如εὐδαιμονία表示“繁荣”的通常用法十分清楚地表明的那样。

〔14〕在此对幸福的欲求是严格地自指的：是行动者对只属于他自己、不属于其他任何人的幸福的欲求。这条预设是如此根深蒂固，以至于被认为不言而喻：柏拉图作品中从未为之提出过论证（关于T6语境下的该预设，参见Vlastos, 1981: 20, n. 56 *sub fin*. 对*Smp.* 206A and 207A的解释）。苏格拉底对话中同样的预设，例见苏格拉底如何不经论证［转下页］

佳线索出现在每个希腊道德论者都会赞同的柏拉图的一段评论中：

T6　柏拉图，《会饮》205A2—3　“对于一个想要幸福的人而言，再去问‘他出于什么理由（ἵνα τί）想要幸福’是没有意义的。这个答案是最终的（ἀλλὰ τέλος δοκεῖ ἔχειν ἡ ἀπόκρισις）。”

A在一段假想的对话中问B：“你做x的理由是什么？”如果B回答说“因为它会令我幸福”，那么问题就继续不下去了：再问下去毫无意义。因此，说幸福是“我们一切行动的τέλος（目的）”[15]并不等于说这就是我们在日常生活中做选择时总是或者经常念想的东西，而是说，如果有人追问我们任何选择的理由，这就是我们能给出的最终理由——是唯一一个一旦给出，再继续追问下去就没有意义的理由。[16]

［接上页］就从*G.* 468B2处的βέλτιον εἶναι（更好）跳跃到468B处的ἄμεινον εἶναι ἡμῖν（对我们更好；参见第五章脚注〔53〕）；另外，见他对469B8-9处的短语“不义是最大的恶”（μέγιστον τῶν κακῶν ... τὸ ἀδικεῖν）的用法又是如何想当然地认为读者会默会“恶”之前有［对不义的人自己而言］这个限定的（第五章脚注〔52〕、〔53〕）。

〔15〕参见本章T24及其评论。

〔16〕休谟对行动的“诸终极目的”的解释和这是一样的（但我想提醒大家注意复数的“诸目的”［ends］与τέλος之间存在根本的不同）：*Enquiry concerning the Principle of Morals*, Appendix I, section V（“不可能有一个无穷推进的过程，也［不可能］某物总可以是另一物被欲求的理由。某些事物必定是因自身的缘故而被欲求的……”）。

虽然如此，“我为什么应该是道德的？”这个一些现代道德论者会觉得偏颇——它偏要立足于把道德还原为利益[17]——的问题对所有希腊道德论者来说都是完全恰当而且无法回避的，是他们必须面对的最迫切的问题。他们同意对这个问题的正确回答是“因为道德行动为我提供了最佳的幸福前景”。他们不同意的是这背后的理由，即他们彼此就德性与幸福的关系存在巨大的分歧：

204

（1）对一些人而言，这种关系是纯工具性的（instrumental）；他们认为德性仅作为一种工具性手段[18]可欲，绝不为了其自身而可欲。

（2）对另一些人而言，这种关系是构成性的（constitutive），但只是部分如此；他们主张德性是首要的，但并非唯一的、为了其自身而可欲的事物。

（3）还有另一些人在同一个方向上更进一步，认为这种关系完全是构成性的（constitutive *in toto*）：在他们看来德性**就是**幸福——是唯一使得生活好且令人满足的东西。

主张立场（1）的有苏格拉底的亲密同伴阿里斯提普斯，[19]在他之后则有伊壁鸠鲁及其一众追随者。他们将幸福

---

〔17〕普理查德（H. A. Prichard）在其著名论文“Does Moral Philosophy Rest on a Mistake?”（first published in 1912; reprinted in Prichard, 1949）中就是这么论证的。

〔18〕参见本书（导言脚注〔31〕）援引的Irwin（1977a: 300, n. 53）对这个术语的定义。

〔19〕虽然色诺芬对他的描述（*Memorabilia* 2.1 and 3.8）不甚友好，但这位“智者”（Aristotle, *Metaph.* 996a32）无疑是苏格拉底核心［转下页］

等同于趋乐避苦，主张德性比失德更可欲是因为，且只是因为，两者之中德性更可能带来享乐的好处。苏格拉底在《高尔吉亚》中措辞极为严厉地批评把幸福（或“善”）[20]等同于快乐。他论证这种等同可能会[21]纵容一种下流的、自我放纵的生活方式——娈童的生活方式（494E）。由于本章中我要探讨的正是苏格拉底在《高尔吉亚》中主张的那套道德理论[22]（与他在每一篇苏格拉底对话中所说的都一致），[23]而它

［接上页］圈子的一员，是苏格拉底最亲密、最忠诚的朋友之一，在柏拉图笔下的苏格拉底临终场景中他也在场（*Phaedo* 59C2-3）；另参见 Aristotle, *Rhet*. 1398b28-31（阿里斯提普斯回应柏拉图的一段蛮不讲理的评论称“我们的友伴［ἑταῖρος］苏格拉底可不会这么说话”）以及 Maier, 1913: 81, n. 1 的评论，后者认为这是一种“个人性的回忆”（我会提议这极有可能是当亚里士多德身在雅典时，当地那些憎恨柏拉图的苏格拉底圈子成员中间流传的逸事之一）。

〔20〕苏格拉底和柏拉图都不觉得有责任**论证**幸福就是属人的善：他们可互换地使用这两个术语。苏格拉底的用例，见他在 *G*. 494E-495B 处陈述卡里克勒斯的论点时是如何任意换用两词的：“那些拥有快乐的人——无论何种快乐——是幸福的”，又或者在完全不加解释的情况下说“这就是善——拥有无论何种快乐”。

〔21〕但不必定会：《高尔吉亚》中并没有任何说法表明快乐主义者一定要采取一种卡里克勒斯式的将快乐最大化的策略（对话清楚表明了这种策略的不明智［488D-489B］）。要是苏格拉底认为快乐主义蕴含反道德主义，那么我们就无法理解他同阿里斯提普斯的联系。

〔22〕以下我对苏格拉底观点的解释依靠的文本有超过三分之一出自《高尔吉亚》，这些文段包含的信息是如此丰富，以至于仅凭它们就能以点带面地构建出完整的解释：光从《高尔吉亚》中就能梳理出我在第 V 节末尾总结出的苏格拉底式价值图式的全部四大类别。

〔23〕包括《普罗塔戈拉》：参见本书附注 8.1。*Pr*. 351B-358D 的解释争议非常大（对对立解释的有力辩护见 Irwin, 1977a: ch. 4 以及 Gosling & Taylor, 1982: chs. 2 and 3）。

反对善与快乐的等同，[24]我们只能得出苏格拉底无论如何不可能是快乐主义者这个结论。[25]

（2）是亚里士多德和柏拉图的立场。学界花了好一阵子才明确了这个事实。20世纪初牛津的领军学者们很倾向于相信，其中的一些也的确相信，如果柏拉图和亚里士多德是幸福主义者，那么他们只可能是功利主义者——坚定的康德主义者普理查德就是这样深信不疑地论证的。[26]他和其他人没能理解的是，柏拉图和亚里士多德究竟如何可能主张一切事物都是为了幸福而被选择的，**同时又**主张某些事物是为了其自身而被选择的，而那当然是亚里士多德确凿的原话：

> **T7 《尼各马可伦理学》1097B1—5** 我们总是为了其自身，从不为了其他任何东西，而选择［幸福］。但我

〔24〕在论证苏格拉底在《申辩》和《克力同》中主张的“死比不义地活着更可欲”的观点与快乐主义并非不兼容——因为苏格拉底完全可以认为（不论多么没有说服力）这种追求的正当性能在快乐主义的基础上得到辩护——的过程中，这个反题的本质总是被误解（如Gosling & Taylor, 1982: 62-4）。这种误解错失了一个要点，即对苏格拉底而言，从各自对快乐主义价值的贡献出发为选择正义而非不义辩护，这个思路从一开始（*ab initio*）就已经被排除了，因为任何倾向于不义选项的价值都不应该去考虑（参见本章T10、T11、T12），况且在不义的行动过程中享受到的快乐其实是恶而不是善（将在本章T28中讨论）。

〔25〕这并不是说他会把快乐主义放在和不道德主义、反道德主义或者盲目的道德机会主义（moral opportunism）同一个水平上。见附注8.1。

〔26〕见本章脚注〔17〕援引的那篇论文和同卷中的其他几篇论文，以及他的就职演讲*Duty and Interest*, 1928。

们确实为了其自身而选择荣誉、快乐、理智和每一种德性——因为即便它们不产生任何后果，我们仍然会选择它们中的每一者——但我们也为了幸福而选择它们。

亚里士多德能否不自相矛盾地主张某物可以既因其自身之故被欲求又因其他某些事物之故被欲求？当然能——连罗斯这样一位杰出的亚里士多德学者都未能看到这点，[27]原因只有一个，即受制于当时主流的哲学教条，他未能充分注意到对亚里士多德而言幸福恰恰由T7中所列举的那些善**组成**这个事实——事实上它无非就**是**那些善： 206

T8 《大伦理学》1184A26—9 因为幸福由某些善组成。因为它不是某个有别于它们的东西，它就是它们。[28]

对《大伦理学》文本真伪的顾虑可能妨碍了罗斯[29]认真对待这段文本。然而他完全可以从《尼各马可伦理学》中长久以来一直被正确理解和诠释的一段话中得出完全相同的结论：

---

〔27〕他写道："对于［亚里士多德］而言道德由特定的行动构成，不是因为我们认为这些行动本身正当，而是因为我们认为它们让我们更接近'属人的善'。"（1923: 188）要改正这个陈述中的错误，只需要把"不是"去掉，并且把"而是"（but）改成"而且"（and）。

〔28〕ἡ γὰρ εὐδαιμονία ἐστὶν ἔκ τινων ἀγαθῶν συγκειμένη ... οὐ γάρ ἐστιν ἄλλο τι χωρὶς τούτων, ἀλλὰ ταῦτα. 我要感谢乌尔姆森（J. O. Urmson）先生让我注意到这个极其重要的段落。

〔29〕1923: 15. 关于"《大伦理学》内容的真实性及其对亚里士多德道德哲学研究的重要性"的一个有道理的辩护，见Cooper, 1973: 327-49。

T9 《尼各马可伦理学》1144A1—6 ［关于σοφία（智慧）和φρόνησις（明智）］让我们首先说，它们值得选择是为了其自身——它们必定如此……即便它们不能产生任何东西，因为它们是德性。但话说回来［让我们注意］它们的确产生了某种东西，虽然与药产生健康不同：智慧就像健康产生幸福那样产生幸福。[30]因为作为完满德性的一部分（μέρος），它通过被拥有和被践行使一个人幸福。[31]

正如史都华（Stewart）[32]和格林伍德（Greenwood）[33]所见，这段话告诉我们，某些事物能够既为了其自身也为了幸福而被欲求：因为它们是它们据称将产生的幸福的“组成部分”（格林伍德）或“构成元素”（史都华）。

理解这样一种关系有任何难度吗？假设我很喜爱贝多芬某部交响曲的行板（Andante）部分。如果这是这部作品唯一存世的部分，我播放它就会是“为其自身之故”。但幸好我手头有整部交响曲并且整部作品我都珍爱。因此我听行板既是为了其自身也是为了行板所属的编排好的整个乐章序列。亚

207

［30］ 按此处的理解，ὡς ἡ ὑγιεία（正如健康）之后应补入εὐδαιμονίαν ποιεῖ（造成幸福），与罗斯的《尼各马可伦理学》译本不同，后者在此补入的是ὑγιείαν ποιεῖ（造成健康），由此错失了要点：无论如何，T9的最末一个分句都给出了一个既因其自身又因幸福之故而值得选择的状态的完美例子。

［31］ 我遵循了拜沃特（I. Bywater）校订的《尼各马可伦理学》文本（1894）。

［32］ Stewart, 1892: II 48.

［33］ Greenwood, 1909: 295.

里士多德就是这样去设想德福关系的，[34] 除了有一点不同：他设想的关系是多维度的，既是共时性的，也是历时性的，而德性只是幸福的“各部分”之一，这些部分的每个都是既因其自身又因整体之故而被欲求的。故不妨考虑节制的例子。顺着亚里士多德的思路，我们选择有节制是因其自身之故（节制是高贵的［καλόν］），**也**是因快乐之故（在践行节制的过程中我们会获得一种独一无二的快乐），**也**是因健康之故（有节制地饮食对于健康至关重要），**也**是因荣誉之故（如果与有德之人为邻，我们会凭自己的节制赢得他们的尊敬），**也**是因幸福之故——它由所有这些部分加上更多其他部分构成。[35]

柏拉图在《理想国》第二至第九卷和《斐勒布》中阐述的幸福观并没有亚里士多德著作中的阐述那么明确充分。不像后者，柏拉图从未用“部分/整体”的术语来表述具有内在价值的善与幸福之间的关系。他也从未说过它们既因其自身又因幸福之故而被欲求。但他的表述可以归纳出一个实质上与亚里士多德相同的模式。《理想国》第二卷格劳孔讲辞开头的善的三分（357B-358A）充分表明了我观点的要旨：

（a）只因其自身之故而可欲的善。例子：无害的快乐。

（b）既因其自身，又因其后果之故而可欲的善。例子：

［34］关于亚里士多德这种（“包容性的”）幸福概念，尤其参见 Ackrill, 1974: 339-60。

［35］参见《修辞学》中（1360b19ff.）幸福的各“部分”的长清单。其中几项有可能因他者之故而可欲，这并不妨碍它们在因自身而被欲求的时候被认作幸福的“部分”。

思虑，视见，健康；正义（以及可由此引申出的所有德性）。

（c）只因其后果之故而可欲的善。例子：锻炼身体，医疗，赚钱。

类别（c）中的善只是因（a）（b）两类善之故而可欲。由于这个三分是穷尽的，从中可以推出，所有会令我们幸福的善必定属于前两类。因此（a）和（b）中的每种善都必定是幸福的组成部分，因为只有这样它们才可能既因其自身之故（它们据说是这样）又因幸福之故（它们必定是这样，因为正如我们从本章T6中所见，幸福就是“盖棺论定”——是一切事物，包括快乐、健康、思虑、德性以及任何其他事物可欲的最终原因）而可欲。

208

主张立场（3），亦即德性是幸福的唯一构成部分——德性就是幸福的全部——的是安提斯忒涅斯这位怪人，犬儒主义的鼻祖，苏格拉底最密切的朋友和圈中人之一。[36]推崇他的后世思想家不仅包括犬儒主义者这群古典时代的哲学嬉皮士，还有人数和影响力远超前者而且极为可敬的哲学流派——斯多亚派。[37]关于安提斯忒涅斯的学说我们所

〔36〕 Plato, *Phaedo* 59B8；Xenophon, *Mem.* 3.17（苏格拉底对赛娥多忒说：“阿波罗多若斯和安提斯忒涅斯从不离开我半步。”）以及 *Smp. passim.*。

〔37〕 学派创始人芝诺和克吕西普斯（Chrysippus）以及斯多亚派的主要人物都认为“德性对于获得幸福是自足的”（Diogenes Laertius 7.127），仅凭自身就足以最大限度地确保幸福，“不承认丝毫程度上的损益”（μητ' ἄνεσιν μήτ' ἐπίτασιν ἐπιδέχεσθαι，*ibid.* 101）。其他一切（“生命、健康、快乐、美、强壮、财富、好名声、高贵出身”以及诸如此类的）在他们看来不是善（即幸福的构成部分），而是无差别者（ἀδιάφορα, *ibid.* 102）。

知无几。但第欧根尼·拉尔修归于他的一个说法可谓一针见血（6.3）：“我宁愿发疯也不愿享乐。”（ἔλεγέ τε συνεχές “μανείην μᾶλλον ἢ ἡσθείην”）[38]一个幸福主义者不免会像斯多亚主义者那样从德福的同一中推论出一切非道德善都是无差别的事物。这有可能是苏格拉底关于德福关系的观点吗？

我认为，在这个问题上，苏格拉底的实践道德教义的一条中心原则能够为我们提供绝佳的反驳依据——基于我将要径直解释的理由，我将这条原则称为“德性主权”（Sovereignty of Virtue）。这条原则虽然不涉及幸福本身，但却提供了看问题最透彻的视角。从中我们最能看出苏格拉底在完全不受现代道德理论乃至希腊化和希腊罗马哲学伦理学的疑难（*problematik*）沾染的情况下是如何处理这个问题的。为此我将从三个众所周知却不幸被忽视[39]的段落入手，

---

[38] 塞克斯都（Sextus Empiricus）两次引用了这个说法（*P. Hyp*. 3.181, *Adv. Math*. 11.73），但未点明出处。对该说法其他引述，见Giannantoni, 1983: II 365。

[39] 19世纪苏格拉底学术的两大里程碑之作Eduard Zeller, *Philosophie der Griechen*和George Grote, *Plato and the Other Companions of Socrates*中都完全没有提到这些段落。熟视无睹的情况在20世纪依旧；60年代的两本苏格拉底专著Gulley, 1968和Guthrie, 1969的文本出处索引中也都没有出现这些段落。但Maier, 1913: 305ff.是个值得注意的例外，他引了*Ap*. 28B（=本章T10，at 308, n. 1），又引了*Cr*. 48B（=本章T15，at 309, n. 2）连同出自《高尔吉亚》的几个段落，来印证其对苏格拉底伦理学鲜明地反工具论的诠释（“德性本身并不带来幸福——它就是幸福”，319）——这句话我在对Irwin, 1977a的书评中也有引用（参见本书导言，第6—10页，我在此纠正Vlastos, 1984b: n. 51中对迈尔的错误参考）。

209 其中两段出自《申辩》，[40]第三段出自《克力同》——苏格拉底在其中明确宣布德性主权乃是他实践选择的最高原则。第三段[41]尤其有启发性，因为它解释了苏格拉底道德理论的基础架构设计：这段话展示了他是如何得出这条原则的，又从中得出了什么。

第Ⅲ节　苏格拉底的德性主权原则

他在《申辩》里两次阐述了这条原则，以解释为什么他这么多年来一直遵循这种如今让他身陷囹圄的行事方式。如果有人因此责备他，他会这么回答：

> **T10 《申辩》28B5—9**[42] “此言差矣，你这人啊。你似乎相信一个稍有身价的人会相对重视（ὑπολογίζεσθαι）生死的危险，或者会在行动时考虑任何别的东西，除了这点：他的行动是正义还是不义，是善人抑或恶人所为。”

---

〔40〕从《申辩》入手的好处在于其中能找到关于苏格拉底的善好生活观念最凸显个人性、最少理论负担的说明。任何不正视这个首要文本依据的对苏格拉底理论的建构都要打个问号。

〔41〕*Crito* 48B4-49E3. 我零散地引用了其中好些片段（T12、T13、T14、T15），未顾及其在原文中的排布。但这并不妨碍读者将整段话视为苏格拉底学说的一段连贯的阐明。

〔42〕引于本书导言，第8页。

几行之后他再次重申了这条原则，又一次用了我译为“相对重视”（give countervailing weight）的动词；因为正如利德尔（Riddell）指出的，[43] ὑπολογίζεσθαι中的ὑπο-表示的不是“降低”（subtraction），而是——用他的表述来说——表示“反向应对”（meeting from an opposite direction），正像在ὑπαντᾶν（会面、回应）、ὑπωμοσία（宣示暂缓诉讼）、ὑποτιμᾶσθαι（回敬，义同ἀντιτιμᾶσθαι）中一样：

> **T11 《申辩》28D6—10** “这就是事情的真相，雅典的人们：一个人无论是因为自己认为最好还是因为长官的命令而处在任何位置，我认为他都应该坚守在那里，绝不相对重视死亡或者任何其他可耻的作为。”[44]

在《克力同》里我们第三次碰到这条原则。柏拉图精雕细琢、删繁就简的行文只保留了一个重复的词ὑπολογίζεσθαι，来将这段进一步的陈述同以上各段文本中 210

---

〔43〕 Riddell, 1867: 66 and 167.

〔44〕 μηδὲν ὑπολογιζόμενον πρὸ τοῦ αἰσχροῦ. 承认T10和T11是在提出一种“选择的原则［A1］，或者至少是一种告诉我们在做选择时应该考虑哪些东西的原则”，而T11是在通过做同样的事情［A2］来解释苏格拉底毕生所做的至关重要的人生选择的观点，见Santas, 1979: 32-3。在目前这章里，我试图表明其A1和A2是同一个实践选择的一般原则的不同表达，这个选择在《克力同》中（48C6-D5=T12）被重申，在那里它是从一条关于德性与善的关系的论点中推出的（本章T15），这条论点或直接或间接地通过那条原则，蕴含了对ἀδικεῖν（行不义）、ἀνταδικεῖν（以不义报不义）和ἀντικακουργεῖν（以恶报恶）的绝对禁止。

的那条原则联系起来：

> **T12 《克力同》48C6—D5** “但对我们来说，由于论证这样强迫（οὕτω ... αἱρεῖ）我们，我们应该考虑的唯一一件事就是……我们的行动是正义……还是其实不义。……如果显然行动是不义的，那么我如果留下来会死或者受到别的什么折磨这一事实不应该成为我反过来选择行不义之事的理由。”

在三个文本中苏格拉底面对的都是那迫使我们在不可兼得的诸价值——或者用他自己更接地气的话说，不可兼得的“诸善”（ἀγαθά）——之间做选择的死亡。他承认（例如参见《欧谛德谟》279A-B）这些善的种类五花八门，首先是肉体的善：强壮、美貌和作为生物学事实的性命本身——有别于活得好的活着。接下来是社会性的和智性的善，苏格拉底认为它们是道德中立的，拥有它们不是什么道德优点，缺乏它们也不是什么道德污点。财富、人脉，好名声和威信，政治或军事功绩，在他看来都属此类。聪明或心智敏捷在他看来也是如此，因为狡猾的恶人和聪明的善人[45]可以同等地具备这种品质。在所有这些之上，他安置了诸道德善，亦即他所谓的五主德——考虑到他众所周知的德性统一性学说，作为德性“诸部分”的它们一荣俱荣、一损俱

〔45〕 本章脚注〔6〕中的δεινότης。

损[46]：在选择中，其中任一德都具有与其他四德同等的分量。因此，以上三个文本所宣布的原则可以归结为：无论何时，当我们必须在非此即彼的选项间——在我们的认知中，这些选项要么正义要么不义，或者更一般地说，要么有德要么失德——做选择，应当决定我们选择的正是这种认知本身。更进一步的慎思权衡是没用的，因为任何我们可能希望获得的非道德的善，无论是单独还是加在一起，都无法弥补一项道德善的损失。德性作为我们价值领域中主权性的善，对我们的要求总是最终的。 211

要评价这种信念，我们不应拿忒拉叙马科斯式的不道德主义或者卡里克勒斯式的反道德主义，又或者平头百姓（*homme moyen sensuel*）那种肤浅的道德来与之比较，而是应该比之于只有在当时最杰出的人物身上才能找到的那种对德性的深刻尊奉。不妨考虑《菲罗克忒忒斯》（*Philoctetes*）[47]中的涅奥普托勒摩斯（Neoptolemus）。在第一次听到奥德修斯的提议时他厌恶地拒绝了：他说，光是听这假惺惺的提议就让他难受，要将之付诸行动的想法更是让他“深恶痛绝”[48]（*Philoct.* 87）。如这部剧所展现的，这是他的第一反应，也将是他的最终反应：他把弓还了回去，虽然明知这样做的后果会让他懊悔万分。当奥德修斯批评这个选择很鲁莽

〔46〕这些部分是相互蕴含的：“一个人如果拥有其中任一种，就必然拥有全部。” *Pr.* 329E4.

〔47〕我对该剧道德内涵的理解受益于Nussbaum, 1976-7: 25-53，更受益于Blundell, 1989: ch. 6。

〔48〕πράσσειν στυγῶ.

时，他反驳说：“只要它是正义的，就比审慎更好。”[49]这就是他的真性情。弓就在他手里，只要留下它，他就是特洛伊光荣的征服者，谁又会知道或者会去管这张弓其实是他从一个苦难深重、动弹不得的废人手里骗来的呢？他信守诺言还弓的做法证明他一开始说“我宁愿因行事高尚而落败，也不愿借卑劣的行径取胜”（94-5）[50]是说话算话的。这个表态颇有苏格拉底的风范。苏格拉底在判决已经下达之后对法庭说：“我宁愿像这样为自己辩护之后去死，也不愿去做你们要我做的事以求苟活。”（《申辩》38E）在那一刻，苏格拉底的道德情操谱写出了与当时当世其他为持守正义而忍痛舍弃此世利益的伟人交相辉映的篇章，他们在危急关头证明了自己对正义的关切经得起考验。索福克勒斯寄望在伯罗奔尼撒战争末年的艰难时势下自己的观众当中能够有这样的人物挺身而出。一个世纪以后的伊索克拉底在写作《泛雅典娜节庆辞》（*Panathenaicus*）时的想法与之不谋而合：“有违正义赢得的胜利比道德上清白的失败更可耻。”（185）[51]

---

〔49〕 ἀλλ’ εἰ δίκαια, τῶν σοφῶν κρείσσω τάδε. 关于此处σοφῶν的含义最好的注释出现在100-20，在那里，显然不诚实而且被公认为αἰσχρόν（可耻，108）的做法是因其“明智”而得到辩护的（σοφός τ’ ἂν αὐτὸς κἀγαθὸς κεκλῇ’ ἅμα [你会同时被称许为明智且好]，119）。

〔50〕 βούλομαι δ’, ἄναξ, καλῶς | δρῶν ἐξαμαρτεῖν μᾶλλον ἢ νικᾶν κακῶς. 这是他对奥德修斯观点的反驳，后者认为诡计并不可耻（ἀναιδές，83）——并且暗示不义和不虔敬也是如此，而且为了获胜不得不大胆去做（81-2）。

〔51〕 我并不是在暗示伊索克拉底一贯认同这种高尚情操。我看不出有什么辩护可以回应Norman H. Baynes, *Byzantine Studies and Other Essays*（1955）论伊索克拉底的文章中提出的严厉批评。

但想想，具备那些优良情操的人的境界还要提高多少才接受得了苏格拉底的德性主权原则。涅奥普托勒摩斯要是到了这境界，索福克勒斯的剧就没法演了：那段始于涅奥普托勒摩斯义正词严地唾弃虚伪（100），终于他二十年后低声下气地屈从（“我做，无耻就无耻吧”）的轮白根本不会出现——奥德修斯永远不会有机会在这个年轻人眼前显摆那份战利品。至于伊索克拉底，举出像列奥尼达斯和他部下的自我牺牲这样的一件为公众称道的、体现出巨大决心的罕见行动，一件道德上闪光的事迹是一回事，把舒适、安全乃至性命完全听命于德性当作不容变通的日常行为规则又是另一回事。当苏格拉底在《高尔吉亚》中论证一个人自己受不义总比对他人行不义更好，个中的差异就显示出来了。我们知道伊索克拉底会怎么回应：“在不得不在两个都不理想的选项中做选择的情况下，[我们的父辈]认为对他人作恶是比自己遭罪更好的选择。”（*Panath.* 117）他补充道，每个明白人——事实上，除了极少数“假装有智慧”的人以外的每个人——都会这么选择。这是伊索克拉底著作中最有针对性地提到苏格拉底学说的地方。 212

在第七章中[52]我论证了苏格拉底对报复的拒斥有着前

〔52〕该章替代了我对苏格拉底学说最初的勾勒（Vlastos, 1980: 301-24, especially at 318-23）。该文发表后我在圣安德鲁斯的同事们的帮助下做了修订，其主要内容成了我在该校主讲的吉福德系列讲座（1981）第一讲的内容；同时我也得到厄尔文的帮助，他指出我在该文中用的数学模型与我在其中主张的同一论（下文第Ⅳ节将会解释）完全不兼容：如果德性是幸福的唯一构成元素，那么道德善与非道德善之间[转下页]

无古人的开创性。在此我必须再次指出，他意识到这种拒斥在他同所有那些墨守传统道德准则的人的道德操守之间造就了无法跨越的鸿沟：

> **T13 《克力同》49C10—D5**〔53〕 因此，我们不应该以不义报不义（ἀνταδικεῖν）或者对一个人行恶，无论他对我们做过什么。小心呀，克力同，别在违背你自己的所信的情况下同意这点。因为我知道很少有人相信或者会相信这点。信者和不信者之间没有共商的余地：他们在考虑彼此的想法时必定会互相鄙薄。

在第七章第Ⅲ节我们已经看到苏格拉底在《克力同》中是怎么得出这个立场的。“我们绝不应报以不义”被呈现为“我们绝不应行不义”这个前提的直接结论：从“我们绝不应行不义”（οὐδαμῶς ἀδικεῖν）他直接得出了“我们绝不应报以不义”（οὐδαμῶς ἀνταδικεῖν）。禁止“以恶报恶”（ἀντικακουργεῖν）这条与之相对应的禁令则是由同一条前提与另一条进一步的前提——对一个人行恶就是对他行不义——合取得出的。如果接着问“我们为什么要认可被用来推导出对同态报复律的双重拒斥的第一条原则？”，我们只能从德性主权原则中得出答案——这也是目前我们所需的全

213

［接上页］的关系就不能类比于有限的量与无限的量之间的关系，因为同一论认为后一类善，无论是个别还是全体，其价值都为零。

〔53〕 在第七章中引为T23。

部答案。一旦明白一个选项是不义的，我们就应当立即拒斥之，绝不考虑任何利益得失，如此一来我们自然就绝不应行不义。[54]于是问题就变成了，他是怎么得出德性主权原则的?

《申辩》并未揭晓答案，但《克力同》揭晓了。这个在《申辩》中（T10和T11）作为一条未经论证就被设定的原则，在《克力同》中被呈现为一系列推理的结论。回想一下T12是怎么开头的："但对我们来说，由于论证这样强迫我们。"（"这样抓住我们"，如果我们效法伯奈特，译出ἐπειδή οὕτω ὁ λόγος αἱρεῖ的字面力道的话。[55]）同一段话的开头明确指出了此处与前文的逻辑关联：

> **T14 《克力同》48B11—C2** "基于我们已经同意的东西，让我们考虑这点：未经雅典人同意就离开这个地方是正义还是不义？如果正义，我们就应该走。否则就不应该走。"

这里我们看到的是德性主权原则的一次劝导性应用：在越狱

---

[54] 文本中推论出οὐδαμῶς ἀδικεῖν（我们绝不应行不义）的实际过程表明它是由此前的"共识"（ὡς πολλάκις ἡμῖν καὶ ἐν τῷ ἔμπροσθεν χρόνῳ ὡμολογήθη ["正如我们之前同意的"]）——ἀδικεῖν（行不义）对行动者而言（49B）从来不好（49A6）——得出的。这些"共识"**也**会蕴含德性主权原则（并且它们原本完全可能被用来推出后者，要不是它们在文本中比它出现得晚的话），而且它们本身也与文本中得出德性主权原则的那个陈述（48B8-9=T15）是相互蕴含的（如我在上述文本中接下来解释的）。

[55] Burnet, 1924. 参见其援引希罗多德、演说家等证据对ὁ λόγος αἱρεῖ的解释（196-7）。

出逃还是留下来喝下毒芹汁这个生死攸关的抉择上，应该摒除其他一切考虑，只看事情本身正义与否。为什么？因为之前“已经同意”的原因。什么原因？紧挨上文之前的几行已经把它说出来了：

214

> **T15 《克力同》48B4—10** “我们是否仍然主张我们应当把最高的价值赋予活得好，而不是活着？”——“我们主张。”——“并且活得好和活得可敬且正义是相同的：我们是否也主张这点？”——“我们主张。”

第Ⅳ节 同一论和充分论

我们该怎么理解T15呢？[56]许多学者[57]都把它当作一条不言而喻的道理[58]一笔带过。如果更贴近地看，我们就会发现它根本不是那样。[59]因为，由于well是good的副词形

---

〔56〕 Gosling & Taylor, 1982唯一参考此处的地方在45，那里并没有把这段话与T12联系起来理解，并且把这段话作为“立场的摇摆”（vacillation）打发掉了。我这里给出的解释不需要这么去理解它：T15与一套稳定融贯的道德理论是契合的。

〔57〕 参见本章脚注〔39〕。

〔58〕 料想是这个原因：我实在想不到其他理由来解释为什么这么多学者会对这段文本熟视无睹。

〔59〕 对这段关键文本真正内涵的注意可能会改变某人对苏格拉底道德理论的整体诠释。要是注意到了，格思里（他并未援引T15［或者T10、T11、T12］）就不会写出“功利主义的善的观念当然是苏格拉底式的”（1964: 463）这样的话；Frankena, 1963: 3-5 and 16（他在细致解释他视为道德推理之典范的*Cr.* 47C-51C的过程中忽视了T15）就不会［转下页］

式，并且由于对苏格拉底和所有希腊道德理论家来说，属人的善就是幸福，[60]所以他这段陈述的表面意思就是幸福的生活和有德性的生活是同一的——也就是说，我们按照可欲性的标准称为“幸福”的那种生活样式（即最深层、最持久地令人满足的生活）和我们按照道德的标准称为“德性”的那种生活样式（即正义、勇敢、节制、虔敬、智慧的生活）是**同一种生活样式**。道德哲学里还能有比这更陈词滥调的命题吗？因为如果这就是苏格拉底的主张，那它必定[61]会让苏格拉底承诺上面列出的第三种立场：他主张的是德性**就是**幸福——德性是幸福唯一的构成部分，是唯一使得生活好且令人满足的东西。这就是T15的表面内涵。我将称之为“德性之于幸福的关系的同一性论点”，或简称为“同一论”（the Identity Thesis）。但为什么我一直说这是文本的“表面”内涵呢？为什么要加这个限定？对这个结果可能有任何疑问吗？确实可能有。容我解释。

这段文本旨在阐明的是T12中的德性主权原则的原理：T14中的“基于我们已经同意的东西”和T12中的“由于论证这样强迫我们”再次澄清了这点。并且如果我们认同苏格拉底的幸福主义公理（获得幸福是每个理性选择的最终理由） 215

[接上页]认为对以不义报不义和以恶报恶的禁令缺乏目的论基础，也就不会把苏格拉底和康德都归类为“规则-义务论者”（rule-deontologist）。要是正确理解了T15在文本中扮演的角色，这两种对苏格拉底伦理学相对立的误解本来都可避免。

〔60〕 见附注8.2。

〔61〕 见附注8.3。

的话，[62] 同一论将能确保这层内涵。考虑到这个进一步的前提——也是论证中的隐含前提——那么必然，一旦摆在我们面前的两种可能做法，一种是正义的，另一种是不义的，则德性与幸福的同一立马就会决定我们的选择：如果不义之举已知是不幸福的，那么它根本就不值一哂。因此对幸福主义者而言，同一论确实能满足强制接受德性主权原则的要求。但**它过度满足了要求**。这条原则并不要求那么强的前提：同一论“抓住”（catches）了原则，但原则并没有“抓住”同一论。原则只告诉我们应该如何在有德的和失德的选项间选择。它并未告诉我们当选项根本不属于那类时——当两个选项从道德的角度看都可以接受——应该如何选择。但后一类选择的确会给我们的幸福带来可观的影响，而按同一论，这种影响不应该存在：如果德性与幸福同一，那么同等符合德性的选项就应该同等符合我们的幸福。但事实并非如此。

为了形象地说明这一点，不妨想象我必须在一间陌生屋子里过夜，有两张床给我选：一张刚刚铺好，床单干净整洁；另一张昨晚有醉汉睡过，还在床上吐了，床单上的呕吐物未干。既然无损于我的德性，那么爬到脏兮兮的床单上捏着鼻子咬牙将就睡一晚上又怎么会有损于我的幸福呢？我相信这个例子虽糙，道理却不糙：在道德议题上不合时宜地讲究优雅得体会妨碍我们清楚地思考问题——苏格拉底大概是第一个明察这点的人。我也相信，这个例子不会因为它关注

[62] 参见本章T6和T24的评论。

的只是几个钟头的幸福，而苏格拉底讨论的是长远的、在理想情况下关乎一生的事情，就变得无足轻重：我很容易就能编出一个满足要求的例子，譬如集中营里的生活。如果幸福和德性是同一的，那一个生活在古拉格（Gulag）的人就应 216 该同一个生活在剑桥某所学院里的同等有德性的人一样幸福。或者用《圣经》中的寓言典故来举例，如果幸福与德性是同一的，那么约伯（Job）在撒旦行事前后应该一样幸福——七千只羊、五千头骆驼和所有亲人的损失，加上全身上下的剧烈痛楚，都丝毫不能减损他的幸福。

那么，在德性方面无异但在其他方面有实质差异的行为方式之间，难道就没有同一论之外的选项可以作为理性偏好的根据了吗？当然有。让我来简述一种可能的模型，保留德性作为主权善的地位——作为幸福的充要条件——但允许幸福具有德性之外的多种更低的构成部分。苏格拉底非道德善清单上的所有元素（参见《欧谛德谟》279A-B）都能够归入此项。**脱离德性，它们中的每个都将一文不值。**〔63〕但当

〔63〕 模型的这个特质（一切非道德善的价值将取决于它们是否与德性相结合）足以将之与阿斯卡隆的安提奥科斯的学说（*ap.* Cicero, *De Fin.* 5.78ff., *Tusc.* 5.22-3）区分开来，后者与这套模型的一致之处在于承认德性足以带来“幸福”，但并非“最幸福”的生活（*beatam ... neque tamen beatissimam*, *Tusc.* 5.22）；主张存在不同程度的幸福可以有程度上的差异（*De Fin.* 5.84 反对斯多亚派，参见本章脚注〔3〕），也承认非道德恶是有害的（虽然害处非常小：*exigua et paene minima*，*De Fin.* 5.78）；但没有任何迹象表明安提奥科斯认为非道德善只有在脱离德性的情况下才是有害的，只有在与德性结合的情况下才是有益的，并且像上述模型那样规定德性是非道德善对拥有者具有任何价值的必要条件。

与德性结合（即当它们被合德性地运用），它们将在很小的程度上增进幸福。[64]幸福的损益按同一论是单一一个变量的结果，按这个新模型则是多个变量的结果：幸福的各种非道德的零件如果与德性相结合，都会带来细微的好处，其中每一种都会带来或大或小的细微的差别（因此比起拿回自己的骆驼，重获健康对约伯的幸福的增益更大）。

217 我们看到，关于德福关系可能存在两种可选理论，各自取决于不同的幸福概念。单一构成的幸福模型会得出同一论。我方才简述的多元构成（multicomponent）模型则会支持我所谓的充分论（the Sufficiency Thesis），[65]因为按这种模型，德性一方面仍然是不变的、主权的善，故本身就能够保证充足的——足以提供深入而持久的满足的——幸福，另一方面也

---

〔64〕有德之人不论是否拥有非道德善都会是**幸福的**，但拥有这类善中的一种或多种（且比致知［exercise of knowledge］所需的最低水平更高——低于这个水平德性本身就不可能形成，这样的生活也不值得过：参见本章脚注〔69〕）比没有更加幸福。我们知道，苏格拉底认为一个（因为行不义而）**不幸福**的人如果免于惩罚会变得更加不幸福（前一种状态是δεύτερον τῶν κακῶν μεγέθει［更次要的恶］，而后一种状态是μέγιστον καὶ πρῶτον κακῶν［最大和最首要的恶］，*G.* 479D）；而两个愚蠢的人中，图谋更少的人犯错也更少，也就会“不那么不幸福”（ἄθλιος ἧττον，*Eud.* 281C2）。我们有理由推断，他的幸福概念会允许类似的程度差异：作为直接对立面的善和恶不太可能在这个重要的方面不是对称的。

〔65〕这个论点不应与“德性自身足以带来幸福”这条标准的斯多亚派学说混淆，后者恰恰把这条学说理解成我所谓的“同一论”，即德性是幸福的唯一构成部分，是唯一的善（参见本章脚注〔37〕）。它更不应该被混同于Irwin（1977a: 100-1）所谓的“德性的充分性”，后者既站在斯多亚派的同一论观点也站在苏格拉底的充分论观点的极端对立面，因为其认为德性之于幸福的关系是纯粹工具性的，而我认为从苏格拉底——当然也包括斯多亚派——的观点看，前者之于后者是严格的构成性关系。

仍然允许幸福有细微但不可忽视的增进，作为合德性地拥有并运用非道德善的结果。我希望论证，即便表象与此正相反，但充分论，而非同一论，才给出了对苏格拉底观点的正确洞见。让我来一探这些表象的究竟。文本真正说了什么？

T15说的难道不是幸福和有德性的生活相同？它说它们是ταὐτόν，这还不够吗？如果这里的ταὐτόν表示的是同一性，那肯定够了。还能有什么疑问吗？确实可能有。作为第一位考察那个看似无辜的术语的希腊思想家，[66]亚里士多德总结出，说两个一般词项A和B是ταὐτόν可能有三种不同的含义。前两种分别是[67]：

（1）A和B是同义词，或者说它们“在定义上相同”。

（2）B，用亚里士多德的专门术语说，是A的“特性”（proprium［ἴδιον］），亦即B虽不是A的“本质”，但两者必然相互蕴含（interentailing）。[68]

亚里士多德认为“首要且主要”的第一种用法完全不能契合我们当前的文本：“幸福”和“德性”当然不会被设想为同义词，也不会被认为有相同的定义。第二种呢？按照同一论，它当然契合文本，因为其中的“幸福”和“德性”指的是同一种生活样式，只是描述不同。但按照充分论它也契合：当A和B相互蕴含，那么必然，x具有属性A，当且仅当x具有属性B，如此一来x可能（但不必然）会具有某些额外属 218

［66］ *Topics* 103a23-31, b10-12.

［67］ 第三种是“偶然的相同”，与T15的分析无关。

［68］ ἀντικατηγορεῖται，亦即对于所有x，x具有A，当且仅当x具有B。

性，例如C和D，它们必然分别与属性E和F相互蕴含。在充分论中A代表德性，B则代表必然而且只能在德性中获得的幸福；C和D代表的可能是，例如说，合德性的健康和合德性的财富；[69]E和F则分别指与被合德性地使用的健康和财富相关的幸福的增进。如此一来"幸福的"和"合德性的"将会相互蕴含，继而有资格在第（2）种意义上是"相同的"，虽然因对应于非道德善的条件差异，有德之人感受到的幸福的程度会有所不同。[70]故充分论与T15的契合不亚于同一论。[71]

---

〔69〕也就是说，比维持德性的基本要求更高的水平：如果健康跌破了某个最低水平，x的心智就会崩坏——他或她就会丧失致知的能力，也就无法培养德性，因为苏格拉底认为德性就"是"知识（我们可以猜测，苏格拉底在*Cr.* 47D-E和*G.* 512A处想到的正是某种跌破底线的身体状态：身体饱受病魔折磨，甚至生不如死）。同样的道理对于"财富"，即维持生存的资料也成立。

〔70〕我并不是在把亚里士多德式的对"相同"的歧义的分析归功于苏格拉底——远非如此：要是做了这项工作，那他本可以给自己免去一大堆麻烦（参见Vlastos, 1981: 431-3 and 444-5）。我提亚里士多德的分析只是想表明一位钻研多义性（multivocity）的学人（啊呀，可惜苏格拉底不是这样一位学人）证实了"相同"这个词唯一一种契合T15的用法（因为无论是同名异义、定义相同还是偶然相同都不契合）。在T21［b］以及更详尽的本章T22中我们将看到，苏格拉底在不诉诸任何在该语境中暗示同一性的语词的情况下，用相互蕴含来表达德性与幸福的关系，同时又继续坚持认为καλόν（高贵的、美的）和ἀγαθόν（好的）在相关语境中是ταὐτόν（相同的）：在*G.* 474C9-D2他认为他和波洛斯争论的焦点在于后者对这个命题的否认。

〔71〕另请注意*Crito* 49A5-6和49B4-6的所有陈述都完全没有暗示同一论，这些段落（如我在本章脚注〔54〕中所评论的）"也会蕴含德性主权原则（并且完全可能被用来推出后者）"：这里预设的仅限于ἀγαθόν与δίκαιον（正义的，或καλόν）的相互蕴含（49A5-6断言ἀδικεῖν绝不会是ἀγαθόν，49B4-6则断言ἀδικεῖν总是κακόν［恶的］）。这些陈述中甚至根本没有暗示过ἀγαθόν与καλόν以及κακόν与αἰσχρόν（可耻的）的同一性。

现在不妨考察三段文本，它们像T15一样，表面上无比有力地支持同一论，但正如我将要论证的，更贴近地去审视的话，它们同样也与充分论融贯。我从我认为能够给出线索帮助我们理解全部三个文本的那一段开始：

T16 《申辩》30C5—D5 ［a］你们应该心里有数，如果你们杀害我说我自己是的那种人，那你们对你们自己比对我的伤害更大。莫勒托斯和阿努托斯（Anytus）都无法伤害我；[72]他们不能，因为一个更好的人被某个比他更差的人伤害，这是不被允许的。 219

［b］"他也许可以杀了我，流放我，剥夺我的公民权。他和其他人也许会认为这些是大恶。但我不这么认为。他现在图谋的恶要大得多——不义地送一个人去死。"

苏格拉底的意思真的是莫勒托斯和阿努托斯没法伤害他，即便明知他们可以送他去死，流放他，剥夺他的公民权吗？如果是，那么他正在断言的就是这些——同理，任何其他——非道德恶对他的幸福的影响为零。但看他接下来在［b］部分说了什么：不是说他们不能对他造成**任何恶**，而是说他们不能对他造成**大恶**。他这是在摇摆不定，在［a］处视那

［72］这是爱庇克泰德（Epictetus）最钟爱的苏格拉底文本。他三番五次引述这段话（总是采用同样的辛辣措辞："阿努托斯和莫勒托斯杀得了我，但伤不了我"）：*Diss.* 1.29.17; 2.2.15; 2.23.21。

些灾祸为非恶（non-evils），在［b］处又视之为小恶（mini-evils）吗？我们无须假设他摇摆不定，而是可以合理地认为他在两段文本中的观点一致。要看到这点，我们必须解释那种特殊的否定用法，这种用法在所有自然语言，包括希腊语和英语中都存在，其目的不是否定谓词的适用性，而是弱化其运用力度。你问："帮我寄封信，会麻烦到你吗？"我回答："不麻烦，一点也不麻烦。"虽然我们都明知这件差事会让我多绕几个街区的路。你会明白我说的"不麻烦"的意思是"小麻烦——不足挂齿"。如果我们有权这样去理解T16［a］中的否定，那么其中所说的就会和T16［b］所说的同样完全契合充分论。

我们有权这样去读T16［a］吗？有理由这么认为。不妨考虑苏格拉底《申辩》里几行之前说的话：

T17 《申辩》30A8—B4 ［a］"［我恳请你们］将灵魂——使灵魂尽可能有德性——而非财富当作首要的、最强烈的关切。"

［b］"因为德性不从财富中来，反而是通过德性，财富和其他一切，无论是公是私，才变得对人们有益（ἀλλ' ἐξ ἀρετῆς χρήματα καὶ τὰ ἄλλα ἀγαθὰ [γίγνεται] τοῖς ἀνθρώποις ἅπαντα καὶ ἰδίᾳ καὶ δημοσίᾳ）。"[73]

---

［73］ 我采纳伯奈特对末尾短语的结构的判断（"ἀγαθὰ是谓词"，*ad loc.*），据我所知其后的所有译本都无视了这点，除了Robin（1956）在*Pléiade*版柏拉图作品集第一卷中的译文，其中遵循了同样的结构［转下页］

在［a］中他重申了刚才宣扬过的观点：220

T18 《申辩》29E5—30A2 “如果他在我看来并不具有他说他有的德性，我就会责备他最不珍视那些最有价值的东西，倒更珍视那些更低劣的（φαυλότερα）。”

苏格拉底这里所说的完全契合充分论的框架。他并没有说他一直在讨论的那些非道德善（金钱，名声，威望）完全没有价值，而是说它们的价值远比生命中最宝贵的东西——灵魂的完善——要低。在T17［b］中他解释了为什么后者应该在我们的价值图式中占据如此显赫的位置：是它使得一切他物是好的，[74]没有它什么都不会好。既然我们没有理由认为他对于非道德善的看法在不到一页之后的T16中就发生了改变，那么我们按同样的方式解读T16［a］，继而包括T16［b］，

［接上页］（“但这是能带来好运的真正卓越”［mais c'est le vrai mérite qui fait bonne la fortune］，等等；但并未专门论证，也未参考伯奈特或者借鉴他提议的句法结构）。一种拒斥传统译法（甚至也不支持伯奈特的句法）并提出了一种能够避免对文本的严重误读（这种误读会让苏格拉底推崇德性作为一种生财之道）的可行建议的观点，参见Myles Burnyeat, “Virtue in Action”, in Vlastos, 1971: 209-34, at 210。

〔74〕参见*Ch.* 156E6-9（“一切善与恶，无论是身体中的还是整个人之中的，都来自灵魂［的状态］”）；*Pr.* 313A7-8（“灵魂——你的全部福祉都取决于它的损益”）；*Eud.* 291D-E，如果有智慧地运用就会是好的的东西，反过来则会是恶的。（阿克里尔向我指出亚里士多德也有类似的学说：“那些与顺境和逆境有关的善，单纯而言总是好的，但对特定的人而言并不总是好的。” *E.N.* 1129B2-4：“它们对一个坏人而言不是好的。”他还比较了*E.N.* 5.1.9，*E.E.* 8.3［esp. 5］以及*Pol.* 1332a19-27）。

所传达的讯息就是正当的。

如果这点尚且存疑，以下的深入考虑当可减轻疑问：在我举的“不麻烦”的例子中，“否定”起到了“含蓄比较级”（implicit comparative）的作用，即这个短语实际上是“比起我为了取悦你而乐意承担的比这大得多的麻烦，[75]这算不上麻烦”的缩略表达。将这套回到T16［a］中莫勒托斯和阿努托斯“无法伤害”他的说法上：他在T16的两部分中力图传达的都是，他的控告者们能对他造成的伤害比起他们将对自己造成的伤害是小巫见大巫。这种想法在［b］中清晰可见（“他现在图谋的恶要大得多”）；从这个否定可以得出，莫勒托斯能够对苏格拉底造成的是通常认为的“大恶”，这也解释了这种否定应该如何去理解。在［a］中，同样的比较（“你们对你们自己比对我的伤害更大”）引出了对“莫勒托斯或阿努托斯能够伤害他”的否定，类似地也解释了这种否定应该如何理解。［a］中说他不会受伤害和［b］中说他不会受大的伤害是一样的意思：两者都用作同一种比较，[76]是同一种思想的两种表达。

221

现在我们可以再看两段文本，如果只看表面，两者都

〔75〕或者说“比起我对我们友谊的重视”。

〔76〕参见*Ap.* 23A中否定的用法，当时苏格拉底认为神宣称属人的智慧“价值甚微甚至毫无价值”。从下文（B2-4）可以清楚看出这里的“毫无”是个伪装的比较级：正确的理解应该是，神在告诉人们，他们之中最智慧的人是那个“意识到他实际上在智慧上（πρὸς σοφίαν）毫无价值”的人——他不是绝对毫无价值，而是与神超绝的智慧相比毫无价值。

是同一论的铁证：

T19 《申辩》41C8—D2 “但，法官们，你们也必须对死亡抱有良好的希望，谨记这条真理：没有坏事会发生在好人身上，无论在他活着时还是死去后。”

T20 《理想国》第一卷335C1—7 “那对于人们，我们要说的是不是一样：当他们受到伤害，他们就在属人的卓越方面被变得更差？”——“当然。”——“因此必然，当受到伤害，人们会被变得更加不正义。”

在T19中他说“没有坏事”会发生在他身上。在T20中，“当受到伤害，人们会被变得更加不正义”这条结论通过否定后件式推理（*modus tollens*）可以推出，如果他们没有被变得更加不正义，他们就没有受到伤害。在明知人们可能遭遇抢劫、囚禁、折磨、失明却并不被变得更加不正义的情况下，苏格拉底还能说出这话吗？基于同一论他显然能。但基于充分论他也能，只要我们将我们通过T17和T18从T16［a］中了解到的东西，加上否定谓词的弱化用法，分别引入到对这两段新文本的解读中。如果苏格拉底在T16［a］中可以简单地用“没有坏事”代替T16［b］中的“没有大的坏事”，那么他在T19和T20这两段分明支持同一论的强硬证据也能类似地被解读成与对立立场相融贯。

另外还有一段文本，与上面的T16一样，给人的第一印象是明确支持同一论；但一旦以整体的方式去读，这种第一印象就会消失：

T21 《高尔吉亚》470E4—11 “如此一来，你显然会说你甚至不知道大王*是否幸福。”——“确实如此，因为我不知道他在教养和正义方面怎么样。”——“什么？所有的幸福都依赖于它吗？”〔77〕——［a］“对，波洛斯，我确实会这么说。［b］因为我说高贵且好的男女是幸福的，不义且失德者则很悲惨。”

222

如果苏格拉底在［a］中说的就是字面意思——一切幸福都依赖于“教养和正义”——那他就会将德性以外的一切都排除在幸福主义价值之外，他所说的就会是德性是唯一的善。〔78〕前述支持削弱T16［a］中的限定词力量——“没有

〔77〕另一种译法“所有的幸福都由它组成（consist in）吗？”（如Robin［1956］的《申辩》译本以及Santas, 1979: 266）也可能成立，但成立的可能性不大，考虑到有太多文本表明这个短语也可以宽泛地表示“依赖于”（depends on）或者“归结于”（rests in）：Soph. *O. T.* 314, *O. C.* 248；Eur. *Alc.* 278；Thuc. 1.74.1 and 3.13.54；Plato, *Pr.* 354E7；Dem. 18.193（我要感谢厄尔文提供了头三处、基德提供了其余各处参考文献）。支持后一种译法并不意味着给苏格拉底理论的工具论解读提供把柄：这种依赖关系也可以是构成性的，表示蕴含关系而非因果关系；这个问题仍保持开放，需要另寻根据来下定论。

〔78〕这就是斯多亚派对T21的解读。西塞罗（*Tusc.* 5.35）将波洛斯最后的问题表述为“在这点上他岂不显得是在将幸福生活完全置于一个德性之上？”（*Videtur omnem hic beatam vitam in* una *virtute ponere?*）

* The Great King，这里指波斯国王阿刻拉奥斯（Archelaos）。

伤害”意即“没有大的伤害”——的论证令人不禁要问，同样的语义操作在这里是否也合适。[79]答案完全是肯定的，一旦我们注意到［b］对［a］的补充中的两个点：第一，［b］的用意是给出［a］中的断言的理由（γάρ），由此间接地解释［a］的含义；第二，［b］中所表达的德福关系毫无疑问是相互蕴含而非同一——苏格拉底并没有说幸福就是德性所是的那个东西（τοῦτο ὅπερ），[80]而是说当且仅当一个人有德性，他才会幸福。如果我们还想进一步确认正是这构成他深思熟虑的观点，对话稍后就将提供充分的佐证——当苏格拉底将他反对卡里克勒斯的冗长论证的要点总结如下：

> **T22 《高尔吉亚》507B8—C7** “所以，卡里克勒斯，非常必然，（i）节制的人——如我们所见，他也正义、勇敢而虔敬——将会是个尽善尽美的人，好人做事情会做得既好又高贵，而做得好的人就会有神佑且幸福；而（ii）做得坏的恶人会很悲惨……”

〔79〕类似地，在*G.* 507D6-E1中：“这，我相信，就是人要毕生注视的目标（σκοπός），人和他的城邦的一切都应该为了正义和节制出现在一个将得赐福的人身上。”其中的“一切”也会引发与上文T21中的“所有”相同的问题：苏格拉底的意思是德性是我们**唯一**的善，还是说，德性是重于一切的善，必须绝对优先于所有其他善，因为前者是其他任何事物的善的条件？

〔80〕或者“幸福什么也不是，只是德性”，或者按西塞罗的译法（本章脚注〔78〕）：“［苏格拉底］唯独寄幸福于德性。”

223 删繁就简，只保留对我目前的论证至关重要的断言，这里所说的可以归结为：

（i）如果一个人在德性上完美无缺，那么他必然会幸福，亦即德性必然蕴含幸福，此外，

（ii）如果一个人失德，那他必定会很悲惨，亦即失德必然蕴含不幸福，因而（通过拒取推理）幸福必然蕴含德性。

合取（i）（ii）可得：

（iii）德性与幸福必然相互蕴含。

这就是苏格拉底认为自己已经在整部对话的主体部分证成了的论点。由此可见，体现在T21［b］和T22中，因而也体现在T21［a］中的德福关系无疑就是相互蕴含，这也证实了此前的论证，即T15通过ταὐτόν表达的正是这种关系。也就是说，这三个文本预设的德福关系都与同一论和充分论同等兼容。

我们应该从以上回顾中总结出些什么？假设我们能向他提这个问题："苏格拉底，告诉我们，我们帮你提炼出的两个论点中哪个反映了你的观点。你心目中的幸福图景是怎样的？是单色的，所有表示幸福的区域都涂满一种颜色，例如说蓝色（代表德性）；还是彩色的，大部分涂成蓝色，但缀以许多其他颜色，每种颜色都能为整体设计增添细微但可观的光彩？"我们逐一检验了他的好几个说法并尝试从中解读出他的回答，但因为说法本身的含混不清而未能如愿。其中好几个文本——T15、T16［a］、T19、T20、T21［a］——

乍一看都分明支持同一论。[81]但深入考察可以看出它们全都与充分论兼容，正如T16［b］、T21［b］和T22从头到尾都是的那样。而其中两段，T17和T18，则不单与充分论兼容：224 它们从自身视角出发，提到了德性具有无可比拟地更高的价值，但未曾提到德性具有排他的价值。因此，整体来看，我们手头的证据不能说完全支持同一论，以至于可以排除充分论。但我不希望就此打住。我要论证苏格拉底有充分的理由主张充分论，并且举出文本证据证明他事实上承诺充分论。

第Ⅴ节　支持充分论

我可以径直给出我的理由：如果苏格拉底选择支持的是同一论，那他的决定就完全没有道理可言。我的意思不是要附和亚里士多德对那些思想家的发难，即他认为他们赋予了有德之人一种全然不受厄运左右的幸福，而这是不可能的[82]：

T23　亚里士多德，《尼各马可伦理学》1153B19—21

那些说一个饱受折磨，灾祸缠身的人只要是个好人就会

〔81〕其中任何一段文本，若不带上我在上面已经论证过的修正去读，都会完全足以使斯多亚派相信，他们的“德性完全足矣”的观点（参见本章脚注〔37〕、〔78〕）是正宗的苏格拉底式观点。

〔82〕针对的可能是安提斯忒涅斯（D.L. 6.11，“他认为德性足以带来幸福，不需要任何其他条件，除了苏格拉底那种坚忍”）。如果亚里士多德指的是苏格拉底本人，我们推论不出他正在将同一论归于苏格拉底：充分论也能引出同样的反对意见。

幸福的人，不论有意无意，都是在瞎说。

为什么是瞎说？如果亚里士多德指控的是——虽然我不认为是——其中犯了概念错误，那我不同意他。如果苏格拉底相信人类在最极端的折磨中还能保持幸福，我会惊讶于他对人类崇高本能的坚信，但我看不出其中有何自相矛盾之处，看不出有何逻辑理由表明它不可能为真。我诟病同一论的不是这点。毕竟在这点上它和对立论点没什么不同：在两种情况下苏格拉底都会是在对人性提出英雄式的要求。但同一论更进一步。它要求所有他严格划分为非道德的价值对幸福造成的影响为零。

考虑这会带来什么后果，基于他的观点：

T24 《高尔吉亚》499E7—8 “善［=幸福］〔83〕是我们一切行动的最终目的［τέλος］；做每件事都必定是为了它。”

亦即，幸福是任何有目的的行动的最终理由，因而也是任何在不同行动选项间做出的理性选择的最终理由。由此可以推出，如果德性与幸福的真正关系是同一，**那么我们就没有理性依据在与德性同等兼容的选项之间有所偏好**——从而也就没有理性依据在仅于非道德价值上有别的事态之间有所偏

225

〔83〕 参见本章脚注〔20〕。

好。而且如果这为真，它将会摧毁幸福主义作为一门理性选择理论的基底。因为我们在日常生活中必定有很多选择是要在完全不涉及道德考量的事态间做出的。我要走去目的地还是坐公交车去？我要今天还是下周去理发？我晚餐要喝勃艮第还是桃红，还是不喝红酒？我们确实每时每刻都在做这类选择，也愿意去选择：如果剥夺我们选择的权利我们会愤恨不已。而且我们不得不据之来做选择的那些根据显然是非道德的：享乐、经济、卫生、审美、情感，凡此种种。考虑到这点，同一论如果真的成立，就将掏空幸福主义援引幸福作为终极理由来解释我们一切慎虑行动的解释力。按那套理论，如果幸福与德性是同一的，那么我们选择任何东西的最终理由都只能是我们对自身德性的关切；如此一来大多数与此种关切无关的选择就将得不到解释。〔84〕苏格拉底只需站在充分论一边就能避免这种后果，后者中的诸多小善将会填补同一论如果成立将为幸福主义理论带来的解释空白。苏格拉底完全没必要屏蔽这个选项，因为充分论同样能很好地服务

〔84〕这种反驳是否也会反对斯多亚派的观点（参见本章脚注〔37〕）？后者针对生命、健康等有一套选择性的自然亲缘（οἰκείωσις）学说，这套学说认为这些事物自然地就与我们“亲近”（οἰκεῖα），并因此比对立物更“受偏爱”（προηγμένα），虽然它们依然是“无差别者”（ἀδιάφορα），因为它们不是善。但说生命、健康等既“受偏爱”又“无差别”有意义吗？虽然无法在本书范围内展开这个问题，但我仍然大胆提出，我在本章中为苏格拉底勾勒的多元幸福模型比起怪异的“受偏爱的无差别者”学说或者他们圈子里流行的任何其他学说，包括安提奥科斯的学说（参见本章脚注〔63〕）更能满足斯多亚派的要求：它允许他们认为他们的προηγμένα**是**善，同时又不妨碍他们希望德性充当幸福的充要条件。

于其德福关系理论背后的道德目的。[85]

我们还能做更进一步的断言——不仅断言这对于苏格拉底是个正确的选择，而且断言苏格拉底给出了这种选择的正面证据吗？能。

226

> **T25 《高尔吉亚》467E1—468B4** “那么一切现存事物中有什么不是要么好，要么坏，要么居于两者之间，既不好又不坏的吗？……而你把智慧、健康、财富等诸如此类的东西称为‘好东西’？[86]……你所谓的‘既不好又不坏’指的难道不是这类东西：它们时而分有一者，时而分有另一者，时而又两者皆不分有——例如坐下、行走、奔跑和航海；另外还有石头、木棍之类的东西？……而当人们做那些居间的行动，他们是为了好东西而做，抑或好东西是为了这些居间者？……所以在行走的时候我们是为了追求善而走，觉得这样做更好，反过来当我们站立，我们这么做也是为了善？难道不是这样吗？”

这里的“一切现存事物”被三分为或是（a）好的，或是

---

〔85〕我在前文中（第Ⅳ节第二段）论证了T15也有这种功能。同一论对于那个目的而言是个过度的设定。

〔86〕亦即善的诸构成部分，这点体现在“诸善”（goods）和“善”（good）在整段文本中都可以互换：苏格拉底用复数的善来分指的东西与他用单数的善（τὸ ἀγαθόν）合指的东西相同，而它又等同于幸福。

（b）坏的，或是（c）既不好又不坏（“居于好坏之间”，简称为“居间”）的东西（对象或行动）。他将一切只具有工具性价值的事物归入（c）类——物理事物，例如木棍和石头，以及身体行动，例如坐立，这些东西他预设我们绝不会因其自身之故，而只会为了某些外在于它们的目的而去施用。[87]他将一切的“善”——所有那些我们会为之而欲求任何“居间的”东西的事物——都归入（a）类。他举了一个道德善的例子——智慧，和两个非道德善的例子——健康和财富。如果他认可同一论，将善等同于德性，只赋予非道德善以纯粹工具性的地位，那这就无法理解：如果苏格拉底明确支持同一论，他显然不会将健康和财富归入（a）类，而按照充分论它们恰恰属于这一类，后者赋予非道德善以内在价值，承认它们是善的组成部分，[88]同时又不将它们抬高到与道德善分庭抗礼的地步——T25或者《高尔吉亚》的其他任何地方都丝毫没有这种暗示；这部对话强有力地主张一切其他善都绝对从属于德性，其力度不逊于柏拉图作品的任何地方。[89]

《高尔吉亚》中可以找到充分论的进一步证据：

---

〔87〕参见附注8.4。

〔88〕参见本章脚注〔86〕。

〔89〕针对波洛斯和卡里克勒斯而提出的宏大论证——受不义总比行不义更好——就以这条原则为核心。它在507D6-E1中有所暗示（引于本章脚注〔79〕中）。

227

T26 《高尔吉亚》469B12—C2 波洛斯："那么你意愿承受不义而不去行不义吗？"苏格拉底："站在我的角度，我两者都不意愿。但如果我被迫要在受不义与行不义间选择，我会选择受不义。"

面对两种只在非道德价值上有别的情况——一种情况是他遭受不义，另一种情况是他不遭受——苏格拉底直言他不会意愿前者。既然相信受不义并无损于他的德性，为什么他要这样说？如果他在情理上认同同一论，他会说这也不会影响他的幸福——那他又何必在意自己受不受不义呢？既然他确实在意——他不是受虐狂，他反对任人宰割——那他不可能认同的是同一论：只有充分论能够为偏好某些在道德上处于同一水平的行动方式辩护，这些行动只在非道德的基础上更优越，因为它们能使他免受如果遭受不义的话他会在财产、名声、健康或者任何其他非道德善上蒙受的损失。

我们能从《高尔吉亚》关于快乐的讨论中找到更多具有同样效力的佐证：

T27 《高尔吉亚》499C6—500A3 "有些快乐好，有些快乐坏，不是吗？……那些好的有益，坏的则有害？……你的意思是不是这样：在身体的快乐——例如饮食——方面，好的难道不就是那些能够产生健康、强壮或者其他身体的卓越的，坏的则相反？……那么快乐的行动，以及［所有］其他行动，都应该为了善而做，而不是善为了快乐？”

正如决定同样使人快乐、同样在道德上可接受，[90]但对健康产生的影响不同的两种行动哪种更好一样，苏格拉底发现这也是决定两种快乐哪种更好的一个充分根据。因此在这段文本中，正如在此前的T25中一样，他将种种非道德善都算作幸福的真正构成部分——当然，只是些微小的构成部分，如果它们会诱使我们背离德性，那它们根本不值得我们多看一眼；但即便如此，一旦德性的要求已经得到了满足，它们仍然是在诸选项间做出正确选择的可靠指引。

《欧谛德谟》中的劝喻讲词（278E-282D）以及《美诺》中简短的姊妹段落（87E-88E）都持这种立场，两者均捍卫了美德“是”知识这个苏格拉底式的论点。[91]我将引用《欧谛德谟》讲词的关键段落： 228

T28 《欧谛德谟》281D2—E1 ［a］总而言之，我说，看起来，克里尼阿斯啊，对于所有那些我们一开始说

[90] 因为如果不可接受，道德标准就会决定应该偏向两者中的哪个。

[91] 在这之后这一立场遭到攻击（89Cff.）并最终被放弃（96D-98C），被非苏格拉底的立场取而代之：真信念和知识一样，都能作为行动的正确指引（参见第四章脚注〔73〕）。按我的理解，开始时对苏格拉底论点的捍卫反映了苏格拉底对话所持的观点，而随后对它的攻击反映了柏拉图在中期对话中借苏格拉底之口提出的新观点。

> 是好的东西，[92]我们的观点是，它们的本性并非仅就自身而言是好的。[93]但似乎实情是这样：如果无知掌控了它们，它们就是比相反的东西更大的坏，因为它们更有能力去侍奉它们的坏领袖；如果被明智和智慧掌控，它们就是更大的善，虽然两者仅就自身而言并无价值。[b] 从以上说法可以得出什么？除了这点还能有其他吗：那些别的事物没有哪个［仅就自身而言］是好的或坏的，除了两个，其中一个——智慧——［仅就自身而言］是好的，另一个——无知——［仅就自身而言］是坏的？

无论何种描述下的非道德善只有与德性（“智慧”）结合才是好的，这是我们看到苏格拉底一直坚持的立场：《申辩》中说得直接（T17［b］：德性使得财富和其他一切东

---

〔92〕 这里指的是各种非道德善，它们占据了279A-B中善的清单的头条，随后又堂而皇之地在281C3-D1再次出现以阐明此处提出的观点：善如果被误用就将变为恶。似乎这里对非道德善的指控也会延及道德善（281C6出现了勇敢和节制的例子，夹在两组非道德善之间）。但稍加反思我们就会发现，那里提到的“无知”对那些本质上无非是智慧的属性的掌控其实是个反事实假设（counterfactual）：**如果**勇敢和节制**可能**（虽然实际上不可能）被无知掌控（正像清单上所有那些非道德品质无疑可能那样），**那么**它们也会是对我们的幸福的一种损害。在《美诺》中这段话的姊妹段落里（88A6-D3），ἀνδρεία（勇敢）的反事实性使用非常明显（88B3-5：εἰ μή ἐστι φρόνησις ἡ ἀνδρεία ἀλλ' οἷον θάρρος τι［如果勇敢不是明智而是某种鲁莽的东西］），这表明σωφροσύνη（节制，B6）同样应该这么去理解。参见Irwin, 1977a: 52 and 295-6, n. 16。

〔93〕 见附注8.5。

西对人们是好的），[94]《高尔吉亚》中说得委婉（T21［b］、T22：德性是幸福——继而是其他一切事物能带来幸福——的必要条件之一）。在T28［a］中这个思想被推进了一步：财富、健康等，虽然在合德性地使用时是好的，但在失德地使用时也会实实在在的是坏的，是“比它们的反面更大的恶”。

至此事情已经够明显了。但文本［b］部分依然存在困难——或者说会存在困难，如果我们只看我在引文中着重标出的那个短语的表面的话。如果这么做，我们就不得不将苏格拉底的话理解成健康、财富等既不好也不坏——我们肯定会记得，这是本章T25中对他所列举的三分，即（a）好的东西、（b）坏的东西、（c）不好也不坏的东西中的分支（c）的描述。这个图式已经确立了（a）中的善——其中既包括道德善也包括非道德善（［a］中同时举了“智慧”和“健康与财富”作为“诸善”的例子）——和（c）中没有内在价值、从不因其自身之故而只因某种善之故而可欲的事物的各种成分之间的范畴差异。苏格拉底在《高尔吉亚》中通篇都坚信这个范畴图式：他对之的坚持在对话后来的T27中有所体现。在《高尔吉亚》之后的对话里，非道德善继续在分支（a）中占有一席之地：在《吕西斯》中（218E）苏格拉底问 229

［94］这也是《卡尔米德》中（173A-174E）阐述的立场，Ferejohn（1984: 105-22, at 114）做了出色的总结：“所有其他‘善’脱离智慧就完全不可能有益。”（但我认为引文用“善”缺乏理据：原文中完全没有暗示，所讨论的以健康为首的技艺产品如果运用得当就会是善，这有什么可疑的。）

健康“是好的、坏的抑或都不是？”（与T25同样的三分），并且给出了和之前一样明确的回答“是好的”。在《美诺》中（78C）他问：“你说的‘善’指的难道不是健康和财富之类的东西？”——答案不言而喻。[95]在《欧谛德谟》中，同样的情况也独立地出现在T28之前：健康和财富再次同各种非道德善一并（279B-C）被当作“好东西”（279A-B）的直接例子，不亚于各种道德善。因此，在T28［b］中断言健康、财富等既不好也不坏，将它们从三分中的（a）类变到（c）类，[96]就意味着苏格拉底要抛弃他在从《高尔吉亚》到《美诺》的所有对话中（包括T28之前的《欧谛德谟》）都一直坚持的范畴图式。这样一来前后矛盾就会显而易见。难道T28［b］中那个着重标出的短语就没有别的解读方式能够保持文本的一致性？

当然有。最明显的线索就在T28［b］开头的短语之中：“从以上说法可以得出什么？”嗯，从T28［a］所阐明的真理中——拥有非道德善将增进我们的幸福，当且仅当我们拥有智慧来引导我们正确使用它们——确实可以得出的是什

---

〔95〕该段的姊妹段落中（*M.* 87E-88A）有同样的说法。

〔96〕如此一来苏格拉底的观点就会坍塌为斯多亚派的观点：“他们说那些既可能用得好也能用得坏的东西不好：财富和健康能够用得好，也能用得坏；因此财富和健康不好。”（D. L. 1.703；参见Sextus, *Adv. Math.* 11.61）因此如果去掉T28［b］中我提议的补充成分，苏格拉底的话就会印证斯多亚派的观点：健康不好（因此是“无差别的”）。那些认为他在T28中教导的是除智慧和无知外的一切都既不好也不坏的评论家似乎没有意识到，如果苏格拉底像斯多亚派一样真心实意地断言健康、财富等都不好，这对他的整个德福关系之理解产生的影响会有多深远。

么？可以肯定地说，确实可以得出的恰恰是我在引文中已经通过插入的补充成分表明的东西：没有任何非道德善仅就自身而言（αὐτὸ καθ' αὑτό）是好的，除非与智慧结合，同理，没有任何非道德恶仅就自身而言是坏的，除非与无知结合（因为与智慧或与无知的结合决定了非道德善或非道德恶是会增进还是会损害拥有者的幸福）；而道德善（智慧）仅就自身而言是好的，同理，道德恶（无知）仅就自身而言是坏的（因为在这方面，拥有它们的人的幸福或不幸福的增进并不取决于它们本身之外的任何东西）。因此如果我们将“要么好要么坏”这个短语读作“要么［仅就自身而言］好，要么［仅就自身而言］坏”的缩略表达，那我们的结论将完全言之成理，同时也将确保T28［a］中所说的话会蕴含它，[97] 同时又不会违背《高尔吉亚》中确立的范畴图式：健康、财富等仍将作为幸福的构成部分在分支（a）中占有一席之地，但它们的地位将会是有条件的或偶然的；[98] 它们中的每一种将构成其拥有者的幸福，当且仅当他或她有智慧。[99]

230

〔97〕 我们要注意“x是F，仅当其与W相结合，因此x不是F”这个推理在逻辑上是不成立的。从该前提出发的有效推理应该是“因此x脱离了W就不是F”。

〔98〕 我必须强调，幸福有条件的构成部分，亦即那些事实上的确因其自身而可欲，但只在某些特定条件下可欲的事物，这种观念没有任何可疑之处。

〔99〕 对T28［b］强调短语的这种解读限定了此后两次出现的同一短语（292B-D）也应做同样的解读：292B6-7关于非道德的城邦善的评论应该解读成：“所有那些东西［繁荣、自由、城邦的和谐］，显而易见（ἐφάνη），［仅就自身而言］既不善也不恶。”对T28（在其中这类［转下页］

综合本节的结论，加上我们能从另一个关键段落，即（出于篇幅考虑，我在上述分析中并未用到的）《吕西斯》中（219B-220B）关于*prōton philon*（第一被爱者）的论述中了解到的东西，我们可以勾勒出下述价值图式：

1. 终极的无条件的善就是幸福。它是我们因其自身之故而“追求”或欲求的唯一的善，故也是我们一切行动的“目的”（τέλος，T24）。[100]它就是“第一被爱者”，其他一

231 切都因它之故而可爱，“它本身却不因其他任何可爱的东西之故而可爱”（《吕西斯》220B1-5），因为“x因y之故而可欲，y因z之故而可欲……”的链条不可能没完没了。[101]

2. 对于我们的幸福既必要又充分，因而也是我们的善的主权构成部分的最高的非终极的无条件的善（supreme

［接上页］非道德善被认为既不好也不坏，仅在与智慧结合时是好的）的回指对理解此处的含义非常关键：按照苏格拉底的观点，即便是繁荣、自由和城邦和谐这些显要的城邦之善，其善好也取决于明智而合德性的使用。接下来292D2-3提到的“既不坏也不好”必须同样地理解。为了证实这点，我们可以留意《美诺》中T28的姊妹段落（88C-D），其中非道德善仅当使用正确才会有益这个观察引出的结论是：“它们仅就其自身而言既没有益处也没有害处”，但的确会在“与智慧或无知结合”的情况下变得有益或有害。

〔100〕除非受具体语境限定，苏格拉底保留“益处”（benefit）、“有益”（beneficial）这些术语用于指能够直接、无条件地助益或增进我们幸福的东西。因此在*Ch.* 174D-E中关于善恶的知识是唯一有益的（ὠφέλιμος, ὠφελοῖ ἡμᾶς）。《欧谛德谟》中（289A-B）说拥有不死并不会比没有不死对我们更有益（ὄφελος οὐδέν），如果我们不知道怎么正确利用它。在《美诺》中（87E-88E），正是有智慧使一切善ὠφέλιμον（有益），缺乏智慧则使之βλαβερόν（有害）。

〔101〕与柏拉图（本章T6）和亚里士多德（*E.N.* 1093a20-1）的推理相同。

non-final unconditional good），就是德性（智慧和每一种以点概面地［by synecdoche］与之相关的道德德性）。实现这种善应当是指引我们一切行动的目标（σκοπός）（《高尔吉亚》507D6-E1），因为无论我们能否获得其他善，只要我们获得了善的这个构成部分，我们就能拥有终极善：我们将是幸福的（T21、T22）。

3. 从属的非终极的有条件的善：健康，财富，等等。[102] 它们对我们幸福的影响甚微。但它们确实是好东西（T25、T27、《吕西斯》218E、《欧谛德谟》279A-B，以及《美诺》78C和87E）；拥有它们会比没有它们更幸福，但仅当我们正确地使用它们，因为它们并非"仅就自身而言就是好的"；脱离了智慧，它们在我们手上就会变质，我们拥有它们就会比不拥有更糟糕（T28，《美诺》87E-88D）。

4. "居间者"（T25），它们被认为"既不好也不坏"，因为它们不是善的构成部分：它们的价值纯粹是工具性的；它们从不因其自身之故，而只会因好东西之故被欲求。

结论

在本章第Ⅳ节，我们从一些表面有力地支持同一论的文本入手——如此之有力，以至于解释上对它有任何保留都

〔102〕在《吕西斯》219C-D关于*prōton philon*的论证中，代表了这类善的首先是219C处的健康，紧接着是219D-220A中父亲为了救男孩的性命心甘情愿付出的钱财。

像是别有用心、畏首畏尾、逃避定论之举。苏格拉底说“没有坏事”会发生在一个好人身上（T19），说他的原告们“无法伤害”他（T16［a］），说如果一个人未被变得更加不义，他就未受伤害（T20），说“幸福全在于教养和正义”，说活得好与活得正义“相同”（T15）——这些话还能是什么意思呢？但疑问逐渐就浮现出来了。考虑到量词的夸大在日常语言中既常见又无害（“那份工作对他来说意味着一切，他会想尽一切办法得到它，义无反顾”），我们要问，难道T19中的“没有坏事”、T20中的无法“伤害”不能也表达同样的意思吗？一旦注意到这点，从T16［a］处的“无法伤害”到T16［b］处的“无法造成大的伤害”的转换将会加重疑问。T21［b］更是推波助澜，在解释“所有的幸福都依赖于”教养和正义的时候，苏格拉底展现的［德福］关系（T22的论述更详备）虽然仍然相当强，但远不能满足同一的要求。当我们注意到通行用法恰恰确实允许用“相同”这个词来表达那种关系，T15就会陡然变得可疑。

232

在这个节点上，我们开始怀疑诉诸同一论也许并不是处理一套更精微细致的学说的第一选择——这套学说为据我们所知苏格拉底愿意不惜一切代价坚持的德性主权奠定了坚实的基础，同时又不会消弭其他一切周遭事物的幸福论价值。我们四处搜寻符合这种德福关系的令人信服的模型，最终找到了第215—216页勾勒的那套多元构成模式。我们验证了它将提供一套它的对手无法提供的完整而融贯的幸福主义的理性行动理论，并且它将完美契合第V节中一众文本，而它的对手完全不契合。难道我们无权下结论，认为这套模式是帮助我们理解苏格拉底思想中德性之于幸福的真正关系的最佳指引——如果他明确构思过那两个选项，并且做出理性的选择，那么他本会［在文本中］明确宣布［他更青睐这套模式］？〔103〕

〔103〕不久前Brickhouse & Smith, 1987: 1-27另行提出了一个和我在这里展现的有相当多共同点的对苏格拉底价值图式的分析。不足在于其主要的理论创新得不到文本支持，因为它们立足于“苏格拉底式的对［a］作为灵魂的状态的德性，和［b］［作为］合德性的活动［的德性］的区分”这条假设之上（2 *et passim*），而这在我们的苏格拉底文本中毫无依据：这种区分从未在柏拉图的早期对话中被提到过，也没法用它们的语汇加以表达，与论者本会意识到这点，只要他们自问过上面所引的断言如何能在不借助亚里士多德的术语——ἕξις（状态）表示［a］，ἐνέργεια（实现活动）表示［b］——的前提下译成希腊文。让苏格拉底的道德理论受惠于亚里士多德的重大创新显然是种年代错乱。

结　语　幸福的苏格拉底

233　单拣出我们生活中众多价值中的一种，将之拔高得如此远超其余一切价值，以至于我们会不惜一切代价选择之，这是现时代所谓的"浪漫主义"（romanticism）的诸多表现之一。它的典型表达是两性之爱。在浪漫文学中的英雄看来，赢得伊人的芳心也许比他梦寐以求的其他一切东西加起来都更有价值。他可能会愿意为之赌上其余一切。但它也有其他不总是打着"浪漫主义"标签的表达形式。"不自由，毋宁死"（Give me liberty or give me death）表达的不正是它吗？在世界上的各大宗教中也能找到同样的态度，虽然它从未被描述成这样：

T1 《马太福音》13：44—6　天国好像宝贝藏在地里。人遇见了，就把它藏起来。欢欢喜喜地去变卖一切所有的，买这块地。天国又好像买卖人，寻找好珠子。遇见一颗重价的珠子，就去变卖他一切所有的，买了这颗珠子。

希腊古代对应浪漫主义的是英雄式的准则。苏格拉底在自证时直接诉诸了它。面对一个假想的诋毁者奚落他，称他一直以来的生活方式如今将他置于可能会被作为罪犯处死的危险境地，他回应道：

> **T2 《申辩》28B—D**[1] “此言差矣，你这人啊。你似乎相信一个稍有身价的人会相对重视生死的危险，或者会在行动时［考虑任何别的东西，除了这点］：他的行动是正义还是不义，是善人抑或恶人所为。按照你的观点，那些丧命在特洛伊的半神，包括忒提丝（Thetis）之子和其余的，可太卑微了……你觉得他有半点在意生死吗？”

这种比较之大胆令人惊讶。苏格拉底只是一介平民，阿基琉斯是最高贵的英雄，是贵族制的宠儿。苏格拉底是理性的喉舌，阿基琉斯则是激情压倒理性之人。苏格拉底弃绝报复，而在赫克托尔的尸体上肆意发泄怒火的阿基琉斯则做出了整部《伊利亚特》最恐怖的复仇示范。苏格拉底和这位野蛮暴力的年轻贵族男子能有什么共同之处呢？只有这点：将各自珍视的一切无条件从属于一样最最珍贵的东西——荣誉之于阿基琉斯，德性之于苏格拉底。 234

为了忠于那种从属，阿基琉斯拿幸福作为荣誉的赌注，做好了输的准备。他也确实输了。他在悲伤中死去。在和普

［1］ 已部分引于本书导言，第8页，后又再次引作第八章中的T10。

里阿姆（Priam）一起的最后一幕中，已经预见自己死亡的他同他曾经将其尸首在烟尘中拖行的那个男人的父亲一样悲苦：

> **T3 《伊利亚特》24.522—6** “且在这坐下，让我们的苦痛 | 静躺在心中，尽管很悲伤， | 因为冰冷的哀哭丝毫无用。 | 这是诸神给有死者派定的命数， | 悲哀过一生，他们却无忧无虑。”

希腊人的悲剧性想象中的其他英雄人物也是这样被悲伤笼罩着死去的。安提戈涅在忧伤的笼罩下走向死亡，[2] 害怕连诸神也抛弃了她。[3] 阿尔克斯提斯（Alcestis）是如此之绝望，以至于她觉得自己在死之前就已经“成为空无”了。[4] 但苏格拉底不是。

在整个柏拉图全集中，啊不，在我们现有的全部希腊散文或诗歌中，找不到一个比他的一生更幸福的人。他向法庭诉说他天天做那没有人感谢的盘诘差事是多么幸福，预想着他们会觉得他所说的简直好得难以置信：

---

〔2〕 她比她命运多舛的家族中的任何人都“悲惨得多地”（κάκιστα δὴ μακρῷ）去往哈德斯（Sophocles, *Ant*. 895）。

〔3〕 “我这不幸的人何必还望向诸神？我该呼唤哪个盟友？”（922-3，杰布的译文）

〔4〕 ὡς οὐκετ’ οὖσαν οὐδὲν ἂν λέγοις ἐμέ（“你就当再没我这人了吧”，Euripides, *Alc*. 387），οὐδὲν εἰμ’ ἔτι（“我就要没了”，390）。

T4 《申辩》38A “如果我告诉你们，对一个人来说没有比天天讨论德性和其他那些你们听闻我讨论的事情、省察我自己和其他人更大的善了——因为未经省察的生活不值得人过——那你们更不会相信我。”[5]

如果我们不能够“在大限来临之前认为任何人是幸福的”，那么柏拉图向我们保证，他的英雄的幸福经得起那种测试：

T5 《斐多》117B—C “他非常爽快地[6]接过杯子，厄刻克拉忒斯（Echecrates）啊，脸色和表情毫无变化[7]……他非常从容且开心地喝完了它。”[8]

这出人意料吗？如果你说，德性对你自己的幸福而言比其他一切加起来都更加重要，如果你是这么说的，也是这么想的——真心实意，绝非空言——那么为了德性之故而失去其 235

---

〔5〕 他坦言在哈德斯继续做同样的事情“会是不可思议的幸福”（ἀμήχανον ἂν εἴη εὐδαιμονίας）。

〔6〕 μάλα ἵλεως.

〔7〕 οὐδὲν τρείσας οὐδὲ διαφθείρας οὔτε τοῦ χρώματος οὔτε τοῦ προσώπου.

〔8〕 μάλα εὐχερῶς καὶ εὐκόλως. 色诺芬用了该短语的一个变体来形容苏格拉底整个临终的过程（“在众人中最受尊敬，因为活得振奋且开心”［ἐπὶ τῷ εὐθύμως τε καὶ εὐκόλως ζῆν］，*Mem.* 4.8.2），直至最后：他离开法庭时的“眼神、仪表、步态都轻松爽朗（φαιδρός）”（*Ap. of Socrates* 27，马尚的译文）；对于死亡，他“早有预料并且爽快地面对”（ἱλαρῶς，*ibid.* 33）。

他一切的你仍然无忧无虑、乐观振奋，这有什么好奇怪的？如果你信苏格拉底之所信，那你就把你幸福的秘密握在了自己手中。全世界可能对你做的都不能使你不幸福。

在对幸福的追求上，希腊式想象中的那些最高贵的灵魂都是输家：阿基琉斯、赫克托尔、阿尔克斯提斯、安提戈涅。苏格拉底是个赢家。欲求着他所欲求的那种幸福，他不可能输。

附　注

0.1　“仁慈”作为一条诠释原则[1]

当为了求真——即只关心要知道哪种解释更可能把握了作者的本意——而去把控一段文本的不同诠释时，为什么“仁慈原则”（the principle of charity）应当成为决定性因素？这条原则看上去像是在允许合法地诉诸情感来决定真相问题。其实并非如此。它的坚实基础在于一个事实，即信念是有秉性倾向的（dispositional）：声称一个人相信p远不只是在宣称他只是在这一刻断言它，更是在宣称，他会继续断言它，除非发生了什么事情让他改变了主意。故如果我们有理由认为一个人不会愿意同时相信p和q，也不会在意识到两者不融贯的情况下相信两者，那么我们就至少有理由怀疑他确实相信两者并会断言其中任一，以作为他的个人意见。在缺乏直接证据证明他确实两者都相信的情况下，我们至少有理由拒斥那种认为他两者皆信的主张，并且另选一种能够保全融贯性的方式来解释他说的话。这就是我们拒绝把人们在显然错误表达了自己的情况下做出的陈述当真所依赖的原则：

236

〔1〕　参见导言脚注〔36〕。

我们觉得有正当的理由把他们未曾实际做出的、经过修正的陈述强加给他们，替换掉他们一时大意做出的错误陈述。

1.1 苏格拉底的复杂哲学反讽[2]

在本书第一章中，为了简化阐述，我只列出了它们中的两个来开了个头。但第三个反讽与第二个并因而也与第一个密切相关。[3]把三者合为一组最好理解[4]：

（1）苏格拉底否认，但又承认拥有知识。[5]

（2）他否认，但又承认掌握教授德性的技艺。

（3）他否认，但又承认从事政治（πράττειν τὰ πολιτικά）。[6]

---

〔2〕 参见第一章，第31—32页。

〔3〕 还有第一章中已经花了一些篇幅讨论过的第四个：苏格拉底的爱欲（eroticism）。如今我且搁置这点，专注于上面提到的三个。

〔4〕 并且借鉴苏格拉底在非哲学的语境中，如在色诺芬那里（第一章T6，以及相关文本）和在*Ap.* 20B-C使用复杂反讽的情形。

〔5〕 这里我们应当遵循此类语境中**一向的**惯例，在“知识”前面意会地加上“道德”。道德领域的知识是苏格拉底唯一的知识关切：正如Maier（1913: 303-5）强调的，苏格拉底是一种“纯道德性的拯救”的布道者，虽然像Maier（103）那样由此推论出苏格拉底“不是哲人”是错的——正确的推论应该是，他是个纯粹的**道德**哲人。参见第二章中的论点IA和脚注〔12〕。另参见Vlastos, 1983a: 27ff., at 32-3。

〔6〕 在雅典，它的含义被理解成踊跃参与这个高度参与性的民主政体的公共决策程序（参见*Ap.* 31C-32A，引于附注脚注〔20〕）。许多今天被视为典型的政治行动在雅典根本不会被视为“从事政治”。因此苏格拉底在公民大会上严词反对集体审判将军们以及拒绝服从三十僭主的命令去帮助逮捕萨拉米斯人列昂（Leo the Salaminian，*Ap.* 32A-D）在当时根本**不**算是“从事政治”。这在例如T3的语境中很清楚：他提起自己在这两个案子上的光荣事迹是在解释完自己过去为什么**没有**“从事政治”之后（32E，这里的πράττειν τὰ δημόσια［从事民事］等于31D-E处的πράττειν τὰ πολιτικά［从事政治］）。

他的否认非常直白。以下是每类否认的例子：

（1）否认拥有道德知识

T1 《申辩》21B4—5，D5—6 “我意识到自己既不在大事上也不在小事上智慧（οὔτε μέγα οὔτε σμικρὸν σύνοιδα ἐμαυτῷ σοφὸς ὤν）[7]……我既然事实上不知道，也就不认为我知道（ὥσπερ οὖν οὐκ οἶδα, οὐδὲ οἴομαι εἰδέναι）。”[8]

（2）否认掌握教授德性的技艺

T2 《拉刻斯》186D—E “苏格拉底说他对那事［教授德性的技艺］无知，没有能力辨别你们谁［关于它］说的真实。”

（3）否认从政

T3 《申辩》31D—E “你们很清楚，雅典人啊，如果从事了政治，我早就没命了，对你们或者我自己都没有助益。”

如果这些否认是简单反讽，那么每一例中的承认就完全是隐含的，全靠听者从语境中领会出他想传达的意思与他所说的正相反。但有一些场合，柏拉图会让他跳出这种简单反讽的 238

---

〔7〕 智慧（σοφία）和知识（ἐπιστήμη）可以被互换地使用：例见*Ap.* 19C6，那里苏格拉底的说法一口气从在某个特定领域内拥有“知识”变成了在该领域内“是智慧的”。并参见*Tht.* 145E：“故知识与智慧是同一个东西。”

〔8〕 参见第三章脚注〔8〕。

模式。我将尝试表明全部三例都是如此，从第一例开始。

在此前的一则讨论中，我列举了不下九段苏格拉底直言或者毫不含糊地暗示他**的确有知**的文本。[9] 那些文段的效力无法通过主张他在这些文段中承认拥有的知识所关乎的真理与他在其他地方所否认的知识不同来消除。[10] 原因很简单：苏格拉底在T1中明确否认的那种知识是全面的（global），其覆盖面足够广，以至于绝不兼容关于**任何**“大事小事”的知识。把苏格拉底否认拥有的知识局限在“专家知识”的范围内，同时任由他宣称拥有非专家的或者“通常的”（common）知识，[11] 也解决不了这个困难。因为如果苏格拉底确实主张后一种知识，那他主张的知识已经多得很了——这些知识足够供他正确指引日常实践——但他在T1中的话的全面普遍性排除了这种可能。那就没有别的办法可以消解既否认又承认拥有道德知识这个昭然的矛盾了吗？[12]

---

〔9〕 1985: 1ff., at 7-10，文本T9、T10、T11、T12、T13、T14、T15、T16、T17。

〔10〕 如Lesher, 1987: 275-88, at 282：“苏格拉底对道德知识的否认所否认的是某些关于德性、善和高贵的基本论点的真理性的知识，因此与对特定行动道德品质的知识的主张是兼容的。”

〔11〕 如Woodruff, 1987: 79-114, at 92-9 *et passim*。

〔12〕 我早前对我的立场的这个关键特征的讨论（1985: 26-9）——其中尤其强调，他在*Ap.* 20D-E处（=T4）承认拥有他所谓的“属人”智慧，这早于并且限定了他在21B-D的神谕故事中对智慧的否认——莫名其妙地被批评者们忽视了。莱舍尔和伍德拉夫都没有对它做出解释。第三位批评者（Morrison, 1987: 8ff., at 11-13）也完全忽视了这点，虽然那是他所拒斥的那种诠释的一个关键特征：他没有涉及我在他的批评所针对的那篇文章pp. 26-9中说的东西。

他在《申辩》中对此给出了明示，在那个场合他特别有理由向出庭人员吐露心声，尽力帮助他们正确地理解他以便能够公正地审判他。他承诺要告诉他们“全部真相”[13]，重申了他在讲辞开头对他们做出的保证：“从我这里你们会听到全部真相。”（17B8）[14]为了回应公众对他的误解中他认为最久远、最广为流传、最骇人听闻而且被阿里斯托芬对他的漫绘——一个沉思“天上地下的事物”的自然哲人和一个“让弱的论证变强”的智者（19B）——越描越黑的一种，他解释道：

239

T4 《申辩》20D—E “雅典人啊，我惹上这种名声只是因为一种智慧。哪种？无疑正是那种属人的智慧。似乎在这点上我真是智慧的。但我刚才提到的那些人却在某种超人的智慧上是智慧的[15]——我实在不知道还能怎么去言说它。”

---

〔13〕 πᾶσαν τὴν ἀλήθειαν, 20B.

〔14〕 他会在20B再次使用同样的语词。一个如此讲究风格的作家，是不会不小心重复自己说过的话的；这是为数不多的他这么做的段落之一，我们可以很有把握地认为他这么做是出于强调的目的。

〔15〕 μείζω τινὰ ἢ κατ' ἄνθρωπον σοφίαν σοφοὶ εἶεν. 下横线短语的表达力可参见索福克勒斯笔下的先知对这个短语的用法（*Ajax* 760-1），他警告埃阿斯称恐怖的杀戮已经为一个“虽然生性为人却不按人道去思想”（μὴ κατ' ἄνθρωπον φρονῇ）的人准备好了。Stanford（1963: 159）评论称这两行诗“之中包含了卡尔卡斯（Calchas）那近乎一场小型布道［的说教］的道德内涵（也是整部剧的主要教训，和许多其他希腊悲剧一样），即如果一个人希望躲避灾难，他就要认清人性的界限，不要妄图越度。”

如果听了这话，他的听众们还抓不到他接下来几行之后将要做出的否认有知宣称（本注T1）的反讽意味，那他们一个个可太蠢了。如果一个人不久之前才承认他确实有“某种智慧”的话——他把那种智慧称为“属人的智慧”——那他不可能期望别人会字面地理解他说的“我**没有**智慧”。只有智力最愚钝的人才会做不出这个显而易见的推论，即苏格拉底就是在宣称拥有那种“属人的智慧”——他认为，只要一个人安心留在那符合人类境况的“有死的思想”（θνητὰ φρονεῖν）的限度之内，他是能够宣称拥有这种智慧的；[16]因此，当说完这话不久后他回过头来自称“没有智慧，无论大小”时，他指的只可能是他否认自己拥有专属于神的那种“超人的”智慧。[17]因此，在三个悖论中的第一个上，苏格拉底给足了他是在两种截然有别的意义上使用“智慧”的提醒；他宣称拥有两种中的一种，即那种“属人的”智慧，但否认拥有另一种，即那种他认为超出了人力所能及的智慧。[18]

---

〔16〕 参见附注脚注〔15〕以及欧里庇得斯（*Ba*. 395-7）和索福克勒斯（*Trach*. 473）的诗文，它们在我之前对悖论的讨论中引用过（1985: 28-9），在那里我指出，苏格拉底在这个根本点上同柏拉图（他相信人应该“尽可能地使自己与神相似”[ὁμοιοῦσθαι τῷ θεῷ]，*R*. 613B，*Tht*. 176B1）和亚里士多德（他明确**拒斥**了“人之为人应当有人的思想”[ἀνθρώπινα φρονεῖν ἄνθρωπον ὄντα，*E.N*. 1177b31-3]的传统观念）不同。

〔17〕 唯一真正的智慧，人类的智慧与之相比“价值很小甚至没有价值”（*Ap*. 23A）。

〔18〕 那为什么他不**直说**呢？首先，因为他并不觉得有义务转成指教的口吻，“区分两种[知道]的含义，并且用每一个来清楚阐明他的立场”，如Morrison（1987: 12）声称他应该做的那样——他指责苏格拉底不履行其作为一个哲学家对公众负有的义务。但苏格拉底不是这么[转下页]

另一个承认和否认同样明确的例子涉及出现在《高尔吉亚》中的第三个悖论。苏格拉底在这部对话中对"从事政治"的否认，同他在出自《申辩》的本注T3中一样显眼。在与波洛斯的论证中，他毫不犹豫地承认他是政治事务领域的陌生人： 240

T5 《高尔吉亚》473E "波洛斯，我不是个政治人（οὐκ εἰμὶ τῶν πολιτικῶν）。"

而当卡里克勒斯讥讽他一辈子"都泡在街头巷尾，和三四青年窃窃私语"，却不够男子气在"城邦的集会和市场这些——如诗人所说——'男儿们扬名立万'的地方"抛头露面时（485D），[19]苏格拉底没有回嘴：他承认"从事政治"在他自己选择的那种生活中毫无地位。[20]但他并没有在这个立场上让步半分，而是宣称：

［接上页］从事哲学的，他希望他的听者自行找到破解悖论的路子（正如他希望阿尔喀比亚德自己去弄懂他对他的爱的含义）。其次，因为（正如我在1985对*Ap.* 23A-B的评论中解释过的）他没法在不跳出柏拉图表现他一心一意地忠于的纯粹道德论者的角色、变身知识论者的情况下做到这点。

〔19〕关于卡里克勒斯在这里通过指涉欧里庇得斯的《安提娥佩》（*Antiope*）来拐弯抹角地提出这个指控，见Carter, 1986: 173-5。

〔20〕在《申辩》中（31C-32A）他解释了为什么自己一直以来都按这个方针生活："也许在你们看来很古怪，我四处奔走，像个大忙人（πολυπραγμονῶ，参见伯奈特此处的注释以及Carter, 1986: 185），却不敢登台向公民大会进言献策。"

> **T6 《高尔吉亚》521D** “我相信我是从事真正的政治技艺（ἐπιχειρεῖν[21] τῇ ὡς ἀληθῶς πολιτικῇ τέχνῃ）的少数雅典人之一，若不说是唯一一个，而在今人之中唯有我从事政治。”[22]

因此，在T5这样当着卡里克勒斯的面告诉波洛斯他并不从事政治之后，苏格拉底又在T6中信誓旦旦地对卡里克勒斯说他确实从事政治。参照他稍早之前说过的话，我们完全可以理解苏格拉底做此担保的用意：

> **T7 《高尔吉亚》515A** “现在，最出色的男儿啊，你既已开始从事城邦事务（ἄρτι ἄρχῃ πράττειν τὰ τῆς πόλεως πράγματα），又怂恿我做同样的事情，斥责我不这么做，那我们不是应该检讨[23]彼此：‘你说，卡里克勒斯有把任何邦民造就成更好的人吗？有哪个之前顽劣、不正义、不节制、不明智的人——无论外邦人抑

241

〔21〕这里ἐπιχειρεῖν不应该被弱化为“尝试”（attempted，如Helmbold, 1952和Irwin［1970: 240］对此处的评注）：ἐπιχειρεῖν的意思**可以**是“执行”（performing），而不只是“尝试执行”（LSJ *s.v.* 正确地列出了前一个意思，并援引Hippocr. *Ep.* 5.20为据：ἐπεχειρήθη，“手术被执行了”）；紧接下来的文本清楚表明了它在这里就是这个意思——苏格拉底在521E-522A处自比的医生并没有被表现为只是在“尝试”那些猛烈但有益的疗法，而是被表现为在践行它们（ταῦτα πάντα ἐποίουν, ὦ παῖδες, ὑγιεινῶς）。

〔22〕καὶ πράττειν τὰ πολιτικὰ μόνος τῶν νῦν.

〔23〕ἐπισκεψόμεθα，这个词的意思将随着他在515B1处换用ἐξετάζῃ（探究）得到澄清。

或本邦公民，奴隶抑或自由人——因为卡里克勒斯而变成了一个善好且高贵的人（καλὸς τε κἀγαθός）吗？'"

没有谁听了苏格拉底这话还会怀疑T6中所谓的“真正的政治技艺”只可能是那种改善同胞邦民（无论是谁，哪怕是奴隶！）的道德品质的技艺。因此，卡里克勒斯肯定知道，当苏格拉底自傲地说他这个把远离政治当作人生守则的人[24]倒是唯一一个“从事政治”的雅典人时，他只是在故意标新立异地、有针对性地使用这个短语[25]：他说的是，虽然在这个词公认的意义上他并**不**从事政治，但在另一种意义上——从事“城邦事务”意味着改善生活在其中的人们的道德品质——他确确实实是在从政。

一旦三个悖论中的第一和第三个被认证为苏格拉底提出的复杂反讽，那么第二个陈述也必属同一类就没什么疑问了。任何倾向于表面地理解苏格拉底在《拉刻斯》中（本注T2）对教授德性的技艺的否认的人都应该注意他是如何用这种否认来凸显他同那些妄称掌握这门技艺的智者的对比的。不妨考虑他是怎么向法庭保证他不是德性教师的：

T8 《申辩》20B “我认为欧埃诺斯（Evenus）着实幸运，如果他真的掌握那门技艺，并且只收取微薄的费用

---

〔24〕参见本注T3。

〔25〕同他使用πολυπραγμονεῖν（忙于/事务繁多，附注脚注〔20〕）一样。参见Carter, 1986: 185：“苏格拉底事实上既是又不是个*apragmōn*（闲人）。”

就教授的话。[26]至于我，如果我真有这种知识，那我无论如何也会自满且自矜起来。但，雅典同胞们，我确实无知。”

242 所以，苏格拉底严词否认他有能力把听众变成好公民和好人（而欧埃诺斯自信他有这个能力，以至于他会为任何出得起他开的价钱的人做这项工作）：他说他只会在妄自尊大——“自满且自矜”——的情况下才会提出此等主张。但他恰恰在T6中毫不犹豫地提出了这个主张，宣称自己是从事“真正的政治技艺”的“少数雅典人之一，若不说是唯一一个”：这种技艺的标志是（T7）把他的同胞邦民变成更好的人——改善他为之施行那门技艺的那些人的道德品质。

我以上的论证紧密维系在T6上，因为那里的有知宣言是如此之确凿无疑。不过当然，柏拉图早期对话其他地方也有大量证据可以证明T8中的否认是反讽。鉴于苏格拉底众

---

〔26〕 οὕτω ἐμμελῶς διδάσκει. 切莫忽视ἐμμελῶς（愿意）中隐含的复杂反讽。如果欧埃诺斯真的能教会他许诺的东西的话，那他开出的费用——500德拉克马，陪审团中较贫穷的成员一整年的收入——已经够划算了，甚至是天大的便宜。但由于他许诺的是个骗局，他的产品无论要价多低都算贵得离谱。对比色诺芬对这个问题的处理。他仅仅汇报称：“他从未许诺过（ὑπέσχετο）要当这件事情上［即德性］的教师……他从未向任何人许诺（ἐπηγγείλατο）过这个［即当德性教师］。”（*Mem.* 1.2.3 and 8）Nehamas, 1986: 276举出这点作为苏格拉底不但未曾**许诺**过教授，而且**事实上也未曾教授过**德性的证据，但色诺芬并没有这么说过，也肯定不是想表达这个意思，参见*Mem.* 4.7.1：“无论他自己怎么认为，一个善好且高贵的人会知道他教起同伴来比任何人都更热情（πάντων προθυμότατα ἐδίδασκεν）。”

所周知的“善好”标准，除非他坚信盘诘地服务于同胞邦民作为“对神的侍奉”时他**确实**在践行那门教授德性的技艺，否则他怎么会说“没有什么比我对神的这种侍奉更大的善降临在城邦中的你们头上过”（《申辩》30A）？虽然他本人没有这样去描述他的盘诘论证——没有称这是他的“教诲”——但他的敌人们，[27]以及更重要的，那些了解他并且迫不及待想要受教于他的人确确实实是这样去理解它的：

T9 《拉刻斯》189B （拉刻斯说）“苏格拉底啊，我自愿受教（διδάσκειν，参见此前的διδάσκεσθαι、διδασκόμενον）于你，任你怎么反驳。”

T10 《拉刻斯》200C （还是拉刻斯说）“我建议吕西马科斯和美勒西阿斯（Melesias）放过你［尼基阿斯］和我，［不用我们］当这些年轻人的教师，但不要放过苏格拉底，如我早前所说。如果我有个儿子到了这个年纪，我也会这么做的。”

紧接着尼基阿斯也插话进来，同样热情盛赞苏格拉底有资格

〔27〕在《申辩》中（29C）苏格拉底提到，他的原告们曾警告陪审团，如果宣判他无罪，“你们的孩子们照着苏格拉底教的去做，那可就全被败坏了”。在《游叙弗伦》中（3B-C），苏格拉底向他的对话者议论道，雅典人“并不是很担心，如果某人是那类人［‘革新神道’者，3B］，但并不教授他的智慧；但如果他们觉得他就是，而且也把别人变成那类人［这么做者］，他们就会发火”。

当道德教师。他向吕西马科斯和美勒西阿斯担保：

> **T11 《拉刻斯》200C—D** “如果苏格拉底愿意接管男孩子，[家长]就别再找别的谁了。如果他愿意，我会再乐意不过地把尼刻拉托斯（Niceratus，他自己的儿子）托付给他。”

1.2 德尔斐的先例

243 有一种备受钟爱的神谕答复的模式在希腊人的民俗历史上特别引人注目，我们发现其中的陈述本意就是要在一种可能的解读下为真，在另一种可能的解读下为假。下面是一些例子。“克洛伊索斯渡过哈吕斯河（Halys）将消灭一股大势力”（希罗多德，1.53.3；亚里士多德，《修辞学》1407a38）：只有从愚昧的克洛伊索斯错失的那层意义上——他将要消灭的那股大势力就是他自己的势力——理解，这句神谕才是真的。同样，福开亚人（Phocaeans）按他们认为神谕指引的方向在科西嘉（Corsica，Cyrnus[库耳努斯]）建立了城邦，却在二十年后“从一个波西多尼亚（Posidonia）人那里了解到，皮提亚女祭司（Phythia）预言的是他们应该建立对那位英雄库耳努斯的崇拜，而不是在库耳努斯岛上建城”（希罗多德，1.165.1）。[28] 在这里，同样，

[28] 这个例子和启发了这整条附注的其他很多内容都得益于贝肯（Helen Bacon）一篇敏锐的（通信）评论，她参与了圣塔克鲁兹（Santa Cruz）的一场苏格拉底研讨会，我在会上报告了自己论“苏格拉底式反讽”的文章。

如果解释正确的话，那句德尔斐神谕完全是真的，只有按福开亚人一开始那样理解才是假的。在第三例中，[29]“预言说赫拉克勒斯从辛劳（μόχθοι）中解脱的时刻，竟就是他痛苦地死去的时刻（索福克勒斯，《特拉基斯少女》[*Trach.*] 1164-74），同时也是他因祸得福成神的一刻”。如果他当初理解了预言的意思，他本该知道真相是他辛劳的终结**也**是他生命的终点**和**成神的时刻。

但赫拉克勒斯照理是看不到这点的。他收到的是一条除非他掌握了诸神独占并且禁止人类染指的关于未来的知识，否则不可能企望认清其真实含义的答复。克洛伊索斯的情况也是如此：他几乎肯定会错失那个不祥的真相。福开亚人也不太可能理解神谕的意思并且理解对方向。在全部三例里，神都愚弄了诚心向他乞援的人。他任由自己的代言人说出些只在听众几乎注定会错失的意义上为真的句子。

苏格拉底的复杂反讽却并非如此。这里一切都是敞开的：没有工于心计的隐瞒。在色诺芬的《会饮》中，苏格拉底的听众一点也不会怀疑他用“皮条客”和“美”来描述自己，照他的本意是真的，虽然在通常的意义上是假的。柏拉图借他之口说出的那些哲学反讽也一样。这里苏格拉底并不是在对一些他预期必定会因为缺乏足够的信息而错失它们的本意——它们的肯定和否定都为真——的听众讲话。如果苏格拉底有理由认为他们并不事先掌握必要的信息，那他就会 244

〔29〕 这也是贝肯提供给我的：引文出自她的信。

当即提供。在《申辩》中他告诉同胞邦民们他“意识到自己在大事小事上都不智慧”（T1）是在承认自己欠缺的是“超人的智慧”，拥有的是“属人的智慧”（T4）之后。在《高尔吉亚》中，卡里克勒斯被告知苏格拉底掌握“真正的政治技艺”（T6），但也只是在后者向他解释过检验是否掌握这项技艺的关键标准之后（T7）。在《拉刻斯》中，苏格拉底完全不知道教授德性的技艺这个晦暗的说法并没有立刻得到澄清；但苏格拉底事实上精通教授德性的技艺这点对于熟知他的尼基阿斯来说是不言而喻的；其他人如果待在苏格拉底身边久一些也很快会发现这点。

诸神发布的神谕是出了名的神秘莫测。[30]阿波罗的乞援人们没法确定他的答复的表面意思是不是他真正的意思。苏格拉底的对话者则没有被留在类似的不确定性中。只要具备适当的智力和善意，[31]没有哪个听了苏格拉底说他无知、不懂教授或者“从事政治”的人会有理由认为这些话就单纯是字面上的意思。

富勒（Fowler）的《现代英语用法词典》（*Modern English Usage*）对“苏格拉底式反讽”的解释[32]正是在这

---

〔30〕 δυσμαθῆ（Aeschylus, *Ag.* 1255）. 神谕并不隐藏真相（参见 Heraclitus B93：“那位神的神谕在德尔斐，他既不直陈也不隐瞒，而是给出征象”），但他们也不提供任何线索帮助人们正确解读他们谜一般的讯息。

〔31〕 后者的必要性不亚于前者，这点从忒拉叙马科斯对苏格拉底宣称无知的反应可以看得一清二楚。如果某人到苏格拉底这里是来找茬的，那他有很强烈的倾向会把他模棱两可的自述理解成不诚实的虚与委蛇。

〔32〕 *S.v.* “Irony”, 305ff.（2nd edn.）.

点上产生了微妙的误解：它在其中被当成是“一种设置了双重听众的语用形式，其中一方虽然在听却并不理解，而另外一方在出现言外之意时既能听出，也能察觉到那个局外人不理解［那种言外之意］”的原型范例。正如我应该已经在本注和本书第一章中澄清了的，富勒的陈述中着重标出的部分作为对柏拉图笔下的苏格拉底与对话者说话方式的描述完全就是错的。在色诺芬那里也是：赛娥多忒显然原本就应该理解，那些“女友”并不是真正的**女**友（为了明确这点，苏格拉底把他们的名字告诉了她）。同席的客人们也明显理应看出“皮条客”和“美”用在苏格拉底身上的双重含义：当苏格拉底说他是个皮条客和说他有个迷人的鼻子时，他们之中没人有任何“在听却并不理解”的危险。 245

但我们仍然能从富勒的反讽定义中——“一种意在向不知内情的一部分听众传达一个意思，向知道内情的另一部分传达另一个意思的语词用法，它的趣味就在于后者同说话者之间建立的默契”——汲取某种相当有启发性的真理。这用来描述**柏拉图式的**而非苏格拉底式的反讽也是可取的，它甚至体现在像《游叙弗伦》、《伊翁》和《大希庇阿斯》这样的对话中——它们的场景设置排除了双重听众的问题（因为和对话者在一起的只有苏格拉底，没有旁人）——如果我们把柏拉图在那些对话中面向的受众，亦即他的读者们，算作“知情的”那部分听众的话。柏拉图肯定不希望这些对话中苏格拉底使用在对话者身上、对话者本人茫然不知的反讽把读者也绕进去：他们是知情人，理应能把握到对话者所不理解的那层意思。当我们转向其他对话，例如《普罗塔戈拉》或者《高尔吉亚》，我们很容易能在其中找到算得上是“知情人”的角色——《普罗塔戈拉》中的阿尔喀比亚德，《高尔吉亚》中的凯瑞丰——因为他们被表现为私底下对苏格拉底的那些小门道颇为了然，因此有资格与说话者达成富勒所谓的那种“默契”。同样，苏格拉底的那些年轻拥趸围观他戳穿那些夸夸其谈的雅典权贵的快感，很大一部分就来自他们身为双重听众中的一小撮知情人的归属感，那场面也启发他们亲自去尝试这种游戏（《申辩》23C）。

1.3 ἔρως καλός（爱欲美）：它对男孩的危害〔33〕

和男孩关系密切、为他的好处着想的第三方——父母和同龄朋友——觉得他还是不碰这类事情为好〔34〕：

> **《会饮》183C5—D2** “父亲们请了家庭教师来管教男孩，不让他同爱人们交谈：家庭教师奉命禁止这事。而且他的同龄友伴看到他做这类事情会斥责（ὀνειδίζειν）〔35〕他，他的长辈们也不会阻拦这类斥责——不会说他们骂得不正确。”

246 **《斐德若》255A4—6** “即便之前因为受友伴斥责，说

〔33〕参见第一章脚注〔64〕。

〔34〕参见 Dover, 1978: 81-91。

〔35〕并参见 ὄνειδος，*Phdr.* 231E3-4。

接近爱人是件丑事（αἰσχρόν），而拒绝过爱人……”

无论那种流行风俗（νόμος）再怎么美化他，男孩这个角色还是被认为有伤风化；他被置于一个暧昧而且脆弱的位置。他正青春年少，情感尚且稚嫩，品性尚未养成，对人对世还没有圆熟的判断，但如果他恰巧是καλός（俊美）的，那他突然间就会发现自己手握一笔奇货可居的资财，[36]为了占有它，年长者甚至愿意拜倒[37]在他膝下，甘愿付出高昂的报偿以换取他的“献殷勤”。以各种必定会腐化他自己的方式出卖这笔横财，对他的诱惑岂不是太大了吗？

假设他确实在充分满足后者的情况下同他的爱人结成了高尚的亲密关系，男孩能够洗清希腊观念加在性关系中被动方头上的污名吗？[38]多沃尔认为他能，因为他认为（103 *et passim*）在那种风俗范围内，性器官的接触只限于股间。虽然充分意识到我在这个艰深的问题上极为有限的理解在很

---

〔36〕切勿忽视统计学的事实：花季少年相对于潜在的追求者的比例相当于年龄处于那五年内的俊美少年相对于绝大多数成年男性的比例。我们从柏拉图的《卡尔米德》的开场中可以窥见这个年龄段内的俊美少年是多么罕有：健身场里的一群小伙子中只有一个俊美少年，所有人的眼睛都盯着他，“仿佛在盯着雕像看”（154C）。

〔37〕“卑躬屈膝，苦苦哀求，一再乞怜，信誓旦旦，睡在门口，甘愿受比奴隶还要低贱的奴役。”（*Smp.* 183A）

〔38〕Dover, 1978: 103-4：“通过在性行为中自类为女子，被动的男性推卸了男性公民的角色担当”，而是选择“对侵犯（hubris）逆来顺受，如同心甘情愿”。大量关于同性伴侣中的被动方在雅典人眼中活该遭受折辱的参考文献可见Cohen, 1987: 5-15。

大程度上拜他所赐，[39]但唯独对他这个观点我仍然持强烈的怀疑态度。支持他论点的证据只有陶瓶画。但我们能够排除这样一种可能性，即占主导地位的传统习俗屏蔽了对性满足的通常方式的事实描绘吗？有文学证据可以表明这不是什么凭空的猜测。正如多沃尔承认的，他的论点在这方面得不到任何支持："希腊喜剧默认［肛交］（见《鸟》［*birds*］706）

247 是［同性交媾］的唯一方式；而当希腊化诗歌足够明确地指涉肉体层面实际发生的行为时，我们只碰到过肛交的情况，从未碰到过股间交。"（1978: 99）[40]但即便承认整个论点属实，它也消弭不掉男孩的好名声蒙受的阴影。如果作为肛交的被动方是个污点，那么男孩永远摆脱不掉这种嫌疑。谁知

---

〔39〕参见我在早前关于柏拉图式爱欲的讨论中对他的致献（1981: 40）。

〔40〕我不认同阿里斯托芬这行诗是个例外。没有文本证据证明Dover（1978: 98）的假设是成立的，即这里使用的διαμηρίζειν这个词"几乎可以肯定"是股间性交的原始名称，或者曾经有过除了常见的完全性交类型——与女性的阴道性交，与男性的肛交，如这个词在斯多亚派的芝诺笔下无可争议地表达的意思那样（H. von Arnim, *SVF* 250 and 251, *ap.* Sextus Empiricus, *P. Hyp*. 3.245, *Adv. Math.* 11.190）——以外的任何意思。这个词最早的三处用例都出现在《鸟》中。正如多沃尔承认的，在1024它所指的无疑是阴道性交。我认为这个词在这部剧中的另外两处用例指的同样是常见类型的性交：嚷嚷着 διαμηρίζοιμ' ἄν αὐτὴν ἡδέως（"能在她股间爽一把就好了"，669［原书误作699。——译者注］）的欧里庇得斯渴求的不可能是假把式的满足。如果我们同意这个词在669和之后的1024以及前引的斯多亚派的芝诺的残篇中都被用来指阳具插入，那么我们就没有文本依据可以假定，在706处阿里斯托芬突然转成了另一个意思——这层意思得不到任何现存希腊文本的明确佐证，也非当下语境所要求。文本中找不到确切的理由解释为什么鸟儿们吹嘘的迎合男性欲望的能力给她们垂青的美少年们的满足要比通常那事儿差点意思。

道他和爱人情到浓时私底下会发生什么呢？[41]

1.4 苏格拉底派的埃斯基涅斯，残篇11[42]

残篇译文如下：

> ［a］（苏格拉底说）“如果我认为我能凭哪门技艺使他获益，那么我就着实犯了大愚。但实际上我认为在阿尔喀比亚德身上这［即使他获益］是神圣命份（θείᾳ μοίρᾳ）给定我的，没什么好惊讶的。”

> ［b］“那些病人中许多都通过属人的技艺被治愈，另一些则通过神圣命份。那些被属人技艺治愈的人是被医生所救，而那些被神圣命份治愈的，是欲望推动他们康复：当呕吐对他们好时他们就欲呕吐，当精力充沛的运动对他们好时他们就欲去打猎。”

> ［c］“至于我，由于我对阿尔喀比亚德的爱欲，我的体验和那些酒神狂徒（bacchantes）没什么两样。酒神狂徒在被神附身时能从井中打出奶和蜜，其他人却连水

［41］ 正如David Cohen（1987: 19）指出的，“一个被人看见待在哪个男人家里，或者和男人在偏僻的地方（尤其是在入夜后）独处的男孩肯定已经委身于他了，还有可能遭到了敲诈要挟”：见其在19, n. 69中的参考文献。

［42］ 参见第一章脚注［71］。

都打不出。我也是这样，虽然我没有那种可以教授给他来使他获益的知识，但我认为通过和他结交我能凭爱欲把他变得更好。”

我们很容易会情不自禁把我们对《斐德若》中“癫狂的爱人”的理解读入到［c］部分中，并且假定这里告诉我们的是苏格拉底对阿尔喀比亚德的爱是一种像酒神狂徒般的ἐνθουσιασμός（迷狂）状态。任意顺从这种冲动的A. E. 泰勒（1924: 15）把这段话的寓意理解成苏格拉底对那个年轻人的爱是一种“美好的痴狂”（fine frenzy），和被神附身的酒神狂徒的状态如出一辙。厄勒尔斯（Barbara Ehlers，1966: 22）虽然意识到这与一个苏格拉底派人士对大师的描绘很不相称，但还是采纳了那种观点，即这里是在把一种ἐνθουσιασμός归功于苏格拉底，后者开创了这类体验的一种更契合苏格拉底的特殊形式（但文本中完全没有表明这点的迹象）：“苏格拉底的盘诘威力因为他对阿尔喀比亚德的爱而得到了最高的、最令人信服的彰显。”[43]我认为泰勒和厄勒尔斯都是在随意地带着先入之见去阅读。如果我们更严谨地阅读文本，我们能从中得出的结论只有这些：［a］中说的是他所欲求的结果（阿尔喀比亚德的道德完善）不可能凭借技艺的手段，而只能“通过神圣命份”实现（重点落在否定上：

248

〔43〕“Weil er Alkibiades liebt, zur höchsten zwingenden Klarheit seiner elenktischen Fähigkeit steigert.”

其他的想法不啻为“大愚”）；［b］中说的是在医治病人时可以不通过技艺而是“通过神圣命份”——病人想做什么就随他去做——来实现神奇的疗效（病人痊愈）；［c］中说的是苏格拉底将给阿尔喀比亚德带来他欲求的结果，不通过技艺，而是通过爱欲，正如那些被神附身的酒神狂徒，无须技艺就实现了他们神奇的结果。［c］中没有任何东西可以支持泰勒和厄勒尔斯的观点：他们把与酒神狂徒比较的要点理解成了爱着阿尔喀比亚德的苏格拉底像他们一样也被神附身了。

2.1 《理想国》第一卷的创作

按照第二章开头处的“十个论点”所指明的评判标准，《理想国》第一卷显然属于第I组，而第二至第九卷显然属于第II组。

论点I：在第一卷中，苏格拉底只探究道德领域内的命题，并且在344E宣称他的目标是“决定我们该如何过生活——我们每个人该如何引领自身过上最优越的生活”。然后在352D处又一次说论证关乎的是“我们应该如何生活”。[44]

论点II：第一卷中丝毫没有提到第五至第七卷和第十卷中的超验形式理论，也没有提到第十卷中可脱离肉身的灵魂。

论点III：在第一卷中，苏格拉底的否认有知被表现为

〔44〕 苏格拉底在《高尔吉亚》中（500C）说了一模一样的话。

他“惯常的”、连像忒拉叙马科斯（336B-337E）[45]这样远离苏格拉底圈子的人也熟知的立场。

249

论点IV：在第一卷中，苏格拉底没有提到他在第二至第四卷逐步引入的灵魂三分。三分模型的阐述第一次出现是在第四卷。

论点V：在第一卷中，苏格拉底没有表露出任何专精于数学或者对数学学科有任何兴趣的迹象。对照第七卷坚持哲学教育必须有丰富的数学知识预备。[46]

论点VII：“什么是城邦（state）？”“什么是完善的城邦？”“什么是城邦的社会体制结构？”的问题直至第二至第五卷才提出。第一卷中没有它们的痕迹，当中虽然论证了统治者作为统治者并不出于自己的利益，而是出于被统治者的利益而去统治（342E），并且“一个由好人组成的城邦如果要能够存在”，它的统治者必须不愿意统治（347B-D）的论点，但并没有进一步建构甚或预示一套理想城邦理论（第四至第七卷）并且给出一个现存政体的优劣排序。

论点IX：第四卷在定义完善的灵魂和完善的城邦中的主要德性时，清单中分明缺了虔敬。（对照，例如，《普罗塔戈拉》329Cff.，《高尔吉亚》507B-C。）

论点X：在第一卷中，苏格拉底的探究程序明显是盘诘式的，他反复坚称要遵守“说出你所信”规则（346A，

---

〔45〕 部分引于第一章T1。

〔46〕 参见第四章T2、T3、T4。

349A，350E）。第一卷之后就再也没有提到这条规则了。它在第二卷开头就隐然遭到了拒斥：格劳孔和阿德曼托斯（Adeimantus）呈现了一种他们不赞同的、经过夸大的纯粹工具论正义概念，并且挑战苏格拉底，要他反驳。此外，在第一卷中我们看到的是严格的反驳性论证：忒拉叙马科斯这个顽强的对手对苏格拉底的反对之强硬，比起任何一部早期对话有过之而无不及。从第二卷开始直到最后，苏格拉底对付的则是些唯唯诺诺的对话者，他们向他提问，引他指教，却全然不捍卫任何属于他们自己的论点。第一卷中明确存在的反驳式论证后来就消失了。

如此一来，《理想国》第一卷就是盘诘性对话的一个成色十足的例子，无论它是在什么时候写成的。虽然布兰伍德（Leonard Brandwood）[47]出于文体风格学的理由把它视为《理想国》整体的一部分，由此将整部《理想国》视为一部紧随在{《克拉底鲁》《斐多》《会饮》}之后的柏拉图中期作品，但他也承认[48]存在文体风格层面的反面理由。正是基于这些理由，李特尔（Constantin Ritter）[49]和冯·阿尼姆（von Arnim）[50]两位文体风格学领军学者都曾得出结论，认为它应当被视作一部写于柏拉图生涯最早期、后来被用作《理

250

〔47〕参见第二章脚注〔2〕和〔8〕。

〔48〕1958: 403.

〔49〕见1910b: 236-7的表格，其中列出了《理想国》第一卷与该作其他各卷作为一个整体呈现出的各种文体风格差异。

〔50〕1914:ch. 3（“Thrasymachos über die Gerechtigkeit”）.

想国》开篇卷的独立对话。[51]有好几位学者都认同这种看法，[52]虽然它远未获普遍接受。好几位最近的学者都忽视了它，虽然他们并没有给出详尽论证来支持自己的立场，也忽视了支持这种观点的文体风格学论证。[53]

就我自己的研究的目的而言，这个问题是次要的，因为这部对话的内容无疑明显体现出了柏拉图早期对话的特征。但除了在文体风格学证据上占优，能够支持早期创作假说的还有下面这个进一步的考虑：相反的假说将会把柏拉图置于这样一种境地：他最伟大、篇幅最长的一部对话竟然是从哲学仿冒（pastiche）开始写起的：他在针对忒拉叙马科斯的论证中就会是在**假装**用一套他早已对之失去信心的探究方法来发现道德真理，因为《吕西斯》、《欧谛德谟》和《美诺》81Aff.抛弃盘诘法作为一种哲学探究方法[54]只可能是因为柏拉图确信它对那个目的毫无帮助。第一卷的末尾几行（354C1-3*）似乎就流露出了这种确信："既然我不知道什么是正义，我也就不太可能知道**它是不是一种德性**。"由于"正义是什么？"这个问题的答案还没有找到，所以苏格

---

〔51〕参见第一章，第33页。

〔52〕Friedländer（1964: 50ff. and the notes at 305ff.）甚至认为这"几乎是定论"（当中给出了其他相信此观点的学者的参考文献）。

〔53〕Irwin, 1977a: 323ff. 和 Annas, 1981: 17ff.。并不清楚他们有没有足够认真地对待 Ritter（1888: 35ff.）提出的语言学论证和 von Arnim（1914: 71ff.）的进一步论证。这些论证中有一些并不强。但毕竟聚沙成塔。

〔54〕对此主张的论证见 Vlastos, 1983a: 57-8 以及本书第四章。

* 原书误作"353C1-3"。

拉底在这里宣称他不知道它是不是一种德性。既然他之前在351A已经通过盘诘论证证明了它就是“智慧和德性”，那怎么会这样呢？对这个龃龉最简单的解释是，柏拉图后来才把第一卷加入到他即将开始创作的新作品中，并且认为恰当的做法是甚至在本卷内就坦白承认其通过盘诘法得出的结论并不万全。这个坦白如果是后来才附加到一部早前创作的作品上——当时苏格拉底对那种方法的成效的信心尚未动摇——那它就完全是可以理解的。 251

2.2 柏拉图作品中苏格拉底的个性特征〔55〕

以下是四件如果仅有盘诘性和过渡性对话存世的话我们就无法从柏拉图那里得知的事情：

（1）按照希腊男性的审美标准，他的脸部特征——鼻子扁平（σιμός）、眼睛突出（ἐξώφθαλμος）——肯定很丑（《泰阿泰德》143E，209C）。

（2）他的社会出身低微。他的母亲斐娜瑞忒（Phaenarete）以前是个接生婆（《泰阿泰德》149A）。

（3）他有个习惯，就是突然停下来，站在原地不动，沉浸在思绪之中（《会饮》175B，220C-D）。

（4）他向阿斯克勒皮奥斯（Asclepius）献祭（《斐多》118A），向潘神（Pan）祷告（《斐德若》279B-C）。在去世之前不久，他把伊索（Aesop）的一些寓言写成了诗，并附

〔55〕 参见第二章，第50页。

上了一段致敬阿波罗的序诗（《斐多》60D）。

为什么这些信息完全没有出现在早期对话中？对（1）、（2）、（3）的回答似乎是：因为柏拉图认为这些信息与他在这些作品的某一部或多部中呈现苏格拉底从事哲学的方式并没有直接关联，他觉得没有必要为了它们的传记价值把它们生搬进来。对于（4），我们看得出他在《申辩》中忽略它的一个正面理由。与色诺芬借苏格拉底之口做的辩护[56]——他援引了后者经常献祭这个（据说）有目共睹的事实作为反驳对后者不信城邦诸神的指控的证据——形成鲜明对比的是，柏拉图的《申辩》里没有任何地方提到苏格拉底向任何一位习俗信仰中的神献祭或祷告；柏拉图在《申辩》中为苏格拉底的虔敬援引的唯一证据就是他在雅典街头从事哲学——这被称为对一位匿名神的“侍奉”[57]，苏格拉底只称他为“神”[58]或“德尔斐的神”[59]，从不用他的本名“阿波罗”或者阿波罗的任何一个祭名（福波斯、皮托［Pythius］等）来称呼他。

252

反过来，以下是四个的确出现在第I组对话中的个人特

---

〔56〕 *Mem.* 1.1.11：“他不相信城邦的诸神，他们对此能有什么证据呢？因为能看见他在家里和城邦的公共祭坛里献祭。”*Apology of Socrates* 11：“我对莫勒托斯［的控告］最感惊奇的是他能有什么证据声称我不信城邦信的诸神。因为所有旁人都能看到我在集体节庆期间在公共祭坛上献祭，莫勒托斯自己如果愿意也能看到。”

〔57〕 λατρεία, ὑπηρεσία (23E, 38E).

〔58〕 他一度因为“他对神的侍奉”而“陷入赤贫”（*Ap.* 23C），“神”命令他“过哲学的生活”，他是“神给城邦的礼物”（20E）。

〔59〕 “我将举出德尔斐的神作为证人。”（20E）

征，因为它们直接关乎语境中所阐发的苏格拉底哲学的特殊面向：

（1）他对一则神谕的回应成了他人生的转折点（《申辩》21C-23B）。[60] 以反驳那则没人比他更智慧的神谕为己任的他坚持去盘诘那些因智慧而出名的人，整天泡在市场中，“省察自己和其他人”（《申辩》28E），虽然因此招来了不少嫉恨（23A），但仍然坚持不懈，因为他把这种活动视为“对神的侍奉”（23C，38E）。

（2）他远离政治（《申辩》31C-32A），相信自己改善同胞邦民的灵魂的努力是“真正的政治技艺”（《高尔吉亚》521D）。[61]

（3）他虽然极力贬低自己的智慧，自称一点智慧也没有（《申辩》21D），但说到自己的德性却信心十足，自认为“从未在言语或行事上对人或神行过不义”（《高尔吉亚》522D）。

---

〔60〕这次转折到底发生在什么时候？我们可以比较肯定它不会晚于前423年：阿尔基达米战争（Archidamian war）停战协定是在当年达成的，这可能恢复了雅典到德尔斐的交通线路，使得凯瑞丰的德尔斐之行有可能成行；《云》也是在当年创作完成的，当中仍把苏格拉底表现为一个神龙见首不见尾的形象，躲在“思想所”把守森严的大门后面教学。可以初步认为它的年代不晚于拉刻斯逝世的前418年——在以他为主人公的那部对话里，两个出身于毫无智识兴趣或成就的旧派贵族家庭的男孩，据他们中之一的父亲说，私底下总是热衷于谈论苏格拉底，而苏格拉底据说“总是整天”泡在运动场里与年轻人为伍（*La.* 180C-E，更完整的引文见第四章脚注〔17〕和〔18〕）。

〔61〕更完整的引文见附注1.1中的T6。

（4）他嘴下对雅典的公共行为毫不留情，抨击当下的无法无天（《申辩》31D-32A），把雅典最杰出的政治家讽刺为阿谀奉承之徒（《高尔吉亚》517Aff.）。但他又说他深深眷恋着雅典，偏爱它的法律胜过世上任何一个城邦，无论是希腊城邦还是蛮邦（《克力同》52C-E）。

冷静想想，如果柏拉图只在第II组对话中描绘了他的老师，那我们根本就获取不到所有这些信息。我们不会知道，253 这个能轻易在最风雅的贵族圈子里左右逢源的男人一生中有超过三分之一的时间〔62〕都是个ἀγοραῖος，市井之徒，是个面向平头百姓的传教士（missionary）；更不会知道，虽然尖酸刻薄地批评雅典的领袖、愤慨于雅典公共生活的无法无天，他却自认为是她心怀爱戴、老实听话的子嗣。由于这些信息很多来自《申辩》，不见于我们其他的古代文献来源，〔63〕我们最好提醒自己，柏拉图在这里（也只有在这部作品里）是作

〔62〕参见本书第252页脚注〔60〕。

〔63〕对比色诺芬的《申辩》也许有帮助：它完全抹去了第（3）点，让苏格拉底把自己表现成一个道德知识完备、智慧得到德尔斐神谕正面证实的人（16），而在柏拉图的姊妹篇里，神谕说的只是没有人比苏格拉底更智慧，以及苏格拉底自己微薄的“属人”智慧在神的眼中“价值很小甚或全无价值”（23A）。在第（1）点上，色诺芬完全没有告诉我们神谕对苏格拉底的个人生活产生了什么影响，而柏拉图将它呈现为让苏格拉底转型成肩负神圣使命要“从事哲学，省察自己和他人”的街头哲人（*Ap.* 28A，参见38A）的大事件。色诺芬在第（4）点上几乎同样乏善可陈：色诺芬的苏格拉底著作中没有一个段落能同柏拉图借苏格拉底之口发出的对雅典公共生活的深恶痛绝的宣言相提并论：“任何同［雅典人］或者别的民众作对，试图阻止城邦中许多不义且非法的行动的人都没法活命。”（31E）

为一个就在审判现场（34A，38B）、第一手掌握他提及的相关事实的人讲话的；相比修昔底德借笔下角色之口说出的讲辞——他说他“让各个演说者说出在那个场合合适的意思，如我认为他们会想表达的那样去表达，[64]同时尽可能接近原话的大意”（1.22）——我们甚至更没有理由去怀疑柏拉图借苏格拉底之口[65]说出的讲辞的真实性：柏拉图向我们保证了，而修昔底德却从未保证，[66]他是以目击证人的身份写作的，他和说话人的私人关系必定会让他对所说的一字一句都加倍小心。

2.3 **οὐσία**[67]

由于εἶναι既有（1）存在用法，像ἔστι（或更常见的ἔστι τι）δικαιοσύνη（正义存在）中的ἔστι，也有（2）系词 254

---

〔64〕对于《申辩》中苏格拉底讲辞的“史实性”更充分的论证见Brickhouse & Smith, 1989: 2-10。其本可援引修昔底德笔下性质类同的演说来加强这种史实性。

〔65〕但**并非**用说话人原本可能“使用的语言”去表达，如C. F. 史密斯（C. F. Smith）的修昔底德译本对这段文本的误译所说。修昔底德笔下的演说者被允许采用作者本人优雅的对偶风格（antithetical style）。没有人会认为克里昂是在以修昔底德的口吻说话，或者认为修昔底德暗示他［克里昂］是这么做的。Gomme（1945: 144）做了一个可资借鉴的观察：修昔底德引入讲辞时总是说，说话人（们）讲了τοιάδε（“诸如此类的东西”），而不是τάδε（“这些东西”）——他只有在“从文献档案中逐字逐句引述”时才会使用后者。

〔66〕他只可能听过他写进《战争史》（*History*）的讲辞中的少数几篇；其中有些，他说，只能信赖“那些据各方来源向我汇报的人”。

〔67〕参见第二章脚注〔56〕。

用法，像σοφία ἐστι δικαιοσύνη（正义是智慧）中的ἔστι，故其分词性名词οὐσία所名词化的可能是两种动词用法中之一。因此我们可以视乎语境将用法（1）译成existence（存在），将最重要的那种系词性用法——即谓词表达主词本质的或真实、真正的自然——译成essence（本质）。《游叙弗伦》11A和《克拉底鲁》385E处（=第二章T9）的οὐσία译成"本质"显然是对的：在前一处，它与πάθος截然对立；在后一处，它则与φύσις并举。用存在（或实体［entity］）来译《普罗塔戈拉》349B，ἴδιος οὐσία καὶ πρᾶγμα（个别的存在和事物）比较合适，这里的οὐσία同πρᾶγμα可以互换，连在一起是重言（这里我要更正Vlastos, 1981: 225的"本质"这个未经推敲的译法）。

我们还必须给进一步的用法（3）留出空间：这种用法可以像英文中的reality（实在）那样横跨（1）和（2）间的差异（《牛津英语词典》该词条同时引了"实际存在的"［actually existent］和"真正的"［genuine，即忠于本质的］作为其可能用法）。这种用法的例子如《斐多》78D1—2［引于第二章T20］："我们在问答过程中试图就其本质给出说明的**那实在**本身（αὐτὴ ἡ οὐσία ἧς λόγον δίδομεν τοῦ εἶναι）。"苏格拉底$_M$和他的朋友们在这里（以及在75D处）所提问和回答的显然都是"什么是那F？"的问题，它们所追问的是那F的**本质**；因此在回答中给出的λόγος是一个定义项D，所陈述的是D是那F的εἶναι（亚里士多德会说D是F的τὸ τὶ ἦν εἶναι［那是其所曾是］)；而那F所命名的是一个存在者。

因此，当那F被描述为οὐσία ἧς λόγον δίδομεν τοῦ εἶναι时，οὐσία也体现了其原动词的存在义：那F被当作**一个存在着的本质**。因此用“实在”译78D处的οὐσία是正确的，同理，76D，ἃ θρυλοῦμεν ἀεὶ, καλόν τέ τι καὶ ἀγαθὸν καὶ πᾶσα ἡ τοιαύτη οὐσία（那个我们总是叨念的东西，即某个既美且好的东西以及所有此类**实在**）和77A*，τὴν οὐσίαν ἣν σὺ λέγεις（你现在说的那**实在**）也是如此；而“封印”（seals）了“什么是那F？”的正确答案的αὐτὸ ὃ ἔστι（**那实在者**本身）这个短语（75D2）同时传达了本质和存在两义。（柏拉图的希腊语中没有单独对应existence［存在］的词。）

ἐστί及其关联词横跨了本质/存在之对比的用法（3）使我们得以理解柏拉图是如何在他的“实在程度［或层级］”学说里（见Vlastos, 1981: 49ff. and 65ff.）提出它的：它允许κλίνης ὄντως οὔσης（**真实**存在的床榻，《理想国》597A）用ὄντως来凝练地表达和παντελῶς ὄν（**完全彻底地**存在，《理想国》577A）、τελέως ὄν（**全然**存在，《理想国》597A）、εἰλικρινῶς ὄν（**纯粹地**存在，《理想国》477A7）完全相同的意思，让柏拉图可以省去像οὐσία ὄντως οὖσα——really real reality（真正地［=完美地、完全地、纯粹地］真实的实在，《斐德若》247C7）这样对形式的最高实在性笨拙累赘的表述。苏格拉底$_M$的形式的这个基本特征允许我们把εἶναι ὡς οἷόν τε μάλιστα译成“尽最大可能地实在”（引于第二章T13）。这

255

* 原书误作“76E”。

个短语的其他译法，要么引出了“存在程度”这个可疑的概念，如Robin, 1956，“具有最高程度存在的东西”，Bluck, 1955，“具有充分且完全的存在”；要么使用了含混不清的英文表达，如Gallop, 1975，“在最充分的意义上**是**（*are*）”；要么换用了形式性的表达方式，如Hackforth, 1955，“非常肯定地（most assuredly）确实存在”（意思完全说得通，但没有译出柏拉图原句中实质性的表达方式：“肯定地”在句中并无对应）。

2.4 数学中对依赖感觉资料的禁止[68]

有人可能会认为在这个领域下这道禁令是多余的，因为数学家们都很明白几何图形的可感属性没有证据效力。柏拉图也很清楚这点：他发现“当他们使用可见的图形并对它们进行推理时，他们并不是在思考**它们**，而是在思考它们是其影像的那些东西——他们是在推理方形本身和对角线本身，而不是他们画出来的［方形和对角线］”（《理想国》第六卷510D）。但即便如此，柏拉图针对感觉资料的欺骗性的警告也不是没道理的。它会保护数学家们免遭普罗塔戈拉式的批驳（如否认切线仅与圆上的一点相接），[69]后者原本会给他们的学科造成灭顶之灾：没了无维度的点，希腊几何学就会崩塌。从事具体研究的数学家无疑会对普罗塔戈拉

〔68〕 参见第二章，第67页。

〔69〕 Aristotle, *Metaph*. 998a3-4.

一笑置之。但柏拉图给他们原本会被对方视为职业教条的东西提供了理由。此外，他能够让他们警惕，以免**不知不觉**陷入对图形的可感属性的依赖，例如他们可能会在假定相交的直线共有一点时被画在莎草纸或沙子上的直线看起来就是如此的事实误导。因此，一个把柏拉图的警告听进心里的几何学家可能会警觉到，在缺少连续性公设（continuity-postulate）的情况下，欧几里得的公理集合和它的前身都是不完备的。[70] *256*

2.5 柏拉图论“分离”[71][72]

我将要论证，在柏拉图作品集，以及亚里士多德关于柏拉图的证词中，同一个形而上学主张可以表达为［P］或［Q］[73]：

［P］形式“自身就其自身”（themselves by themselves）存在。

［Q］形式“分离地”（separately）存在。

---

〔70〕 参见Heath, 1926: I 234ff.（“The Principle of Continuity”）。

〔71〕 参见第二章脚注〔127〕。

〔72〕 本注是载于*Oxford Studies in Ancient Philosophy*（Vlastos, 1987a: 187-96）的一篇同题短文稍加订正后的版本。

〔73〕 参见Prior（1985: 82）对《巴门尼德》中柏拉图的批评者们攻击的那套理论的表述：“有这样一些‘自身在自身之中’（themselves in themselves，亦即分离于现象地）存在的形式。”在同意之的基础上，我在本附注中给出了论证，证明柏拉图默认将（形式）描述为“就其自身存在”和描述为“分离地存在”是等价的。

（1）柏拉图

在《巴门尼德》的论辩中，苏格拉底通过下面这个提问表明了自己的论点：

> **T1 《巴门尼德》128E9—129A1** “你不认为有某个‘相似’之形式自身就其自身存在吗（εἶναι αὐτὸ καθ’ αὑτὸ εἶδος τι ὁμοιότητος）？”

这显然就是［P］。巴门尼德加入辩论时提的第一个问题是：

> **T2 《巴门尼德》130B2—5** ［a］“你自己是否如你所说，以这种方式做了区分（διῄρησαι），即一方面分离地（χωρίς）［区分了］某种形式本身，[74]另一方面也分离地（χωρίς）［区分了］那些分有它们的东西？［b］且你认不认为，‘相似’本身分离（χωρίς）于我们自己所拥有的那种相似而存在（τι ... εἶναι），‘一’和‘多’等所有那些你刚从芝诺那里听到的东西也是一样？”

提一下这里的翻译。康福德将T2［a］译成：“你自己是否257做出了你说到的这个区分并且分隔了（separate apart）……”

[74] 巴门尼德在这点上只不过是在简短地复述苏格拉底在开头发言的后部中已经陈述过的东西：“如果某人分离地区分出了自身就其自身的形式。”（διαιρῆται χωρὶς αὐτὰ καθ’ αὑτὰ τὰ εἴδη，129D7-8）巴门尼德现在说：“他就这样区分出了——如你所说，分离地——形式自身……”（οὕτω διῄρησαι, ὡς λέγεις, χωρὶς μὲν εἴδη αὐτά ...）

原文中并没有他译出的这个“分隔”，巴门尼德并没有说 διήρησαι καὶ ἐχώρισες。χωρίζειν（分隔）这个动词在这里或者辩论的任何地方都没有出现过，柏拉图也从未在其他任何地方用它来表述形式。χωρίζειν 和柏拉图在这里使用的动词 διαιρεῖν（区分/划分）有实质性的不同。从 διαιρεῖν 在希腊哲学散文中最早的用例看，这个动词通常的用法是纯逻辑性的。赫拉克利特称自己是在 διαιρέων πάντα κατὰ φύσιν——“依据其本性/自然来划分万物”（B1）。我们怎么能想象这位宣扬宇宙统一的使徒写这句话的时候把 διαιρέων 换成了 χωρίζων 呢？用 διαιρεῖν 来表示划分，而完全不暗示甚至影射被划分的事物在本性上有分别，这种用法并不限于哲人们。希罗多德作品中有很多这类例子。[75] 柏拉图在从最早期[76] 到最晚期[77] 的作品中也都是这样用这个词的；这是他的“划分法”的主要支柱。[78] χωρίζειν 则不然，它的首要含义是“在空间中分离”，“在区域上分隔”。[79] 虽然

---

〔75〕LSJ 引了 Hdt. 7.16. γ′ and 103 作为 διαιρέω= 明白地界定（to define expressly）的例子。更多例子见 Powell, *Lexicon to Herodotus*, *s.v.*, sense 3。

〔76〕*Pr.* 358A，“我克制不去搞普罗狄科那种名目划分（διαίρεσιν τῶν ὀνομάτων）”；*Ch.* 163D4，“我曾经听［闻？］过普罗狄科搞无数的名目划分（περὶ ὀνομάτων διαιροῦντος）”。

〔77〕*Lg.* 895E8，λόγῳ δίχα διαιρούμενον ἀριθμόν（说一个可以一分为二的数）。

〔78〕*Phdr.* 273E，κατ᾽ εἴδη διαιρεῖσθαι τὰ ὄντα（按形式来划分诸实在）；*Sph.* 253D，κατὰ γένη διαιρεῖσθαι（按种来划分）。

〔79〕它与 χῶρα（空间、地方、乡村）、χῶρος（地方、乡村）的强关联在 χωρίτης（本地人、乡下人）、χωρικός（本地的、乡下的）等衍生词中显而易见。

众所周知，χωρίζειν有时也可以在一种纯逻辑的意义上被使用，但这时它代表的是某种远远强得多的含义，否则柏拉图不会用它来表达他中期最严苛的二元论信条，亦即本书第二章（第Ⅱ节）讨论过的那种灵魂观：灵魂是来自彼世的羁旅者，只是暂居在此世的一块质料上，等着死亡将之“分离”（χωρίσῃ，《理想国》609D7），使之“分离地存在”（χωρὶς εἶναι，《斐德若》64C6-8）直至下一次投胎转世；亚里士多德也不会以χωρίσῃ、χωριστόν为矛头来批评他认为柏拉图在形而上学上最大的失策——它赋予可例示的形式以“分离的”、独立的存在，而在亚里士多德深思熟虑的观点看来，它们只能存在于它们的示例“之中”。

因此康福德的译文将会在这段辩论的一个关键要点上严重误导英语读者：他们会意识不到一个事实，即在T2的［a］部分中，形式只是从分有它们的事物中被**区分**（*distinguished*）了出来；这里完全没有提到要**分离**（*separate*）它们与后者。后一层意思我们只能从文本的［b］部分去找。而那部分的译文可能会再一次给不警觉的读者设下陷阱。T2［b］在阿伦的译本中（1980b）被译成了这样：And do you think that likeness itself is something separate from the likeness that we have ...（你是否认为，“相似”本身是某个与我们所具有的“相似”分离的东西……）这里出现的是另一种困难。严格来说，将εἶναί τι χωρίς译成is something separate（是某个分离的东西）算不上不准确；被歪曲的不是这几个希腊词的意思，而是其中一个词的语法形式；而这刚好是我们必须保留柏拉图希腊文的

258

语法形式的例子之一。“是分离的”准确的希腊文对应表达是χωριστόν ἐστι，阿伦的译法会让人误以为柏拉图在《巴门尼德》里已经预示了那个在亚里士多德的批评里尤其突出的词组。不过，反对那样去译T2［b］并不意味着否认柏拉图有可能会想称呼形式为χωριστά（被分离者）。在本注的第（2）部分我将会提议，这种可能性不但有，而且不小。但这将需要一个独立的论证来支持，而如果预设柏拉图在眼下这段话中借巴门尼德之口说出的是χωριστόν这个词，那这个论证就会完全是无的放矢。既然他显然没有这么做，我们就有必要坚持εἶναί τι χωρίς最保守的译法，即分离地存在［或者甚至更字面地译成“是某物”］。

现在让我继续评论T2［b］。经忠实翻译后，苏格拉底被要求同意的观点无疑正是［Q］。他一同意，［巴门尼德］就向他举出了更多他可能相信“自身就其自身”存在的东西：

> **T3 《巴门尼德》130B7—9** “还有这类东西——有个‘正义’之形式自身就其自身［存在］[80]吗？‘美’‘善’等诸如此类的也有吗？”

这里我们回到了［P］。但巴门尼德的下一个问题回到了［Q］：

---

［80］ 130B8处的αὐτὸ καθ’ αὑτὸ应据文意在前面补上εἶναι（沿袭130B4），130C1处的χωρὶς ἡμῶν前面也是如此。130D1处的文本给它留出了位置，τούτων ἑκάστου εἶναι χωρίς。

T4 《巴门尼德》130C1—2 “并且有个‘人’之形式分离于我们这样的人［而存在］——某个‘人’或者‘火’[81]或者‘水’的形式本身吗？”

再下一个问题也是如此：

T5 《巴门尼德》130C5—D2 “那以下这些呢，苏格拉底，可能有人认为它们很可笑，亦即像头发、泥土、灰尘或者其他任何毫无价值且琐碎至极的东西？你会困惑于某人该不该说，这些中每个的形式都分离地存在，作为某个有别于我们手头的事物的东西吗？”

259

所以，我们看到，［P］出现在了T1和之后的T3中，在接下来的辩论中也反复出现（133A、133C、135A-B）；巴门尼德则在T2［b］、T4、T5中随心所欲地将它转换成［Q］，并且得到苏格拉底的默许。我们有什么理由可以怀疑［P］和［Q］是在被互换着用来阐述同一条形而上学主张，它一经苏格拉底毅然在辩论开头提出便立即成了巴门尼德批判形式理论的把柄？

怀疑的理由可能有两个：

第一，可能有人会认为，［Q］中（含蓄地）表达的形式与它们的分有者的关系是对称的：如果X分离［于Y］地

［81］关于“火”的形式，见*Ti.* 51B8。

存在，那么反过来，Y岂不必定分离［于X］地存在？如果这是真的，那么［Q］在逻辑上必定不可能等价于柏拉图在中期对话〔82〕以及《蒂迈欧》中〔83〕一贯用来表述其形式理论的核心断言的［P］，因为［P］想要表达的无疑**不是**形式与它们的分有者的一种对称关系。因此，在《理想国》中间各卷，形式之于其分有者的关系就如同范本之于其摹本或者物体之于其阴影。这种关系有很强的反对称性（antisymmetric）：摹本“模仿”范本，但范本不模仿摹本；物体造成其阴影，但反过来就不成立。但有什么好理由假定［Q］（含蓄地）指涉的那种关系是对称的吗？有什么证据支持这种假定？不妨考虑：

T6 《斐多》64C5—8 “死不就是这个吗，即一方面身 *260*

〔82〕当形式理论在*Phd.* 100B5-6（=第二章T11）中被呈现为维系最后一个灵魂不灭论证的“悬设”时，形式“自身就其自身存在”正是其理论支柱。此前，形式的“自身就其自身存在”就已经被植入到了78D5-6对不变性的描述中（“总是自身就其自身存在”：第二章T20）。在《斐多》更早之前，我们已经被告知，每个形式都应该“自身就其自身”被探究（“追踪”）——66A2（=第二章T18末尾），后又在83B1-2重现（“灵魂必须信赖它自身就其自身领悟到的自身就其自身的实在”）。在《会饮》对臻至洞见的瞬间领会到的美的形式的描述中（第二章T22），这个短语被扩展为“自身就其自身伴随自身”（itself by itself with itself）。在*Cra.* 386E3-4和*R.* 476A11中它则被缩略为“就其自身”——综观柏拉图作品，它第一次以这种形式出现在知识论语境中是在《美诺》的结尾句处。

〔83〕51C1和D4-5，这是个至关重要的段落，柏拉图在此重提了“真的有形式这样的东西吗？”的问题，并且由浅入深做了回答。他把“自身就其自身”这个表述放到了他问的问题和他掷地有声的肯定回答里。

> 体脱离了灵魂后就分离地存在，自身就其自身；另一方面灵魂脱离了身体就分离于身体而存在，自身就其自身？”（另参见67A1）

这里显然“X分离于Y地存在”中的关系并不是反对称的：当X=灵魂，Y=身体时，它是可逆的：身体**可以**存在，虽然只能在分离于灵魂的情况下存在一小段时间；灵魂则可以永远分离于某个身体而存在。

但在目前这点上那能证明什么呢？它有没有表明无论X和Y取任何值，“X分离于Y地存在”中的关系都是可逆的？显然没有：它只表明当两个变量取某些值时，它是可逆的，而并不表明当X=形式，Y=分有形式者时它是可逆的。我上面援引来展示形式同其诸分有者的反对称关系的《理想国》中间几卷的那个类比应该已经清楚表明了，柏拉图认为在后一种情况下它是不可逆的。若我们认为“X分离于Y地存在”表达的是“X可能在Y不存在的情况下存在”这个模态主张，[84]那么，举例而言，树木可能“分离于”它们的影子而“存在”（它们日夜都在那里，无论有没有投下影子），但它们的影子却不能分离于它们而存在（没有树就没有影子），就应该是显而易见的；同样，在柏拉图的创世神话中，那永恒的范型一直都分离于被造的诸摹本而存在，后者却不

---

〔84〕 追随Allen（1980b）和Fine（1984）的理解：参见本书附注2.7“χωρισμός的词义”。

可能一直分离于前者而存在。因此那种反对意见并不成立：没有理由相信柏拉图会认为“X分离于Y地存在”中的关系对于X和Y的所有取值都是可逆的，也看不出有什么理由怀疑T2［b］、T4和T5处的［Q］反映的是地道的柏拉图学说。只有当某人忽视［Q］和T2［a］中所断言的东西间的不同——一方面，T2［b］、T4、T5是在断言形式分离于它们的分有者而存在，另一方面，T2［a］是在把形式和它们的分有者彼此区分开来〔85〕——他才会当真认为下面这种观点有说服力〔86〕：苏格拉底在T2［b］、T4、T5中认可的立场同柏拉图在整个中期甚至在《蒂迈欧》中一直坚持的那套存在论是不一致的。 261

另一种反对意见认为《巴门尼德》是无解的（aporetic）。〔87〕这无疑是事实，但它应该令我们怀疑下面这点吗，即苏格

〔85〕后者中的那种关系显然是对称的：如果我从Y中区分出X，那我事实上也在从X中区分出Y。前者中的那种关系则不是事实上对称的，如果某人深入考察其实质，他会找到很充足的理由相信它完全不是对称的。

〔86〕Allen（1980b: 100）就是这么认为的：受对T2［a］的误译误导，其认为“巴门尼德的第一个问题假定了，如果形式是分离的，分离就是一种对称的关系”。Fine（1984: 58）也主张“*choris*被用来指明一种对称的关系”，并援引*Prm.* 130B2-4（=T2［a］）来支持这个主张；其没能注意到，虽然区分形式及其分有者确实是对称的，形式及其分有者分离的存在却不是对称的（参见附注脚注〔85〕）。

〔87〕这个（正确的）主张切不可混同于另一个（错误的）主张，即《巴门尼德》记述的是对柏拉图中期对话中阐发的那套存在论的**拒斥**。正如我多年前论证过的（1954: 319-49），柏拉图借巴门尼德之口提出的反对意见是“诚实困惑的记录”：柏拉图如今承认他之前曾经低估的那些困难（如果他直面过它们的话）的分量。他在艰难地重新审视他中期的存在论，但这不等于说他要抛弃它；参见第三章脚注〔11〕。

拉底所同意的［P］和［Q］的等价关系可能会被当作柏拉图的一条深思熟虑的学说，而不是柏拉图在这部对话里特地把苏格拉底塑造成的那个稚嫩、鲁莽而又粗心大意的辩手匆忙间做出的一个草率让步？〔88〕如果那个等价关系是凭空捏造的，在柏拉图中期对话中找不到任何确凿先例，那我们就有理由这样认为。但这并不符实。如果回头去找，早在《斐多》中我们就能找到先例，那里反复断言了形式“自身就其自身”的存在。〔89〕这部对话给了我们去理解这个短语是什么意思的机会，因为在这里我们亲眼看到它被用在了本注T6中“分离的”灵魂这个平行的并且完全清晰的例子里。

在这段文本里，柏拉图所设想的灵魂与身体的关系被表达为从死亡的一刻起灵魂便“分离于身体而存在”；“自身就其自身［存在］”随即被引入作为“分离地存在”的某种尾随语（tail）——后者本来不用带这个尾随语就可以充分表达出“死亡终结了灵魂与身体在投胎的这辈子里的相互依存关系”的意思。通过以这种方式引入“自身就其自身”（作为“分离地存在”的后置补语），柏拉图提供给读者一条绝佳的线索理解他所谓的“自身就其自身存在”是什么

---

〔88〕 Allen（1980b: 98ff.）认为这就是，而Fine（1984: 58-9）允许这可能是一个“错误的承认”。他们似乎没有留意到那个会纠缠任何容许这种可能性的人的问题：柏拉图为什么要让他笔下伟大的巴门尼德把批评的矛头指向一个稻草人？

〔89〕 参见附注脚注〔82〕。

意思——后者远不是自明的，如果柏拉图直接甩给他们这个短语，不提供诸如此类的语境，他们肯定会大惑不解。这里他们理应能够明白，说身体或灵魂“自身就其自身存在”实质上是在主张，死后它们会在一段时间之内（这段时间对于身体很短暂，对于灵魂则说不清有多漫长）“分离于”（独立于）彼此而存在。语境完全弥补了“分离地”中的语义缺失——在别的情况下这种缺失只会让他们疑惑：分离于**什么**？《斐多》中的说法表明： 262

对于X=身体，“X**自身就其自身**存在”=“X**分离于灵魂地**存在”；

对于X=灵魂，“X**自身就其自身**存在”=“X**分离于身体地**存在”。

同理，当形式在《斐多》100B5—7阐明那条宏大“悬设”的过程中被说成是**自身就其自身**存在，我们可以推断，柏拉图也可以换一个说法（正如他在灵魂“自身就其自身”存在的例子中所做的那样），把它说成是**分离地**存在；这样一来，“分离于**什么**？”这个问题的答案就只能是，“形式分离于某些东西，就好比身体分离于投胎转世的灵魂”；除了形式在时间世界中的体现——亦即它的诸分有者——那些东西还能是什么呢？所以，早至《斐多》就有证据表明柏拉图所谓的形式的“自身就其自身的存在”的意思可以另行表述为（在《巴门尼德》中也确实被表述为）其“分离的存在”。因此对于X=形式，“X**自身就其自身**存在”=“X**分离于诸分有者**而存在”。

（2）亚里士多德论柏拉图的“分离”

亚里士多德在或明确或暗中提到柏拉图的形式时反复用后置句式将“自身就其自身存在”与“是分离的”关联起来，正像我们看到柏拉图在上文T6中说身体和灵魂时后置地将“自身就其自身存在”与“分离地存在”关联起来那样。

> **T7 《尼各马可伦理学》1096b31—4** 类似地，对于［柏拉图善的］理念，如果确实存在某个分离的（χωριστόν）、自身就其自身的（αὐτὸ καθ' αὑτὸ）善，显然它也不是人类所能践行和拥有的。

> **T8 《形而上学》1060a11—13*** 这就是摆在我们面前的问题：看是否有分离的（χωριστόν）某物自身就其自身（αὐτὸ καθ' αὑτό）存在，且不从属于任何可感物。

在这些文本中，亚里士多德认为“是分离的”“自身就其自身存在”实质上分别都是在表达那个他必定知道柏拉图已经分别通过“分离地存在”“自身就其自身存在”表达过的同一个存在论主张——这个主张在《斐多》中是关于灵魂的，在《巴门尼德》中则是关于形式的，虽然两处运用的句式手法不同。自然，亚里士多德认为“形式是分离的”和“形式

263

* 原书贝克尔页码误作“1160b11-13”。另查证原文中 καθ' αὑτὸ 前无 αὐτὸ，当为 χωριστόν καθ' αὑτὸ（就其自身分离的）。

自身就其自身存在”都蕴含于同一个前提之中，即形式是实体（substance）：

T9 ［亚里士多德］《论理念》（*Peri Ideōn*），出自亚历山大，《亚里士多德〈形而上学〉笺注》83.24—5 对他们［柏拉图主义者］来说，诸理念就其自身存在（καθ' αὑτὰς[90] ὑφιστάναι），如果它们是实体的话。

T10 亚里士多德，《形而上学》1040b26—7 他们分离诸理念是正确的，如果它们是实体的话。

莫里森在其极富启发性的研究中（1985b: 89ff., at 92）指出这个词［χωριστόν］据我们所知在亚里士多德之前从未出现过，并且提议“我们可以合理地假定它是亚里士多德自己的生造”。这个提议固然值得考虑。但它的可能性真的超过甚至及得上另一种可能性，即柏拉图本人之前已经在学园的口头讨论中用过这个词了吗？既然已经在《巴门尼德》中反复断言形式χωρίς（分离地）存在，[91]他为什么不可能在论述需要的时候自然而然地用到同根的动词性形容词？如果某

［90］ 这里“自身就其自身”短语的缩略可能是由于亚历山大的转述，也可能在原始文本中就已经出现（柏拉图也偶尔会略去前一个代词：参见附注脚注［82］末尾）。

［91］ 无论带或不带从属属格（dependent genitive）。后一种用法更接近亚里士多德的χωριστὸν εἶναι，它虽然允许，但不要求带从属属格。

人一开始说某物χωρίς存在，那他后来提起时当然可能会想用χωριστόν指代它，并且完全有能力这么做，只要这个词在他灵活使用词汇的范围内——χωριστόν当然在柏拉图的词汇所及范围内，因为虽然（正如莫里森［1985b: 91］指出的）他的作品中从未出现过χωριστός，但出现过ἀχώριστος[92]和χωρίζειν；我们大可假定一个掌握了某个词的动词性形容词的否定形式和它的动词原形的人当然也掌握了它不带否定前缀的动词性形容词。[93]

无论如何，我们有独立的证据表明用χωριστά来指称形式的绝不只是站在批评立场上的亚里士多德。正如彻尼斯已经指出的，[94]亚里士多德“不只把分离地存在的、不可感的存在者归于柏拉图，也归于斯彪西波（Speusippus）和色诺克拉底”；而且色诺克拉底在这点上直接支持亚里士多德的解释：他把柏拉图的理念定义为“自然构成物的一个典范因（paradigmatic cause）”，[95]并断言它是“分离且神圣的”（χωριστὴ καὶ θεῖα）。如果χωριστόν是那位来自马其顿的青年才俊发明来公开批驳柏拉图和他最密切的追随者共同持有的一套大错特错的学说的一个词，那么后者几乎不可能会专门从他们的论敌那里挑它作为他们阐述自家学说的关键词。在

264

［92］ *R.* 524C1.

［93］ 如果你听我用过“变通”（flex）和“不会变通的”（inflexible），那你还会怀疑我也懂怎么用“会变通的”（flexible）吗？

［94］ 在他极力抨击“亚里士多德将χωρισμός归于柏拉图完全是一种误解”这种在当时仍然十分盛行的观点的过程中（1942: 206ff., at 208-9）。

［95］ αἰτία παραδειγματικὴ τῶν κατὰ φύσιν συνεστώτων.

那些场合下，更有可能的是亚里士多德发现学园内部流行使用这个术语，于是用了行话来表达他的异议。

2.6 《蒂迈欧》中的形式[96]

欧文（Owen）将《蒂迈欧》置于柏拉图中期对话靠近《理想国》并且早于《巴门尼德》的位置的尝试（1953: 79-95）只能说是失败的：见 Brandwood, 1958: 399-401 *et passim* and 1976: xvi-xvii；Prior, 1985: 168-90；Fine, 1988: 374-7。它的正确位置应该在《泰阿泰德》之后、《智者》之前。在这部对话中，一个对数学以外的科学（金属的构成、生理灵魂学［physiological psychology］、医学）产生了新兴趣的自然哲人取代了柏拉图中期的苏格拉底，后者的科学兴趣（如《理想国》中［522Bff.］为哲人们安排的高深学习课程所示）仅限于数学科学。形式的存在如今被看作一个迫在眉睫、必须被重新提出并回答的问题（《蒂迈欧》51B-C）。这里用与之前同样的语言掷地有声地再三确认了苏格拉底$_{M}$在《斐多》中（第二章T11）放在他的大“悬设”里的东西：“总之肯定存在（παντάπασιν εἶναι）无法由我们的感官通达，只能由心智通达的形式（ἀναίσθητα ὑφ’ ἡμῶν εἴδη, νοούμενα μόνον）。”（51D）并且这里提出了关于形式的超验性的一个重大要点：它们“自身就其自身存在”（εἶναι καθ’ αὑτά ταῦτα，51D3-4），且，不同于可感现象，“并不进入在

〔96〕参见第二章，第75页。

任何一处的任何其他东西之中”（οὔτε αὐτὸ εἰς ἄλλο ποι ἰόν，52A3）“或者成为在任何其他东西之中的”（ἐν οὐδετέρῳ ποτὲ γενόμενον，52C-D）。参见Prior, 1985: 90。

2.7 χωρισμός的词义

Fine, 1984: 31ff., at 35对这个词的含义有清楚的表述：265 “亚里士多德通常把与形式相关的分离（chōrismos）认为是一种独立存在的能力……说F的形式是分离的，［对亚里士多德来说］意味着它能够脱离，或者说独立于F的可感个例而存在。”类似地，形式的分离也曾被阿伦理解为“存在上的独立性”（1970: 132 *et passim*. 1980b也一样：“当事物能够离开彼此而存在，它们就是分离的……理念能够离开它们的［可感］分有者而存在。”100-1 *et passim*）。法茵更清楚地表明，形式“分离地”存在的主张是模态的：它们甚至**可以**（*may*）在它们的示例不存在的情况下存在。一旦理解了这点，形式**能够**（*can*）被例示这个事实，同它们本质上是超验的（或者“分离的”）——这是它们无论是否被例示都**会**（*would*）存在的必然推论——就完全不矛盾。

正因为未能把握这个根本要点，罗斯才声称柏拉图对形式是超验者的观点“并不十分满意”，并且“在后期对话中继续在某种程度上使用内在（immanence）的语言”（1951: 231 *et passim*）。他把形式在个物中例示的表述（柏拉图当然在中期对话中继续使用这些表述，一如在早期对话中那样）当作“内在的语言”，却未能意识到形式在时间世界内例示这一随机事实绝不影响其永恒存在。并且他认为“任何个例不可能成为任何普遍者的完美示例”（231）对于柏拉图的形式的“超验性”来说至关重要，但却错失了一个要点：即便某个形式**的确**在可感世界的某个局部得到了完美的例示，它自身存在的独立性依然绝对不会受损。他对χωριστόν τι αὐτὸ καθ' αὑτό（《尼各马可伦理学》1096b33）的翻译暴露了同样的疏忽：他译成了“**能够具有**（*is capable of*）分离且独立的存在”（我着重标出的模态算子在柏拉图的希腊词语中并没有对应，也不需要有），而不是简单地译成“具有（has）分离且独立的存在”。

我自己在早前的论著中也受同样的混淆之害，我在1954: 319-49中所采纳的对柏拉图和亚里士多德的“分离”的分析已经完全被眼下的讨论取代了。特别是，因未能把握这一真知灼见，我关于形式在世界之中“不足的”（deficient）例示的存在论意涵的讨论已经失效。多亏阿伦和法茵帮我澄清了这个混淆。

3.1 《泰阿泰德》中的苏格拉底式盘诘？

我在我1983年关于这个主题的论文中花了相当长的篇幅阐述了我对苏格拉底式盘诘的理解，在第四章中我又更简略地解释了一遍。它的标准形式是一种反驳性的论证，苏格拉底反驳对话者作为为个人信念的辩护的某个论点p，方式是通过从后者那里提取出额外的前提，设为{q，r}，它们的 266

合取蕴含p的否定。反驳是通过“检验式”（peirastic）[97]论证实现的：对话者提出并辩护的反驳目标p，是被他自己亲口驳倒的——p被表明与他自己的信念体系中的其他命题不融贯。

现在不妨考虑《泰阿泰德》中是什么情况。苏格拉底托泰阿泰德之口说出的、充当形式上的反驳目标的那个简单的论点被他嫁接上去的天马行空的构想完全变了样。因此在例子（1）中，泰阿泰德的论点“知识是感觉（αἴσθησις）”被苏格拉底复合到了一条陌生的、被归于普罗塔戈拉名下并被称为普罗塔戈拉的“秘传学说”的形而上学学说之上，后者是普罗塔戈拉式的主观相对主义填充入极端的赫拉克利特式流变论的形而上学所得的某种杂糅（152D-154B）。因此苏格拉底反驳的是一套我们无法想象能从泰阿泰德自己的信念体系中提炼出来的学说。开头他自行表达的、天真地将知识和感觉等同起来的观点，不知不觉中被变成了一套迷你形而上学体系。它只是苏格拉底自己的发明，这再明显不过了：苏格拉底在这个漫长的论证中反驳的是他自己构想出来的论点，选择它［作为目标］只是为了让他这位温顺的对话者乖乖听话。论点（2）“知识是真信念”（187B）和（3）“知识是伴随逻各斯的真信念”（201D）的情况也相同：那些初始论点本身并不有趣，但一经苏格拉底悄声引入“鸟舍”（Aviary，196Dff.）和“梦幻”（201Dff.）的形而上学想

〔97〕 参见第三章T14以及脚注〔53〕、〔55〕。

象就变得无比引人入胜。这可以说是最极端的用盘诘的纯形式来表达柏拉图认为值得展示并反驳的那些灵感（musings）的做法了。没有人会愿意把这些程序和盘诘性对话中苏格拉底用以反驳其对话者的检验式论证弄混。

3.2 归综式论证[98]

亚里士多德，《形而上学》1078b27—30：有两样东西可以公正地归于苏格拉底：归综式论证（ἐπακτικοὶ λόγοι）和普遍定义，两者都关乎知识的始点。 267

将亚里士多德所谓的ἐπακτικοὶ λόγοι误译为“归纳论证”（inductive arguments）的现象在学术文献中可谓屡见不鲜。[99]但自1941年罗宾逊的《柏拉图早期辩证法》出版后，再犯这个错误就实属不该了。[100]在氏著论Epagoge的一章中他是这么解释这个术语的：

> 我所谓epagoge的意思是一种从一个命题或一组同级（coordinate）命题出发的论证，它或者［1］得出

〔98〕参见第三章，第95页。

〔99〕迈尔虽然完全理解epagoge在亚里士多德那里的两种用法——一方面作为辩证理据（*dialektische Begründungsform*），另一方面作为科学研究方法（wissenschaftliche Forschungsmethode，他观察到“苏格拉底式归纳完全无关乎”后者），但却仍然以他崇隆的权威助长了误译的延续。Gulley（1968: 13-22）虽然正确地将归综式论证阐述成类比推理，但却依旧称它们为“归纳”，从未着力指出它们与真正的归纳本质上的不同。

〔100〕我此处和全书援引的该著页码参考的都是第二版（Oxford, 1953）。

另一个高级于（superordinate to，在更普遍者高级于更不普遍者和个别者的意义上）诸前提的命题，或者［2］得出另一个与诸前提同级的命题，又或者［3］先得出一个高级命题，再由后者得出一个同级命题。（1953: 33）

并且他指出："［苏格拉底］对话中似乎没有出现作为单纯的或然性［推理］的epagoge的明确例子。"（1953: 37）

由于我不是在对这个话题做全面的探讨，我打算集中讨论已经标明了这类论证的独特子类的［1］。《伊翁》540B—D的论证是个很好的例子。为了反驳颂诗人（rhapsode）在他自己的技艺领域之外也拥有超群的知识的主张（539D-E），苏格拉底做了如下论证（540Bff.，我的释义和转述比较随意）：

（1）舵手是最知道该对被风暴袭击的船只上的水手说什么的人。

（2）医生是最知道该对病人说什么的人。

（3）牧牛人是最知道该怎样安抚狂躁的牛群的人。

268

（4）纺毛专家是最知道该对纺毛女说什么的人。

（5）军事专家是最知道将军该对部队说什么的人。

结论：如果C是一门技艺，那么精通它的人就是最知道该领域内事务的人（因此如果C不是颂诗人的技艺，那么最知道C领域内之事的人就不是颂诗人，而是精通C的人）。

这个论证的结论显然比任何一条前提更加普遍。就这点而言它像是个归纳论证，但与后者有一个巨大的不同：它不是从对某些个例为真的［命题］得出对所有个例为真的

［命题］的**或然性推理**。在归纳推理中，在已经观察到X对某一个类K的某些特定成员为真的情况下，我们冒险推论X将对K的所有成员都为真，对这个推论**被经验证否**的逻辑可能性保持开放，同时认为结论的真**取决于经验的证实**。而在上述归综推理中情况则并非如此：我们并不对这样一种逻辑可能性保持开放，即存在这样一门技艺C_a，连精通别的某门技艺C_b的人或者是不精通任何一门技艺的庸人也可能掌握关于C_a领域内的事务的知识。这里结论的真已经**内建到它的关键词**“精通一门技艺的人”**之中**了：任何宣称精通一门特定技艺，却不具备比精通其他技艺者或者完全不精通任何技艺者更高超的相关知识的人，都会因此而被当作冒牌货剥夺资格。

因此用通常意义上的“归纳”来命名罗宾逊上面所分析的第［1］类论证是错的。他所分析的第［2］类情况也是如此：这里我们看到的是直白的类比论证（argument by analogy）：我们从C的一些个例推论出C的另一个个例。至于罗宾逊对第［3］类的讨论，我们通过归综论证得出关于C的所有个例的一般陈述，然后通过三段论推论出它对于C的这个或那个个例为真。

因此我必须重申我多年前就已经说过的：在苏格拉底式的归综论证中有“对［某一普遍陈述的］一些实例的指涉，这些实例以例示的方式**展示该陈述的含义**（*exhibit the meaning of the statement*），而不是**证明**（*prove*）它；这其实只是逻辑学家们所谓的‘直观归纳’（intuitive induction）”

（Vlastos, 1956: xxix, n. 18）。当有人援引苏格拉底的归综式论证来作为他为自己的论点寻求并且确实获得了“经验支持”——遗憾的是这并不属实——的证据时，重申这点就是必要的：如果他原本提出的是些［他认为应该］经得起经验验证的宏大论点，[101]那么他的整个伦理学进路，尤其是他的道德灵魂学，将会和现在大不相同。

269

4.1　认知的VS.道德的确定性[102]

《牛津简明英语词典》（*Shorter Oxford English Dictionary*，第三版，1955年）在certain（确定的）词条下辨认出了一种这个词在被用于“道德确定性”[103]这个表述中时所表达的特殊意思，并将它解释为“如此之肯定某人秉持某一信念而行动是正当的”。我希望将这种意思同我所谓的“认知的确定性”（epistemic certainty）明确区分开来：正如我在关于苏格拉底的无知宣言的讨论中解释过的，[104]我们对某个事物p

---

〔101〕Kraut, 1983: 60就是这样认为的。他援引了*R.* I, 349D-350A的那段论证为证：既然一个音乐大师（或者一个医生，文本只给出了这些例子）不会千方百计“胜过”其他精通他这门技艺的人，那么其他任何专家也不会。但假设我们稍微做了些经验调查，发现的确有某些音乐家（或者医生）就是这么做的，这会让苏格拉底乱阵脚吗？他会直接反驳说，这时那些专家并不是**作为**专家这么做的。我们所汇报的事实不会被算作能证否这个普遍概括的反例，因为它们一开始就不被允许算作实例。

〔102〕参见第四章，第114页。

〔103〕我怀疑这是个法语习语，转写自certitude morale这个我经常在法语中，却很少在英语中看到的表述。

〔104〕1985: 1-31, at 11-14.

拥有这种确定性，当且仅当我们支持p为真的证据E**蕴含**p，亦即，若E为真，则p必然为真，或者等价地说，若E为真，p不可能为假。在那篇讨论中我强调，我们日常生活中的行动所依据的知识，并不需要满足这个极强的条件——这也是正当的，因为如果非得等到它能被满足，那我们永远都不会去行动。我们会陷入洗手强迫症患者的境地：他不肯接受一两分钟前才用六氯酚（phisohex）*洗过手这个事实作为自己手上已经没有有害细菌的证据，所以每当他想到从上次洗完手到现在，手上可能已经落了些细菌，他就觉得非得再洗一次。强求认知的确定性作为行动条件将会使行动瘫痪。

那么我们何时才取得虽缺乏认知确定性，但仍然足够强，能给我们提供审慎行动所需的道德确定性的证据？我提议的回答是：当过于高昂的代价禁止我们对行动（或不行动）产生怀疑——当依据概然性（probability）去行动比拒绝［据此行动］的预期收益更大。让我举个例子。

270 假设我受朋友N之邀共进晚餐，我看到饭桌上的素菜是奶油蘑菇。这里p=那些蘑菇好吃。但听说过有人因为吃了毒蘑菇丧命的我心里闪过一个问题，“我知道p为真吗？”我支持p的证据E是什么？是N众所周知是个通情达理、人品可靠的人。这是个支持p的好证据，但却欠缺认知确定性。N这次做了一道毒蘑菇不是不可能的事情。我想了各种

* 一种常见的杀菌清洁剂，原书误作hisofex。

办法来增大E为真的概率：我可以盘问N那些蘑菇的来源。他是不是从一家安全记录良好的超市买的蘑菇？即便是，他有没有采取进一步的措施确认配送到超市的这一批货的安全有正规保证？他有没有送一份样本去大学的真菌学系检验？如果我真的照这样盘问一遍N，并且得到他再三保证的回答，我的确会大大降低我在N的餐桌上被蘑菇毒倒的风险。**但代价呢**？除非N认为我甩给他这一大堆问题是在开玩笑，不然他肯定会因为我言下之意对他的诚信或者通情达理的品质的中伤而感到被冒犯。一个人接受了晚餐邀请就说明他假定主人已经做足了一切合理的预防措施确保上桌菜品的安全。他对这个假定的信心远远缺乏认知确定性。理论上还有相当大的可怀疑的空间——但没什么可"合理怀疑"的空间了：虽然仍然存在这个假定最终为假的风险，但这种风险已经很小了，冒风险接受邀请比回绝会让他更好过。并且如果他接受了邀请，那么道德的考量[105]——禁止冒犯一个对我们做了件善事的人——也会排斥让主人接受可能会冒犯他的盘问这种做法。你会去吃提供给你的菜。虽然明知有风险，但你也对值得冒这种风险抱有道德的确定性。

我认为这就是苏格拉底发现自己在生活中奉行他寻得的那些道德原则时的处境。他身边的人们都信奉并且遵行以恶报恶。苏格拉底不。他确定他是对的，他们是错的吗？认

[105] 这些考虑无须牵涉任何超出审慎——最大化未经道德衡量的实用性（morally unweighted utility）——这种低层次道德观的因素。

知的确定性他是没有的——他支撑这条原则的证据是盘诘性的：他已经多次在盘诘论证中测试了它，而它总是通过了测试。诚然，那套方法是可错的。但即便伴随着所有这些风险，它依然是据他所知最好的寻求真理、测试真理的程序。任何其他可能的途径在他看来都更差——只会增加而非减少犯道德错误的风险。如果盘诘是他所能采取的最佳程序，那他遵从其结论去生活在道德上就是正当的。正如我之前在对这个问题的讨论中已经观察到的（1985: 14），遵从可错知识范围内的种种发现去生活，这根植于人类的境况。“只有神没了它还能过活。只有疯子会想这样过活。”

271

4.2 盘诘性对话中的数学文本〔106〕

在《高尔吉亚》中，苏格拉底对数论（number-theory）〔107〕和计算（calculation）〔108〕做了如下区分：

> **T1 《高尔吉亚》451A—C：**“要是有人问我刚才我提到的那些技艺中的任何一门，‘苏格拉底，什么是数论的技艺？’我会告诉他……那是一门通过言辞发挥效力的技艺。要是他接着问，‘那技艺是关于什么的？’

〔106〕参见第四章脚注〔96〕。

〔107〕ἀριθμητική，数的科学。

〔108〕λογιστική，计算术，运用数学知识或者技巧来取得确定的计量结果。参见苏格拉底对童奴的要求：“二乘二是多少？算出来告诉我（λογισάμενος εἰπέ）。”*M.* 82B.

我会说它是关于偶数和奇数的，无论每个数多大。要是他又问，‘那你所谓的“计算”又是什么技艺？’我会说它也通过言辞发挥效力。要是他回过来再问，‘它又是关于什么的？’我会说……：‘在别的方面它和数论相同——两者都是关于同样的东西，奇数和偶数——但它们在这点上不同：计算决定奇数和偶数既相对于自身，也相对于彼此的大小。’”

在《小希庇阿斯》中（366C），苏格拉底称希庇阿斯为精通*logistikē*的人，因为他能比谁都快地说出七百乘以三是多少。它被认为是一项出色的成就，这可以理解，因为不像文法和“音乐”，*logistikē*并不是学校教授的科目。但即便如此，在［古希腊］这个高度发达的商业社会，掌握一点计算技巧对每个人来说应该不是什么难事。不过，*Arithmētikē*，不像我们今天所谓的算术（arithmetics），乃是一门理论学科。它从事的是对数的一般性探究，提出的是适用于任何数——无论奇偶——的定理，例如欧几里得，《几何原本》IX, 21ff. 的那些——历来有学者令人信服地主张[109]当中保存了古代毕达哥拉斯派的数论残篇。以下是头三条：

272

T2　欧几里得，《几何原本》IX，命题21　若把任意数目的偶数相加，和将仍是偶数。

［109］Van der Waerden, 1954: 108ff.，采纳了贝克尔（O. Becker）的一个猜想。

命题22 若把任意数目的奇数相加，且它们的数目是偶数，和将是偶数。

命题23 若把任意数目的奇数相加，且它们的数目是奇数，和将仍是奇数。

我们有理由认为这类基本定理在苏格拉底在世时广为受过教育的希腊人所知。一个人不需要什么数学背景就能理解，一个项数为偶数的奇数集合（例如 {3，5}）的和为偶数，而一个项数为奇数的奇数集合（例如 {3，5，7}）的和为奇数，并且能够理解这些命题的数论证明：看一眼欧几里得《几何原本》IX. 21ff.就知道它们简单得不得了。苏格拉底对数学有那么点了解，因而也有能力用T1以及此前在《卡尔米德》166A中的术语解释*logistikē*和*arithmētikē*之间的区别，这合情合理。没人会希望认为他一向是个数学盲。〔110〕我们可以稳妥地假设他在专注于伦理探究并且沉迷其中之前曾经学过一点数学。〔111〕但学过好些基础几何学和数论是一回事，掌握那些学科的前沿知识是另一回事：例如他在《大希庇阿斯》中评论无理数时（第四章T22）随

〔110〕不妨类比今天有大学学历的成人的处境：他们学过高中几何和代数，可能还学过大学新生的解析几何和微积分，但之后就失去了兴趣。

〔111〕如果色诺芬说苏格拉底自己并非不熟悉几何学中那些“深奥难懂的证明”的评论（*Mem.* 4.7.3，参见第四章脚注〔96〕）有事实依据——这完全有可能——那他的说法将能完美印证我的假说，即苏格拉底青年时曾学习过数学，汲取了当时已问世的许多数学知识，但后来放弃了那些学习。

口展示的，又或者是他在《美诺》中提到几何学中“从悬设出发探究”的方法以及与之相伴的几何学建构时（第四章T19）不厌其烦地炫示的那些。就算苏格拉底学全了在他二三十岁时能够学到的所有几何学知识，那也解释不了这些段落把他塑造成的那个数学家的所知，除非他一直紧追直到他中年甚至更晚才涌现的新进展：几何学的公理化是由基俄斯的希波克拉底在前5世纪末三十余年间开创的，〔112〕

273 那时苏格拉底已经五六十岁了；不可公约性理论（theory of incommensurability）是在前4世纪初期发展起来的，那时他早已不在人世。〔113〕

我们能在《游叙弗伦》中看到正面的证据，证明在盘诘性对话中苏格拉底并没有同样的现成渠道可以接触到几何公理系统，让他能够专门提出《美诺》中“形状”的模态定义。〔114〕为了解释“虔敬”对于“正义”的部分/整体关系，苏格拉底举出了“偶数”对于“数”的部分/整体关系，并且把“偶数”定义成：

---

〔112〕他不可能在该领域在前4世纪迎来长足发展之前就已经设想出了他的头几个步骤（参见第四章脚注〔63〕）。

〔113〕忒奥多若斯（Theodorus）探索无理数的开拓性工作——他逐个证明了3、5……17的平方根的无理性（*Tht.* 147D-148B；参见Burnyeat, 1978: 489ff., at 494-5）——可以自然地断定在泰阿泰德于前4世纪头三十余年间（他英年早逝于前369年）提出的那套体系化的不可公约数理论将那类证明推而广之以前。

〔114〕第四章T14。

T3 《游叙弗伦》12D “如果你问我：‘数的哪一部分是偶数，那个数是什么？’我会说：‘就是那个并非不等边（scalene）而是等腰（isosceles）的数。’”

如果同时代几何学定义“偶数”的方式对苏格拉底来说触手可及的话，他肯定会给游叙弗伦一个简单得多并且好得多的定义。欧几里得的定义是这样的：

T4 欧几里得，《几何原本》VII，定义6 偶数是可分成［相等］两部分的数。[115]

在只承认整数的希腊数学里，这个定义滴水不漏。而这也是柏拉图在掌握了他要求所有哲人掌握的数学知识之后诉诸的定义。他在《法义》中抛出的那个定义一字不差地预示了欧几里得的定义：

T5 柏拉图，《法义》895E “我们能够或以它的名称，‘偶数’，或以它的定义，‘可分成［相等］两部分的数’，来指称同一个东西。”

这个定义相对于T3中的那个优势一眼可见：它简洁得多，

[115] 我认同Heath（1926: 281 *et passim*）的观点，假定那段插入论证是服务于说明 δίχα διαιρούμενος（二分）在数学语境中的意思之需。

而且更加直接，使得诉诸尚未得到定义的术语“不等边数”和“等腰数”来定义“偶数”变得毫无必要。[116]《游叙弗伦》中描绘的苏格拉底令人遗憾地缺乏《美诺》中的同名角色自豪地卖弄的那种数学本领。

4.3 柏拉图和忒奥多若斯[117]

274 **T1 第欧根尼·拉尔修，3.6** ［a］正如赫尔摩多若斯（Hermodorus）所言，柏拉图在二十八岁时随其他一些苏格拉底派逃到了麦加拉投奔欧几里得[118]。［b］然后他动身前往居勒尼（Cyrene）投奔数学家忒奥多若斯，又从那里去意大利，到了毕达哥拉斯派的斐洛劳斯和欧律托斯（Eurytus）那里；从那里他又去了埃及的先知们那里，据说是在欧里庇得斯的陪同下……

这段文本［a］部分以及第欧根尼·拉尔修在其他地方（2.106）同样依据赫尔摩多若斯的可靠权威记述的柏拉图在苏格拉底死后的麦加拉之行是完全可信的。但我们何来信心

〔116〕Heath（1921: 292）指控T3中的定义犯了一个严重的错误：“‘不等边’这个术语被限制在数的一部分为奇、另一部分为偶的情形下”，因而暗中把被定义项用在了定义项中。由于不知道苏格拉底如果被传唤的话会怎么定义“不等边”，我们没法确凿地判定T3中的定义犯了这种赤裸裸的循环。

〔117〕参见第四章脚注〔98〕。

〔118〕麦加拉学派的创始人：在柏拉图作品中，他是《泰阿泰德》的叙述者，还出现在《斐多》的临终场景中（59C）。

相信［b］部分中这段无凭无据的逸闻？这则道听途说般记叙了柏拉图周游居勒尼、[119]意大利和埃及的故事，因为偏偏选了早在这段旅程可能开始八年前就已逝世的欧里庇得斯，而不是别的什么人来作为柏拉图的旅伴，所以本身就不足为信。西塞罗（《论共和国》［*De Rep.*］1.10.16，《论善恶的目的》［*De Fin.*］5.29.87）或者更晚的《赫尔库兰尼姆学园哲学指要》（ed. Mekkler）6-7[120]等更早的汇报都未提到柏拉图在西西里和意大利之行前还去过居勒尼。然而，虽然柏拉图前往居勒尼结交忒奥多若斯的说法所依据的不过是传记逸闻，但我们没有理由怀疑第欧根尼在其他地方反映的柏拉图曾受教于忒奥多若斯的说法：

> **T2　第欧根尼·拉尔修，2.102**　名为忒奥多若斯的人有二十个……第二个是居勒尼人，几何学家，柏拉图一度是他的听众。

这件事可能发生在柏拉图结束第一次叙拉古之行返回雅典之后，有颇多证据表明忒奥多若斯当时也在雅典（《泰阿泰德》143Dff.，《智者》216Aff.，《政治家》257A-B）。

他和忒奥多若斯的关系有多密切？柏拉图对此最接近

［119］后世的另外两个来源，阿普勒乌斯（Apuleius，1.3）和奥林匹俄多若斯（Olympiodorus，*in Gorg*. 41.7）也提到了这点，但也没有透露他们的信息源。

［120］参见 Guthrie, 1975: 14-15；Riginos, 1976: 63-4。

的提示出现在《泰阿泰德》下面这个对话片段里：

> **T3 《泰阿泰德》145C—D**：苏格拉底对泰阿泰德说："你正从忒奥多若斯那里得到些几何学上的指教吗？"泰阿泰德："是的。"苏格拉底："也在天文学、和声学和算术上？"泰阿泰德："我热切想向他学习。"苏格拉底："我也是，小子呀——向他和其他任何我相信在这类事情上有知识的人（**καὶ παρ' ἄλλων οὓς ἂν οἴομαί τι τούτων ἐπαΐειν**）。大体上我做得中规中矩。但我有一件小事困惑不解，想和你还有这些人探讨。"

275

忒奥多若斯被描绘为只不过是"苏格拉底"（以此为化名的柏拉图）热切想要在数学上向之求教的众人之一。[121] 而随着对话推进，我们感觉不到他与忒奥多若斯有任何更密切或者更私人的关系，后者被描绘成对柏拉图的哲学兴趣充满鄙薄的样子。苏格拉底在试图把他拉进论证时碰了壁：

---

〔121〕Knorr, 1975: 88-9采纳了此前佛格特（H. Vogt）和谭内里（P. Tannery）的提议，猜想柏拉图和忒奥多若斯的关系格外密切，认为后者是"柏拉图的数学老师"；他主张柏拉图从忒奥多若斯那里学到了"对数学领域的基本理解……以及对具备数学严谨性的问题的深深敬畏"。但T3明确指出了"苏格拉底"还有可能向其他数学家求教这个专业领域的问题这个事实。没有什么好理由认为柏拉图没有把握住其他集思广益的机会。忒奥多若斯并没有出现在普罗克勒斯转述欧德摩斯的数学史提到的与柏拉图关系密切的数学家之中。

T4 《泰阿泰德》165A1—2 “我很早之前就抛弃了单纯的论证转向了几何学（ἐκ τῶν ψιλῶν λόγων πρὸς τὴν γεωμετρίαν ἀπενεύσαμεν）。”

罗斑对此处 ἐκ τῶν ψιλῶν λόγων 的译法〔122〕“纯形式的，缺乏实质的论证”，凸显出了柏拉图文本在提到他时透露出的那种对哲学论证的漠不关心。忒奥多若斯不太可能对柏拉图产生像集对数学的热情和对哲学的钟情于一身的阿尔库塔斯对柏拉图产生的那种吸引力。〔123〕

5.1 《小希庇阿斯》——诡辩抑或诚实的困惑？〔124〕

那些主张苏格拉底会毫不犹豫地行骗的学者一提到《小希庇阿斯》就来劲。例如格思里（1975: 195）：

> 读者要有很强的历史想象力才能在通读这篇小对话的同时不会越读越对其中种种显著的荒谬之处感到恼火。要设身处地地回到辩证法稚嫩的幼年，回到诡辩交锋那种剑拔弩张的氛围之中，并不容易，更遑论理解在有过任何对推理规则的严肃研究之前人们就这

〔122〕见其译本（1956）此处注释。

〔123〕但我也不是想提出阿尔库塔斯是柏拉图的数学老师或者他在形而上学领域的榜样。参见第四章脚注〔64〕。

〔124〕参见第五章，第132—133页。

么接受了种种显而易见的谬误的事实了。[125]

276 要回应这段和其他类似的对苏格拉底在这部对话中的做法的评价，我们必须首先注意对苏格拉底第一段也是最长的一段论证、这部对话的重头戏365B—369B中[126]的一个词常见的误译。这段论证的目标是证明下面这个论点S：真正的人（ὁ ἀληθής，the true man）和虚假的人（ὁ ψευδής，the false man）相同。

经常有学者在转述时，[127]最近也有学者在本篇对话的全译本中，[128]将关键论证语境中的ψευδής译成骗子（liar）。如果这个译法是对的，那S就会变成S*：真诚的人（the truthful man）和骗子相同。这显然为假。如果这就是苏格拉底的论点，我们立马就会知道，他肯定是靠什么诡辩手段才敢说证成了它。但事实是，ψευδής虽然可能是“骗子”[129]的意思，在许多语境中也确实是这个意思，但却不必定如

---

〔125〕另参见第五章开头第一段出自弗里德兰德（评注《小希庇阿斯》）的引文：“苏格拉底比所有的智者都更懂得欺骗。”

〔126〕365C3-4陈述了被反驳项，它的精确反驳是从结束于369B的这段论证中得出的。

〔127〕例如A. E. Taylor, 1937: 35（Taylor, 1929, 4th edn.）和Guthrie, 1975: 192ff.就是如此。甚至连义无反顾地澄清苏格拉底在本部对话中的真诚的Roslyn Weiss（1981: 287ff., at 289 *et passim*）也出现了这种误译的苗头。这个屡见不鲜的误译的一个可敬的例外是Sprague, 1962: 65，其坚持避免将ψευδής译成“骗子”。

〔128〕这是Robin Waterfield, 1987的译法。

〔129〕但“骗子”的准确用词应该是ψεύστης（自荷马以来就常用）。如果苏格拉底是这个意思，他本来可以用这个词。

此——它不总是这个意思。[130]苏格拉底在通篇对话中用ψευδής指的不是某个**生性**爱说假话的人，而是如果选择说假话就有**能力**这么做的人。苏格拉底规定，希庇阿斯也同意，“虚假的人”在他们的论辩中就应该这么去定义：

> **T1 366B—C**：“虚假的人（ψευδεῖς）是那些聪慧且有能力说假话的人（σοφοί τε καὶ δυνατοὶ ψεύδεσθαι）……有能力的人就是那些想做什么就做什么的人。”

这样一来，将这部对话中的“虚假的人”说成“骗子”显然是错的。因为我们并不称一个**有能力**说假话的人为“骗子”。[131]真诚的人也有能力这么做，但没有任何人会想称他们为“骗子”。只有当我们意图诋毁他们的道德品格，断定他们随时愿意为了达到自己的目的而撒谎时，我们才会说他们是“骗子”。这才是骗子和真诚的人的区别。因此我们必须正视通篇对话ψευδής（同理，ἀληθής）都被用来唯独指那种有能力说假话（或者真话）的人这个事实。所以我们最好是坚持不偏不倚地、字面地去翻译关键词：ψευδής译作“虚假的人”，ἀληθής译作“真正的人”。[132] 277

〔130〕对于用于事物或陈述的ψευδής，LSJ给出的解释是“欺骗性的，假的，不真实的”（lying，false，untrue），对于用于人的，是“欺骗的，假的”（lying，false）。一个假陈述不必然是一个欺骗性的陈述，亦即不必然意在让人认为它为真。一个做出假陈述的人不一定有意想它们被当真。

〔131〕参见*O.E.D. s.v.* “liar”：“（尤其是习惯）说谎的人。”

〔132〕遵循这部对话Jowett（1953）和Léon Robin（1956）的标准译本。

这样做以后，我们在这部对话中就再找不到一个表明苏格拉底通过不诚实的手段赢得同意的段落。薇丝（Roslyn Weiss, 1981: 287ff.）相当有力地论证了苏格拉底在366A—369B通过有效的盘诘论证证成了S，并且全程一致地用“真正的”人来指有能力说真话的人，用“虚假的”人来指有能力说假话的人。那么我们是不是应该像她一样，给这段论证开张干净的健康证明？要是这么做，我们势必会忽略苏格拉底在T1的定义中[133]任自己公然违背通常用法的事实。听到某人被称为“虚假的人”，我们自然的理解是，那个人并不是他装作是的那种人——在某种意义上，他是假冒的。我们绝不会认为他“虚假”是因为如果他选择这么做的话就有能力说假话——即便平时审慎地保持真诚，他也完全有可能会选择这么做。希腊语的情况也一样。据我所知，在同时代或更早的希腊散文、韵文中并没有出现过其他单纯因为某人如果选择就**有能力**说假话而称他为“虚假”的例子。无论如何，这个定义的错误在它按它特有的方式证成的结论中表露无遗：如果一个“勇敢”的定义理应得出也确实得出了勇敢的人和懦夫相同的结论，那我们会怎么看待这个定义呢？[134]

---

〔133〕一个带有强烈倾向性的定义——这是受Stevenson, 1944: 9的影响而一度被称为“说服性定义”（pursuasive definition）的那种定义的典型例子。

〔134〕Weiss（1981: 290）说如果我们将结论解读为“精通说真话的技巧（skilled at speaking truthfully）的人和精通说假话的技巧的人是同一种人”的话，“悖论就会消于无形”。但说真诚的人一般都**精通**说假话的**技巧**当然是错的。通常真诚的人并不掌握这种技巧，一撒谎就容易露馅。成为一个熟练的骗子需要不小的天分和大量的练习。

这段话还有第二个特征值得我们三思——这个特征值得强调，因为这段论证的主流解释，包括薇丝的解释，都对它敷衍了事，有时甚至完全忽略了它。这个特征就是苏格拉底本人深受那个结论困扰。当然，当希庇阿斯提出抗议，苏格拉底的第一反应是为它辩护。他并不满足于指出这位智者要怪只能怪自己，他不是同意了逻辑上蕴含这个结论的T1中的定义吗？乍看之下，苏格拉底的评论就只有这一条（369D-371E）。但在372A以下的大段演说中他的态度发生了转变，这段讲辞始于对希庇阿斯的嘲讽，[135]但逐渐转变成了对自己的犹疑不定的坦白——这在盘诘性对话中前所未见。278 就在他看起来会直截了当地坚持自愿地（ἑκόντες）行不义的人比不自愿地行不义的人更好的论点（372D3-7）的当口，他却回过头来说有时他觉得相反的观点才是真的：

> **T2 《小希庇阿斯》372D3—E2** 但有时候我也会想到颇为相反的观点，并且在这个问题上彷徨失措（τλανῶμαι），这显然是因为我无知。

随后他把“自愿地行不义的人比不自愿地行不义的人更好”的观点归咎于自己一时“抽风”（paroxysm，372E1-3）。

通常坚持自己在盘诘论证中所捍卫的立场的苏格拉底觉得自己在目前的情况下可能是误入了“歧途”，认为自己

[135] 372A6-D3：正如我在第五章指出的，这是“大肆展示的反讽”。

是“抽风”发作并且，如他随后坦承的那样，亟须“救治”（372E5），这有什么好惊讶的吗？只要我们考虑到两点，那就没什么好惊讶的：

（1）他目前的这个论点已经深入到他“无人自愿行恶”学说的核心。正如我在第五章第Ⅳ节指出的，这是一条受了误导、混淆不清的学说，他受困其中是因为他自己的道德动机理论中有一步出了差错：这套理论要求他坚持，一切人在一切自愿行动中都总是欲求善；**但它并不能保证人们从不欲求行恶这个结论**——他们在错把恶当成善时当然会行恶。[136]

（2）表明苏格拉底没理由同这个论点脱得了干系的第二个证据是，正如希庇阿斯指出的（371E9-372E5），它公然违背了公德和法律的一条原则：我们既有伦理上的也有法理上的理由从轻发落其所作所为被认定为不自愿的行恶之人。苏格拉底在《申辩》中（25E-26A）面对莫勒托斯为自己辩护时就认可了这条原则。但在同希庇阿斯争论的过程中他根本没有花心思去解释那条原则和他目前论点的矛盾。

如此一来，我们就有好的理由认为苏格拉底在本注T2中，随后又在对话的尾声处用甚至更加恳切的语气坦承自己困惑不解，是在说实话。当希庇阿斯反对这个论点时，苏格拉底附和说**他也反对**：

T3 《小希庇阿斯》376B—C “我自己也不认同它，

［136］参见第五章第Ⅳ节最后两段。

希庇阿斯啊，但论证显示它就是如此。这就是我先前所说的：我在这个问题上误入了歧途，左右摇摆，看法从来没有一致过……” 279

这部对话描绘了一个犯糊涂的苏格拉底：他已经意识到了，在某种意义上，一个要诡计自愿地行不义的人事实上比一个不自愿地这么做的人**更好**，但却没能更进一步坐实这种意义究竟是什么，并且将它同我们通常在辩论行动的正义与否时用“更好”表达的那种意思做出对照。这个遗憾败坏了整个发现，把它从真理变成了赤裸裸的谬误。但作为我们所了解的那个诚实的论证者，苏格拉底并不企图向对话者或者他自己隐瞒这个失败，这部对话也以对此的坦承告终。

但柏拉图究竟为什么要让他的英雄掉进那个坑里呢？呃，为什么不呢，如果他眼见苏格拉底已经在坑里了，他自己又没找到正确的办法把他从坑里拉出来？因为没有理由认为柏拉图自己在这个问题上的道德洞见比他老师的更高明——没有理由认为柏拉图本人在写这部对话的时候已经看清了问题的根源所在。为此他需要明确指出“更好”在这部对话中如此显著的含义差异——一是道德中立义，指更高超的执行**能力**或**技巧**，二是核心的、独特的道德义，指更高尚的**品格**或**秉性**——并且认识到具备前者绝不是具备后者的充分条件。直到亚里士多德才对此有了更清明的洞见，这使他得以认识到将道德德性定义成一种能力或技艺是大错特错，因为能力或技艺既能被用于善途，也能被用于恶途：医生救治病人的技能同时也是损害甚至摧残病人健康的能力，如果他选择误用它的话。亚里士多德扩充了道德分析语汇，引入了 ἕξις 这个词来指那种选择将能力用于正途而拒绝将之用于歧途的品性状态（state of character）。厄尔文（1977a: 77）已对亚氏的这个洞见有精到的阐明，我自愧不如，干脆引述他的说法：

> 一个技艺人可能具备也可能缺乏正确使用其技艺的进一步的卓越；但一个智慧之人不需要进一步的德性（*aretē*），因为智慧包含了正确的使用（《尼各马可伦理学》1140b21-2），并且，更智慧之人不像更出色的技艺人那样更有能力做坏事，因为智慧是一种德性，是一种状态而不是一种能力。（1149b22-4）〔137〕

280 柏拉图在《小希庇阿斯》中选择表现苏格拉底处在一种糊涂且深感困扰的心理状态中。由于未能认识到把道德德性描述为能力或技艺是不充分的——因为如果只是如此的

---

〔137〕厄尔文评论道，亚里士多德的回答对苏格拉底并不可行，因为“那将摧毁技艺类比”（*loc. cit.*）。如果苏格拉底确实认为德性与技艺是相互同一而不仅仅是类比的关系的话，那它确实会。如果A被类比于B，那么这种关系应该在某些方面但绝非在所有方面都成立（如果是个好类比的话，有说服力且有启发性地成立）。对苏格拉底而言关键的不同在于，没有哪门通常意义上的技艺足以确保幸福（舵手能够挽救乘客的性命，但不认为自己能确保他挽救的生活是值得过的：*G.* 511D-512B），而这恰恰是苏格拉底主张德性能够确保的（例如在 *G.* 507B7-C7 处［引作第八章 T22］）。

话，它就能被用于善途或者恶途——他稀里糊涂地发现，哪怕再不情愿，[138]自己也只得得出结论，承认那些自愿使用这种能力来做坏事的人必定是更好的人。当我们看清他的分析在哪里、为什么出了错，并且看到这导致他得出的错误结论并不能使他的对手甚至他自己信服，我们将更能理解他的处境，不会那么轻易地把再显白不过的自认困惑污蔑为诳言。

6.1 苏格拉底的*DAIMONION*[139]

在柏拉图的《申辩》中第一次提到它时（31C），苏格拉底称之为“某个神样的且神性的东西”（θεῖόν τι καὶ δαιμόνιον），在别的地方则常常简称之为τὸ δαιμόνιον。在后一种用法中，δαιμόνιον是“缩略地用作实名词的”（elliptically substantival）（Riddell, 1867: 102），是一个带有语义空缺的形容词，这个空缺只能通过将之默会为名词来填补；正如伯奈特在对《游叙弗伦》3B5的注释中提醒我们注意的，“古典希腊语中没有像δαιμόνιον这样的实名词（noun-substantive）”，该词的这种常规用法“第一次出现在七十子本《圣经》中，它在那里很显然是δαίμων的后缀缩略形式（diminutive），而不是δαιμόνος的中性形式”。[140]因

〔138〕经常有人注意到376B4-6处的限定短语：“因此，那故意干缺德、可耻且不义之事的人，希庇阿斯啊，**如果真有这样一个人的话**，不是别人，正是好人。”

〔139〕参见第六章，第167页。

〔140〕他还提醒我们，苏格拉底的*daimonion*“从未被称为δαίμων，虽然δαίμων作为守护神的观念颇为人熟知”（*loc. cit.*）。

此在柏拉图那里我们应当一贯地把这个词读作如我们在《理想国》496C的“神圣征象”（τὸ δαιμόνιον σημεῖον）以及《欧谛德谟》272E的“惯常的神圣征象”（τὸ εἰωθὸς σημεῖον τὸ δαιμόνιον=τὸ εἰωθὸς δαιμόνιον σημεῖον：参见《斐德若》242B3）中所看到的补全短语的缩略形式。[141] 正如策勒尔指出的（1885: 82, n. 5），在柏拉图那里，只有他的原告们会用τὸ δαιμόνιον来实义地指称一位神；他们才是那些把ἄλλα δαιμόνια καινά理解成新神的人——他们声称苏格拉底引入这些神来取代城邦的诸神。同样值得注意的是苏格拉底的另一种表达方式，其中完全没有出现δαιμόνιον，取而代之的是一系列以“征象”为关键词的短语：“神的征象”（τὸ τοῦ θεοῦ σημεῖον，《申辩》40B1）；“惯常的征象”（τὸ εἰωθὸς σημεῖον，《申辩》40C3）；或者干脆就是“征象”（τὸ σημεῖον，《申辩》41D6）。它以“嗓音”的形式传到苏格拉底这里：“这就是我从孩提时起就有的东西：有嗓音传到我这里，每当出现，它总是阻止我做本来打算做的事情，却从不鼓励我。”（《申辩》31D，译文遵从阿伦）

色诺芬的用法对这点体现得远没有那么清楚。在他那里，这个词**确实**被用作一个准实词。马尚把《回忆录》1.1.4处的τὸ δαιμόνιον σημαίνειν译成“神给出了一个征象”并没有明显错误。[色诺芬]同柏拉图的差异并没有显著到**要求**

281

〔141〕认为τὸ δαιμόνιον在柏拉图那里是“神圣的**东西**”（the divine *thing*）的缩略的假定（Edmunds, 1985: 211 *et passim*）缺乏文本支撑。

那样去译的程度。我们仍然可以把他的短语读作“得到征显的神圣［征象］”（the divine［sign］signified），但这么读导致的赘余暗示马尚对这个希腊文短语的解读法可能更可取。无论如何，色诺芬与柏拉图的一个实质区别在于，*daimonion* 在色诺芬那里做的工作比在柏拉图那里多得多，种类也完全不同。在色诺芬那里，它给苏格拉底的指示不限于劝阻；它们也发出正面的指令。而且，更引人注目的是，*daimonion* 还给苏格拉底提供了一种他可以用来为第三方谋福利的智识服务：“对他的许多同伴，他都预先建议（προηγόρευε）要做这个，不要做那个，依照那位神的预兆（τοῦ δαιμονίου προσημαίνοντος）；那些听从了建议的人都成了事，那些不听的事后都悔恨不已。”（*loc. cit.*）

这种在柏拉图那里见所未见的将 *daimonion* 当作一个神秘预知者的用法，在色诺芬的《回忆录》（1.1.4-5，部分引于上文）和《申辩》13 中（它在这里被同占卜师们的预知相提并论，并且再次被利用，为苏格拉底的朋友们谋求福利：“我把神给我的［关于未来事件］的建议向我的许多朋友宣布了，它们从来没有一次结果是假的。”）反复出现。[142] 在柏拉图伪作《忒阿格斯》（*Theages*）中我们再一次看到以这种方式发挥作用的 *daimonion*，并且在那里它开始被明确当作一个自成一格的神圣存在。年轻人忒阿格斯将它说成是一

〔142〕色诺芬对 *daimonion* 的处理较之柏拉图的不同之处，见 Maier, 1913: 456-7：“在柏拉图那里 *daimonion* 尚未具有色诺芬赋予它的那种巫术品质。”

282 位羽翼丰满的神祇，他们应该通过祈祷、献祭和占卜师们指定的任何其他手段来“讨好”[143]它。年轻人的父亲赞同这种看法，苏格拉底也顺水推舟：“如果你认为我们该这么办，那就这么办吧。”（131A）下面这个事实揭示了这部奇怪作品的作者的心态：他认为一个年轻人只需要和苏格拉底待在一间屋子里就能增进道德水平，而且“如果［他］坐在苏格拉底边上，进步会大得多；如果紧挨着苏格拉底坐，肌肤相亲，那进步就是最大的”（130E）。

如果搁置《忒阿格斯》（除了把它当作一部某些迷信、崇拜苏格拉底的人在他死后可能会沦落到轻信的纪念作品），那么我们关于*daimonion*的信息来源就只有柏拉图和色诺芬两个可选了。并且如果我们假定，在这个问题上，一如此前已经在第三章、接下来还会在以下附注[144]以及附注7.1中注意到的问题上，我们更应该采信前者这位更可靠的证人的证词，那么，如果要将苏格拉底这个相当令人困惑不解的行为特征深究到底，我们要做的第一件事就是摸清他易受某种特定的心理状态影响——他将这些心理状态解释为来自神的征象——的意涵。他有在这些征象中看出严格意义上的**启示**（*revelation*），亦即“神或超自然行动者向人揭示的知

［143］παραμυθεῖσθαι. 一位神需要通过占卜师指定的特殊的崇拜侍奉来“讨好”，单单这种观念本身就暴露了《忒阿格斯》的伪作属性，哪怕我们没有任何其他根据去怀疑它。

［144］附注6.3、6.4、6.5。

识”吗？[145]如果有的话，那他势必认为神提供给他的不只是（a）那个征象，它所呈现的内容是当即清楚的，而且还有（b）那个征象的正确诠释，它不是当即清楚的，反而可能很成问题。苏格拉底假定（a）为真，这点在我们的文本中足够清楚。他也相信（b）为真，此则不然：**柏拉图文本中没有一处提到苏格拉底明说或者暗示，神不只让他听到了“嗓音”，还指明了其中讯息的正确解释。**[146]正如我在上文指出的（第167—168页），在类似的兆梦的例子中，苏格拉底明确承认，他在某一特定时刻对一个超自然征象的表面内容的解释，到后来可能会需要进行修正。由此他也承认了早前错误解释其讯息的可能性。没理由认为在*daimonion*的例子中情况会有什么不同。那嗓音带给他的是一则讯息。正确解释那则讯息则必须完全依靠他自己高度可错的属人的本事。 283

如果我们回顾柏拉图作品时获得的那些语境信息足够丰富，能够让我们分辨出苏格拉底在说自己收到来自*daimonion*的告诫时的心理状况的文段，我们将会发现，它

[145] 这里我和在第六章脚注〔65〕中一样引用的是《牛津英语词典》对该词的释义。

[146] 如果Brickhouse & Smith（1989: 241 *et passim*）正确注意到了（a）和（b）的这种关键区别，他们可能就不至于落入他们下面这个观点的窠臼，即通过*daimonion*，“[苏格拉底]掌握了通达某些道德真理的直接、确定的渠道”。这个错误存在已久。Zeller（1885: 86）即认为“苏格拉底对神圣启示有内在觉知”，并且进一步把这种觉知解释成“一种生动但未经勘探的对个别行动的适宜性的感知在苏格拉底的个人意识中设定的一般形式”（*ibid.* 95），而回避了这些意识状态对于某个真切地视它们为“神圣启示”的人而言的认知内涵。

们大致可以归入两类：

（A）苏格拉底有独立的根据来接受嗓音叫他做或者相信的东西——即便没有那个征象，这些根据也足以说服他那个行动或信念的正确性。

（B）苏格拉底有“直觉”（hunch）——强烈的直观印象——某个特定的信念或行动是正确的，即便他在当时没法说明其根据。

以下是属于（A）类的段落：

1.《申辩》31C—32A。*daimonion*一直反对他参与政治。他说他“认为它在反对我这方面做得很出色”（παγκάλως γέ μοι δοκεῖ ἐναντιοῦσθαι），因为如果从了政，他“早就已经没命了，对［他们］或者他自己都没有裨益”。他觉察到从政不太可能对雅典人有裨益，并且几乎肯定会毁掉他自己，这显然是他退避政治的一个理性根据，无论他在这个决定上有没有从*daimonion*那里听到什么。

2.《申辩》40A—C。他说，*daimonion*沉默——没有反对他在法庭上采取的辩护思路——的事实“对他来说是个重大标志（μέγα τεκμήριον）[147]”，表明他不会因为被判

284

［147］阿伦将τεκμήριον译作标识（indication），乔伊特最初译作示意（intimation）。在翻译本段时这个词经常被译成证明（proof，如最近的Brickhouse & Smith, 1989: 237ff.）。但“证明”的希腊文对应词应该是ἀπόδειξις。对于这段文本，任何一种认为苏格拉底从*daimonion*的沉默中获得了对什么东西的“证明”的解释，都无法诉诸其中τεκμήριον的使用来作为辩护。

死刑而遭受任何恶果。但死不是坏事这个结论他是在完全独立于*daimonion*的输入内容的理性根据之上得出的。他在*daimonion*尚未被引入讲辞的29A处就这样做了，然后在40C—41C处——他是这样引入这段话的，“并且让我们这么来思考（ἐννοήσωμεν）这个问题”——又更详尽地论证了一遍。即便神圣告诫没有来临，苏格拉底仍然会获得死亡不是坏事这个有理性根据的信念。

3.《申辩》28E，结合33C。两段话都没有点名*daimonion*。在前一段中，他说“神命令我，**如我设想并相信的那样**，要过爱智慧的生活，省察我自己和其他人”，并没有指明命令是以什么方式传达给他的。在后一段中，他说“这么做，**正如我认为的**，〔148〕是神通过神谕、托梦以及神圣命份曾借以命令任何人做任何事情的其他一切手段命令我的”——这个说法的覆盖面足够广，足以允许我们推论，这道“命令”得到了*daimonion*的默许支持（supported *ex silentio*），虽然没有通过它的“嗓音”说出来（否则将会与接下来“那嗓音总是阻止，从不吩咐”的声明矛盾）。苏格拉底有从事哲学的理性根据，这自不必言。从这些理性根据他会推论出，对于本性如此的神（他希望雅典人能够获得人类手段所能成就的至善）和本性如此的苏格拉底（唯独他有能力将追求道德完善的无上重要性带到他的同胞们的现实生活中）而言，从事哲

〔148〕我在这里和上一段引文中着重标出的词强调了他加诸他所指的那些超自然征象之上的解释的个人性。

学就是他能给神最好的侍奉。

以下是属于（B）类的段落：

1.《泰阿泰德》151C。当那些曾一度前来后又离弃了他的追随者再次回来乞求重新与他为伴时，“降临于我的*daimonion*禁止我［接纳］其中一些，允许［接纳］另一些，而后者再次取得了进步”。这里的苏格拉底止住了没有去做某件事，“并且（当时）没法向自己解释那制住了他的理智和感觉动机”（Campbell, 1861: *ad loc.*）。正如我们在生活中经常做的那样，他是在基于一个“直觉”——一些我们在那一刻没法说清楚，但看起来却依然足够有说服力、足以为行动的正当性辩护的根据——而行动。

285 2.《欧谛德谟》272E。他独自在健身场里坐着，正要起身，这时“那惯常的神圣征象”制住了他，所以他又坐下了。他只是出于一个他最好多坐一会的“直觉”而行动的，他也确实这么做了。

3.《斐德若》242B—C。“当我正要过河时，那惯常的神圣征象降临到了我这里——它每每［在降临于我时］制止我做我将要做的事情——并且我似乎听到一个嗓音，禁止我离开原地，直到我涤净对神的冒犯。”这里苏格拉底有很好的理由来涤净那个冒犯。他紧接着就说明了理由：他第一篇讲辞的说法对爱欲不敬。但那些理由在他所指的那个时刻尚未在他心中得到清晰的表达，而且更早之前它们甚至被表达得更加模糊不清：在他发表第一篇讲辞时，“某个通神的东西”

（242C7）“搅扰了他”。援引预言占卜和*daimonion*是为了解释他不情愿在就第一篇不虔敬的爱欲讲辞补偿神明之前离开的理由——这种不情愿一直都在，只是被回过头来解释清楚了而已。

这些段落提供了足够信息让我们能够分辨当*daimonion*降临时苏格拉底的心理状况是怎样的，我们可以放心断定，它们之中没有一处蕴含甚或暗示他会愿意接受来自那个来源的提议，**如果它提供了不受他的道德理性待见的劝谕的话**。需要肯定的是，如果苏格拉底**知道**X是来自无限智慧的神的命令的话，这将会压倒他关于它的任何理性顾虑。但那恰恰是他**不**知道的。他所掌握的就只有主观的，据认为是由神造成的心理状态，其内涵仍留待他自己去决定。不妨考虑，例如，亚伯拉罕在《创世记》22中收到的一条类似的命令：“你带着你的儿子，就是你独生的儿子，你所爱的以撒，往摩利亚地去，在我所要指示你的山上，把他献为燔祭。”亚伯拉罕能够，也确实把他从上帝那里获得的征象的表面内容当作其真实含义，但苏格拉底不能。亚伯拉罕和苏格拉底都相信神是善的，只会意愿那些侍奉他的人得好处。而这既会给亚伯拉罕也会给苏格拉底理由怀疑，神竟会命令一个人去做杀害无辜的孩子这等骇人的恶行。但在亚伯拉罕心目中信仰是压倒理性的，他也因此被克尔凯郭尔赞誉为一位“信仰的骑士”（knight of faith）。苏格拉底的情况则不是这样，他一生信奉论证理性（第六章T1），就此而言，亚伯拉罕或者任何其他《旧约》人物没有一个能和他相匹。苏格拉底侍奉的神 286

只具有他的盘诘理性许可的那些属性。一旦*daimonion*给出的讯息违背了苏格拉底式的理性为诸神设定的品性，这条讯息会据此自谴为他自己的异想天开，而不是来自他的神的一条真命令。

但《申辩》的某些读者心中仍然存有一种印象，即苏格拉底确实容许他的“征象”压倒了他基于理性根据做出的一个决定。我的朋友布里克豪斯和史密斯将这种印象阐述成了他们《受审的苏格拉底》(*Socrates on Trial*，1989）一书中以及后来于1990年1月26日至2月1日致《泰晤士报文学增刊》的信中的一个正式论点。为了佐证他们的论点，他们援引了《申辩》31D—E。但那段话真的能作为他们论点的证据吗？确实能，如果那段话中所说的确如他们在信中所主张的，是苏格拉底“已经决定了要从事［政治］活动”，而那个“征象”介入并反对了那个决定的话。他们之前在氏著中就提出过同样的主张：“每当他已经下定决心要从事政治活动”，*daimonion*都会反对他（1989: 168）；“每次他尝试”涉足政治，“它都反对他”（169）。

但文本中说了这点吗？苏格拉底说了他已经**决定了**从政，**下定了决心**，并且**尝试了**这么做吗？没有。那里面没有一个词表明他做过任何这些事情。他说的只是“*daimonion*反对我从事政治”（31D5），并且在他看来有好的理由这么做（31D6-E2）。我们细读文本能了解到的只是他的“征象”反对他涉足政治，他的理性也反对。“征象”和理性是一致的，不存在压倒。

那布里克豪斯和史密斯是怎么把那段文本当作相反观点的证据的？答案在他们致《增刊》的信中表露无遗："*daimonion*不可能'阻止［苏格拉底］'从事政治活动，除非他事先已经决定了要从事这类活动。"这当然是错的。试想：我收到了一份工作录用信，它会让我收入翻倍，但可能会以别的方式让我倒大霉。我辗转反侧考虑了一晚上，美滋滋地满脑子想着多出来的收入。我起身来，**几乎**已经准备好要写接受信了。如果有一个关心我福祉的神圣征象保佑我，这不是他说"不要"的好时机吗，何必要等到我"已经决定"接受以后？

苏格拉底肯定也像这样经常会需要他的征象的建议。生活在一个实行参与式民主的城邦中，受着修昔底德笔下的伯里克利言简意赅地概括的那种"我们不把那些不参与政治的人视为与世无争之人，而是视为毫无用处之人"（2.40.2）的风气的裹挟，苏格拉底这个极其讲良心的人眼看着身边发生的种种骇人情状，必定常有痛心疾首、扪心自问的时候，会禁不住想自己拼死坚持有原则地退避政治到底做得对不对，甚至在特别考验人心的情况下——譬如说，在屠灭米洛斯人的问题即将提交公民大会辩论的那天早上——就差没去做他的良心一直否决的事情了。但他有走到过**决定**并**下定决心**做的地步吗？如果他的"征象"没有干预，他会**尝试**去做吗？这是我们不知道也永远不会知道的，如果我们立足于证据，继续钩沉历史而不是掉头去写历史传奇的话。

287

6.2 《伊翁》533D—536A[149]

这是柏拉图早期作品中一个格外富于诗性想象，因此尤为值得一提的段落：诗人是块“磁石”，是个“有翼的”生灵，是从蜜源中采撷甜蜜的“蜜蜂”（这里涉及μέλι［蜜］、μέλη［歌、抒情诗］、μέλιτται［蜜蜂］、μελιρρύτων［采蜜］、μελοποιῶν［作歌人］之间无法转译的双关，534A-B）：他就如同“把溪流变成奶和蜜的酒神狂徒”（534A）。柏拉图让苏格拉底在这个场合以诗人般的语言来向我们解释什么是诗人。但他并没有让苏格拉底在解释时抛弃他惯常的盘诘者角色。苏格拉底这里的盘诘实践的不同之处在于他先是详尽阐述了一套极富挑战性的理论，然后才通过论证来予以证实。这种对通常次序的颠倒并无损于他后来回过头提出的盘诘论证的威力。与维尔旦尼乌斯（Verdenius, 1943: 233ff., at 235：“他没法证明这个信条”）的观点相反，苏格拉底用盘诘论证有力地反驳了伊翁“并不是在附身和疯狂的状态下（κατεχόμενος καὶ μαινόμενος）赞颂荷马”的主张（536Dff.）。同时，与维拉莫威兹（1948: 100）认为苏格拉底在这部对话中进行的“指教”（dozieren）多于盘问的评论相反，一俟阐明完那套“附身”理论（533D-535A和535E-536D），《伊翁》中的苏格拉底就变回了那个专注且机敏的发问者和论辩者，同柏拉图任何一部苏格拉底对话中的他一样。

---

［149］见第六章，第168页。

我们需要将这个段落与《申辩》22B—C（=第六章T10）对读——这是一段珍贵的旁证，因为没了它我们将无法判断《伊翁》中阐发的诗性灵感理论是否纯属柏拉图的发明，在真实的苏格拉底思想中没有任何根据，正如学术文献中经常假定的那样：例如格思里（1975: 209）就是这么认为的，像其他许多学者一样，他若无其事地忽略了《申辩》中重复的苏格拉底在《伊翁》中说过的话（参见 ἐνθουσιάζοντες ὥσπερ οἱ θεομάντες καὶ οἱ χρησμωδοί［受着启发，如同那些占卜师和预言家］,《申辩》22C，呼应了《伊翁》533E-534C 中将受启发的诗人同先知和发布神谕者归为一类的说法）。更糟糕的是，他把《伊翁》中的神灵附身理论同《斐德若》中对应的理论混为一谈，而对以下事实视而不见：《伊翁》（和《申辩》）中的"受启发者"（ἐνθουσιασμός）的"疯狂"被视为一种心智的失常和理性的失陷（一种当事人失了心［ἔκφρων，534B］，失去了理智［νοῦς，534C-D］的状态），而在《斐德若》中，通过把柏拉图式的"回忆"理论嫁接到这套理论之上，借此发现被凡夫俗子误解为疯癫的神灵附身中其实蕴藏着**人类可能达到的最高级的知识**，柏拉图消解了苏格拉底对"受启发者"知识水平的贬低。 288

6.3 柏拉图和色诺芬笔下的神谕故事〔150〕

柏拉图笔下的故事是这么说的：

〔150〕参见第六章脚注〔73〕。

柏拉图，《申辩》20E—21A “你们肯定知道凯瑞丰……有一次他到了德尔斐，就这件事求了神谕——我说，诸位，别喧哗——他问是否有人比我更智慧。皮提亚女祭司答复（ἀνεῖλεν）没有人。凯瑞丰如今已经过世了。但他的兄弟就在这里，可以作证。”

色诺芬版本的故事则是这样的：

色诺芬，《申辩》14 “当凯瑞丰有一次在德尔斐当着许多人的面求问关于我的事情，阿波罗答复（ἀνεῖλεν）没人比我更自由、更正义，或者更智慧。自然，一听到这个，陪审团们发出了一阵更大的喧哗。”

色诺芬并没有告诉我们［凯瑞丰问的］问题是什么，只是说了一堆赞誉的头衔。柏拉图确切地告诉了我们问题是什么——“是否有人比苏格拉底更智慧？”——并且告诉了我们确切的答复——“否”。这两种说法我们该相信哪个？两则故事在法庭上的可信度明显不同。色诺芬的版本的力度简直弱得不能再弱了：呈递给法庭的只有辩护方的一面之词。在柏拉图的版本里，庭上就坐着一位很有资格的证人能证实这个故事。此外，在柏拉图的版本里，凯瑞丰的问题是可以用“是”或“否”回答的；这时求问可以通过抓阄（cleromancy）来处理——阿曼德利（Pierre Amandry）已经表明，据我们所知，前4世纪的德尔斐一直有这套程序的使

289

用，并且很可能很久之前就已经在使用了。[151] 女祭司面前摆着一个盛有两颗豆子的器皿。她随便抓一颗。如果豆子是白的，她就回答“是”，如果是黑的就回答“否”。如果这就是眼下这个个案使用的方法，那么一个棘手的难题就自动消解了：一个寸步不离故土，未曾推出任何著述的雅典哲人，怎么会如此之广负盛名，以至于德尔斐肯以名誉担保没有人比他更智慧？如果实际使用的方法是抓阄，那就不需要苏格拉底事先已经负有盛名，甚至不需要他小有名气。皮提亚女祭司需要做的只是抓颗豆子。

采信柏拉图版本胜过色诺芬版本的故事的一个进一步的理由是，在前者中，皮提亚女祭司的答复应该是私下写给求问者的（Amandry, 1950: 150），而据后者，答复是公开发布的（“当着许多人的面”），如果后者属实，我们很难相信这件事在苏格拉底受审之前长久以来一直未曾公之于众，而柏拉图和色诺芬给我们的印象都是这是皮提亚女祭司的答复第一次被公开。[152] 如果用的是抓阄的方法，凯瑞丰就可以保守这个消息，只向苏格拉底一个人透露。

---

〔151〕他的观点有争议（Fontenrose, 1978: 220-2），但反方的依据是现存的历史上的神谕没有一则的答复是否定的，而这很难说得上有说服力。广泛被用来称皮提亚女祭司的答复的词ἀναιρεῖν（抓起/拿取，LSJ, *s.v.*, sense III）暗示最初神谕可能是通过抓阄占卜的方式给出答复的。

〔152〕无论色诺芬还是柏拉图都没有在审判之前的任何语境中提到过这则神谕。而且如果这样一则神谕是苏格拉底公众形象的一部分，那对苏格拉底的控告就更难解释了：无论做何诠释，德尔斐对他的智慧做出了这个赞许的事实在许多雅典人看来都会是他的虔敬的一个有力证明。

6.4 色诺芬论献祭[153]

希腊宗教的标志一向是请愿祈祷，它取决于请愿者向被乞求的神或诸神致献的祭仪供品。在《伊利亚特》中阿波罗的祭司就是这样向他祈祷的（1.40.1）。

290 若我曾向您焚献肥美的牛羊大腿，
请您满足我这祈祷。

在现实或想象的希腊献祭里，其他无数人也都是这么做的。

色诺芬笔下的苏格拉底并不像这样虔敬十足。他建议我们应该只要求诸神“赐予好的事物”，并且信赖他们送来的是他们凭借更高超的智慧断定对我们最好的东西，无论那是什么（《回忆录》1.3.2）。他教导说铺张的祭品徒劳无益，因为俭朴的祭品同样能讨诸神欢心（*ibid.* 1.3.2）。但即便如此，神明崇拜背后的原理仍然是礼尚往来（*do ut des*）：

《回忆录》4.3.17 “唯有靠不遗余力地崇敬诸神，一个人才胆敢希望获得最大的善。比起从有能力带来最大的好处者那里，审慎之人还能从谁那里期望更多呢？”

---

〔153〕参见第六章脚注〔94〕。

这是色诺芬笔下的苏格拉底虔敬观的核心：[154]

> **《回忆录》4.6.4**[*] “那知道关乎诸神的合法用度（νόμιμα）的人会合法地敬神？……而那合法地致敬的人就是在应当应分地致敬？……那我们难道不应该把虔敬的人定义为那正确地知道关乎诸神的合法用度的人？”

这些关乎诸神的“合法用度”就是神法对于对诸神的恰当献祭的规定。

> **《回忆录》4.3.16** “你看，当德尔斐的神被问到‘我该如何取悦诸神？’，他回答说：‘通过城邦的法度（νόμῳ）。’”

这正是游叙弗伦在第六章T14中提出的最后一个定义所蕴含的虔敬观，苏格拉底调侃称这个定义把虔敬化约成了一种“诸神和人之间的交易技艺”（《游叙弗伦》14E6）。因此，《回忆录》赋予了苏格拉底一种他在柏拉图的《游叙弗伦》中拒斥的虔敬观。

我们有什么办法辨别这两则相互抵牾的证词中哪则的历史可信度更高吗？有。如果苏格拉底践行色诺芬赋予他的

---

〔154〕也是色诺芬自己虔敬观的核心。例如，见Marchant, 1971: 1143。

* 原书误作4.3.4。

那种以仪式崇拜为中心的虔敬，并且在对城邦神的仪式侍奉上是“众人中最显眼的”（《回忆录》1.2.64），那我们就无法理解他怎么会被控不虔敬；如果被控告，一个由普通雅典人组成的陪审团——对他们来说以仪式崇拜为中心的虔敬观是天经地义的——怎么可能定得了他的罪，既然在那种情况下他恰恰能够援引，并且在色诺芬笔下确实援引了（在柏拉图笔下则从未援引）[155]雅典陪审团通常认为最有说服力的那种脱罪证据。

291

6.5　色诺芬 VS. 柏拉图论苏格拉底的辩护词

他们各自所呈现的讲辞在两个至关重要的点上扞格不入（我将以缩写“苏格拉底$_P$”代指柏拉图所表现的苏格拉底，以“苏格拉底$_X$”代指色诺芬的）。

1. 苏格拉底$_P$认真努力地去说服法庭他是无辜的，虽然他说（《申辩》18E-19A）他明知说服“很难”，但那“对你们和对我来说都最好”。[156]相反，苏格拉底$_X$的讲辞则是在故意挑衅，为的是要增加自己被定罪的机会，因为他相信这能帮他安乐地逃避垂暮之年的种种病痛（《回忆录》4.8.6-8，色诺芬的《申辩》1 *et passim*）。

2. 当下达完“有罪”的判决，按法庭程序该传唤被告提出替代惩罚时，苏格拉底$_P$的第一反应是扬言他应得的不

---

〔155〕*Mem.*1.1.1; *Ap. of Socrates* 11 and 24.

〔156〕参见 Brickhouse & Smith, 1989: 60-1。

是惩罚而是崇高的公民荣誉，是雅典能够表彰的最高的公民荣誉：在政府大厅（Prytaneum）里享受公家的供养。但接下来他换了一种方式，终归提了一项实际的替代惩罚：自己出钱缴纳一个明那（mina）的罚金，或者由朋友们代为缴纳三十个明那。苏格拉底$_X$则“在被吩咐提出替代惩罚时既不自己提，也不让朋友们提——他说这无异于认罪”（色诺芬的《申辩》23）。[157]

我们应该相信哪个说法？在第1点上，显然，如果苏格拉底$_X$相信（实际上也的确相信）自己在所有的控罪上都是完全无辜的（《回忆录》4.8.9-12，色诺芬的《申辩》10-13），却选择了用他讲辞中那种“高傲的口吻”[158]来挑衅法庭投票定他的罪，那他就等于是在有意纵容一桩严重的错判，任由一个毕生以虔敬（《回忆录》1.1.2，色诺芬的《申辩》11）和致力于老少同胞的道德改善而为人所共知之人被定不虔敬 *292* 和败坏青年之罪。即便没有其他的理由，单凭这点，我们就不得不拒斥色诺芬的证词，因为这样的举动与色诺芬所见证的——不亚于柏拉图所见证的——苏格拉底那磐石般正直的性格极不相符：我们怎么能够既相信苏格拉底从未对任何人行不义（《回忆录》4.8.10），**同时又**相信他公开挑衅几百名雅典陪审员，只是为了做一件昭然若揭的不义之举？

更有甚者，色诺芬承认（色诺芬的《申辩》1）他自

---

〔157〕Brickhouse & Smith, 1989: 215正确地驳斥了色诺芬的证词在这点上的真实性。

〔158〕μεγαληγορία，字面义为“说大话”。

己就是这样看待苏格拉底的讲辞的少数人之一：他议论道，虽然写过相关著述的“其他所有人”[159]都注意到了它的μεγαληγορία（高傲的口吻），但没有谁预见过色诺芬对它的解释，亦即没有谁断言过苏格拉底的辩护词是在有意挑衅，其动机是确保能实现“通过司法判决自杀”的愿望。[160]故我们有强有力的理由接受柏拉图在这个问题上另外的解释：他的证词能得到其他数个证词的佐证，而色诺芬的不能；并且柏拉图在这点上的证词同他和色诺芬关于苏格拉底的道德品性的证词一致，而色诺芬的与之不一致。

那我们是否应该假设色诺芬是在故意闪烁其词？证据并不要求我们这么认为。他把苏格拉底视为一个威严十足、令人信服的说话者，[161]这使得他很难相信，唯独在这

[159] 他没有点出他们的名字。他们的著作应该包括柏拉图的《申辩》（按A. E. Taylor [1956: 120, n. 1] 的论证，它必定为色诺芬所知）和吕西阿斯（Lysias）所写的那篇（阿瑞塔斯 [Arethas] 对*Ap.* 18B的一则评注提到了它）；很有可能也包括忒奥戴克底（Theodectes）的一篇《申辩》（*Apology*，见Deman, 1942: 35-6的证词V和补充的参考文献）；以及无论如何得包括进来的，色诺芬在《回忆录》开篇大费周章予以驳斥的波吕克拉底那篇《诉苏格拉底》。

[160] 这是Allen（1980: 35）对色诺芬所设想的苏格拉底辩护词那种“高傲口吻”的动机的精妙描述。

[161] *Mem.* 4.6.15：“每当他争论，他比我所认识的任何人都更能赢得听众的同意。”另参见*Mem.* 1.2.14。柏拉图对他的描绘判然有别于此。面对铁了心的对手，苏格拉底总是赢得争论，但却很少甚至从来无法让他的对手心服口服。在论证中被迫同意行不义对于行动者总是比对于受害者更坏的波洛斯，自始至终未被苏格拉底说服，接受后者的论点为真；他仍旧认为那个论点很荒谬（ἄτοπα，*G.* 480E）。《高尔吉亚》里的卡里克勒斯、《普罗塔戈拉》里的普罗塔戈拉、《小希庇阿斯》里的希庇阿斯和《伊翁》里的伊翁也没有被说服。

一个场合，苏格拉底明明已经尽可能强地阐明了自己的立场，[162] 却还是惨败收场。他会觉得不利的判决是苏格拉底有意挑衅的结果这种观点要容易接受得多。

在第2点上，采信柏拉图而非色诺芬的（独立的）理由也很强。柏拉图就在审判现场，而色诺芬当时甚至之后很长一段时间都远在安纳托利亚；他依靠的是多年之后从赫莫根尼处听来的消息，而对于后者的真实性我们一无所知。苏格拉底P说他应得的不是惩罚而是在政府大厅享受公家供养，这个傲慢的要求势必会引起一片哗然，而柏拉图肯定会在庭上和之后对此有所耳闻目睹，色诺芬则没有这种可能。此外，在柏拉图版本的故事里，除了他本人，他的好几个在雅典知名的朋友也在那段讨价还价里被点名提到了。如果色诺芬版本的故事属实，那么［柏拉图］如此详尽的一份事实汇报——那些朋友和他们身边的许多熟人，以及出席了庭审的其他几百名雅典人，都了解这些事实——就只可能是彻头彻尾的虚构，但这实在令人难以置信。比这要容易相信得多的是，色诺芬在多年以后才回顾并写下了此事，当时公众关于事件的记忆已经消退，于是他出于辩护的理由操纵了事实。

293

6.6 苏格拉底为什么被定罪?

按照雅典关于不虔敬的法律，仅仅信从非正统信念构

〔162〕按色诺芬的观点，关于他的虔敬，苏格拉底恰恰有能力提出（也确实提出了：*Mem.* 1.1.1，*Ap. of Socrates* 11）雅典陪审团会觉得最有说服力的那类证据。

成当罚之罪吗？这个问题经常引起争议，并且支持正反双方的回答均时有出现。[163]目前正方似乎在论辩中占尽上风。事实上，考虑到苏格拉底的正式诉状对信念的强调，反方似乎很难有什么道理可讲：三条控罪中的前两条（“不信城邦神，引进新神”）显然是信念问题，尤其第一条完全是；并且在《游叙弗伦》里，第三条控罪的内容似乎被归并到了前两条里。被问起他的原告们到底指控他干了什么败坏青年的事情，苏格拉底回答说：

T1 《游叙弗伦》2B1—4 “他们说我是个造神者：[莫勒托斯]针对我提出了这个控告，说我制造新神并且不信旧神。”

然而，如果我们把迄今为止争议各方都很少注意到[164]的苏格拉底在《游叙弗伦》中的两段议论考虑进来，局面就会有所改变：

294

T2 《游叙弗伦》3C7—D2* “在我看来，雅典人并不

---

〔163〕最近支持正方的有Brickhouse & Smith（1989: 31ff.）和David Cohen（1980: 695-701），支持反方的有Allen（1980a: 15-18）。

〔164〕伯奈特对*Eu.* 3C6-D9的详细评注完全没有意识到此处对于苏格拉底的控告和定罪的分量。Allen, 1980a的“出处索引”中并未列出这段文本；Brickhouse & Smith, 1989的也没有，虽然它们对与苏格拉底的定罪实质相关的柏拉图文本的检查做得格外彻底。

* 原书误作“37-D2”。

是很介意那些他们认为的聪明人，只要他不教授他的智慧。但他们一旦认为他把其他人变得像他一样，就会被惹怒。”

接下来他对比了自己和在公民大会上大肆谈论自己的私人宗教见解，但却未曾持之以恒地努力向他的雅典同胞们传播这些见解的游叙弗伦：“他很少表露他自己，不愿意教授他的智慧。”而他，苏格拉底，却不厌其烦地把他的智慧分享给每个张三、李四或王五：

T3 《游叙弗伦》3D6—9 “但我担心由于我自己的慷慨，他们就认为我愿意向所有人倾囊相授——不但不收钱，还乐意付钱给任何愿意听的人。”

因此，按苏格拉底对这个问题的理解，激起那些守旧派“愤怒”的不只是他恰好持关于诸神的错误信条这个事实，更是他如此锲而不舍地在雅典街头推广这些信条。

但他们对他的这种做法的“愤怒”会不会对法律层面的问题，即传播那些观点是否会导致他触犯关于不虔敬的法律产生实质影响？确实会。因为，正如科亨（David Cohen）已经指出的，由于雅典的法律体系并未界定不虔敬罪行（或者其他绝大多数罪行）的正式定义，故它有法律实效的定义简单来说就是“共同体的集体意识中本有的，通过恰巧在某个特定的日子里列席某个个案的五百（多）名陪审员体现出来的”（1980: 698）那个定义。这是个辩论各方都同意的关于雅典司法体系的事实。阿伦尤其强调了这一点：“某个特定日子里简单多数的当值陪审员认为什么不虔敬，什么就构成不虔敬。”[165]故苏格拉底在本注T2中告诉我们的是，雅典人并不是很关心他曾经持反传统的信念这个事实本身（并且如果他们不关心的话，他们当中列席他案子的那些陪审员就不太可能会投票对他处以不虔敬法所规定的那些极刑）；但如果他们认为他在传播那些信念（“把其他人变得像他一样”），情况就完全不一样了——**这**可会“惹怒他们”。

295 但它会以一种有司法效力的方式“惹怒”他们，令他们觉得他犯了不虔敬这项可怕的罪名吗？这似乎正是他在本注T2、T3中的话的主旨。这些议论暗示了如下假说：一个人会被列席他的案子的陪审员裁定犯有不虔敬罪不单纯是因为他持宗教异见，而且还因为他拿那些异见来做的事情；只有当一个人有劝诱他人皈依（“把其他人变得像他一样”）的举动，他才会被认定为有罪。如果我们检阅手头文献来源中支持和反对的旁证，我们将不会发现任何反对这条假说的证据；现有每一例证据都与它吻合，并且在那种程度上证实了它。

首先，在色诺芬的《回忆录》中（1.4.2），我们听闻有这样一位与苏格拉底关系密切的伙伴，阿里斯托德摩

---

〔165〕1980a: 28.

斯，[166]“他因不向诸神献祭、祈祷或者搞预言占卜，而是嘲笑那些这么做的人而出名”。阿里斯托德摩斯不是无神论者，但认为神明“太过伟大，不需要我去关心”（1.4.10）。即便如此，他不但能故意选择不参与仪式，还到处吹嘘并且嘲弄那些墨守成规的人而不受惩罚，这雄辩地说明了雅典所能容忍的宗教异端信仰和实践的尺度有多宽。虽然他的行为显然是不虔敬的，但他并不惧怕遭到法律控告，否则他肯定会对离经叛道之举守口如瓶的；他肯定不会挑衅地认账，以此嘲弄礼法的监管者。除非有什么特殊情况让他觉得无所畏惧，否则他这么做就完全没法解释。我们的假说告诉了我们这种情况可能是什么：虽然他认为仪式崇拜的繁文缛节很可笑并且口没遮拦地到处这么说，但色诺芬的叙述中没有任何地方表明他主动去“教授”他不虔敬的观点；他笑话那些不分享这种观点的人，但却没有花工夫去劝他们改变信仰。

不妨再进一步考虑普鲁塔克关于狄奥佩忒斯法令（the decree of Diopeithes）的汇报[167]：

T4　普鲁塔克，《伯里克利传》（*Pericles*）32.1　大约

---

〔166〕参见Plato, *Smp.* 173B-174A；这部对话称其关于原本事件的记述是来自阿里斯托德摩斯的亲眼见证。

〔167〕这份汇报的史实准确性一向有争议，但在我看来尚未有人举出令人信服的依据可以完全否定其史实性。David Cohen（1980: 699）给出的那条依据——“我们在接近同时代的文献来源中找不到它的旁证”——并不充分；普鲁塔克尤为博览前5世纪和前4世纪的文献，他不太可能会在缺乏文献来源支持的情况下这么详尽地引述这条法令。

> 在这时［临近伯罗奔尼撒战争爆发时］……狄奥佩忒斯援引了一道为控告那些不信诸神或者教授关于天界的学说之人提供依据的法令，通过阿那克萨戈拉把嫌疑引向了伯里克利。

296 这个将不虔敬的信念明确纳入法律禁止范围的初次尝试明显针对的是阿那克萨戈拉：他不是个以个人身份短暂在雅典逗留并拜访伯里克利和其他朋友的私底下研究天上事物之人。他是一批受众甚广的著作的作者：三十年后苏格拉底受审时，这些著作在雅典仍然有售，价格也平易近人。毋庸置疑，他现身雅典之所以会引发这次没有任何先例的立法行动正是因为这个：他那些被守旧分子视为眼中钉的教诲的影响力。

至于苏格拉底本人，尽管他自己一再抗议他"未曾当过任何人的老师"(《申辩》33A5-6)，[168]但在公众认知中他的个人形象肯定是个青年之师。三十僭主引入直接针对他的禁制性立法只是想通过封杀他的教学活动来让他闭嘴：

> **T5 色诺芬，《回忆录》1.2.31** 那时克里提阿斯（Critias）还是三十僭主之一，在和嚓里克勒斯（Charicles）一同起草法律时……他插入了一条条款，规定教授言辞技艺违法。[169]

---

［168］参见 Xen. *Mem*. 1.2.3-8。

［169］参见 Xen. *Mem*. 4.4.3："他们禁止他同年轻人交谈。"

“教授言辞技艺”——不论这作为对苏格拉底与年轻对话者的盘诘交谈的描述有多么不恰当——会被阿里斯托芬在《云》中渲染的那种流俗印象，即他是年轻人的“教师”所强化；这个表述足够有弹性，足以涵盖他与年轻伙伴的结交可能涉及的任何活动。虽然他案子的正式控告里没有提到他的教诲，我们仍然知道他作为一个教师的功劳在公众对他的定罪的回忆里非常突出。那个事件过去五十年后，埃斯基涅斯在面向一个民众法庭发言时单独指出它是判决的**关键**原因。

T6 埃斯基涅斯，《驳提玛尔科斯》(*Contra Timarchum*)

173 雅典的人们啊，你们处决了智者苏格拉底，因为他被表明是颠覆了民主制的三十僭主之一的克里提阿斯的教育者。〔170〕

普通雅典人不会明白苏格拉底和他那些出身高贵的年轻朋友，如克里提阿斯和阿尔喀比亚德，在据称败坏了他们的所谓“教育”的过程中彼此之间到底发生了什么。但他们也完全不难从他们中的许多人偶尔在街头或者市场与他碰面的个人经验加以概括。在明知他有不可思议的能力把他所“省察”的那些传统观念批驳得体无完肤的情况下，他们会推断，这些年轻人从早年的教育中获得的关于诸神的诚实信念

297

〔170〕在其他版本的诉状里，阿尔喀比亚德的名字被和克里提阿斯并提：Xenophon, *Mem.* 1.2.12-16。

根本抵挡不了苏格拉底辩证法的威力。

尽管这些资料很单薄，从中我们却仍能颇有把握地推断，如果苏格拉底满足于通过与有志求真的同伴的私下对话来追求哲学，他本不需要惧怕他非正统的宗教观点会给自己惹上官司。由于他不著书，他与友人辩论的那些意见本不会给他留下被控告的把柄。造成这种后果的是他公众使命的侵略性——是他觉得有责任在雅典的街头巷尾从事哲学，“省察他自己和其他人”，[171]对“我碰巧遇到的你们每个人”，“我所碰见的你们中的每个人，无论年少还是年老，来自本邦还是外邦”[172]施展他水滴石穿的辩证法。

7.1 柏拉图VS.色诺芬论苏格拉底对报复的拒斥

在第三章中我处理了柏拉图和色诺芬的证词间的主要分歧之一：柏拉图三番五次地强调的苏格拉底的无知宣言在色诺芬那里闻所未闻。如我当时评论的，后者在前者大书特书的一个主题上的沉默，其效力等同于暗中否认。在第七章中我们遇到了一个甚至更尖锐的冲突。色诺芬的苏格拉底全盘接受了助友损敌的传统观念，[173]柏拉图则如此斩钉截铁地拒斥了它，以至于把这种拒斥当成是检验一个人是否有决心

〔171〕*Ap.* 28E and 38A（此前在第四章脚注〔13〕中引用）。正如我在第四章中已经强调的，“省察”**他人**是盘诘法的活力之源。当他转而只“省察”他自己时，像在《吕西斯》中那样，盘诘法就已经死了。

〔172〕*Ap.* 29D, 30A（引于第四章脚注〔14〕）。

〔173〕见第七章脚注〔52〕。

与他并肩对抗“多数人”的试金石。[174]我们应该接受谁的证词？当面对的是苏格拉底的无知时，我们有其他的证人证言可以打破僵局：亚里士多德、苏格拉底派的埃斯基涅斯、科洛忒斯、西塞罗、埃琉斯·阿里斯提德斯全都支持柏拉图；色诺芬则是个另类。在目前的问题上我们却别无证人。除了柏拉图，没有谁说过或者暗示过苏格拉底相信正义之人不会以恶报恶。为什么要采纳柏拉图的说法，反对色诺芬的？

我们可以退而倚靠那些柏拉图的证词中有更高可信度的一般依据：他在苏格拉底死之前许多年就已经熟知他这位老师，后来又花了许多年时间作为一名苏格拉底派去写作哲学，以这种方式加深、澄清了这种了解。我们不知道色诺芬和苏格拉底相识了多久，很可能他们只不过是泛泛之交。在柏拉图身上我们看到的是一位能够帮助我们理解哲人苏格拉底的可靠证人，因为只有哲人才有［这种见证另一个哲人的］能力，而从色诺芬那里我们所能期待的只不过是我们能够从一个有才华的文人那里了解到的苏格拉底。假如说我们有两份关于罗素的哲学的记录，一份来自G. E. 摩尔（G. E. Moore），另一份来自H. G. 威尔斯（H. G. Wells）。在这两者之间选，我们还会有片刻迟疑吗？ 298

但仍然有一件事情值得我们考虑，它也许能帮助我们做出决定。在引作第三章T24的那段文本里，我们看到色诺

［174］参见第八章T13。

芬借希庇阿斯之口说出了一种与《回忆录》通篇关于苏格拉底的讲述格格不入的观念：色诺芬笔下的他是个诲人不倦的思想家，几乎从来不会回答不上他提出或者被问到的任何问题，仅在一个小节（3.6）的篇幅内就一连提出了九个精心构思好的伦理政治术语的定义，[175]这其中只有四个是苏格拉底在柏拉图那么多篇对话中曾经探究过却无果的；但在T24中，色诺芬笔下的希庇阿斯，正像柏拉图笔下的忒拉叙马科斯那样，抗议苏格拉底"盘问并且反驳每个人，却从来不愿意对任何人给出自己的说法，或者表达自己关于任何事情的意见"。[176]色诺芬所有苏格拉底作品里没有任何一个段落像这段这样，狠狠地给《回忆录》所呈现的那个默默保守助友损敌的传统伦理的苏格拉底形象来了个釜底抽薪。但如果我们去看《居鲁士的教育》，我们能在该著第三卷中发现一些东西，它给了我们很好的理由提问，色诺芬是不是真的没有意识到苏格拉底对这种伦理的拒斥？这出现在《居鲁士的教育》一个引人入胜的相关的情节片段里。我将简要地复述之。

修昔底德笔下的斯巴达军队在斯法克忒里亚落败后促请雅典人提出宽宏大量到足以引来"以德相报"的停战条件，[177]在《居鲁士的教育》第三卷中色诺芬笔下的居鲁士也

〔175〕分别关于虔敬（4.6.2-4），正义（4.6.6），美（4.6.9），勇敢（4.6.10），王政和僭政，贵族主政，多数人主政，人民主政（4.6.12）。

〔176〕参见第三章脚注〔95〕。

〔177〕参见对第七章T15的讨论。

曾不无自矜地向落败的敌人提出过类似的停战条件。亚美尼亚（Armenia）国王背信弃义地违反了对其波斯领主的条约义务，拒不支付一笔规定的贡金，偷偷在一个据点设防，还企图暗地里把他的王后连同大量财宝拐带出危险地区。居鲁士一听到风声就闪电出击了：他的军队包围了亚美尼亚国王，俘虏了王后和随从，缴获了财宝。敌人既已落入自己手掌心，居鲁士就开始考虑要怎么处理国王的背叛。国王的长子提格剌涅斯（Tigranes）曾经是居鲁士打猎的伙伴。居鲁士如今前去咨询他，说"迫不及待"想要听到他的建议，因为提格剌涅斯之前曾受教于一位德高望重的"智者"（3.1.14）。提格剌涅斯的建议（直接出自他本人之口，但无疑反映了那位"智者"的教诲）是这样的：居鲁士向被俘的叛徒开出的条件应当宽厚得不只会"让他的神志清醒过来"——一败涂地给他的打击已经让他清醒过来了——还会唤起足以把他变成永远忠贞不贰的朋友的感激之情。 299

但这位神秘的"智者"是谁？至此为止，他可能是任何读过修昔底德那段文字（第七章T15）并思考过其教训的人。但更奇怪的还在后面。提格剌涅斯透露说他父亲曾下令处死那位"智者"，因为害怕他败坏了王子，在情感上取代了那位年轻人的父亲。这是他向居鲁士汇报的剩余部分：

《居鲁士的教育》3.1.38 "那位智者在临被处死前把我叫过来说，'提格剌涅斯啊，不要怨恨你父亲杀了我：

他这么做不是出于恶意，而是出于无知。因为我认为人们出于无知而做的任何事情都是不自愿的。'”

没有一则现存的希腊文献把一切不义之举都是由于无知的苏格拉底悖论归于苏格拉底以外的任何人。[178]哪怕只有这一条学说被托于那位“智者”之口，这本身也会给我们很好的理由把那个神秘人物同苏格拉底联系起来。但这只是一半。亚美尼亚国王最惧怕的是失去儿子对他的亲情。深知这点的“智者”尽力防止这种损失。他没有埋怨国王残忍杀害了一个无辜的，而且曾经作为他儿子的教师当过自己的座上宾的人，反而尽力想让提格剌涅斯理解并且原谅这项罪行，想让他既往不咎，继续爱戴他犯了错的父亲。

300

我们在《居鲁士的教育》中找不到更多关于那位“智者”的身份的线索了。但仅从他这次短暂的幕后露面我们就能辨认出两条学说——一切恶行都是不自愿的，以及一个人绝不应以恶报恶——它们被柏拉图认为专属于苏格拉底；虽然它们在色诺芬的苏格拉底作品中从未被归于苏格拉底，但

---

〔178〕柏拉图在*Ap.* 25E-26A、*Pr.* 345E和*G.* 509E（引作第五章T19）将之托于苏格拉底之口。色诺芬从未将之归于苏格拉底，这与Zeller, 1885: 143的说法相左——他这么说是因为他认为这能从*Mem.* 3.9.4; 4.6.6 and 11的学说里推出。但它能否从中推出是成疑的；即便能，策勒尔该处的引文也清楚表明它只有在柏拉图笔下才被直接归于苏格拉底（此外还在Aristotle, *Magna Moralia* 1187a5-13处被不那么直接地归于苏格拉底；参见Deman, 1942: 107-11对这段以及相关文本的评注），在色诺芬笔下则从未被归于苏格拉底。

色诺芬对它们仍然足够了解，足以让他在自己劝勉性的虚构作品中入木三分地以戏剧化的形式呈现它们。

8.1 退而求其次的快乐主义〔179〕

我同意泽尔（1980: 250-69）的观点，坚决撇清《普罗塔戈拉》中的苏格拉底同这部对话中的“不自制不可能”论证（351B-360E）维系于其上的快乐主义前提（简写为H）的干系。那么，这个论证是诡辩吗？绝不是。通过论证得出像下面这样的结果的过程不存在诡辩：“普罗塔戈拉，当你在毫无准备的情况下被问到接不接受H，你否认了（351C-D7）；但后来你自己又承认（358B3-6）你毕竟还是接受它的。那就让我来表明，如果你真心相信H，那我就能主张你其实也相信不自制不可能，哪怕你也许会觉得惊讶且抵触。”

多年前（1956: xl, n. 50）我曾经认为苏格拉底“几乎不可能”会以这种方式利用H：我当时说，因为这“意味着鼓励听众**相信一个假观点**”。但这是在我把握住苏格拉底式反讽的内涵之前，当时我对苏格拉底活出自己对自己作为一位盘诘式教师的理解的诚意尚缺乏深思熟虑。如果你是色诺芬，假定苏格拉底关于虔敬或者助友损敌的思想同那些因循守旧的人如出一辙，那么苏格拉底不会觉得有义务治疗你的短视：他会由着你。而如果你是正值花季的阿尔喀比亚德，

〔179〕参见第八章脚注〔25〕。

你从苏格拉底纯挑逗性的双关语里听出了绝大多数雅典人会听出的意思，那他也会由着你。色诺芬或者阿尔喀比亚德如果要发现自己错了，就必须自己找出自己犯的错。阿尔喀比亚德发现了而色诺芬没发现，这似乎一点也没有让苏格拉底睡不好觉。那他又何必担忧普罗塔戈拉或者辩论听众中的任何人“被鼓励相信”苏格拉底内心其实同情快乐主义甚至或许自己就是个快乐主义者？甚至如果他们真的这么相信了，苏格拉底会觉得那是场灾难吗？我们一点也不清楚，考虑到阿里斯提普斯这位头号快乐主义者和这套学说的鼻祖就是苏格拉底核心圈子的成员之一。我认为苏格拉底的观点是，如果一个人的眼界尚未达到德性主权，那退而求其次的快乐主义仍然比浑浑噩噩地活着好：它会给人提供一种低等的实用道德，这种道德虽然差劲，但至少能挽救一个人，让他不至于走上克里提阿斯和阿尔喀比亚德之辈的自我毁灭的道路。

301

快乐在这里能够服务于衡量各种**抽离了道德善的**非道德善的相对价值，由此为《普罗塔戈拉》356E—357A的“衡量技艺”提供一种有限的用途。正如我在别处已经指出的，[180]《普罗塔戈拉》中与“多数人”的辩论所涉及的所有例子都属于非道德善（健康、财富、城邦权力，353C-354B）。“好的=令人快乐的”这个快乐主义等式的生效是通过压抑一切道德考量（354E-357E这一整段都没有指涉καλόν［美的、高贵的］、δίκαιον［正义的］等等），从而

〔180〕Vlastos, 1969: 71-88，这篇论文在其他论点上亟须修订。

为了论证的目的而忽略掉善与道德德性之间的必然纽带。在那种纽带无法为选择提供指引（因为这时我们面对的是同等符合德性的选项）的情况下，苏格拉底完全可能容许实践上可行的不同选项在各种享乐（hedonic）价值的基础上合法地得到决断。（在之后与普罗塔戈拉的辩论中，道德德性通过专门的论证被嫁接到了快乐之上，[181]然后这个嫁接在359E处被用来——我认为，反讽地——向普罗塔戈拉表明他必须把一切可敬的行动视为令人快乐的，并且由此将勇敢之人宁愿受伤或者身死也不愿苟且偷生的举动视为能够在快乐主义的基础上得到辩护的［对比《高尔吉亚》498A5-498E8］。）

在阐释《普罗塔戈拉》354A—357E的过程中，我们应当警惕不要在翻译356E1处的ἔσωεν（拯救了）和357A6—7处的σωτηρία（拯救）时（当然它们不可避免要译成这样）联想到拯救（salvation）的各种崇高的内涵。作为避免这类多余联想的警示，我们不妨比较"拯救"了自己的乘客的海船船长、"拯救"了城邦的将军和"拯救"了病人的医生（《高尔吉亚》512B-D），它们引得苏格拉底评论道，"看看高贵的和好的东西是否不同于拯救［一个人的性命］和使之被拯救"（512D6-8）；我们也可能会回想起索福克勒斯让奥德修斯举出"拯救"来为针对菲罗克忒忒斯的下作诡计辩护的例子。涅奥普托勒摩斯："你不觉得撒谎很 302

〔181〕"难道着眼于过没有痛苦的一生而采取的一切行动不是可敬的吗？"普罗塔戈拉表示同意（358B3-6）。

卑鄙吗？”奥德修斯：“不，如果那个谎言带来拯救的话。”（*Philoct*. 108-9）

8.2 《克力同》中的幸福主义？[182]

考虑到《克力同》或者《申辩》中并没有提及幸福主义原则这个事实（这两部对话都没有提到εὐδαιμονία作为承诺德性主权的根据），可能有人会反对我用它来阐明《克力同》中的推理。我的回应是，没有必要假定柏拉图觉得非得在任何一部特定对话里说明主导那部对话中的推理的所有主要假设才行——尤其是在《克力同》这样一部在阐发苏格拉底的教诲上明显有所简略的对话中：它用了台下同意（off-stage agreements）的手法（尤其在49A6处：“我们过去不是常常同意……”）来简化论证，允许柏拉图持有未被提及却充当了苏格拉底和克力同之间无可争议的共同根据的前提。（当一个命题是无争议的共识的一部分时，柏拉图可能会放心地任由它在苏格拉底对话中**始终**不被提及，例如我提醒大家注意的那个假设［第八章脚注〔14〕］，即任何一个特定个人的终极关切本质上就是他自己的幸福——一个在当代读者看来极端值得商榷的命题。）无论如何，考虑到“幸福”和“善”可以互相换用（第八章脚注〔20〕），我们确实能在《克力同》中（第八章T15）发现一个与那条公理等价的陈述。

---

〔182〕参见第八章，第209—210页。

8.3 工具论解释最严重的缺陷[183]

为了避免（第八章）T15将幸福等同于德性的表面意涵，苏格拉底势必只能相信，德性和幸福之间的纽带是纯工具性的，即两者截然不同，只是因果地联系在一起（我遵循Irwin, 1977a: 300, n. 53对“工具性手段”的定义）。但如果这真是他的观点，那“什么**是**幸福？”这个至关重要的问题就将没法回答：每一种希腊道德理论都力图辨明的幸福的构成——如前文（第204—208页）立场（1）中的快乐，立场（3）中的德性，立场（2）中的德性和智慧，连同各种次要的善——将依旧神秘莫测。我现在觉得，这就是Irwin, 1977a第三章中对苏格拉底道德理论的工具论解释最严重的缺陷。按照该著的阐述，在苏格拉底的道德理论中，任何值得一提的善（无论是德性、健康还是什么）只具有作为工具性手段的价值——**服务于什么**？服务于一种据称是所有人的欲望对象的幸福，但这种幸福却完全是空洞无物的（只在Irwin, 1977a第四章它才被赋予了内容——快乐——并把苏格拉底塑造成了一个彻头彻尾的快乐主义者）。

303

在导言中我在其他基础上驳斥了那种解释。在这里我还可以指出，那种解释完全取决于一条假设，即如果苏格拉底认为（实际上他无疑也认为）德性因幸福之故而可欲，那他就不能认为它**也**因自身之故而可欲。厄尔文非常清楚地看

---

〔183〕参见第八章，第204—205页。

到那些把那条假设归于柏拉图和亚里士多德的牛津道德论者错得多么厉害，但他却相信有文本证据支持将一模一样的观点归于苏格拉底。正如我在附注8.4和8.5中论证的，这类证据并不存在：只要公允地去读他所依据的那些文本，我们就会看出他对苏格拉底理论的工具论解释缺乏文本根据。

8.4 论《高尔吉亚》468B—C〔184〕

厄尔文在其《高尔吉亚》评注中（1979: 141）正确地对苏格拉底的如下陈述提出了异议：

> **T1 468B9—C1** “那些我们为了某个东西而做的事情我们并不意欲，［我们想要的是］那个我们为之而做这些事情的东西。”

我们可以很合理地反驳称，如果同意接受医治，那我们肯定也意欲它。但苏格拉底当真是想确认相反的观点吗？他当真想告诉我们，我们千辛万苦花重金寻访名医治病，到头来我们并不意欲他的医治？如果这就是他想说的，那他岂不是在公然违背最寻常不过的常识？厄尔文紧咬住苏格拉底在T1中的用词并据此总结了其一般内涵，他推断苏格拉底持有这样的观点，即**我们绝不可能既为了其自身又为了其他东西而想要任何事物**。

〔184〕参见第五章脚注〔84〕。

但我们的目光不妨先跳出前引的这句陈述，看看苏格拉底接下来（468C2-5）对此的阐述： 304

T2　468C2—5“因此，杀死某人或者把他放逐出城邦或者剥夺他的财产，[这些东西]我们并不单纯地（ἁπλως οὕτως）意欲，但如果它们有益的话，我们确实会意欲它们。”

正如我在本书第五章脚注〔77〕对此文段的评论中指出的，βουλόμεθα ἁπλως οὕτως这个厄尔文恰当地译为desire just like that（只如其所是地欲求）的蹊跷表达所指的只能是欲求某个作为居间者的居间者——只欲求它，不参考我们预期从它那里获得的善。在苏格拉底看来这是**不可能的**：因为他认为，〔185〕无论我们欲求的是什么，它被欲求只可能因为它是好的；但由于居间者的定义就是既不好也不坏的事物，故“只如其所是”地欲求居间者是一个在心理层面上无法实现的行动。要充分理解上一个文段的含义，我们只需认为苏格拉底在T1中的意思也是我们不意欲的正是这里说的“只如其所是”的居间者——他在前面忽略了这个限定短语，但在紧接下来的T2中马上补上了缺漏：他说，“我们确实意欲它们”——我们确实意欲医治等所有他归类为终结者的东

〔185〕并且在当下的语境中他刚刚断言过这点（468B7-8），后面他还会重申（468C5-7）。

西——“如果它们有益的话”。如果将“只如其所是”这个限定短语解读入T1中，我们就能很好地理解这段话，否则它只会让人无从理解。在这种情况下，仁慈原则要求我们这样去解读。

但推荐这种对T1的仁慈解读并不是说它就无懈可击。这种解读本身仍然是很不合情理的。柏拉图这样一位精益求精的文体大师竟然容许它出现在自己的文本里，这本身就暴露了他思维中的一个盲区——如我在第五章脚注〔17〕的讨论中提出的，正是这个盲区诱使苏格拉底在对话后面说他和波洛斯已经同意“没有人会意欲行不义，相反所有行不义者都是不自愿地做的”(《高尔吉亚》509E［=第五章T19］)，而后者是支撑其整个“无人故意犯错”（οὐδεὶς ἑκὼν ἁμαρτάνει）学说重量的那颗螺丝钉。但判定苏格拉底在T1中犯了表达和思维不清晰的危险过错，同推断他显然是在有意认可一个荒谬的命题，完全是两回事，后者忽视了一个事实，即苏格拉底在T2这个紧接着T1提出并且意在阐明T1的陈述中清楚表明了他想说的完全是另一个意思，根本没有那种荒谬的含义。

8.5 αὐτὰ καθ' αὐτὰ ἀγαθά〔186〕

305 在《欧谛德谟》281D—E（本书第八章T28），一个新的短语进入了苏格拉底的道德语汇：柏拉图作品中第一次

〔186〕参见第八章，第227—228页。

使用了这个短语，它把诸道德德性（包括这里明确提到的智慧，也包括以点概面地含蓄提到的所有其他与智慧互相蕴含的德性）描述为αὐτὰ καθ' αὐτὰ ἀγαθά。我把它字面地译成“仅就其自身的善”（good just by themselves）或者等价的“独自就其自身［的善］”（by themselves alone）。我把καθ' αὑτά的意思理解成“就其自身”（by themselves，Méridier, 1956和Robin, 1956也是这样理解的：par eux-mêmes），并且认为αὐτά是在αὐτός＝独自（*solus*）的意义上使用的；例子见Riddell, 1867: 134。并参见伯奈特对《斐多》65D4—5处δίκαιον αὐτό这个短语中αὐτό的注释（1911）：“在这种技术性的意义上αὐτό是对αὐτός——‘独自’的一种深化。”

无论如何，这就是T28中αὐτὰ καθ' αὑτὰ的意思，这点我们从语境中就能直接得出：否认诸非道德善是αὐτὰ καθ' αὑτὰ ἀγαθά会让人脑子里想到“在缺乏智慧的情况下，拥有任何东西都没好处”（281B5-6）这个（得到大量例子阐明的）论点。《美诺》中T28的姊妹文段（87E-88D）的情况也是如此：这里对没有什么东西在χωριζόμενον ἐπιστήμης（脱离了知识，87D5）的情况下是好的的论证的高潮是下面这个断言，πάντα τὰ κατὰ τὴν ψυχὴν αὐτὰ μὲν καθ' αὑτὰ οὔ τε ὠφέλιμα οὔτε βλαβερά ἐστιν（从属于灵魂的一切东西就其自身而言既不有益也不有害），但在προσγενομένης φρονήσεως ἢ ἀφροσύνης（与明智或愚昧相伴）的情况下却会变得有益或有害。

这不利于把T28中的αὐτὰ καθ' αὑτὰ译成“内在地善”

（goods in themselves）的译法（乔伊特的译本和Irwin, 1977a: 32中对该段落的转述采取了这种译法），它在译文中植入了一个成问题的主张：在说非道德善不是αὐτὰ καθ' αὑτὰ的善时，苏格拉底是在断言它们的价值仅仅是工具性的（但我们没有理由这样认为：他没有说任何暗示健康、财富之类的东西只具有纯工具性的价值的话）；并且这种观点也同苏格拉底在《高尔吉亚》467E，即（第八章）T25处所说的不一致：在那里，他把健康、财富同智慧并列，以**对比**"居间者"，即那些显然只具有工具性价值的东西。将该希腊文短语译成"诸善，**就其本身来考虑**"（goods, *considered in themselves*）——例如冯·阿尼姆转述该段时的译法"an sich betrachtet keine Güter sind"（1914: 126）——更加成问题：苏格拉底怎么可能说健康和财富就其本身来看并不好，而是"既不好也不坏"（von Arnim, *loc. cit.*），同

306 时又不抵赖他在T25中说过的话，在那里他拿它们来与那些"既不好也不坏"的"居间者"（《高尔吉亚》467E6-7, 468C6）做了对比？

在这个节点上，回顾柏拉图的形式αὐτὸ καθ' αὑτό的存在的用法也许会有帮助。同样的短语被用于类似的目的。柏拉图在《欧谛德谟》281D—E处用这个短语来表达苏格拉底式德性的幸福独立性（eudaemonic independence），不久后他将用它来表达柏拉图式形式的存在独立性（existential independence）。

8.6 论《吕西斯》219B—220B[187]

这段话没有考虑到道德善一方面截然对立于非道德善，另一方面截然对立于居间者的地位。但这不是假定它们已经被默认贬低为工具性善的理由。当苏格拉底在219D2—4处告诫我们不要被“其他所有那些我们说是因它［即第一被爱者］之故而可爱的东西，亦即它的影像”所蒙蔽时，我们很容易会认为他告诫的是任何东西都可能会（因而道德善同非道德善和居间者一样也可能会）这样蒙蔽我们。我们应该抵制这种诱惑，反思一下“（本身就‘是’智慧的）道德德性会蒙蔽我们”这话从**苏格拉底**口中说出来是多么荒谬，并且承认219D2—4的文本并不要求我们做这种解读（与Irwin, 1977a: 85的观点相左），因为道德善并未出现在219D3处的“我们说”所指的前文中（219C1-D2）：那里只提到了属于类别III和IV的项目——药物和健康；将类别III中的项目推广至类别II中的项目（从非道德善推广至道德善）是缺乏根据的——正如从居间者推广至（第八章）T25中的那些善也是缺乏根据的。

我们也要抵制出现在220A7—B5处的同一种诱惑：“我们所谓的那些在我们看来因别的什么东西之故而可爱的东西，似乎只是说来可爱，真正可爱的倒是所有那些喜爱归结于的那个东西。”如果我们（像Irwin, 1977a: 85那样）不对

〔187〕参见第八章脚注〔100〕处。

最后一个分句的一般性加以约束，那它就会带上同此前一样的意味，即道德善本身和其他东西一样并不“真正可爱”。但219D—220A6中（上面所引的陈述就是从这里推论出的：220A7处的γάρ的效力正体现在这里）所说的并不要求苏格拉底持这样一种观点，即不仅类别III和IV中的项目——只有这些项目出现在了他正在推而广之的219D—220A6所举的例子中，它们全都要么是居间者（用作解药的酒，装酒的容器），要么是非道德善（用来买酒的金银）——也包括类别II中作为道德善的项目（219D-220A6完全没有提到它们），都只是“说来可爱”。

307

如果听从这个告诫，我们就不该认同厄尔文的观点：他从《吕西斯》眼下这个段落推论出，[188]苏格拉底主张，如果我们因其他什么东西之故而选择某个东西，那我们就不能**也**因其自身之故而选择它，并且如果某个东西会增益另一个善，那前者就不可能是一个自在的善（a good in itself）。他为他对苏格拉底道德理论的工具论解释提供的主要文本支持正是这个对《吕西斯》219C1—5和219D2—220B5的误读。[189]

[188] 1977a: 85.

[189] 他还（在他的《高尔吉亚》笺注中［1979: 141］）主张*G.* 468B-C（对此段的讨论见附注8.4）能够支持他的观点，但他说“*Ly.* 220A-B更明确地排除了将某个东西既作为手段也作为目的来欲求［的可能性］”。

参考文献

Ackrill, John (1973). *Aristotle's Ethics*, London

(1974). "Aristotle on *Eudaimonia*," *Proceedings of the British Academy* 60: 339–60

(1980). *Aristotle the Philosopher*, Oxford

Adam, J. (1902). *The Republic of Plato*, vol. I of 1st edn., Cambridge

(1963). *The Republic of Plato*, vol. II of 2nd edn., with introduction by D. A. Rees, Cambridge

Adam, J., and Adam, A. M. (1905). *Platonis Protagoras*, with introduction, notes, and appendices, 2nd edn., Cambridge

Allen, R. E. (1970). *Plato's "Euthyphro" and the Earlier Theory of Forms, London*

(1980*a*). *Socrates and Legal Obligation* (Plato's *Apology of Socrates* and *Crito*, translated with essays and notes), Minneapolis

(1980b). *Plato's "Parmenides"* (translation and commentary), Minneapolis

(1984). *The Dialogues of Plato* (translation with analysis), vol. I, New Haven

Amandry, Pierre (1950). *La Mantique Apolinienne*, Paris

Andrews, A. (1962). "The Mytilene Debate: Thuc. 3.36–49," *Phoenix* 16: 62–85

Annas, Julia (1981). *Introduction to Plato's Republic*, Oxford

(1982). "Plato's Myths of Judgment, "*Phronesis* 27: 119–43

Anscombe, Elizabeth (1958). *Intention*, Oxford

Arrowsmith, William (1962). *The "Clouds" of Aristophanes*, translated with introduction and notes, Ann Arbor

Ast (D. Fredericus Astius) (1835). *Lexicon Platonicum*, 1st edn., Munich; 2nd edn., Berlin, 1908

Barabas, Marina (1986). "The Strangeness of Socrates," *Philosophical Investigations* 9: 89–110

Barnes, Jonathan (1982). *The Presocratic Philosophers*, rev. edn., London

(ed.) (1984). *Complete Works of Aristotle: The Revised Oxford Translation*, 2 vols., Princeton

Barrett, W. S. (1964). *Euripides' "Hippolytus,"* Oxford

Beckman, James (1979). *The Religious Dimension of Socrates' Thought*, Waterloo, Ontario
Beversluis, John (1987). "Does Socrates Commit the Socratic Fallacy?" *Amer. Philos. Quarterly* 24: 211ff.
Bloom, A. (1968). *The Republic of Plato*, translated with notes and an interpretive essay, New York
Bluck, R. S. (1955). *Plato's "Phaedo,"* translation with introduction and notes, London
(1961). *Plato's Meno*, Cambridge
Blundell, Mary Whitlock (1989). *Helping Friends and Harming Enemies: A Study in Sophocles and Greek Ethics*, Cambridge
Bonitz, H. (1870). *Index Aristotelicus*, Berlin
Booth, Wayne C. (1974). *The Rhetoric of Irony*, Chicago
Bowen, A. C. (1982). "The Foundations of Early Pythagorean Harmonic Science," *Ancient Philosophy* 2: 79ff.
Brandwood, L. (1958). "The Dating of Plato's works by the Stylistic Method," unpublished dissertation, London
(1976). *Word Index to Plato*, Leeds
Brickhouse, Thomas C., and Smith, Nicholas D. (1983). "The Origin of Socrates' Mission," *Journal of the History of Ideas* 4: 657–66
(1984). "The Paradox of Socratic Ignorance in Plato's *Apology*," *Hist. of Philos. Quarterly* 1: 125–31
(1987). "Socrates on Goods, Virtue and Happiness," *Oxford Studies in Ancient Philosophy* 5: 1–27
(1989). *Socrates on Trial*, Oxford
Bruns, Ivo (1896). *Das literarische Porträt bei den Griechen*, Berlin
Burkert, W. (1962) *Weisheit und Wissenschaft: Studien zu Pythagoras, Philolaos und Platon*, Nuremberg
(1985). *Greek Religion*, trans. J. Raffan, Cambridge, Mass.
Burnet, John (1900). *Aristotle: Ethics*, London
(1911). *Plato's "Phaedo,"* text with notes, Oxford
(1914). *Greek Philosophy, Thales to Plato*, London
(1916). *The Socratic Doctrine of the Soul*, Proc. British Academy, vol. 7, London
(1924). *Plato's "Euthyphro," "Apology of Socrates" and "Crito,"* Oxford
Burnyeat, Myles (1976). "Protagoras and Self-Refutation in Later Greek Philosophy," *Philos, Review* 85: 44–69
(1977a). "Socratic Midwifery, Platonic Inspiration," *Bulletin of the Institute of Class. Studies* (University of London) 24: 7–15
(1977b). "Examples in Epistemology," *Philosophy* 52: 381–98
(1978). "The Philosophical Sense of Theaetetus' Mathematics," *Isis* 87: 489ff.
(1986). "Good Repute," *London Review of Books*, November 5
(1987). "Wittgenstein and Augustine *De Magistro*," *Proc. Aristotelian Society*, Suppl. 61, 1ff.

Bury, R. G. (1932). *The Symposium of Plato*, with introduction, critical notes and commentary, 2nd edn., Cambridge
Caizzi, Fernanda (1964). "Antistene," *Studi Urbinati* 38: 48–99
Campbell, Lewis (1857). *The Sophistes and Politicus of Plato*, revised Greek text with introductions and notes, Oxford
(1861). *The Theaetetus of Plato*, Oxford
Campbell, Lewis (with Jowett, Benjamin) (1984). *Plato's "Republic,"* edited with notes and essays, in 3 vols., vol. II: *Essays*, Oxford
Canto, Monique (1987). *Plato, Gorgias*, translation with introduction and notes, Paris
Carrière-Hergavault, Marie-Paule (1973). "Esclaves et affranchis chez les orateurs," *Annales Littéraires de l'Université de Besançon, Actes du Colloque 1971* (Sur l'esclavage), Paris
Carter, L. B. (1986). *The Quiet Athenian*, Oxford
Cherniss, H. (1942). *Aristotle's Criticism of Plato and the Early Academy*, vol. I, Baltimore
(1947). "Some Wartime Publications Concerning Plato," *AJP* 68: 113ff.
(1951). "Plato as a Mathematician," *Rev. of Met.* 5: 393ff.
(1955). "Aristotle, *Metaphysics* 987a32–b7," *AJP* 76: 184–6
(1957a). "The Relation of the *Timaeus* to Plato's Later Dialogues," *AJP* 76: 225–67
ed. (1976). Plutarch, *Moralia*, vol. 13, with introduction, translation and notes, Cambridge, Mass.
Cohen, David (1980). "The prosecution of Impiety in Athenian Law," *Zeitschrift der Savigny-Stiftung für Rechtsgeschichte* 118: 695–701
(1987). "Law, Society, and Homosexuality in Classical Athens," *Past and Present* 17
Cohen, S. Marc (1971). "Socrates on the Definition of Piety," in Vlastos, 1971
Connor, W. Robert (1984). *Thucydides*, Princeton
Cooper, John (1973). "The *Magna Moralia* and Aristotle's Moral Philosophy," *AJP* 94: 327–49
(1975). *Reason and Human Good in Aristotle*, Cambridge, Mass.
(1977). "The Psychology of Justice in Plato," *Amer. Philos. Quarterly* 14
Cope, E. M. (1867). *Introduction to Aristotle's Rhetoric*, London
Cornford, Francis M. (1932). *Before and After Socrates*, Oxford
(1935). *Plato's Theory of Knowledge*, London
(1937). *Plato's Cosmology*, London
(1939). *Plato and Parmenides*, London
(1945). *The "Republic" of Plato*, New York
(1950). *"The Unwritten Philosophy" and Other Essays*, Cambridge
(1952). *Principium Sapientiae*, Cambridge
Croiset, A., and Bodin, L. (1955). *Gorgias and Meno* in *Platon, Œuvres complètes*, vol. III, part 2, text and translation, Paris

Crombie, A. C. (1962). *An Examination of Plato's Doctrines*, vol. I, *Plato on Man and Society*, London

(1963) *An Examination of Plato's Doctrines*, vol. II, *Plato on Knowledge and Reality*, London

Cross, R. C., and Woozley, A. D. (1964). *Plato's "Republic": A Philosophical Commentary*, London

Davidson, Donald (1985). "Plato's Philosopher," *London Review of Books*, August 1: 15–16 (reprinted in *Plato's "Philebus,"* New York, 1990)

(1986). "A Coherence Theory of Truth and Knowledge" in Ernest LePore, ed., *Truth and Interpretation: Perspectives on the Philosophy of Donald Davidson*, 307–19, Oxford

Deichgräber, Karl (1952). *Der listsinnende Trug des Gottes*, Göttingen Delatte, A. (1934). *Les Conceptions de l'enthousiasme chez les philosophes présocratiques*, Paris

Delatte, A. (1934). *Les Conceptions de l'enthousiasme chez les philosophes présocratiques*, Paris

Deman, Th. (1942). *Le Témoignage d'Aristote sur Socrate*, Paris

De Romilly, J. (1963). *Thucydides and Athenian Imperialism*, Engl. translation by Ph. Thody, Oxford

De Strycker, E. (1937). "Une énigme mathématique dans *l'Hippias Majeur*," *Mélanges Emile Boisacq*, vol. I, 317–26

(1941). *Antiquité classique*, 25–36

(1950). "Les Témoignages historiques sur Socrate," *Mélanges H. Grégoire. Annuaire de l'Institut de Philologie et d'Histoire Orientales et Slaves* 10: 199–230

Devereux, Daniel (1977). "Courage and Wisdom in Plato's *Laches*," *Journal Hist. of Philos.* 15: 129–42

Diels, H., and Kranz, W. (1952). *Die Fragmente der Vorsokratiker*, 6th edn., 3 vols., Berlin (abbr. to "DK")

Diès, Auguste (1956). *Platon "Parmenide": texte établi et traduit*, 3rd edn., Paris

Dijksterhuis, E. J. (1961). *The Mechanization of the World Picture*, Engl. translation by C. Dikshoorn, Oxford

Dittmar, Heinrich (1912). "Aischines von Sphettos," *Philologische Untersuchungen* 21

Dodds, E. R. (1951). *The Greeks and the Irrational*, Berkeley

(1959). *Plato's "Gorgias,"* Oxford

Döring, Klaus (1988). "Der Sokratesschüler Aristipp und die Kyrenaiker," *Mainz Akad. von Wissenschaft und Literatur, Abhandlunger der Geistes und Sozialwiss. Klasse* 1

Dover, K. R. (1968). *Aristophanes, "Clouds,"* Oxford

(1974). *Greek Popular Morality*, Oxford

(1978). *Greek Homosexuality*, Cambridge, Mass.

(1983). "The Portrayal of Moral Evaluation in Greek Poetry," *JHS* 103: 35–48

Dybikowski, John (1975) "Was Socrates as Rational as Professor Vlastos?" *Yale Review* 64
(1981). "Is Aristotelian *Eudaimonia* Happiness?" *Dialogue* 20: 185–200
Edelstein, Emma (1935). *Xenophontisches und platonisches Bild des Sokrates*, Berlin
Edmunds, Lowell (1985). "Aristophanes' Socrates," *Proc. of the Boston Area Colloquium in Ancient Philosophy*, vol. 1.
Ehlers, Barbara (1966). "Eine vorplatonische Deutung des sokratischen Eros: der Dialog Aspasia des Sokratikers Aischines," *Zetemata* 41
Einarson, B., and De Lacy, P. (1967). *Plutarch's Moralia*, vol. 14, text, translation, introductions and notes, London
Erbse, Hartmut (1961). "Die Architektonik im Aufbau von Xenophon's *Memorabilien*," *Hermes* 89: 257–87
Feinberg, Joel (1970). "The Expressive Function of Punishment" in *Doing and Deserving*, Princeton
Ferejohn, Michael (1984). "Socratic Thought-Experiments and the Unity of Virtue Paradox," *Phronesis* 29: 105–22
Ferguson, John (1964). "On the date of Socrates' Conversion," *Eranos*
Fine, Gail (1984). "Separation," *Oxford Studies in Ancient Philosophy* 2: 31–87
(1988). "Owen's Progress": review of Owen's *Collected Papers in Greek Philosophy*, ed. by M. Nussbaum, in *Philos*, *Review* 97: 373–99
Flashar, H. (1958). *Der Dialog "Ion" als Zeugnis platonischer Philosophie*, Berlin
Fontenrose, Joseph (1978). *The Delphic Oracle*, Berkeley
Foucault, M. (1985). *The History of Sexuality*, vol. II: *The Use of Pleasure*, translation by R. Hurley, New York
Fowler, H. N. (1926). *Plato: Cratylus, Parmenides, Greater Hippias, Lesser Hippias*, translation with notes, London
Fränkel, Hermann (1946). "Man's 'Ephemoros' Nature according to Pindar and Others" in *Trans. Amer. Association* 77: 131–45
Frankena, W. (1963). *Ethics*, Englewood Cliffs, N.J.
Friedländer, Paul (1958). *Plato*, translation by H. Meyerhoff, vol. I: *An Introduction*, London (2nd edn., 1969)
(1964) vol. II: *The Dialogues, First Period*
(1969) vol. III: *The Dialogues, Second and Third Period*
Fritz, K. von (1971). *Grundprobleme der Geschichte der antiken Wissenschaft*, Berlin
Gallop, David (1975). *Plato, "Phaedo,"* translated with notes, Oxford
Giannantoni, Gabriele (1983). *Socraticorum Reliquiae*, Texts (vols. I and II), Notes (vol. III), Bibliopolis
Gigon, Olof (1959). *Grundprobleme der antiken Philosophie*, Berne
Glucker, John (1978). *Antiochus and the Late Academy*, *Hypomnemata* 56: 1–510, Göttingen

Gomme, A. W. (1945). *A Historical Commentary on Thucydides*, vol. I, Oxford
Gosling, J., and Taylor, C. C. W. (1982). *The Greeks on Pleasure*, Oxford
Gould, Thomas (1963). *Platonic Love*, London
Greenwood, L. H. G. (1909). *Aristotle's "Nicomachean Ethics," Book VI*, with essay, notes and translation, Cambridge
Groden, Suzy (1970). Translation of Plato's *Symposium* in J. A. Brentlinger, ed., *The Symposium of Plato*, Amherst, Mass.
Grote, G. (1865). *Plato and Other Companions of Socrates*, vols. I–III, London
Grube, George (1935). *Plato's Thought*, 1st edn., London (repr. London, 1981)
(1974). *The Republic of Plato*, translation, Indianapolis
(1986). *The Trial and Death of Socrates: "Euthyphro," "Apology," "Crito," Death Scene from the "Phaedo,"* translated with introduction, 2nd edn., Indianapolis
Gulley, Norman (1968). *The Philosophy of Socrates*, London
Guthrie, W. K. C. (1969). *History of Greek Philosophy*, vol. III: *The Fifth-Century Enlightenment*, Cambridge
(1975). *History of Greek Philosophy*, vol. IV: *Plato, the Man and His Dialogues: The Earlier Period*, Cambridge
Hackforth, R. (1933). *The Composition of Plato's "Apology,"* Cambridge
(1952). *Plato's "Phaedrus,"* translated with introduction and notes, Cambridge
(1955). *Plato's "Phaedo,"* translated with introduction and commentary, Cambridge
Hamilton, W. (1951). *Plato, "Symposium,"* translated with introduction, Baltimore
(1960). *Plato, "Gorgias,"* translated with introduction, Baltimore
Hardie, W. F. R. (1936). *A Study in Plato*, Oxford
Havelock, Eric (1934). "The Evidence for the Teaching of Socrates," *TAPha* 22: 282–95 (repr. in Andreas Patzer, 1987, *Der historische Sokrates*, 249–59, Darmstadt)
(1963). *Preface to Plato*, Cambridge, Mass.
(1976). *Origins of Western Literacy* in Monograph Series of the Ontario Institute for Studies in Education 14, Toronto
Heath, T. L. (1921). *A History of Greek Mathematics*, vol. I, Oxford
(1926). *The Thirteen Books of Euclid's Elements*, 3 vols., 2nd edn., Oxford
Helmbold, W. (1952). *Plato's "Gorgias,"* translated with introduction, New York
Higgins, W. E. (1977). *Xenophon the Athenian*, Albany, N.Y.
Huffman, Carl (1985). "The Authenticity of Archytas Fr. 1," *CQ* 35: 344ff.
Hume, David (1957). *Enquiry Concerning the Principles of Morals*, with introduction by C. W. Hendel, New York
Irwin, T. H. (1973). "Theories of Virtue and Knowledge in Plato's Early and Middle Dialogues," dissertation, Princeton

(1974). Review of Leo Strauss, "Xenophon's Socrates," *Philos. Rev.* 83: 409–13
(1977a). *Plato's Moral Theory: The Early and Middle Dialogues*, Oxford
(1977b). "Plato's Heracleiteanism, "*Philos. Quarterly* 27: 1–13
(1979). *Plato's "Gorgias,"* translated commentary, Oxford
(1985). *Aristotle: "The Nicomachean Ethics,"* translated with explanatory notes, Indianapolis
(1986). "Socrates the Epicurean," *Univ. of Illinois Class. Studies*, 85–112
(1988) *Aristotle's First Principles*, Oxford
Jaeger, W. (1947). *The Theology of the Early Greek Philosophers*, Oxford
Joël, Karl (1921). *Geschichte der antiken Philosophie*, vol 1, Tübingen
Jowett, B. (1953). *The Dialogues of Plato translated into English with Analyses and Introductions*, 4 vols., 4th edn., Oxford
Kahn, Charles (1979). *The Art and Thought of Heraclitus*, Cambridge
(1981). "Did Plato Write Socratic Dialogues?" *CQ* 31: 305ff.
(1983). "Drama and Dialectic in Plato's *Gorgias*, "*Oxford Studies in Classical Philosophy* 1: 75–122
Karasmanis, Vassilis (1987). "The Hypothetical Method in Plato's Middle Dialogues," unpublished dissertation, Oxford
Kidd, I. G. (1967). "Socrates" in *Encyclopedia of Philosophy*, New York
Kierkegaard, Soeren (1965). *The Concept of Irony*, translated by Lee Capel, Bloomington, Ind.
Kleve, Knute (1981). "Scurra Atticus: The Epicurean View of Socrates" in G. R. Caratelli, ed., *Suzetesis, Studi Offerti a Marcello Gigante*, vol 1, 228–88, Naples
Klosko, George (1983). "Criteria of Fallacy and Sophistry for Use in the Analysis of Platonic Dialogues," *CQ* 33: 363–74
Kneale, William and Mary (1962). *The Development of Logic*, Oxford
Knorr, W. B. (1975). *The Evolution of the Euclidean Elements*, Dordrecht
Kraut, Richard (1979). "Two Conceptions of Happiness," *Philos. Review* 88: 167–97
(1983). "Comments on Vlastos' *The Socratic Elenchus*," *Oxford Studies in Classical Philosophy*: 59–70
(1984). *Socrates and the State*, Princeton
Leavis, F. R. (1984). "Memories of Wittgenstein," in R. Rees, ed., *Recollections of Wittgenstein*, Oxford
Lefkowitz, Mary (1989a). "'Impiety' and 'Atheism' in Euripides' Dramas," *CQ* 39
(1989b). "Comments on Vlastos' 'Socratic Piety,'" *Proc. of Boston Area Colloquium in Ancient Philosophy* 5
Lesher, James (1987). "Socrates' Disavowal of Knowledge," *Journal of the History of Philosophy* 15: 275–88
Lesky, Albin (1967). *Greek Tragedy*, translated by H. A. Frankfort, 2nd edn., London
Lindsay, A. D. (1935). *The Republic of Plato*, Everyman's Library, London

Lloyd, G. E. R. (1979). *Magic, Reason and Experience*, Cambridge
(1983a). *Science, Folklore and Ideology*, Cambridge
(1983b). "Plato on Mathematics and Nature, Myth and Science," *Humanities* 18: 11–30
(1987a). "The Alleged Fallacy of Hippocrates of Chios," *Apeiron* 22: 103–28
(1987b). *The Revolutionary of Wisdom*, Berkeley
Long, A. A. (1986). "Diogenes Laertius, Life of Arcesilaus," *Elenchos* 7: 431–49
(1988). "Socrates in Hellenistic Philosophy," *CQ* 38: 150–71
Lowrie, Walter (1936). *Kierkegaard*, Princeton
MacDowell, Douglas M. (1963). "Arete and Generosity," *Mnemosyne* 16: 127ff.
(1978). *The Law in Classical Athens*, Ithaca
Mackenzie, M. M. (1981). *Plato on Punishment*, Berkeley
Macleod, C. W. (1978). "Reason and Necessity," *JHS* 98: 64–78
Maier, Heinrich (1913). *Sokrates*, Tübingen
Marchant, E. C. (1971). "Xenophon" in *Oxford Classical Dictionary*, Oxford
McDowell, John (1973). *Plato, "Theaetetus,"* translation with philosophical commentary, Oxford
McPherran, Mark L. (1985). "Socratic Piety in the *Euthyphro*," *Journal of the History of Philosophy* 23: 283–309
McTighe, Kevin (1984). "Socrates on Desire for the Good and the Involuntariness of Wrongdoing," *Phronesis* 29: 193–236
Méridier, L. (1956). "Plato's *Euthydemus*" in *Platon, Œuvres complètes*, vol. v, part 1, Paris
Momigliano, Arnaldo (1971). *The Development of Greek Biography*, Cambridge, Mass.
Montuori, Mario (1981a). *Socrates, Physiology of a Myth*, translated by J. M. P. Langdale and M. Langdale in *London Studies in Classical Philology*, vol. VI, Amsterdam
(1981b). *De Socrate Juste Damnato: The Rise of the Socratic Problem in the Eighteenth Century* in *London Studies in Classical Philology*, vol. VII, Amsterdam
Morrison, Donald (1985a). "Separation in Aristotle's *Metaphysics*," *Oxford Studies in Classical Philosophy* 3: 125–58
(1985b). "*Choristos* in Aristotle," *Harvard Studies in Classical Philology* 39: 89ff.
(1987). "On Professor Vlastos' Xenophon," *Ancient Philosophy* 7: 9–22
Morrow, G. R. (1962). *Plato's Epistles*, translation with critical essays and notes, revised edn, Indianapolis
(1970). *Proclus' Commentary of the First Book of Euclid's Elements*, translation with introduction and notes, Princeton
Mourelatos, A. D. P. (1981). "Astronomy and Kinematics in Plato's

Project of Rational Explanation," *Studies in Hist. and Philos. of Science* 12: 1ff.
Muecke, D. C. (1969). *The Compass of Irony*, London
Murphy, N. R. (1951). *The Interpretation of Plato's Republic*, Oxford
Nehamas, Alexander (1985). "Meno's Paradox and Socrates as a Teacher," *Oxford Studies in Ancient Philosophy* 3: 1–30
(1986). "Socratic Intellectualism," *Proc. of Boston Area Colloquium in Ancient Philosophy* 2: 274–85
Nozick, Robert (1981). *Philosophical Explanations*, Cambridge, Mass.
Nussbaum, Martha (1976–7). "Consequences and Character in Sophocles' *Philoctetes*," *Philosophy and Literature* 3: 25–53
(1980). "Aristophanes and Socrates on Learning Practical Wisdom," *Yale Classical Studies* 26: 43–97
(1986). *The Fragility of Goodness*, Cambridge
O'Brien, M. J. (1967). *The Socratic Paradoxes and the Greek Mind*, Chapel Hill
Oldenquist, A. (1985). "An Explanation of Retribution," *Journal of Philosophy* 82: 464–78
Owen, G. E. L. (1953). "The Place of the *Timaeus* in Plato's Dialogues," *CQ* 3: 79–95
Patzer, Andreas, ed. (1987). *Der historische Sokrates*, Darmstadt
Polansky, R. B. (1985). "Professor Vlastos' Analysis of Socratic Elenchus," *Oxford Studies in Ancient Philosophy* 3: 247–60
Prichard, H. A. (1928). *Duty and Interest*, Oxford
(1949). *Moral Obligation*, Oxford
Prior, W. J. (1985). *Unity and Development in Plato's Metaphysics*, La Salle, Ill.
Ribbeck, O. (1876). "Über den Begriff des *Eiron*," *Rheinisches Museum* 31: 381ff.
Riddell, J. (1867). *The "Apology" of Plato*, with digest of Platonic idioms, Oxford
Riginos, Alice Swift (1976). *Platonica: The Anecdotes Concerning the Life and Writings of Plato*, Columbia Studies in the Classical Tradition, vol. 3, Leiden
Ritter, Constantin (1888). *Untersuchungen über Platon*, Stuttgart
(1910a). *Platon*, vol. I, Munich
(1910b). *Neue Untersuchungen über Platon*, Munich
(1923). *Platon*, vol. II, Munich
Robin, Léon (1910). "Les 'Mémorables' de Xenophon et notre connaissance de la philosophie de Socrate," *L'Année Philosophique* 21: 1–47
(1928). *La Pensée grecque et les origines de l'esprit scientifique*, rev. edn., Paris
(1935). *Platon*, Paris
(1956). *Platon: Œuvres complètes*, translated with notes, Paris
Robinson, Richard (1941). *Plato's Earlier Dialectic*, 1st edn., Ithaca, N.Y.
(1953). *Plato's Earlier Dialectic*, 2nd edn., Oxford
Ross, W. D. (1910–32). "Aristotle's *Nicomachean Ethics*," translated in

W. D. Ross and J. A. Smith, eds., *The Works of Aristotle translated into English*, vol. IX, Oxford
(1923). *Aristotle*, London
(1924). *Aristotle's "Metaphysics,"* revised text, with introduction and commentary, vol. I, Oxford
(1933). "The Problem of Socrates," *Proc. of Classical Association* 30: 7–24 (repr. in Andreas Patzer, 1987)
(1951). *Plato's Theory of Ideas*, Oxford
Russell, Bertrand (1933). *Principles of Mathematics*, 2nd edn., Cambridge
(1945). *History of Western Philosophy*, New York
Santas, Gerasimos (1964). "The Socratic Paradox," *Philos. Rev.* 73: 147–64
(1979). *Socrates*, London
Shorey, P. (1930). *Plato, Republic*, vol. I, translated with introduction, London
(1933). *What Plato Said*, Chicago
Sidgwick, Henry (1907). *Methods of Ethics*, 7th edn., London
Solmsen, Friedrich (1983). "Plato and the Concept of the Soul (*Psyche*): *Some Historical Perspectives*," *Journal of the History of Ideas* 44: 355–67
Sprague, Rosamond K. (1962). *Plato's Use of Fallacy: A Study of the "Euthydemus" and Some Other Dialogues*, London
Stanford, W. B. (1963). *Sophocles: Ajax*, London
Stenzel, J. (1927). "Sokrates (Philosoph)," article in Pauly–Wissowa, *Real Encylopädie der klassischen Altertumswissenschaft*, 811–90
(1940). *Plato's Method of Dialectic*, translated and edited by D. J. Allan, Oxford
Stephen, James FitzJames (1883). *History of the Criminal Law in England*, vols. I and II, London
Stevenson, C. L. (1944). *Ethics and Language*, New Haven
Stewart, J. A. (1892). *Notes on the "Nicomachean Ethics" of Aristotle*, 2 vols., Oxford
Stokes, Michael (1986). *Plato's Socratic Conversations: Drama and Dialectic in Three Dialogues*, Baltimore
(1987). "Socratic Ignorance in Plato's *Apology*" (unpublished)
Stone, I. F. (1988). *The Trial of Socrates*, Boston
Tarrant, Dorothy (1928). *The "Hippias Major" Attributed to Plato*, with introduction and commentary, Cambridge
Taylor, A. E. (1924). "Aeschines of Sphettus," *Philosophical Studies*, London
(1928). *A Commentary on the "Timaeus,"* Oxford
(1929). *Plato, the Man and his Work*, 3rd edn., London (4th edn., 1937)
(1956). *Socrates*, New York (first published in England in 1933)
Taylor, C. C. W. (1976). *Plato, "Protagoras,"* translated with notes, Oxford
(1982). "The End of the *Euthyphro*," *Phronesis* 27: 109–18
Theiler, W. (1925). *Zur Geschichte der teleologischen Naturbetrachtung bis auf Aristoteles*, Zurich

Thesleff, Holger (1982). *Studies in Platonic Chronology*, Commentationes Humanarum Litterarum 70, Helsinki
Thompson, E. S. (1901). *Plato's "Meno,"* text and commentary, London
Thomson, George (1938). *Aeschylus: "The Oresteia,"* vol. 1, text and translation, Cambridge
Tsouna, Voula (1988). *Les Philosophes cyrenaiques et leur théorie de la connaissance*, dissertation (unpublished), Nanterre
Van der Waerden, B. L. (1954). *Science Awakening*, translated by A. Dresden with additions by the author, Groningen
Verdenius, W. J. (1943). "L'*Ion* de Platon," *Mnemosyne* 11: 233–62
Versenyi, L. (1963). *Socratic Humanism*, New Haven
(1982). *Holiness and Justice: An Interpretation of Plato's "Euthyphro,"* New York
Vlastos, G. (1945–6). "Ethics and Physics in Democritus," *Philos. Review* 54: 578–92 and 55: 53–64
(1952). "Theology and Philosophy in Early Greek Thought," *Philosophical Quarterly* 2: 97–123
(1954). "The Third Man Argument in the *Parmenides*," *Philos. Review* 63: 319–49
(1956). *Plato's "Protagoras,"* ed. with introduction, translation by Benjamin Jowett, revised by Martin Ostwald, New York
(1958). "The Paradox of Socrates," *Queen's Quarterly*, Winter (reprinted in Vlastos, 1971)
(1962). "Justice and Equality" in *Social Justice*, ed. R. Brandt, New York, 31–72 (reprinted in J. Waldron, ed. [1964]. *Theories of Rights*, Oxford)
(1965). "Anamnesis in the *Meno*," *Dialogue* 4: 143–67
(1967). "Was Polus Refuted?," *AJP* 88: 454–60
(1969). "Socrates on Acrasia," *Phoenix*, suppl. vol. 23: 71–88
(1971). *The Philosophy of Socrates: A Collection of Critical Essays*, Garden City, New York
(1974). "Socrates on Political Obedience and Disobedience," *Yale Review* 63: 517–34
(1975). *Plato's Universe*, Oxford
(1978a). Review of T. Irwin (1977a) in *The Times Literary Supplement*, February 24
(1978b). Review of H. Cherniss, *Selected Papers*, ed. by L. Taran, in *AJP* 99: 937–43
(1980). "Socrates' Contribution to the Greek Sense of Justice," *Archaiognosia* 1: 301–24
(1981). *Platonic Studies*, 2nd edn., Princeton
(1983a). "The Socratic Elenchus," *Oxford Studies in Ancient Philosophy* 1: 27–58
(1983b). "The Historical Socrates and Athenian Democracy," *Political Theory* 11: 495–515

(1984a). Review of R. Kraut (1984) in *The Times Literary Supplement*, August 24
(1984b). "Happiness and Virtue in Socrates' Moral Theory," *Proceedings of the Cambridge Philological Society*, N.S. 30: 181–213; also in *Topoi* 4: 3–32
(1985). "Socrates' Disavowal of Knowledge," *Philosophical Quarterly* 35: 1–31
(1987a). "'Separation' in Plato," *Oxford Studies in Ancient Philosophy* 5: 187–96
(1987b). "Socratic Irony," *CQ* 37: 79–96
(1988a). "Elenchus and Mathematics," *AJP* 109: 362–96
(1988b). "Socrates," *Proceedings of the British Academy*, vol. 74, 89–111
(1989). Review of Brickhouse and Smith (1989) in *The Times Literary Supplement*, December 15–21
Von Arnim, Hans (1914). *Platons Jugenddialoge und die Entstehungszeit des "Phaidros,"* Leipzig
Waterfield, Robin (1987). *Plato, "Hippias Minor,"* translation with introduction in Trevor Saunders, ed., *Plato: Early Socratic Dialogues*, New York
Watling, E. F. (1953). *Sophocles: "Electra" and Other Plays*, Baltimore
Weiss, Roslyn (1981). "*Ho Agathos* as *ho Dunatos*," *CQ* 31: 287–304
(1985). "Ignorance, Involuntariness and Innocence," *Phronesis* 30: 314–22
(1987). "The Right Exchange: *Phaedo* 69A–D," *Ancient Philosophy* 7: 57–66
Wilamowitz, Ulrich von (1948). *Platon: Sein Leben und seine Werke*, 3rd edn. by Bruno Snell, Berlin
Woodhead, W. D. (1953). *Plato, Gorgias*, translated in *Socratic Dialogues*, Edinburgh
Woodruff, Paul (1982). *Plato, "Hippias Major,"* translation with commentary and essay, Indianapolis and Cambridge
(1987). "Expert Knowledge in the *Apology* and *Laches*: What a General Needs to Know," *Proc. of Boston Area Colloquium in Ancient Philosophy* 3: 79–115
Zeller, E. (1885). *Socrates and the Socratic Schools*, translated by O. J. Reichel, London
Zeyl, Donald (1980). "Socrates and Hedonism," *Phronesis* 25: 250–69
(1982). "Socratic Virtue and Happiness," *AGPh* 64: 225–38

引文索引

（索引页码为原书页码，即本书边码；“n”表示脚注）

Aelius Aristides　埃琉斯·阿里斯提德斯　105，297

Or.《演说辞》（45.2）104

Aeschines　埃斯基涅斯

Contra Timarchum《驳提玛尔科斯》（173）296

Aeschines Socraticus　苏格拉底派的埃斯基涅斯　29n，52，104n，105，297

（fr. 11）31n，39n，103，247-8

Aeschylus　埃斯库罗斯

Agamemnon《阿伽门农》（1255）244n；（1564）190

Choephoroi《奠酒人》（309-14）183，190；（930）183

Oresteia《奥瑞斯忒亚》190

Seven Against Thebes《七将攻忒拜》（1049-50）190

Aesop　伊索　250

Alcmaeon　阿尔克迈翁

（DK 24 B1）163n

Alexamenus　阿勒克萨美努斯　52

Alexander　亚历山大

Aristotelis Metaphysica Commentaria《亚里士多德〈形而上学〉笺注》（83.24-5）263

Amyclas of Heraclea　赫拉克勒亚的阿密克拉斯　121n

Anaxagoras　阿那克萨戈拉　51，159，160，161n，295

Anaximander　阿那克西曼德　159

（DK fr. 1）182

Anaximenes of Lampsacus　兰普萨科斯的阿那克西美尼　26n

Andocides　安多基德斯　161n

Antiochus of Ascalon　阿斯卡隆的安提奥科斯　104

（*ap.* Cic. *De Fin.*［5.78ff.］，*Tusc.*［5.22-3］）216n

Antiphon　安提丰　130n，186，200

Antisthenes　安提斯忒涅斯　63n，

Bryson 布吕松 52，130n

Carneades 卡尔涅阿德斯 4，5，114n
Cebes 刻贝 30n，52，56n，84n
Chrysippus 克吕西普斯 208n
Cicero 西塞罗 29，30，37n，97n，105，129
Academica 《论学园派》（1.4.16）104;（1.10.16）129n;（1.16）83n;（1.44-6）4n;（1.46）114n
Brutus 《布鲁图斯》（292）29n，31n
De Finibus 《论善恶的目的》（5.29.87）274;（5.78ff.）216n;（5.84）216n
De Natura Deorum 《论神性》（1.11）4n
De Oratore 《论演说家》（1.45）104n;（2.67）28;（3.67）105n
De Republica 《论共和国》（1.10.16）274
Tusculan Disputations 《图斯库鲁姆论辩集》（1.17）104n;（1.22-3）104n;（1.57-8）104n;（1.97-9）104;（5.22-3）216n;（5.35）222n
Clearchus of Soli 索里的克列阿尔科斯
（fr. 2 *ap*. Athenaeus 157C） 56n
Clement of Alexandria 亚历山德里亚的革利免
Strom. 《杂记》（3.17）56n
Colotes 科洛忒斯 104-5，297

Democritus 德谟克利特 51n，159
（DK 63B18, 21）170n;（DK 68A136-8）170n;（DK A77）170n;（DK A79）170n;（DK B166）170n
Demosthenes 德摩斯提尼 161n，180
1 Phil. 《反腓力辞第一》（7）23
Against Timocrates 《反提摩克拉底》（170）180n
Dicaearchus 狄凯阿尔科斯
（fr.29, *ap*. Porphyry, *Vita Pyth.*）56n
Dinostratus 狄诺斯特拉托斯 121n
Diogenes of Apollonia 阿波罗尼亚的第欧根尼 51，159，162
（DK B3）162n
Diogenes Laertius 第欧根尼·拉尔修

（2.19）26n；（2.60）103n；（2.87）7n；（2.102）274；（2.106）274；（3.6）274；（6.2）24；（6.3）208；（6.11）223n；（7.101）208n；（7.102）208n；（7.103）229n；（7.127）208n；（8.36）56n；（8.79）129n；（8.86）129n；（10.122）202

Empedocles　恩培多克勒
（B129, *ap.* Porphyry, *Vita Pyth.*）56n；（B310）68n

Epictetus　爱庇克泰德
Diss. 《论说集》（1.29.17，2.2.15，2.23.21）219n

Epicurus　伊壁鸠鲁　142n，202
（*ap.* D.L. 10.122）　202

Euclid of Alexandria　亚历山德里亚的欧几里得　112，130
Elements 《几何原本》（I Df. 13, 14）121-2；（II. 11）127n；（VII Df. 2）119n；（VII Df. 6）273；（IX. 21ff.）271-2；（X App. xxvii Heiberg）119n；（XI）122；（XIII. 6）127n

Euclid of Megara　麦加拉的欧几里得　52，63n，99

Eudemus　欧德摩斯
（DK A14）129n
Geometrike Historia (fr. 133 Wehrli) 《几何学史》107n

Eudoxus　欧多克索斯　108

Euripides　欧里庇得斯
Alcestis 《阿尔克斯提斯》（278）222n；（387）234n；（390）234n
Antiope 《安提娥佩》 240n
Bacchae 《酒神的伴侣》（72-3）201；（395-7）239n
Electra 《厄勒克特拉》（969-73）183n
Hercules Furens 《疯狂的赫拉克勒斯》（1340-6）166n
Hippolytus 《希波吕托斯》（178n）；（380-1）100
Ion 《伊翁》（128）175n；（1046-7）181n
Medea 《美狄亚》 183-4；（110）55n；（807-10）180n；（1078-80）100n

Eurytus　欧律托斯　274

Euxitheus　欧克西透斯　56n

Exodus, Book of 《出埃及记》
（21: 24-5）182

Genesis, Book of 《创世记》

Leodamas of Thasos 塔索斯的列奥达马斯 121n
Leon 列昂 121n
Lycurgus 吕库尔戈斯
Against Leocrates 《反列奥克拉底》（29）180n
Lysias 吕西阿斯
Apology 《申辩》 29n；（*ap.* Arethas, schol. on Plato *Ap.* 18B）292n

Matthew, Gospel of 《马太福音》（6: 23）179；（13: 44-6）233
Menaechmus 墨奈克摩斯 121n
Menedemus 墨涅德摩斯
（*ap.* D.L. 2.60, Athenaeus 611D） 103n

Neoclides 涅奥克里德斯 121n
Nicias of Nicaea 尼开亚的尼基阿斯 52n

Olympiodorus 奥林匹俄多若斯
in Gorg. 《〈高尔吉亚〉笺注》（41.7）274n

Phaedo 斐多 52，99
Philolaus 斐洛劳斯 56n，274
Pindar 品达
Ol. 《奥林匹亚颂歌》（2.24）169n
Pyth. 《皮提亚颂歌》（2.83-5）181；（8.1-2）193
Plato 柏拉图
Apology 《申辩》 46，49，51n，168；（11）166n；（17B8）238；（18E-19A）291；（19B）239；（19B-D）161n；（19C）65n，161；（19C6）237n；（19C-D）128n；（20B）238n，239n，241；（20B-C）237n；（20C）65n；（20D-E）238n，239，244；（20E）252n；（20E-21A）288-9；（21B）82-3，83n，172，173；（21B4-5）237，239，244；（21B-D）3，114n，238n；（21C-23B）252；（21D）82-3，252；（21D5-6）237，239，244；（22A）175n；（22B-C）168n，169，287-8；（22C）125n；（22C1）169n；（23A）221n，239n，252，253n；（23A-B）163n，240n；（23B-C）175n；（23B2-4）221n；（23C）245，252；（23E）252n；（25E-26A）

柏拉图和色诺芬人名索引

Achilles　阿基琉斯　168n，233-4

Adeimantus　阿德曼托斯　249

Aeschines　埃斯基涅斯　103n

Alcibiades　阿尔喀比亚德　1，13，25n，32n，33-42，44n，47n，137，138n，245，247-8，296，300

Amphion　安菲翁　26

Antisthenes　安提斯忒涅斯　30n，208n

Anytus　阿努托斯　219，220-1

Apollodorus　阿波罗多若斯　30n，208n

Archytas of Tarentum　塔伦图姆的阿尔库塔斯　129n

Aristippus　阿里斯提普斯　6n，204n

Aristodemus　阿里斯托德摩斯　49n，158n，162n，295

Callicles　卡里克勒斯　25-6，55n，65n，80n，84n，111，112，113n，134，195，211，222，226n，240-1，244，292n

Cebes　刻贝　30n，52，56n，84n

Chaerephon　凯瑞丰　163n，171n，173，177，245，252n，288-9

Charicles　喀里克勒斯　30n，296

Charmides　卡尔米德　53n，111n

Cleinias　克里尼阿斯　116，127，228

Cratylus　克拉底鲁　98n

Critias　克里提阿斯　296，301

Crito　克力同　157，195，197，301

Critobulus　克力托布罗斯　30，38n

Cydias　居狄阿斯　39n

Cyrus　居鲁士　6n，298-300

Dionysidorus　狄奥尼西多若斯　61

Diotima 第俄提玛 33，73-4，117n

Echecrates 厄刻克拉忒斯 234
Eleatic Stranger 埃利亚的异乡人 59，62n
Euclides 欧几里得 274
Euthydemus 欧谛德谟 6n，158n，163n
Euthyphro 游叙弗伦 59，61n，93n，138，158n，165，174，175，290，294
Evenus 欧埃诺斯 241

Glaucon 格劳孔 53n，84，109，197n，249
Gorgias 高尔吉亚 111n，148n

Heraclitus 赫拉克利特 163n
Hermogenes 赫莫根尼 61
Hippias 希庇阿斯 30n，32，59-60，63n，115-16，126，137n，138，271，276，277，278，292n，298
Hippocrates 希波克拉底 116n
Homer 荷马 168，169n，232-3

Ion 伊翁 287，292n

Laches 拉刻斯 37n，59，61n，74n，83n，111n，242，252n
Leo the Salaminian 萨拉米斯人列昂 237n
Lysimachus 吕西马科斯 111n，242

Melesias 美勒西阿斯 242
Meletus 莫勒托斯 138，166，219，220-1，251n，278，293
Meno 美诺 118，122，133n
Meno's attendant 美诺的随从 118-19，271n

Niceratus 尼刻拉托斯 242
Nicias 尼基阿斯 83n，113n，124n，160，242，244

Parmenides 巴门尼德 61n，62n，85，117n，256，258-9，261n
Pericles 伯里克利 125
Phaedo 斐多 52，99
Phaenarete 斐娜瑞忒 251
Plato 柏拉图 53n
Polus 波洛斯 42n，111n，113n，115，132，139-54，155-6，195，218n，227，240，292n，304
Prodicus 普罗狄科 52，257n
Protagoras 普罗塔戈拉 42n，60，61，62，111n，116n，

135-7，155n，161n，187-9，255，266，292n，300，301

Simonides　西蒙尼德斯　135，136，137
Simmias　西米阿斯　30n，64，84n

Theaetetus　泰阿泰德　121n，266，274
Theages　忒阿格斯　281-2
Theodorus　忒奥多若斯　274-5
Theodote　赛娥多忒　30，35n，244
Thrasymachus　忒拉叙马科斯　13，24，28n，32，83，112，138，195，211，244n，249，298
Tigranes　提格刺涅斯　299-300
Timaeus of Locri　洛克里的蒂迈欧　54n，129

Zethus　泽托斯　25

现代学者索引

Ackrill, John　阿克里尔　131n，201，207n，220n
Adam, J.　亚当　86n
Adam, J. & Adam, A. M.　亚当（J.）和亚当（A. M.）　136n
Adams, Donald　亚当斯　17n，44n
Allen, R. E.　阿伦　25n，57n，59n，73n，76n，82n，93n，146，169n，175n，189n，260n，261n，265，281，283n，292n，294
Amandry, Pierre　阿曼德利　289
Andrews, A.　安德鲁斯　50n，185n
Annas, Julia　阿娜斯　54n，86n，108n，196n，250n
Anscombe, Elizabeth　安斯康姆　151
Arrowsmith, William　阿劳史密斯　30n
Ast (D. Fredericus Astius)　阿斯特　70n
Bacon, Helen　贝肯　243n
Barabas, Marina　巴拉巴斯　2n
Barnes, Jonathan　巴恩斯　56n，94n，132n，139n
Barrett, W. S.　巴雷特　100n，178n
Baynes, Norman H.　贝恩斯　211n
Becker, O.　贝克尔　271n
Beckman, James　贝克曼　105n，171n
Benson, Hugh　本森　11n
Beversluis, John　贝弗斯鲁伊斯　11n
Black, Max　布莱克　17
Bloom, A.　布鲁姆　25
Bluck, R. S.　布拉克　64n，125n，255
Blundell, Mary Whitlock　布伦黛尔　180n，181n，182n，210n
Bodin, L.　博丹　25n
Bonitz, H.　波尼茨　97n
Booth, Wayne C.　布思　21n

De Romilly, Jacqueline　罗米莉　185n
Descartes, René　笛卡尔　68
De Sousa, Ronnie　苏萨　11n
De Strycker, E.　斯特吕克　126n，161n
Dewey, John　杜威　4，10
Diels, H. and Kranz, W.　第尔斯和克兰兹　159n（亦见“引文索引”）
Diès, Auguste　迪耶斯　76n
Dijksterhuis, E. J.　迪克斯特胡伊斯　108n
Dittmar, Heinrich　迪特马尔　39n，103n
Dodds, E. R.　多兹　5，46n，54n，115n，128n，132，139n，148n，168n
Döring, Klaus　多灵　52n
Dover, Kenneth R.　多沃尔　12，23n，28，33，201n，246-7
Dresig, Sigmund Friedrich　德累锡　18n
Dybikowski, John　迪比考斯基　5，201n

Edelstein, Emma　埃德尔斯坦因　30n
Edmunds, Lowell　埃德蒙斯　280n
Ehlers, Babara　厄勒尔斯　248
Einarson, B. & De Lacy, P.　英纳森和拉西　161n
Erbse, Hartmut　厄尔布斯　161n

Feinberg, Joel　费因伯格　189n
Ferejohn, Michael　费列洪　133n，228n
Ferguson, John　弗格森　173n
Fine, Gail　法茵　17，75n，91n，261n，264，264-5
Flashar, H.　弗拉夏尔　164n
Fontenrose, Joseph　方腾罗斯　289n
Foucault, M.　福柯　38，40
Fowler, H. N.　富勒　59n
Frankena, W.　弗兰克纳　214n
Friedländer, Paul　弗里德兰德　24n，42，44，132，137n，139n，250n，275n
Fritz, K. von　弗里兹　14n

Gallop, David　加禄普　255
Gauthier, David　戈狄尔　11n
Genet, Jean　日奈　132n
Giannantoni, Gabriele　纪安南东尼　63n，208n
Gigon, Olof　吉恭　159n
Glucker, John　格勒克尔　4n，52n，104n
Gomme, A. W.　戈姆　253n

Gosling, J. & Taylor, C. C. W. 戈斯灵和泰勒 205n，214n
Gould, Thomas 古尔德 38n
Graham, Daniel 格雷汉 11n
Greenwood, L. H. G. 格林伍德 206
Groden, Suzy 葛罗登 33-4
Grote, George 格罗特 4，52n，146n，148n，208n
Grube, George 格鲁伯 25，65n，82n，169n
Gulley, Norman 格里 5，14n，19，135n，208n，267n
Guthrie, W. K. C. 格思里 6，14n，19，25，28，33，34，37n，38，50n，57n，132，143n，172n，187n，208n，214n，274n，275，276n，288

Hackforth, R. 哈克弗斯 40n，64n，77n，171n，255
Halper, Edward 哈佩尔 11n
Halperin, David 哈佩林 11n
Hamilton, W. 汉密尔顿 34
Hardie, W. F. R. 哈迪 14n
Havelock, Eric 哈弗洛克 18n，51n，55n
Heath, T. L. 希斯 107n，119n，123n，127n，256n，273n
Hegel, G. W. F. 黑格尔 43，99n
Helmbold, W. 赫尔姆博尔德 240n
Henwood, Kenneth 亨伍德 11n
Herzberger, Hans 赫尔兹伯格 11n
Higgins, W. E. 希金斯 30n
Huffman, Carl 哈夫曼 129n
Hume, David 休谟 9n，203n

Ignatieff, Michael 伊格纳提夫 40
Irwin, T. H. 厄尔文 1n，5，6-10，14n，17，20，26n，46n，66n，84n，89n，96n，99n，115n，125n，128n，133，139，140n，146n，148n，150n，151n，182n，204n，205n，209n，217n，222n，228n，240n，250n，279n，302-3，305，306

Jaeger, W. 耶格尔 159n，162n
Jebb, R. C. 杰布 234n
Joël, Karl 乔尔 160n
Johnson, Samuel 约翰逊 21
Jowett, B. 乔伊特 38n，138n，277n，283n，305

Kahn, Charles 卡恩 42n，97n，132，139n，143n，147，163n
Kant, Immanuel 康德 179，213n
Karasmanis, Vassilis 卡拉斯曼尼

Murphy, Arthur　墨菲　17
Murphy, N. R.　墨菲　86n

Nehamas, Alexander　内哈马斯　118n，119n，131n，241n
Nozick, Robert　诺齐克　186n
Nussbaum, Martha　纳斯鲍姆　29n，37n，110n，211n

O'Brien, Michael J.　奥布里恩　19，42，132n
Oldenquist, A.　奥尔登奎斯特　189n
Oppenheimer, Robert　奥本海默　2n
Owen, G. E. L.　欧文　263

Patzer, Andreas　帕策尔　98n，173n
Powell, J. E.　鲍威尔　257n
Prichard, H. A.　普理查德　204n，205
Prior, W. J.　普里奥尔　11n，256n，264
Procopé, John　普罗科佩　189n

Rackham, H.　拉克汉姆　26n
Ribbeck, O.　里贝克　23n，25n，26n
Riddell, J.　利德尔　63n，73n，209，280，305
Riginos, Alice Swift　里格诺斯　274n
Ritter, Constantin　李特尔　46n，73n，250
Robin, Léon　罗斑　2n，25n，49n，77n，99n，140n，150n，219-20n，222n，255，275，277n，305
Robinson, Richard　罗宾逊　14，57n，73n，97n，98n，173n，201，202n，205-6，265
Ross, W. D.　罗斯　46n，57n，73n，97n，98n，173n，201，202n，205-6，265
Russell, Bertrand　罗素　81，101-2，146n，298

Santas, Gerasimos　桑塔斯　3n，5，19，45，133，139，143n，151，153n，154n，210n，222n
Schadewaldt, W.　沙德瓦尔特　181n
Shorey, P.　肖里　14n，25
Sidgwick, Henry　西季威克　201n
Silverman, Alan　西尔弗曼　11n
Smith, C. F.　史密斯　253n
Smith, Nicholas　史密斯　11n，131n（亦见 Brickhouse,

Thomas C.）
Solmsen, Friedrich 索尔姆森 55n，131n，181n
Sprague, Rosamond K. 斯普雷格 276n
Stanford, W. B. 斯坦福 192n，194n，293n
Stenzel, J. 斯坦策尔 97n
Stephen, James FitzJames 史蒂芬 189n
Stevenson, C. L. 史蒂文森 277n
Stewart, J. A. 史都华 206
Stokes, Michael 斯托克斯 83n
Stone, I. F. 斯通 18n，136n

Tannery, P. 谭内里 275n
Tarrant, Dorothy 塔兰特 126n
Taylor, A. E. 泰勒 5，14n，17n，54n，146，165n，248，276n，292n
Taylor, C. C. W. 泰勒 132，173n
Theiler, W. 忒勒尔 162n
Thomson, George 汤姆森 183n
Thoreau, Henry David 梭罗 199
Tsouna, Voula 春娜 52n，63n

Urmson, J. O. 乌尔姆森 206n

Van der Waerden, B. L. 范·德·怀尔登 107n，123n，129n，271n
Verdenius, W. J. 维尔旦尼乌斯 168n，287
Versenyi, Laszlo 维尔森伊 19，158n，175n
Vlastos, Gregory 弗拉斯托（1933）113n;（1945-6）55n;（1952）159n，162n，164n;（1954）5n;（1956）2n，4，58n，60n，62n，100n，268;（1958）3;（1962）189n;（1965）118n;（1967）42n，139n;（1969）301n;（1971）220n;（1974）38n;（1975）107n，167n，182n;（1978a）7-10;（1980）212n;（1981）38n，63n，66n，72n，73n，88n，89n，120m，133n，200n，203n，218n，246n，254;（1983a）12n，15，17n，46n，51n，95n，111n，113n，114n，115n，123n，160n，237n，250n;（1985）3n，12n，14n，31n，32n，82n，114n，132n，239，271;（1987a）17n，256n;（1987b）13n
Vogt, H. 佛格特 275n
Von Arnim, Hans 冯·阿尼姆 250，305

Waterfield, Robin 沃特菲尔德

276n
Watling, E. F. 沃特灵 193n
Weiss, Roslyn 薇丝 66n，133n，276n，277
White, Stephen 怀特 11n，20
Whitehead, A. N. 怀特海 17
Wilamowitz, Ulrich von 维拉莫威兹 25，28，38n，287
Wittgenstein, Ludwig 维特根斯坦 81，98，116
Woodbury, Leonard 伍德伯里 11n
Woodhead, W. D. 伍德海德 1n，25n，140n
Woodruff, Paul 伍德拉夫 14，58n，59n，126n，238n
Woozley, A. D. 伍兹利 89n

Zeller, Eduard 策勒尔 51，99n，208n，280-1，282n，299n
Zeyl, Donald 泽尔 11n，140n，300

希腊词索引

ἀγαθός　好的，善　66n，150n，198，210，218n，219，226n，305-6

ἀδιάφορος　无差别的　208n，225n

ἀδικέω　行不义　29，153-4，155n，185，194，198，203n，210n，212-13，218n

αἰδώς　羞耻，敬畏　188n

αἰσχρός　丑的，可耻的　140，141，209n，211n，218n，246

ἀκρασία，ἀκρατής　不自制；不自制的　42n，28，88，97，100-1，300-1

ἀκων　不自愿　153-4

ἁμαρτάνω　犯错　154，304

ἄμεινον　更好的　145n，203n

ἀμύνειν，ἀνταμύνειν　抵御，使……远离自身；自卫　186

ἀνάγκη，ἀναγκάζω　必然的；使……必然　84n，136n，147n，159

ἀνατίνειν　支付　181

ἀνδρεία　勇敢，男子气　200，228

ἄνθρωπος　人　193，194，239n

ἀνόσιος　不虔敬的　184

ἀνταδικέω　报以不义，反行不义　194，210n，212-13

ἀνταποδίδωμι　报复　184，189，191

ἀντικακουργέω　报以作恶，反行恶　194，210n，213

ἀντιπεπονθός　遭受报应　182

ἀντιτίνειν，ἀνατίνειν，ἀποτίνειν　偿还；付出；清偿，报复　181，184n

ἀποδείκνυμι，ἀπόδειξις　指出，证明；证明　55n，112，115，118n，140n，283n

ἀποτίνειν　付出　181

ἀρετή　德性，卓越　93n，191，200，201n，219，279

ἄτοπος　怪异的，荒谬的　292n

αὐτὸ καθ’ αὐτό　自身就其自身

63n，64n，68，69n，72-6，85n，112，229，256，258，259n，262-3，264，265，305

βέλτιστον　最好的　145n，148
βούλομαι　意愿　149，153

γένεσις　生成，变化　71n，72n
γεωμετρία，γεωμέτρης　几何学；几何学家　122-3，128，129，274-5

δεινότης，δεινός　聪明；聪明的，可怕的，厉害的　96n，200n
διαλέγομαι，διαλεκτικός　对话，辩证；辩证式的　127-8，155n，190n
διαμηρίζω　股间性交　246-7
διδάσκω　教授，陈述　118n，241n，242
δίκαιος，δικαιοσύνη　正义的；正义　29，59n，64n，137n，180，185，189，198n，200，211n，218n，254，301，305
δίκη　正义，公道，司法裁决　182，183，184，188n
δοκέω　看来，认为　50n，145n，148，152n，167-8

εἶδος　形式　56ff.，63n，71n，73，76n，91，92n，164n，256，264
εἰλικρινής　纯粹的　76n，255
εἴρων，εἰρωνεία，εἰρωνικός，εἰρωνεύω　反讽者；反讽［名］；反讽的；反讽［动］23-44 *passim*，83，110n，114，138n
ἔκφρων　失心，出神　169，288
ἕκων　有意的，自愿的　154，304
ἔνδοξον　［属于］享誉的意见的　94，95n，111
ἔνθεος，ἐνθουσιάζω　神灵附身的；神灵附身　79，168，169，247，288
ἐπακτικὸς λόγος　归综式论证　95n，267-9
ἐπιστήμη　知识　96，113n，114，237n，305
ἐπιχειρῶ　着手做　32n，240
ἐποχή　悬置判断　4
ἔρως，ἐρωτικός　爱欲；爱欲的　38-41，48，245-7
εὐδαίμων，εὐδαιμονία　幸福的；幸福　164，201-3，206n

ἡδονή　快乐　140，141

θεῖος　属神的，神圣的　77，125n，167n，169n，247，

264，280
θεός 神 77，162-4，166-7，169，170n，171-2，174n，175，239n，281
θεῶμαι 注视，沉思 78-9
θεωρῶ 观看，沉思 77n，141n，142n
θνητός 有死的 239

ἰδέα 理念 56ff.，73，91-4，104n，164

κακουργέω 作恶 194
καλός 美的，高贵的 76n，82n，89n，125n，169，189，198，211n，218n，246，301
κατέχομαι 被附身 168，287
κολάζω 惩戒，惩罚 186-9
κόσμος 宇宙 128n，161

λατρεία 侍奉 175，252n
λογίζομαι，λογισμός，λογιστικός 推理；推理，论证；计算术，计算师 67n，68n，86，127，157，245，271-2
λόγος 言辞，道理 69n，84，95n，96，188n，213，254，266，275

μάντις 先知 168n，170
μείγνυμι 混合，性交 78n

νόμος 礼法，法，规范 35，181，246
νοῦς 思，理智，理解力 169，170n，288

οἴομαι 认为 177n
ὁμολογέω 同意 94
ὄν，οὐσία 存在；存在，本质，实在 57n，61，64n，65n，67，68n，69n，71n，72n，74n，78n，109，127，254-5
ὁράω，καθοράω 看，目视 78
ὅσιον 虔敬的，神圣的 74n，200

πάθος 激情、遭际、属性 57n，96，183，186n，254
παιδεία 教育 137n
τὸ πᾶν，τὰ πάντα 大全，万物 159，161
παρρησία 坦率 113
πειραστικός 检验式的［论证］94，95n，111，266，267
πολυπραγμονέω 忙于，事务繁多 240n，241n
πράττειν τὰ πολιτικά 从事政治 237，240n，240-1，286-7

σαφής，σαφήνεια 清楚的，明晰

的；清楚，明晰　55n，163n
σημεῖον　征象　280-1，286
σοφός，σοφία　智慧的；智慧　73n，82，85，128n，200，206，211n，221n，237，239n，254

τάττω　指派　171-2
τέλος　目的，终极　152，203，224，230
τέχνη　技艺　174，240
τιμωρέω，τιμωρία　复仇，报仇；报复，惩罚　186-9，190n
τίνειν　支付　181，182，183，184
τύπος　纲要　162，163n

ὑπηρεσία　侍奉　174n，175，252n
ὑπόθεσις　悬设，假设　63-4，122-4
ὑπολαμβάνω　假定　167
ὑπολογίσζομαι　相对重视　209

φιλόσοφία，φιλόσοφος　爱智慧，哲学；爱智慧的，哲学的，哲人　64-5，110，167
φρονέω，φρόνησις　慎思，考虑，思考；明智　206，228n，239，305
φύσις　自然，本性　61n，159n，161，170n，190n，254
φωνή　声音　168n

χρησμολόγος，χρησμῳδός　倒腾神谕者；发布神谕者　169n，170n，288
χωρίζω，χωρίς，χωριστός　分隔；分离；分离的　75-6，91-2n，92，155n，256-8，260，262-4，264-5

ψεῦδος，φεύδομαι　虚假的；说假话　276-7

译后记

以圣爱追寻智慧

弗拉斯托的生平与学术

恐怕很少有一位学者像格里高利·弗拉斯托（Gregory Vlastos [Γρηγόριος Βλαστός]，1907—1991）那样对20世纪的西方古典学术产生过如此巨大的影响。他被许多人认为是二战后英语世界最伟大的古代哲学家。[1]在半个多世纪的漫长学术生涯中，他先后任教于加拿大女王学院（1931—1948）、美国康奈尔大学（1948—1955）、普林斯顿大学（1955—1976）、加州大学伯克利分校（1976—1987）等北美名校，并曾为普林斯顿高等研究院访问学者（1953—1954）和剑桥大学基督学院杰出教授研究员（1983—1984）。他是美国哲学学会会员，美国艺术与科学学院院士，英国国家学术院和雅典学术院通讯院士，以及多所高校的名誉学位获得者，曾以高龄获得被视为美国跨领域最高奖项的麦克阿瑟天才奖和古根

〔1〕 参见C. H. Kahn, “Vlastos’ Socrates,” in *Phronesis* 37 (1992), pp. 233-258, at 234；A. P. D. Mourelatos, “Gregory Vlastos,” in *Gnomon* 65 (1993), pp. 378-382, at 379；Malcolm Schofield, “Socrates on trial in the USA,” in *Classics in Progress*, (ed.) T. P. Wiseman, Oxford: Oxford University Press, 2006, pp. 263-284, at 263。

海姆奖。经他亲手培养和提携的弟子私淑遍布北美，当中许多早已成为业内的耆老名宿，另一些则至今仍在学界活跃。[2]

弗拉斯托与英美古代哲学的“分析革命”

弗拉斯托最重要的学术贡献莫过于引领了二战后北美古代哲学研究的“分析革命”。

日后的知名亚里士多德学者，当时正在康奈尔读博的基特曾回忆起维特根斯坦于1949年到访该校期间[3]一次悄悄混入弗氏古代哲学课堂的逸事：

> 当时是在康奈尔哲学俱乐部，弗拉斯托课后的讨论时间。坐镇的主讲人正是不怎么讨喜的弗氏本人。而后，一位一直安静旁听、没插过嘴的穿着古怪的陌生人开始表露他内心的剧烈挣扎和欲言又止，那沮丧的鬼脸和受够了的手势——后来俱乐部的成员们都很

---

〔2〕 如康奈尔时期的基特（David Keyt）、桑塔斯，普林斯顿时期的穆瑞拉托斯（A. P. D. Mourelatos）、厄尔文、克劳特、李（E. N. Lee）、刘易斯（F. A. Lewis）、内哈马斯、皮特森（Sandra Peterson）、伍德拉夫，伯克利时期的本森、贝弗斯鲁伊斯、布朗黛尔（Ruby Blondell）、布里克豪斯、格雷汉、麦克法兰、波兰斯基（Ronald Polansky）、史密斯、薇丝、怀特，等等。

〔3〕 康奈尔是40年代美国分析哲学尤其是维特根斯坦哲学研究重镇。差不多在弗氏加入的同时，该校也迎来了布莱克（Max Black）和马尔科姆（Norman Malcolm）这两位深受维特根斯坦影响的知名分析哲学家。维特根斯坦1949年7月—10月应马尔科姆之邀访问康奈尔。

熟悉，因为马尔科姆和他的学生们一直在模仿——揭晓了他的身份。“是维特根斯坦！”[4]

这个戏剧性的场景多少折射出了古代哲学研究在20世纪上半叶面临的尴尬处境。伴随着分析哲学运动的兴起和传播，数理逻辑、知识论、语言哲学、科学哲学和非认知主义伦理学等无历史的研究兴趣逐渐在英美哲学界和高校学科体制中占据支配地位。古代哲学家的概念论证被认为是稚嫩的，充满了含混和谬误；价值观被认为是落后的，不符合现代自由民主的普世规范。他们的作品褪去了思想光环，沦为只有古典语文学家、历史学家或者文化人类学家感兴趣的“故纸堆”。越来越多的精力被投入到年代更晚、更冷门的流派作家的研究当中；对柏拉图、亚里士多德等古典大哲——他们的存世著作历经千百年的考订和编纂，已几无重大更新的可能性——的思想诠释则陷入停滞。[5]

---

〔4〕 David Keyt, “A Life in the Academy,” in *Reason and Analysis in Ancient Greek Philosophy: Essays in Honor of David Keyt*, (eds.) G. Anagnostopoulos and F. Miller Jr., Dordrecht: Springer, 2013, pp. 11-44, at 15.

〔5〕 20世纪初最著名的一些英美古希腊哲学学者，如苏格兰的伯奈特和泰勒、美国芝加哥的肖里，哲学立场基本上都继承自19世纪的人本主义观念论传统，鲜少关注分析哲学的前沿问题，其学术训练也更偏古典语文学。与此同时，德国、法国、意大利等欧陆国家的古典学传统，包括一些英国大学的古典学传统（如以长期坐镇古典系的康福德及其弟子格思里为代表的剑桥古代哲学史传统）均多少有出于捍卫方法正统的动机而刻意同当代哲学研究保持距离。参见Christof Rapp, “The Liaison between Analytic and Ancient Philosophy and its Consequences,” in *Proceedings of the British Academy*, 214 (2008), pp. 120-139。

僵局直至30年代末才被打破。在英国，赖尔（Gilbert Ryle）和奥斯丁（J. L. Austin）延续了注重学科交叉的牛津哲学研究传统，将分析哲学的兴趣引入其柏拉图和亚里士多德作品阐释；在美国，罗宾逊（Richard Robinson）率先出版了分析地研究柏拉图早期辩证法的专著。他们共同开辟了一条将分析哲学的观点和方法应用于古希腊哲学文本，糅合"经史"与"义理"、"诠释"与"论证"的古代哲学研究进路（以下简称"分析进路"）。不过，因为二战的延宕等，这一进路在问世之初并未产生很大的影响。[6]直至50年代后，它才经由弗拉斯托和欧文（G. E. L. Owen）、阿克里尔（J. L. Ackrill）等新生代学者之手发扬广大。

弗氏于1954年发表的《〈巴门尼德〉中的第三人论证》一文被公认为这场革命在北美的标志性事件。[7]"第三人论证"（the Third Man Argument）是《巴门尼德》中那位同名智术师针对青年苏格拉底抛出的六个诘难（130A-134E）之一，旨在表明形式理论隐含无穷倒退的逻辑困难。在该文中，弗氏娴熟地运用古典文本诠释和逻辑分析技术对"第三人论证"进行了空前严谨的重构，并率先指出了其所隐含的两个可疑预设，即形式的"自述谓"（self-predication）和"非自一"

〔6〕 例如罗宾逊氏著的第一版（1941）因正值战时只印行了500册，其真正引起学界反响是在1953年第二版问世后。罗宾逊本人于1928年至1946年任教于康奈尔，恰好没能赶上其分析哲学的黄金年代。

〔7〕 Gregory Vlastos, "The Third Man Argument in the Parmenides," in *The Philosophical Review* 63 (1954), pp. 319-349.

(non-identity)。[8] 为什么这样一个成问题的论证会堂而皇之地出现在《巴门尼德》这部“中晚期”对话中？如何理解它与《理想国》等“中期”对话中形式理论的关系？对此，弗氏给出了一个新颖的发展论解释：柏拉图已经初步意识到“中期”理论存在困难，但尚未能解决这些困难甚或定位其根源，因此“记录”下了他“诚实的困惑”(honest perplexity)。

此文一出，不单在古典学界引发热烈反响，还引来了塞拉斯(Wilfred Sellars)和基奇(Peter T. Geach)等分析哲学界领军人物的撰文评论。[9] 人们惊讶于两千年前的柏拉图已经对“自述谓”这一晚近才得到罗素等人深入剖析的逻辑疑难有所觉察，[10] 更好奇他的形而上学是否以及如何能够克

---

〔8〕 例如，形式理论要求设置一个独立的“大的形式”来解释特定的大的个例之所以大的原因；但“大的形式”作为“大”这种性质的范型(*paradeigma*)自身就具有“大”这种性质，因此又另需要一个独立于它自身的“大的形式”来解释它之所以大，如此重复，以至于无穷。这种潜在的冗余对于强调形式的单一性的柏拉图而言是不可接受的。

〔9〕 值得一提的是，我国第一代古希腊哲学大家陈康先生是弗氏该文最早的一批评论者之一。弗氏曾将该文初稿寄给陈康求教并向后者索讨其论文《柏拉图巴曼尼德斯篇》(原稿为德文，后由1943年到访中国的著名学者多兹[E. R. Dodds]带返英国并由他人译为英文，发表于《古典学季刊》[Chung-hwan Chen, “On the Parmenides of Plato 1,” in *Classical Quarterly* 38 (1944), pp. 101-114])。不过弗氏并未在定稿中援引陈文。陈康后来专门撰写了《柏拉图“相论”中的“同名”问题》一文(《大陆杂志》1955年第10期，重刊于陈康：《论希腊哲学》，汪子嵩、王太庆编，北京：商务印书馆，2011年，第136—142页)概述了他回信中的观点，以飨本土学者。

〔10〕 “能述谓自身的谓词”(predicates predicable of themselves)的概念最早由罗素提出(Betrand Russell, *Principle of Mathematics*, Cambridge: Cambridge University Press, 1903)。弗氏将它在“第三人论证”中的应用归功于A. E. 泰勒。

服这一挑战，在《蒂迈欧》等通常被认为“更晚”的对话中延续。更重要的是，在激辩这些问题的过程中，许多学者实际上接受了弗氏的“诚实的困惑”假说所秉持的一个信念，即诠释者应当尊重柏拉图作为一位合格哲学家的智性水平和严肃态度，避免将文本中出现的任何显白“谬误”草率地归咎于他的无知，而是遵循诠释的“仁慈原则”，在尽可能合理、融贯地重构其学说和论证的前提下，再进行同情的批判。与此同时，诠释者的“仁慈”又是建立在对自身理解力和认识手段的充分自信之上的——他如今既不再是经典权威的盲从者，也不再是自诩能“比柏拉图更好地理解柏拉图”（康德语）的启蒙者，而就是与古人进行平等交流的对话者。这样一种“民主化”的古代哲学研究姿态，或许是这场“分析革命”最具革命性的精神内核。

受其鼓舞，接下来十余年间，一大批围绕苏格拉底和柏拉图的形而上学、知识论和辩证方法论的研究成果集中涌现。[11]特别是60年代中叶后，因应北美新左派运动风起云涌，规范性政治哲学和德性伦理学研究迎来“复兴”的新情势，古代哲学界也把更多的目光投向了长期被埋没在“极权主义”等意识形态标签下的古希腊社会政治哲学和道德心理学等论域。弗氏凭其对苏格拉底的“不自制”悖论、“公民不服从”思想，对柏拉图的社会正义概念和爱欲学说等议

〔11〕参见R. E. Allen (ed.), *Studies in Plato's Metaphysics*, London: Routledge & Kegan Paul, 1967, pp. ix-xii。

题的一系列开创性研究持续引领着分析进路的风潮。他个人的柏拉图研究文集[12]和柏拉图宇宙论专著、[13]他为“现代哲学研究”丛书主编的苏格拉底和柏拉图哲学研究文集，[14]以及学界同人为祝贺他从普林斯顿荣休而编的纪念文集[15]在70年代初陆续出版，标志着其学术生涯的第一个高峰。

与此同时，弗氏亦不遗余力地推动分析进路在体制内扎根。他曾两度担任普林斯顿哲学系主任（1961—1964，1970—1976），其间，通过招募人才和募集资金等努力，他使该系一跃成为享誉全球的哲学重镇。他所创设的古典学-哲学联合研究生项目成为后来哈佛、匹兹堡、加州、得州奥斯汀等高校类似项目的模范。此外他也是极少数长期在哲学研究顾问委员会（Council of Philosophical Studies）、美国哲学协会等重要学术组织中任职的古代哲学研究者。1970年夏，他牵头在美国科罗拉多学院举办为期六周的“古希腊哲学与科

---

〔12〕 Gregory Vlastos, *Platonic Studies*, Princeton: Princeton University Press, 1973; 2nd printing with corrections and additional essays, 1981.

〔13〕 Gregory Vlastos, *Plato's Universe*, Seattle: University of Washington Press, 1975; 2nd edn. with a new introduction by Luc Brisson, Las Vegas: Parmenides Publishing, 2005.

〔14〕 Gregory Vlastos (ed.), *The Philosophy of Socrates: A Collection of Critical Essays*, Garden City: Doubleday & Co., 1971; *Plato: A Collection of Critical Essays*, 2 vols., Garden City: Doubleday & Co., 1971.

〔15〕 E. N. Lee, A. P. D. Mourelatos and R. M. Rorty (eds.), *Exegesis and Argument: Studies in Greek Philosophy Presented to Gregory Vlastos*, Assen: Van Gorcum, 1973.

学”研讨班，云集了五十余位欧美古典学和哲学学者。这次研讨班被视为英美古代哲学学术共同体形成的标志性事件。1973年起，他又着手筹建非营利民间组织国家人文学中心（National Humanities Center），为有志于从事人文研究的学者提供资助和便利。

重新发现苏格拉底

1976年从普林斯顿正式退休后，弗氏移居加州伯克利，以终身客座教授的身份继续从事科研教学。他在美国国家人文学基金（National Endowment for the Humanities，这一联邦政府基金在1965年的设立也有他奔走斡旋的功劳）的资助下，先后在北美多所院校主持苏格拉底和柏拉图哲学研讨班，[16]并且连续获邀主讲多个知名系列讲座。[17]以此为契机，弗氏焕发了学术生命的“又一春”，在反讽概念、盘诘法、德福论伦理学等方面极大推进了英语世界的苏格拉底研究。这些工作最终凝结成了读者眼前这部扛鼎之作，以及在弗氏

〔16〕共七次，主题分别为“The Moral and Social Philosophy of Socrates and Plato”（1974），“The Moral and Social Philosophy of Socrates and Plato”（1976），“The Philosophy of Socrates”（1978，1981，1983，1988，1990）。

〔17〕包括圣安德鲁斯大学吉福德系列讲座（1981）、加州大学伯克利分校豪伊森系列讲座（Howison Lectures，1984）、康奈尔大学唐森系列讲座（1984）、哈佛大学怀特海系列讲座（Whitehead Lectures，1987）。

身后出版的姊妹文集《苏格拉底研究》(1994)。[18]

可以毫不夸张地说,《反讽者》一书奠定了弗氏在苏格拉底学术史上的宗师地位。[19]而这主要归功于他在本书中系统地阐述的，迄今为止最受认可的一种苏格拉底-柏拉图哲学研究范式，即“分析发展论”(analytic developmentalism)。纵观整个20世纪，能够在柏拉图学术史上留名的诠释流派屈指可数：一是立足于柏拉图的“内传”或“未成文”学说、以形而上学本体论问题为主要关切的“图宾根学派”进路；二是强调柏拉图对话的诗学-戏剧形式和教化意图的“解释学”进路；三是融合了内传论和戏剧解读，格外关注哲学与城邦的根本冲突这一政治哲学问题的“施特劳斯派”进路；四即是以弗拉斯托及其门人同调为主要支持者的“分析发展论”

---

〔18〕 Gregory Vlastos, *Socratic Studies*, (ed.) M. F. Burnyeat, Cambridge: Cambridge University Press, 1994.

〔19〕《苏格拉底》在20世纪学术史上的地位被认为堪比格罗特的《柏拉图及苏格拉底的其他同伴》(*Plato and the Other Companions of Sokrates*, 1865)和策勒尔的《苏格拉底与苏格拉底学派》(*Sokrates und die Sokratiker*, 1875)在19世纪。2012年出版的《康提努柏拉图研究指南》在其现当代接受和诠释史综述部分将“弗拉斯托派进路”与“发展论”“创作年代学”“分析派进路”“欧陆进路”等并列作为对现当代柏拉图哲学诠释影响最大的13个学术史阶段或流派之一(G. A. Press [ed.], *The Continuum Companion to Plato*, London and New York: Continuum, 2012, pp. 282-308)。2019年出版的《博睿苏格拉底接受史指南》也辟专章评介了弗拉斯托对分析派解释的影响，将他与维特根斯坦、施特劳斯、福柯和德里达并列为20世纪最重要的五位苏格拉底诠释者(David Wolfsdorf, “Socrates, Vlastos, and Analytic Philosophy,” in *Brill's Companion to the Reception of Socrates*, [ed.] Christopher Moore, Leiden and Boston: Brill, 2019, pp. 975-995)。

进路。分析发展论的方法论原则可以概括为以下三点：

1. 教义分析的哲学诠释：即将柏拉图对话理解为各种“学说”和“论证”的载体，将“苏格拉底”或其他对话角色视为它们的代言人，并强调它们在正典范围内跨对话的逻辑融贯性。

2. 柏拉图对话的年代发展论：即诉诸对话的年代分期（通常是“早、中、晚”分期）和排序，以及作者的思想观点随时间推移的线性“成熟”或“转变”，来解释不同对话学说之间的不融贯。

3. 早期对话中苏格拉底的史实性：即在年代发展论的基础上，采信以亚里士多德为主的旁证，区分“早期”对话中归属于“历史上的苏格拉底”的哲学，和“中、晚期”对话中归属于柏拉图自己的哲学。

这三大原则在学术史上各有渊源。但它们被有机地结合到一起，形成一套相对固定的观点共识，乃至成为学界和公众认知中的某种“范式”，却不过是80年代至90年代的事情，《苏格拉底》一书在其典范化上居功至伟。在本书的第二、第三章中，弗氏对上述原则做了系统阐述，给出了一种迄今为止最广受认可的柏拉图对话分期方案，并且以“十个反题”的形式空前有力地阐明了“早期”和“中期”两个“苏格拉底”哲学立场的全方位对立——用弗氏的话说，这种对立巨大到不可能被描述成装在同一个脑子里，除非是精神分裂的脑子（第46页）。为了解释这种精神分裂式的对立在柏拉图那里的共存，弗氏提出了一种相当精巧的发展论假说：柏拉图对话的实质是以“散文体对话”呈现的“哲学戏剧”，其写作目的既不是单纯汇报史实，也不是单纯满足文学创作欲，而是进行哲学探究——更准确地说，是借对话主角之口，按他（柏拉图）在写作当时认为最正确的方式去“重新创作”（recreate/create anew）一个哲学探究过程。“早期”柏拉图信赖历史上苏格拉底的思想方法（盘诘法），故满怀热情地在多部对话中反复以“更苏格拉底”的方式再现其哲学；“中期”柏拉图则因受到来自西方的数学几何学以及灵魂回忆说等“两个世界”的神秘主义观念的影响而对早期的方法失去了信心，并且找到了强有力的理由另辟蹊径，虽然他仍然出于情感惯性而保留了恩师作为对话主角（第50页）。这一假说带来的诠释上的便利是显而易见的：它既避免了内在体系完成式或者外部传记式的传统发展论解释过于机械的弊端，又允许弗氏把注意力集中在教义分析上，而相对忽略对话的情境设置、情节、角色的个人特征等没有“学说意义”的文本枝节。无怪乎一经提出，它便迅速取代此前的格思里（W. K. C. Guthrie）等人的版本，成为“分析发展论”的“标准观点”。[20]此后十余年间出版的数部英语世界权威的指南类书籍均基本延续了这一方法论共识。许多研究著作，特别是那些无暇进行方法论检讨的单篇论文，更是把“标准观点”当作定论来直接套用。[21]

---

〔20〕 这是C. J. Rowe, “Interpreting Plato,” in *A Companion to Plato*, H. H. Benson (ed.), London: Blackwell, 2006, pp. 13-24的说法。

〔21〕 一些例子参见Debra Nails, *Agora, Academy, and the Conduct of Philosophy*, Dordrecht: Kluwer Academic, 1995, p. 55。

但正所谓“物极必反”，《苏格拉底》在把“标准观点”的影响力推上巅峰的同时，也为其衰落埋下了伏笔。弗氏在书中提出的许多宏大观点，尤其是十个尖锐的“反题”，迅速引来了包括他学生在内的大量学者的质疑。这些质疑很快便扩展成了对“分析发展论”范式的整体检讨，主要聚焦于其考据基础不牢固，轻视对话的文学形式，割裂不同时期、篇目的义理一致性，夸大柏拉图的当代相关性等问题。世纪之交前后，主流学界已经隐然出现“范式转移”的趋势。其余波之猛烈，甚至逼得弗氏的两位学生不得不在十余年后站出来为“苏格拉底研究”这一论域本身的合法性“申辩”。[22]虽然此后带有鲜明分析取向的研究著作仍然时有问世，但总体而言，“再历史化”和“多元化”已经成为当前英美柏拉图研究的大势所趋。除了扎实推进单篇对话的综合性研究和更精细的接受史研究，不少学者也在尝试跳出“分析发展论”的范式，从对话的“引导”“教导”“助产”“探究”功能或者“戏剧艺术”等视角对苏格拉底和柏拉图的哲学义理做别开生面的“统一论”阐释。

如若弗氏仍然在世，看到这些新动向会作何感想？是郁闷失落，抑或是愤愤不平？恐怕都不是。事实上，弗氏的许多同侪后学都会提到，他最令人印象深刻的特质乃是一种对于真理固执的，甚至于不近人情的追求。他擅长激发辩

〔22〕参见T. C. Brickhouse and N. D. Smith, “Apology of Socratic Studies,” in *Socartic Moral Psychology*, Cambridge: Cambridge University Press, 2010, pp. 11-42。

论，会在切磋中锱铢必较地捍卫自己认定的立场，并且会本着“糊涂之祸甚于谬误”的态度尽可能尖锐地表达自己与异见者的分歧；但他又非常乐意放弃自己被证明错误的观点，哪怕自己已经在其上耗费了大量心血。他一视同仁地把同事、学生乃至论敌当作启发和帮助自己思考的助手，不掺杂任何私人性的情绪好恶。[23]这使得哪怕是与他关系最密切的学生也难免在交往中感受到他的冷淡和疏离，并且把他习以为常的自谦和对旁人的赞扬理解为一种反讽——虽然没有一个人会因此怀疑他对待哲学事业的严肃，因为他对自己的要求比对任何人都更加苛刻：他长期习惯于满满当当地安排自己每天的工作时间，并且一丝不苟地遵循；即便是在与癌症病痛搏斗的晚年，他仍以惊人的毅力坚持教学科研，并且保持着对于学习新事物的热情（例如为了提高写作效率在八旬高龄学会了使用当时刚问世的苹果电脑）。在他身体力行的影响下，那种彻底的批判、谦虚和开放精神也一度成为分析派学者推崇甚至自我标榜的学风。[24]

人们很容易联想到，弗氏的这些个人特质同他笔下的苏格拉底是如此相像，仿佛他在长期浸淫的过程中已经将后

---

〔23〕参见A. P. D. Mourelatos, “Gregory Vlastos,” in *Gnomon* 65 (1993), pp. 378-382；Alexander Nehamas, “Gregory Vlastos, Department of Philosophy,” in *Luminaries: Princeton Faculties Remembered*, (ed.) P. H. Marks, Princeton: Association of Princeton Graduate Alumni, 1996, pp. 341-350。

〔24〕对这点的一个广为人知的宣示，可参见弗氏的好友伯恩叶在80年代讨伐施特劳斯派的名文《没有秘密的斯芬克斯》（“Sphinx without a Secret,” *New York Review of Books*, 30 May, 1985, pp. 30-36）。

者的精神气质内化到了自己身上。[25]但是了解弗氏思想生平的读者会发现，他一向都对自己这位“哲学英雄”抱有某种深刻的不解和不满。在《苏格拉底》的自传性导言中，弗氏开门见山地指出，他一直以来的问题意识就是索解柏拉图笔下的苏格拉底的“怪异”,ἀτοπία[26]。表面上，这个词形容的是常人眼中苏格拉底言行的怪诞、出格乃至荒谬。但弗氏赋予了这个词以更深刻的思想史意涵，亦即哪怕我们成功破解了苏格拉底之谜，重构出他的真实哲学观点，那一观点仍然“出离”（α-）了希腊思想传统的“本位”（τόπος）——换言之，ἀτοπία标志着苏格拉底哲学根本的进步性。而要理解这种进步性，又需要我们返回弗氏的思想生平，去把握那一牵引着他的希腊思想史研究的标尺——他的基督教信仰。

思索苏格拉底的“出位”

1907年7月27日，弗氏出生在拜占庭帝国的千年故都、其时处在奥斯曼帝国治下的君士坦丁堡（不久后将成

[25] 有趣的是，内哈马斯在其回忆文章中反而认为弗氏同他在《苏格拉底》中刻画的苏格拉底相当不同，因为后者是个关心他人福祉，一心拯救雅典同胞灵魂的“慈爱老人家”（benevolent oldster），前者助人则只是自助的手段，真正关心的是自身的提升（参见Nehamas 1996, pp. 348-350）。笔者反倒认为后一个形象其实更符合《苏格拉底》中的苏格拉底，因为弗氏一再强调其省察自己与他人归根结底是为了追求无法摆脱自我中心主义倾向的“幸福”；反而是身为基督徒的弗氏更有可能本着一种真正的利他精神从事哲学天职。

[26] 如参见《会饮》215A2-3，221D1-4。

为土耳其共和国的第一大城市伊斯坦布尔）。他的父亲基蒙（Kimon Vlastos）是位改宗新教的希腊人，母亲伊丽莎白（Elizabeth “Bessie” Dewar Vlastos）则来自一个苏格兰长老会传教士家庭，有四分之一的希腊血统。他自幼在传统的新教家庭教育下长大，后入读当地由美国传教士创办的私立高中罗伯特学院（Robert College）。一战和希土战争的动荡时局似乎未对青年弗拉斯托的思想造成多大冲击。不过在日后一则回忆中，他痛斥了自己孩童时亲眼目睹的信仰的伪善：

> 多年以前，有个菜贩子几乎每周一都会来我们家。我不知道我母亲是不喜欢他这个人还是他的菜。他会按门铃然后仰头问，“今天要不要来点新鲜蔬菜？”我母亲每次都会回答，“明天吧。”但他只会在周一上门。终于有一天我问她，“妈妈，你为何要那样说？”她很得体地回答，“因为我不想买他的菜，他明天也不会过来。”……我可太了解所有这些人［即找各种借口来推诿实际行动，掩盖由阶级优越地位造成的伪善的信徒］凭着良心用来给论证收尾的最有说服力的那个借口了，那就是“明天吧”。[27]

高中毕业后，弗氏怀揣着成为一名神职人员的梦想远

〔27〕 Gregory Vlastos, *Christian Faith and Democracy*, New York: Association Press, 1939, pp. 38, 41.

赴大洋彼岸的芝加哥神学院深造，师从著名的自然主义神学家威曼（H. N. Wieman）。从哈佛取得博士学位的威曼很早就把怀特海的过程神学引介到了芝加哥。同时，受杜威等人的实用主义哲学影响，威曼十分强调宗教的社会和心理功能，主张基督教信仰应当超越简单的人本主义，成为一种服务于现实社会变革和观念更新的“价值评估原则”。[28] 这些观点显然对弗氏产生了不小的影响。1929年，原本已获委任，成为加拿大公理会牧师的弗氏毅然选择追随威曼的步伐，前往哈佛大学攻读哲学博士，受教于当时已经完成其宏大的过程哲学建构的怀特海，以及另一位同样来自小亚细亚、有着新教背景的柏拉图专家德莫斯（Raphael Demos）。在哈佛，弗氏与怀特海私交甚笃，选修了后者的两门研究生研讨课，聆听了其关于柏拉图到爱因斯坦的宇宙论的讲座，还参

---

〔28〕 在威曼的指导下，弗氏完成了一篇关于桑塔亚纳（George Santayana）的硕士学位论文，从中我们能明显看出他借助怀特海的有机论思想来沟通宗教与哲学的努力。他说：“宗教在实践当中［的功能］相当于哲学在理论当中［的功能］：它们都是一种把人独立的、充满矛盾争执的特殊追求整合为安宁和谐的有机整体的努力。……［哲学］的任务是双重的：（1）批判性的，因它检验信念，提醒它们乃是抽象、局部的见解，警示它们不要犯再常见不过的错置正确性（misplaced correctness）的谬误（Whitehead, *Science and Modern World*, p. 77），并且裁断那些抽象是否足够审慎，能够在其所属的领域中取得最丰硕的成果。（2）伦理性的，因它在那些专门化的追求间做出比较，衡量它们相对的尊严，并且在一个理性的人生框架下安排它们的重要性。（比较希腊人的哲学或爱智慧［σοφία］观念，智慧就是规划人生的技巧和明断。）”（Gregory Vlastos, *The Relition Implications of the Philosophy of Santayana*, M.A. Diss. submitted to Department of Christian Theology and Ethics, Chicago, 1929）

加了其声名在外的每周日晚居家沙龙。[29]怀特海也成为弗氏博士论文《作为形而上学概念的神》(God as a Metaphysical Concept)的指导人。不过，和威曼一样，弗氏对怀特海转向形而上学这颗“哲学禁忌果实”的努力仅抱以有限的同情。在他看来，虽然这位“抽象的批判者”(critic of abstraction)试图以过程本体论来弥合近代哲学-科学世界观的二元论鸿沟的初衷值得肯定，但假定过程化的世界仍然受到一位作为“创生之机体”、有着自身意识和原初欲求的“神”的推动，意味着其整套体系仍有可能沦为某种“奥古斯丁式的柏拉图主义”。[30]相较之下，弗氏更倾向于把“神”理解为现实“价值”或“利益关切”的一个代名词：它不是一个有着自身经验和意识的新个体，而不过就是“经验地实存的已知个体的行为的一个明确的恒常特征(specified constant)”。[31]

怀特海对于柏拉图宇宙论的关注很可能是日后弗氏转向古希腊研究的直接动因。但在此之前，他的思想还经历了一次蜕变。1931年从哈佛毕业后，弗氏在加拿大谋得了一份哲学教职，并在不久后与同事拉蒂(Vernon Abbott Ladd,

---

〔29〕 Gregory Vlastos, Letter to the Timess Literart Supplement, 14, 1484, 8 Feb., 1991, p. 41.

〔30〕 参见Gregory Vlastos, “The Problem of Incompatibility in the Philosophy of Organism,” in *The Monist* 11 (1930), pp. 535-551。另参见Gregory Vlastos, “Whitehead, Critic of Abstraction (the story of a philosopher who first begun with science and ended with metaphysics),” *The Monist* 39 (1929), pp. 170-203。

〔31〕 参见Gregory Vlastos, “God as a Metaphysical Concept,” Ph.D. Diss. submitted to Harvard University, 1931, p. 3。

1909—1970）结为连理——身为社会主义者的拉蒂也成为弗氏一生的精神同道。在大萧条席卷欧美，纳粹主义等极端思潮暗流涌动的时代背景下，弗氏日益感觉到，滥觞于世纪之交的自由新教所推崇的那种理想化、感伤化，智识上清高、实践上精明的“信仰”根本无力疗救资本主义世界长期积累的沉疴痼疾，故实乃“宗教之大敌”。受到尼布尔（Reinhold Niebuhr）和巴特（Karl Barth）等北美新正统派神学家以及马克思、托尼（R. H. Tawney）等欧洲左翼思想家的启发，这一时期的弗氏形成了激进的基督教社会主义立场。他把大量的精力投入到了社会活动中，参与创立了北美基督教社会主义运动的领导组织“基督教社会秩序团契”（Fellowship for a Christian Social Order），长期在团契的行政委员会中任职，并扮演活跃的智囊角色，主笔、主编了大量宗教政治著作，如《宗教之路》（1934）、《通向基督教革命》（1936）、《基督教信仰与民主》（1939）等。[32] 这些著作致力于批判当代资本主义社会的结构性弊端，寻求基督新教信仰与一种现实主义（经验主义、唯物主义）、平民主义（个人主义）和改革主义的新民主理论的融通。

二战期间，弗拉斯托加入了加拿大皇家空军，成为战时情报局刊物《加拿大事务》（*Canadian Affairs*）的一名编

〔32〕参见Gregory Vlastos, *The Religious Way*, New York: Women's Press, 1934；Gregory Vlastos and R. B. Y. Scott (eds.), *Towards the Christian Revolution*, Chicago: Willett, Clark & Co., 1936；Gregory Vlastos, *Christian Faith and Democracy*, New York: Association Press, 1939。

辑。战争结束后，回归学术的弗氏接连发表了一系列关于希腊思想史和早期希腊哲学的论文，[33]成功在北美哲学界打响了名气，并于1948年获聘为康奈尔大学圣哲学院教授。然而，随着战后北美资本主义的蓬勃发展和意识形态的急剧右转，他战前的宗教政治主张迅速失去了土壤，反而在麦卡锡主义泛滥期间给他惹来了不小的麻烦：他在入境美国前的活动记录一直被官方保留，他本人甚至一度被联邦调查局传唤审讯。（受此影响，他的宗教著作在战后的北美鲜少流传，也再未被他列入自己的学术简历，反倒是在共产主义运动和解放神学思潮流行的拉美产生过一定影响。）这些经历，用他自己后来不无自嘲的话说，给当时尚未取得美国国籍的他“或曾空想过的政治参与”泼了一盆冷水，反而让他的学术研究“有了起色”。

我们能听出这些话中的自嘲意味，因为弗氏从未由于学术而放弃各种形式的社会参与。他虽未亲身参与60年代的抗议运动，但在此期间完成了生前唯二公开发表的纯政治哲学论文《正义》（1957）和《正义与平等》（1962），几乎和罗尔斯（John Rawls）同时重启了对当代西方民主制度之规范性基础的探问。[34]随着美国全面介入越战，眼看着连自

---

〔33〕这些论文大多收录于Gregory Vlastos, *Studies in Greek Philosophy*, 2 vols., (ed.) D. W. Graham, Princeton: Princeton University Press, 1995。

〔34〕Gregory Vlastos, “Justice,” in *Revue internationale de Philosophie* 11 (1957), pp. 324-343; “Justice and Equality,” in *Social Justice*, (ed.) R. B. Brandt, Englewood Cliffs: Prentice Hall, pp. 31-72. 罗尔斯于1953—1960年任教于康奈尔大学圣哲学院，期间先后发表《两种规则概念》（1955）[转下页]

己儿子在内的大批年轻人被送上战场，弗氏选择不再沉默：他在学术界牵头发起反战动议，自己也为了能更有效地从事反战活动而选择于1972年加入美国国籍；读者甚至能在他的《柏拉图研究》（*Platonic Studies*）初版前言（写于1973年林肯诞辰日）的末尾读到他捐赠该书出版收入帮助越南战后重建的承诺。在1980年伯克利研究生毕业典礼上做的一场题为“苏格拉底与越南”（Socrates and Vietnam）的演讲中，弗氏鼓励学生应该把对真理的孤独求索同为社会正义的斗争结合起来。苏格拉底赫然成了知行不一的反面典型，因为他从未积极行使自己作为雅典公民的权利，抗议母邦在伯罗奔尼撒战争期间犯下的种种骇人罪行，例如在密提林、司吉昂、托隆和米洛斯实施的屠杀。弗氏辛辣地援引林肯的名言，直指苏格拉底配不上柏拉图在《斐多》末尾对他“最正义”的评价：“把人变成懦夫的是在应该抗议的时候犯沉默

［接上页］和《作为公平的正义》（1958）等奠定其日后巨著《正义论》基础的重要论文。弗氏1954年离开康奈尔前往普林斯顿访学。两人有短暂的交集。但弗氏的政治哲学思考并未受到罗尔斯多少影响。他在上述两文中阐述了一套显著不同于罗尔斯式“公平正义”的平等主义正义观（egalitarian justice）：罗尔斯认为社会正义源于均势个体之间的契约，主张自由优先于平等；弗氏则认为社会正义的核心在于对实质地平等的个体权利的承认，这些平等权利的最终根据是每个人作为人格的内在价值，而非优绩（merit）或任何其他因素——这些观点显然与弗氏早年的基督教社会主义信条是一脉相承的。弗氏仅在1962年的文章中简短地提到了罗尔斯著名的两条正义原则，认为其中的第一条（平等自由原则）从自由权方面佐证了平等主义正义要求的不是如其所是的平等（equality as such）而是最高水平的平等（equality at the highest possible level；参见 Vlastos 1962, p. 62, n. 57）。

之罪。”在50年代末另一场面向非专业听众的演讲中，弗氏更一针见血地指出，这种行动力的欠缺根源于苏格拉底“爱的失败”（failure of love）：“耶稣为耶路撒冷哭泣。苏格拉底警告、奚落、斥骂、谴责雅典。但他不会为它流泪。”

苏格拉底的“失败”当然不是他个人的失败，而是整个希腊理性主义哲学传统的失败。事实上，弗氏早年思想史研究的一个重要结论即是，苏格拉底虽然把哲学的首要关注点从“自然”转向了“伦理”，但在方法上仍然沿袭了此前的自然哲人（尤其是埃利亚学派）片面倚重想象和演绎推理，轻视观察和归纳的偏误，导致其在进行伦理探究的过程中始终忽视个体的意志与情感等人性经验当中不可或缺的要素。这为柏拉图后来重堕以超验的形式为枢纽的形而上学神秘主义窠臼埋下了伏笔。与此互为表里的是，虽然许多前苏格拉底哲学家都曾或明或隐地借用作为“平等”的“正义”等流行的民主意识形态话语来构想宇宙（或者人类身体）的自然秩序，但他们所理解的“平等”往往止步于某种“自律均衡”（self-regulative equilibrium or equipoise）意义上的形式平等，而从未推进到个体利益分配或者法律权利的实质平等。[35]这一盲区也使得苏格拉底和柏拉图有可能完全绕过“平等”这块“烫手山芋”去设想他们的社会正义概念：前者仅仅在拒斥“报复”等任何潜在的不义之举的意义上捍

〔35〕参见Gregory Vlastos, “Equality and Justice in Early Greek Cosmologies,” in *Classical Philology* 42 (1947), pp. 156-178, rpt. in Vlastos 1995, vol. 1, pp. 57-88。

卫某种程序正义；后者则进一步倒向了《理想国》中那种形式上平等、实质上却极不平等的“职能互惠”（functional reciprocity）式正义。[36]

带着这些批评再去看《苏格拉底》中的苏格拉底，我们也许更容易理解他的“出位”之处何在。显然，弗氏极力试图从虚与委蛇的“欺瞒”和摧枯拉朽的“反驳”中拯救的那位真诚无欺、矢志求真，并且自信有能力通过说理“逼迫”任何对话者皈依真理的“反讽者和道德哲学家”，正是他早年期待苏格拉底成为的那位不只具备“心智的机敏”，更具备“真诚、谦逊、勇敢”等“高阶道德品质”的“传道士”（preacher）和“没有教条的使徒”（gospel without a dogma）的化身。[37]只是眼下这个苏格拉底的反讽和盘诘方法中包含对对话者的道德自律和智性真诚的更多重视；[38]他如今被允许在爱智慧的同时爱对话者本人，[39]并且得以凭其“高级宗教”式的虔敬观念——按照这种观念，践行虔敬就意味着“替神完成造福人类的工作”，在此过程中“人不会向神祈祷‘我的意志由你而得行’，而是会祈祷‘你的意志

[36] 参见本书第六章；Gregory Vlastos, “Justice and Happiness in the *Republic*,” in Vlastos 1971, vol. 2, pp. 66-95, rpt. in Vlastos 1973, pp. 111-139。

[37] 参见Gregory Vlastos, “The Paradox of Socrates,” in *Queen's Quarterly* 64 (1957), pp. 496-516; rpt. in Vlastos 1971, pp. 1-21 and Vlastos 1995, vol. 2, pp. 3-18。

[38] 参见本书第44页；Vlastos 1994, pp. 7-11。

[39] 参见本书第44页脚注〔82〕。

由我而得行'"[40]——祓除了希腊幸福主义伦理学中根深蒂固的自我中心主义"精神毒素";[41]他对自己那位全善的理性神的虔敬被认为只是在用另一套语言表达中世纪神秘主义者对永恒至善之真光的信仰，而他在追寻德性的过程中赢获的不可挫败的幸福则被径直类比于《马太福音》中信徒追寻天国的欢喜。[42]凡此种种比较，或许按今天的学院派标准来看都难免有不符合"学术规范"之嫌；弗氏的许多结论在三十多年后的今天也已经被层出不穷的新观点所取代。但这些"出位之思"中所倾注的强烈宗教人文关怀却难有后学能望其项背。在本书导言中弗氏也毫不讳言，比起对专业学术的贡献，他更在意古典研究能够服务于面向大众的"人文教化"——他是这么号召的，也是这么践行的。

1991年10月12日，经过与癌症病痛的漫长搏斗，这位"拜占庭给我们的最后赠礼"[43]在伯克利的阿尔塔·贝茨医院停止了呼吸。幸运的是，他在离世前见到了这部呕心沥血之作的问世，并且收到了最早一批对其充满赞誉的评论。

据说在离乡赴美前，弗氏的家庭牧师曾郑重劝阻他说，新大陆之行会让他"丢掉自己的灵魂"（Θὰ χάσει τὴ ψυχή

〔40〕这几乎是对弗氏早年著作中耶稣祷词的逐字复述："宗教的核心就是耶稣的祈祷：你的意志得行；非我的意志，乃你的意志得行（Thy will be done; not my will, but thine be done）。"（Vlastos 1939, p. 76）

〔41〕参见本书第八章。

〔42〕参见本书第177—178页、第233—235页。

〔43〕参见D. W. Graham, "Introduction," in Vlastos 1996, vol. 1, p. xxiv。

του)。[44]正像苏格拉底用一生的省察反驳德尔斐神谕那样，弗氏似乎也在用自己一生的思考和斗争反驳那句预言：虽然走上了研究“异端”哲学的道路，但他始终没有丢掉信仰的鲜活灵魂。

本书的翻译始于2018年，原本只是译者以弗氏的苏格拉底研究范式为主题的博士研究计划的副产品。翻译工作断续进行了数年之久才告完成，加之译者学力所限，译文难免存在讹误纰漏、风格不一等问题，敬请读者不吝指正。在翻译体例上，笔者尽量译出了除现代参考文献以外出现在正文中的人名、著作名（包括作者大量以缩写的形式援引的古代作品名）、西文引文等，以便读者辨识；对于古代著作引文，考虑到需要贴合作者的诠释，故未使用现有中译本，而是在作者英译的基础上参照权威版本的原文译出（具体版本恕未一一开列）；对于作者英译与原文可能有较大出入的地方，注出原文供读者参考；对于一些作者基于分期假说而特意加以区分的同名概念，通过不同的译法加以区分（如将“早期”苏格拉底首字母小写的form译为“样式”，“中期”苏格拉底首字母大写的Form译为“形式”），并且在必要的地方添加译按作为说明；对于一些中译可能不够信达的表述，以小括号的形式标注了原文。对于可能由此造成的可读性降低，以及其他不尽如人意处，译者谨表歉意。

---

〔44〕 参见M. F. Burnyeat, “Gregory Vlastos,” in *Phronesis* 37 (1992), p. 137。

感谢甘阳老师指点我选择了弗拉斯托这位极富思想和人格魅力的学者作为研究对象，并且一路给予悉心的指导和鞭策。感谢中山大学博雅学院的师友们多年来的陪伴和关爱。感谢Paul Woodruff、Alex Mourelatos、Matt Evans诸位教授支持我于2018—2019年赴得克萨斯大学奥斯汀分校访学，并为本书的翻译以及本人借助该校哈利·兰森中心（Harry Ransom Center）中保存的弗氏遗稿档案开展研究提供便利；也感谢魏奕昕、James Gillard等同学在各种场合提出的意见和建议。Woodruff教授于2023年秋溘然离世，谨以此记表达沉痛悼念。

吴鸿兆

2024年6月25日

于中山大学康乐园

“古典与文明”丛书

第一辑

义疏学衰亡史论　乔秀岩　著

文献学读书记　乔秀岩　叶纯芳　著

千古同文：四库总目与东亚古典学　吴国武　著

礼是郑学：汉唐间经典诠释变迁史论稿　华　喆　著

唐宋之际礼学思想的转型　冯　茜　著

中古的佛教与孝道　陈志远　著

《奥德赛》中的歌手、英雄与诸神　〔美〕查尔斯·西格尔　著

奥瑞斯提亚　〔英〕西蒙·戈德希尔　著

希罗多德的历史方法　〔美〕唐纳德·拉泰纳　著

萨卢斯特　〔新西兰〕罗纳德·塞姆　著

古典学的历史　〔德〕维拉莫威兹　著

母权论：对古代世界母权制宗教性和法权性的探究

〔瑞士〕巴霍芬　著

“古典与文明”丛书

第 二 辑

作与不作：早期中国对创新与技艺问题的论辩 〔美〕普 鸣 著

成神：早期中国的宇宙论、祭祀与自我神化 〔美〕普 鸣 著

海妖与圣人：古希腊和古典中国的知识与智慧

〔美〕尚冠文 杜润德 著

阅读希腊悲剧 〔英〕西蒙·戈德希尔 著

蘋蘩与歌队：先秦和古希腊的节庆、宴飨及性别关系 周轶群 著

古代中国与罗马的国家权力 〔美〕沃尔特·沙伊德尔 编

学术史读书记 乔秀岩 叶纯芳 著

两汉经师传授文本征微 虞万里 著

推何演董：董仲舒《春秋》学研究 黄 铭 著

周孔制法：古文经学与教化 陈壁生 著

《大学》的古典学阐释 孟 琢 著

参赞化育：惠栋易学考古中的大道微言 谷继明 著

“古典与文明”丛书

第三辑

礼以义起：传统礼学的义理探询　吴　飞　著

极高明与道中庸：补正沃格林对中国文明的秩序哲学分析　唐文明　著

牺牲：子学到经学时代的神话与政治　赵丙祥　著

知其所止：中国古代思想典籍绎说　潘星辉　著

从时间来到永恒：《神曲》中的奥古斯丁传统研究　朱振宇　著

“地生人”与雅典民主　颜　荻　著

希腊人与非理性　〔爱尔兰〕E. R. 多兹　著

古代创世论及其批评者　〔英〕大卫·塞德利　著

自由意志：古典思想中的起源　〔德〕迈克尔·弗雷德　著

希腊神话和仪式中的结构与历史　〔德〕瓦尔特·伯克特　著

古代思想中的地之边界：地理、探索与虚构　〔美〕詹姆斯·罗姆　著

英雄的习性：索福克勒斯悲剧研究　〔英〕伯纳德·M. W. 诺克斯　著

悲剧与文明：解读索福克勒斯　〔美〕查尔斯·西格尔　著